Functional Reactive Programming

함수형 반응형 프로그래밍

FRP 입문자를 위한 종합 안내서

함수형 반응형 프로그래밍

FRP 입문자를 위한 종합 안내서

초판 1쇄 발행 2017년 8월 1일

지은이 스티븐 블랙히스, 앤서니 존스 / **옮긴이** 오현석 / **펴낸이** 김태헌

펴낸곳 한빛미디어(주) / **주소** 서울시 마포구 양화로7길 83 한빛미디어(주) IT출판부

전화 02-325-5544 / **팩스** 02-336-7124

등록 1999년 6월 24일 제10-1779호 / **ISBN** 978-89-6848-866-5 93000

총괄 전태호 / **책임편집** 김창수 / **기획 · 편집** 이복연 / **교정** 홍성신

디자인 표지 · 내지 최연희 조판 이경숙

영업 김형진, 김진불, 조유미 / **마케팅** 박상용, 송경석, 변지영 / **제작** 박성우, 김정우

이 책에 대한 의견이나 오탈자 및 잘못된 내용에 대한 수정 정보는 한빛미디어(주)의 홈페이지나 아래 이메일로 알려주십시오. 잘못된 책은 구입하신 서점에서 교환해 드립니다. 책값은 뒤표지에 표시되어 있습니다.

한빛미디어 홈페이지 www.hanbit.co.kr / **이메일** ask@hanbit.co.kr

Functional Reactive Programming

함수형 반응형 프로그래밍

FRP 입문자를 위한 종합 안내서

스티븐 블랙히스, 앤서니 존스 지음
오현석 옮김

MANNING 한빛미디어 Hanbit Media, Inc.

지은이 · 옮긴이 소개

지은이 **스티븐 블랙히스** Stephen Blackheath

뉴질랜드의 파머스턴 노스 근처에 산다. 다수의 이벤트 기반 상업 프로그램을 만들었으며 2007년경 함수형 프로그래밍에 입문해서 오픈소스 소듐Sodium FRP 시스템을 만들었다. 바둑을 좋아한다.

지은이 **앤서니 존스** Anthony Jones

뉴질랜드 오클랜드에 산다. 자바 기반의 설정 GUI를 FRP 기반의 프레임워크로 리팩터링하면서 5년여를 보내왔으며 소듐 FRP 시스템을 만드는 데 기여했다. 자전거 타기를 즐긴다.

옮긴이 **오현석** enshahar@gmail.com

KAIST에서 전산학 학사와 석사 학위(프로그래밍 언어 연구실)를 취득했다. 삼성메디슨, 비트앤펄스 등에서 UI 개발자와 개발 팀장을 지냈고, 호주에서 C++/풀스택 개발자로 일하고 있다. 웹과 모바일 등의 분야에서 값 중심 프로그래밍을 통해 오류 발생 가능성이 더 작으면서 유지보수가 편한 프로그램을 작성하는 방법과 이를 지원하는 여러 도구를 만드는 일에 관심이 많다. 최근에는 스칼라와 파이썬을 사용한 대규모 병렬 처리나 액터를 활용한 분산 처리 등을 공부하는 중이다. 『고성능 파이썬』, 『프로그래밍 스칼라』(이상 한빛미디어), 『Programming in Scala(3판)』, 『함수형 파이썬 프로그래밍』, 『스칼라와 기계 학습』, 『파이썬 로보틱스』, 『스칼라 동시성 프로그래밍』(이상 에이콘), 『시스템 성능 분석과 최적화』, 『파이썬 인 프랙티스』(이상 위키북스) 등을 번역했다.

추천사

1968년, 훗날 '모든 데모demo의 어머니'라고 알려지게 될 발표에서 컴퓨터 과학자인 더글러스 엥겔바트Douglas Engelbart와 그의 팀원들은 화면상에서 텍스트를 편집할 수 있고, 새로 발명한 마우스가 달려 있으며, 텍스트와 그래픽을 혼합해 사용할 수 있고, 전체 개요를 보여줄 수 있으며, 하이퍼텍스트를 제공하고, 심지어 화상회의까지 가능한 시스템을 소개함으로써 개인 컴퓨터 혁명을 시작했다. 그때만 해도 컴퓨터는 계산 능력에서 인간을 능가하는, 방 하나에 꽉 차는 크기의 기계로 인식되곤 했다. 하지만 엥겔바트는 그게 아니라 컴퓨터가 사람들이 지적인 작업을 수행하게끔 도와줘야 한다고 제안했다. 즉, 컴퓨터가 모든 사람의 일상 활동을 도와주는 대화형 비서interactive assistant 역할을 해서 사람의 지능을 '보완'해야 한다고 말했다.

엥겔바트의 시스템은 경천동지할 만큼 놀라운 상호작용성을 보여줬다. 하지만 그만큼 흥미로운 것은 그 시스템이 만들어진 방식이었다. 그 시스템을 위해 맞춤 제작한 프로그래밍 언어들을 사용해 작성되었고 시스템이 변경되는 것에 맞춰 프로그래밍 언어들도 변경됐다. 정말로 혁신적인 시스템을 만들려면 그것을 프로그래밍하기에 적합한 새로운 언어가 필요하기 마련이다. 엥겔바트의 비전에서 촉발된 다른 중요한 이정표적 시스템으로는 1973년 발표된 제록스 알토Xerox Alto 시스템을 들 수 있다. 데스크톱이라는 용어와 사용자 인터페이스 면에서의 여러 혁신과 더불어 그 시스템에는 최초의 객체지향 언어인 스몰토크Smalltalk가 탑재되어 있었다.

오늘날의 사용자 인터페이스는 주로 객체지향 언어로 작성한다. 그러나 불행히도 사용자 인터페이스를 프로그래밍하는 것은 놀랍도록 어렵다. 현재 가장 지배적인 방식인 이벤트 주도event driven 프로그래밍과 관찰자 패턴observer pattern은 묘하게도 개발을 진행할수록 관리가 불가능할 정도로 지저분해져서, 소위 스파게티 코드spaghetti code라고 불리는 상태로 가는 경향이 있다. 더 나은 방법은 없을까? 나는 사용자 인터페이스와 프로그래밍 언어의 혁명을 위해 한 걸음 내디뎌야 할 때라고 생각한다. 최근 함수형 프로그래밍functional programming, 그리고 (별도의) 함수형 반응형 프로그래밍functional reactive programming, FRP이라는 프로그래밍 방식이 이런 모든 종류의 대화식 프로그램을 개발할 때 아주 유망한 것처럼 보인다.

이 책은 함수형 반응형 프로그래밍에 관한 최초의 종합 안내서라 할 수 있다. 스티븐 블랙히스와 앤서니 존스는 엄청난 열정을 가지고 여러분에게 FRP의 기본 개념을 가르쳐주고, 많은 예제를 자세히 설명하고, 실전에서 자주 사용하는 여러 패턴에 대해 알려준다. FRP가 여러 가지를 더 단순하게 해준다는 사실을 보여주기 위해서 이 두 친구는 하나의 문제를 세 가지 다른 프로그래밍 방식으로 해결하는 예를 보여주고, 그 결과를 서로 비교한다. 세 가지 접근 방식(이벤트 기반 프로그래밍, 액터, 함수형 반응형 프로그래밍) 중에서 마지막 방식이 가장 좋아 보인다.

함수형 반응형 프로그래밍은 보통 특정 프로그래밍 언어로 된 라이브러리에 의해 뒷받침되는 스타일이다. 저자들은 자바를 포함한 여러 언어로 된 소듐Sodium이라는 FRP 라이브러리를 만들었다. 이 책은 그런 저자들의 경험을 자세히 보여준다. 저자들은 자신의 경험을 구체적으로 전달하기 위해 이 책에서 소듐을 사용한다. 물론 개념은 더 일반적으로 적용할 수 있다. 그리고 이 책에는 다른 여러 FRP 라이브러리에 대한 짧은 지침도 들어 있다.

모든 언어가 똑같이 창조된 것은 아니다. 이름이 의미하듯 함수형 반응형 프로그래밍은 함수형 프로그래밍으로부터 그 표현력을 가져온다. 이 책에서 저자들은 독자들이 함수형 프로그래밍을 모른다고 가정하고 필요한 개념을 친절하게 소개해준다. 모든 언어가 똑같지 않기 때문에 FRP 라이브러리들도 각자가 지원하는 언어에서만 사용할 수 있다. 자바가 바로 그런 언어 중 하나이며 저자들은 자바를 FRP를 설명하는 도구로 채택했다. 하지만 자바는 주로 명령형imperative 언어다. 내 생각에는 그런 불일치를 이 책 곳곳에서 볼 수 있다. 그래서 개인적으로는 FRP 작업에 함수형 언어인 하스켈Haskell을 사용한다. 하지만 저자들이 더 유명하고 널리 쓰이는 언어인 자바를 택하고, 그에 따라 자바의 명령적인 특성으로 인해 발생하는 여러 어려움을 다뤄야 하는 수고를 마다하지 않았다는 점에서 그들의 선택을 높이 평가하고 싶다.

모든 FRP 라이브러리가 똑같이 창조된 것도 아니다. 앞에서 언급했지만 이 책은 소듐이라는 라이브러리에 초점을 맞춘다. 하지만 여러분의 프로그래밍 환경에 제약이 있는 경우에 대비해 저자들은 반응형 프로그래밍 라이브러리인 RxJS에 대해서도 설명한다. 반응형 프로그래밍은 함수형 반응형 프로그래밍과 아주 비슷하다. 하지만 저자들은 반응형 프로그래밍 라이브러리는 몇 가지 장점과 보장이 부족하다는 점을 올바르게 지적한다. 그런 예로는 결정론적인 연산이 없다는 점을 들 수 있다. 그래서 나는 이 책의 저자들이 만든 소듐 라이브러리를 가장 열렬히 추천한다.

함수형 반응형 프로그래밍은 여전히 아주 새로운 영역이며, 여러분은 코드를 FRP 형태로 표현하기 위해 다른 방식으로 생각하는 법을 배워야 할 것이다. 이 책은 그렇게 하는 데 필요한 도구와 기초를 제공한다.

하인리히 아펠무스 _ 리액티브-바나나 FRP 라이브러리 창시자

옮긴이의 말

프로그래머인 여러분에게 근본적인 질문을 던져보자. '컴퓨터 프로그램'이란 무엇일까? 사람들 대부분은 컴퓨터 프로그램을 '어떤 일을 하기 위해 컴퓨터에 내리는 일련의 명령'이라고 생각한다. 심지어 각종 백과사전에도 그렇게 쓰여 있는 경우가 많다. 물론 전혀 틀린 말은 아니다. 하지만 과연 그럴까?

예를 들어보자. 나는 컴퓨터 앞에 앉아서 7월 중순이면 방송을 시작할 〈왕좌의 게임〉 시즌 7을 보기 전에 다시 시즌 6를 복습하고 있다가 문득 맥주와 팝콘이 생각났다. 초등학교 3학년짜리 막내한테 명령을 내렸다. "오정원! 아빠 맥주랑 팝콘 좀!" 짠 하고 맥주와 팝콘이 나타나면 행복하겠지만 막내는 그 정도 능력이 없다. 막내가 과업을 완수하게 하려면 "냉장고 열면 맥주가 있으니 (중간절차 생략) 올 때 팝콘 담을 그릇도 하나 가져와야 해"라고 하나하나 구체적으로 이야기해야 하는데, 1살부터 호주에서 살아서 한국말에 약한 막내가 그 지시를 제대로 이해하고 실행할 리 만무하다. 중2짜리 큰애가 집에 있었다면 "맥주랑 팝콘!"이라고만 해도 충분한 서비스를 받을 수 있었을 것이다.

컴퓨터 프로그램이 정말 '컴퓨터에 내리는 일련의 명령'일까? 아니다. 컴퓨터에 일련의 명령을 내려야 하는 이유는 컴퓨터가 멍청하고, 프로그램을 작성하는 프로그래밍 언어가 원시적이기 때문이다. 최근의 프로그래밍 흐름은 추상화의 수준을 높여서 개발자가 밑바탕에 있는 실제 기계에 대해 덜 신경 쓰게 하는 것이다. 프로그램이 '어떻게'가 아니라 '무엇'을 기술하는 선언적인 문서여야 한다는 주장을 받아들이는 사람이 점점 많아지고 있다.

그런 흐름으로 인해 최근 가장 각광받는 언어가 함수형 언어다. 함수형 언어를 사용하면 코드를 좀 더 선언적인 방식으로 작성할 수 있다. 특히 컬렉션을 활용하면 여러 값의 모음을 한꺼번에 처리하는 로직을 기술할 수 있고, 원소를 하나하나 처리하는 것보다 더 높은 시각에서 프로그램을 기술할 수 있다. 이런 함수형 언어를 이벤트 처리에 결합한 것이 함수형 반응형 프로그래밍Functional Reactive Programming, FRP이다. 기존 이벤트 프로그래밍의 기반에는 이벤트가 발생하면 콜백(리스너)을 호출한다는 개념이 자리 잡고 있지만, FRP에서는 이벤트를 값의 흐름(스트림)으로 보고, 각종 콤비네이터combinator, 고치 함수를 사용해서 값을 어떻게 변환할지를 기술한다.

FRP 시스템은 그렇게 작성된 로직을 활용해 실제 이벤트가 발생했을 때 이벤트 값을 변환해서 결과를 만들어낸다. 특히 중요한 것은 FRP에서 사용되는 콤비네이터의 의미가 표시적 의미론denotational semantics을 통해 수학적으로 명확히 정의되어 있으므로 다양한 이벤트를 서로 조합할 때 어떤 결과가 나올지를 수학적으로 검증할 수 있다는 점이다.

이 책은 FRP의 개념과 실제 사용법을 차근차근 설명해주는 훌륭한 책이다. FRP의 근본이 되는 프로그래밍 개념은 사실 어렵지 않다. 이 책은 유머를 곁들여 그런 개념을 흥미진진하게 설명하면서, 실무 경험에서 우러난 조언과 다양한 예제를 통해 독자가 FRP 방법론에 익숙해지도록 도와준다. FRP에 관심이 많은 독자라면 이 책을 꼭 읽어야 한다.

최근 3~4년간 반응형 확장Reactive Extension, Rx에 대한 관심이 많이 높아졌다. Rx는 FRP로부터 착상을 얻은 라이브러리로, 순수한 FRP는 아니다. 하지만 자바나 자바스크립트 프로그래머가 함수형 프로그래밍 언어인 하스켈이나 스칼라를 배우고 나면 새로운 시각에서 자신의 언어를 돌아보게 되면서 한 단계 높은 수준으로 도약할 수 있는 것처럼 순수 FRP를 잘 배워두면 Rx를 더 잘 활용할 수 있다. 또한 Rx를 사용한 적이 없지만 비동기 시스템을 프로그래밍하면서 다양한 문제로 어려움을 겪어본 프로그래머(바로 지금 이 글을 읽고 있는 당신이다!)라면 FRP나 Rx가 크게 도움 될 수 있다. 이 책은 개발자라면 누구나 읽어볼 만한 가치가 있는 책이라고 감히 말하고 싶다.

이 책을 준비하면서 많은 분의 도움이 있었다. 관심을 가지고 조언해주신 베타리더분들, 특히 김경범, 부종민, 정범희, 조현태 님께 감사드린다. 무엇보다도 일정 관리와 교정 윤문 등 전반에 수고를 아끼지 않으신 한빛미디어 이복연 님과 교정자 홍성신 님께 감사드린다.

오현석 _ 2017년 7월 브리즈번에서

이 책의 탄생 비화

이 책의 탄생은 당황스럽게 이뤄졌다. 우리는 이벤트 기반의 로직이 많은 큰 프로젝트를 하고 있었다. 별것 아닌 문제를 디버깅하느라 며칠 밤을 새우는 일이 잦았다.

앤서니는 복잡한 설정 GUI를 구현하는 팀에 합류했다. 그 GUI는 여러 가지 얽히고설킨 것이 여러 번 복제되는 것이었다. 그는 모든 로직을 PublishedScalar라는 하나의 추상화로 옮김으로써 이를 정리하기로 결정했다. 혁명적인 변화였다.

스티븐은 교통수단 텔레매틱스telematics를 위한 임베디드 개발을 진행하고 있었다. 거기서도 도전적인 일이 계속 벌어졌다. 직업을 트럭 운전사로 바꿔야 하나 고민하기 시작할 무렵 함수형 프로그래밍에서 새로운 접근 방법을 발견했다.

하스켈 프로그래밍 언어 커뮤니티에서는 수많은 최신의 업적들이 조용히 이뤄지고 있다. 스티븐은 **함수형 반응형 프로그래밍**이라는 보석을 발견했다. 그는 나중에 라이언 트링클Ryan Trinkle과 비디오 게임 프로젝트를 진행했다. 거기서 그들은 FRP를 사용하기로 결정했는데 기존의 FRP 구현 중에는 만족스러운 것이 없었다. FRP를 사용하는 것은 훌륭한 일이었지만 FRP 시스템을 구현하기란 예상보다 훨씬 어려운 일이라는 사실이 드러났다.

스티븐이 다섯 번째로 FRP를 구현하려고 시도한 것이 소듐 프로젝트가 됐다. 라이언은 리플렉스Reflex를 개발하는 쪽으로 갔다. 그 이후 스티븐은 텔레매틱스 프로젝트에서 매일매일 FRP를 사용하고 있으며 올해(2016년)가 10년째다.

스티븐과 앤서니는 정기적으로 의견을 주고받으며 자신들의 위대한 발견을 세상에 알리기 위한 전략을 세웠다. 매닝 출판사는 그 신호를 감지했고, 그래서 이 책이 탄생했다.

이 책에 대하여

함수형 프로그래밍(FP)은 오늘날의 복잡한 소프트웨어 개발이 몰고온 도전, 특히 병렬성에 대한 진정한 해법을 제공한다. 점차 FP가 채택되고 있지만 아직도 함수형 프로그래밍이 제대로 활용되기까지 몇 가지 장벽이 남았다. FRP는 FP의 부분집합이며 굳이 새로운 언어를 배우지 않아도 사용할 수 있는 기술이다. 따라서 FRP는 함수형 프로그래밍의 이상적인 관문 약물gateway drug이 될 수 있다. 오늘날 FRP는 아주 구체적인 문제를 해결하지만 여러분에게 더 널리 응용할 수 있는 아이디어의 단초를 제공할 것이다.

요즘 많은 언어에서 람다lambda 식을 채택하고 있다. FRP를 널리 채택하기 위해 필요한 한 가지 장애물이 이렇게 사라졌다. FRP는 근본적으로 내장형 로직 언어다. 따라서 FRP로 작성한 코드는 언어와 관계없이 기본적으로 같아 보인다. 자바가 아주 깔끔한 FRP 문법을 제공한다는 사실이 드러났다. 그래서 이 책에서는 자바를 주된 교육 수단으로 사용한다. 하지만 실제로 언어는 그리 문제가 되지 않을 것이다.

FRP가 필요하고, 언어도 준비됐으며, 함수형 프로그래밍도 유행하고 있다. 따라서 지금이 FRP가 이 세상의 한 구석을 차지할 적기라 할 수 있다.

이 책의 구성

1장 듣기를 멈추자!는 FRP가 무엇이고 왜 필요한지를 설명하며 마지막에 간단한 예제를 보여준다.

2장 FRP의 핵심은 FRP의 기초를 모두 다루고, switch와 sample(7장), 그리고 조작적인 기본 연산(8장)을 제외한 모든 기본 연산을 설명한다.

3장 자주 쓰는 위젯 만들기에서는 더 실용적인 예제를 보여준다.

4장 실제 애플리케이션 작성하기에서는 실제 예제(주유 펌프 로직)를 모두 FRP로 실용적으로 작성하는 방법을 보여준다.

이 시점에서 여러분은 왜 모든 일을 이런 식으로 이상하게 처리해야 하는지 궁금해할 것이다.

5장 새로운 개념에서는 작업을 처리하는 일반적인 방식과는 다른 방법을 FRP가 채택한 이유를 정당화해주는 이론적인 배경을 다룬다.

6장 웹에서의 FRP에서는 자바스크립트 FRP 시스템이나 언제든지 읽을 수 있는 FRP 시스템에 대해 이야기한다.

여기까지 보여준 FRP 코드는 고정된 구조를 사용한다.

7장 스위치 연산에서는 switch 기본 연산을 소개한다. switch는 로직의 구조를 실행 시점에 변경할 수 있는 아주 중요한 기능을 제공한다.

8장 조작적인 기본 연산은 FRP 로직과 시스템의 나머지 부분을 연결하는 방법을 알려준다.

9장 연속적인 시간에서는 FRP의 놀라운 능력 하나를 보여준다. 그것은 바로 시스템에서 이산적으로 바뀌는 값 대신 연속적으로 변화하는 값을 사용해 시스템을 모델링하는 능력이다.

FRP는 어떤 작업에서는 다른 방식보다 훨씬 더 낫다. 10장 이후로는 그러한 내용을 다룬다.

10장 패러다임 간의 전투에서는 FRP와 전통적인 상태 기계, 그리고 액터 모델의 장점과 단점을 비교해서 언제 어떤 도구를 사용할지 결정하는 데 도움을 준다.

11장 실전 프로그래밍에서는 FRP 프로그램에서 I/O를 모델링하는 여러 방식을 보여준다.

12장 도우미와 패턴은 여러분이 앞으로 마주치게 될 여러 흥미로운 문제들을 보여주고, FRP로 해결하는 방법을 설명한다.

13장 리팩터링은 FRP를 그와 동등한 객체지향 코드와 비교해보면서 FRP에서의 리팩터링이 훨씬 쉬운 이유를 살펴본다.

14장 기존 프로젝트에 FRP 추가하기에서는 FRP가 아닌 코드를 FRP로 단계적으로 변환하는 실질적 지침을 제시한다.

15장 앞으로의 방향에서는 FRP가 더 발전할 수 있는 분야에 대해 다룬다.

대상 독자

이 책은 객체지향 프로그래밍에 익숙한 프로그래머를 대상으로 한다. 함수형 프로그래밍은 몰라도 된다. 그래픽 사용자 인터페이스(GUI)를 잘 안다면 좋지만 꼭 알아야 할 필요는 없다.

예제 소스 내려받기

이 책의 예제 소스는 다음 주소의 book/ 디렉터리에서 확인할 수 있다.

- https://github.com/SodiumFRP/sodium

필요하면 다음과 같이 그 내용을 내려받을 수 있다.

```
git clone https://github.com/SodiumFRP/sodium
```

자바 예제를 실행해보려면 자바 개발 키트[JDK] 버전 8 이상을 설치해야 한다. 그리고 메이븐[maven]이나 앤트[ant] 빌드 도구가 필요하다. 윈도우 사용자에게는 메이븐이 더 편할 것이다.

- https://maven.apache.org/
- https://ant.apache.org/

감사의 글

아내와 자녀들, 가족의 관용에 감사드린다.

FRP의 첫 번째와 두 번째 물결에 대해, FRP를 탐구한 선구자들과 FRP를 더 실용적으로 만든 분들에게 감사드린다.

이 책을 더 나은 책으로 만들어준 리뷰어들과 비평가들 그리고 버그를 발견하고 기술적인 질문을 물어본 모든 분에게 감사드린다. 대내 아길라, 짐 앤드류, 마크 버틀러, 알레산드로 캄피스, 론 크랜스톤, 라파엘 프레어, 브루스 에르난데즈, 우니크리샨 쿠마르, 유리 쿠시, 마이클 런드, 세르지오 마르티네즈, 박티 메타, 올랜도 맨데즈, 윌 무어 3세, 지오바니 모라나, 장-프랜시스 모린, 크리스 피어스, 토머스 펙락, 패트릭 리건, 파울로 리오스, 브루노 소니노, 윌리엄 E. 휠러, 핸리 위드, 그리고 아서 즈바레프에게 감사드린다.

자바스크립트와 관련해 도와준 아담 부친스키에게 감사드린다.

기술만 약간 알던 사람들을 진정한 작가로 거듭나게 만드는 놀라운 일을 해낸 매닝 출판사 관계자에게 감사드린다. 마얀 베이스와 편집 및 제작팀의 모든 분에게 감사드린다. 마이클 스티븐스, 제니퍼 스타우트, 자넷 베일, 티파니 테일러, 멜로디 도랩과 그 밖에 뒤에서 함께 수고해준 모든 분에게 감사드린다. 이 책이 좋은 책이 될 수 있었던 것은 모두 이분들 덕분이다.

멋진 일러스트를 제공해준 던컨 힐에게 감사드린다.

표지 그림에 대하여

표지 그림은 '술탄의 터번 운반자(Turban-Bearer to the Grand Signior)'다. 이 그림은 1802년 1월 1일, 런던의 올드 본드 스트리트의 윌리엄 밀러가 출간한 오토만 제국의 복식 모음집에 실려 있다. 이 모음집의 표지가 사라져 정확한 책 제목은 확인할 수 없었다. 모음집의 목차에는 각 그림의 프랑스어와 영어 제목, 그리고 그림을 그린 두 예술가의 이름이 쓰여 있다. 그 두 예술가는 자신들의 그림이 200년 후 컴퓨터 프로그래밍 책의 표지에 쓰였다는 이야기를 들으면 놀랄 것이다.

매닝 출판사의 편집자는 뉴욕 맨해튼 웨스트 26 스트리트의 골동품 벼룩시장에서 그 모음집을 샀다. 모음집을 판 사람은 터키 앙카라에 사는 미국인이었으며, 거래는 그 사람이 장사를 접으려고 물건을 싸는 동안 이뤄졌다. 매닝 편집자는 당시 모음집을 사기에 충분한 현금을 가지고 있지 않았고, 판매자는 신용카드와 체크(개인 수표)를 예의 바르게 거절했다. 그날 저녁에 판매자가 앙카라행 비행기를 타야 했기에 상황은 더 절망적이었다. 그렇다면 어떻게 책 값을 지불할 수 있었을까? 결국 전통적인 방식의 구두 약속과 악수를 통한 승인으로 이뤄졌다. 판매자는 대금을 송금해줄 것을 요청했고, 편집자는 은행 정보가 적힌 종이쪽지와 복식 모음집을 겨드랑이에 끼고 벼룩시장에서 나왔다. 물론, 다음날 우리가 대금을 송금한 것은 말할 필요도 없다. 여전히 우리는 우리에 대해 잘 모르는 이 판매자가 우리에게 보여준 신뢰에 감사하고, 감명받고 있다. 그런 일은 아주 오래전에나 있었을 법한 일이다. 우리는 매닝 출판사의 독창성과 진취성을 좋아하며, 컴퓨터 비즈니스의 흥미진진함을 찬양한다. 우리는 200년 전 세계 각지의 다양한 생활상을 보여주는 모음집에서 가져온 그림을 책 표지에 실음으로써 그런 입장을 표현한다.

CONTENTS

CONTENTS

CHAPTER 5 새로운 개념

CONTENTS

CHAPTER 7 스위치 연산

CHAPTER 9 연속적인 시간

CHAPTER 10 패러다임 간의 전투

CONTENTS

CHAPTER 11 실전 프로그래밍

CHAPTER 12 도우미와 패턴

CONTENTS

CONTENTS

APPENDIX D 관리자를 위한 조언

APPENDIX E 소듐의 표시적 의미

CHAPTER 1

듣기를 멈추자!

- FRP의 정의
- 이벤트의 정의와 이벤트가 문제를 야기하는 경우
- FRP의 목표, 즉 우리가 해결하려는 문제의 정의
- FRP의 장점
- FRP 시스템의 작동 원리
- FRP의 바탕이 되는 사고방식

여러분을 환영한다! 우리는 함수형 반응형 프로그래밍Functional Reactive Programming, FRP을 사랑한다. 많은 사람이 FRP의 아이디어를 사랑하지만 FRP가 어떤 것인지, 무슨 일을 해낼 수 있는지는 잘 모르고 있다. 짧게 답하자면 FRP는 표준적인 프로그래밍 언어에 간단한 라이브러리 형태로 제공되며, 관찰자 패턴observer pattern에서 널리 사용하는 리스너listener(또는 콜백callback)를 대신한다. FRP를 사용하면 코드가 더 깔끔하고, 명확하며, 튼튼해지고, 관리도 더 쉬워진다. 한마디로 말하면, 코드가 더 단순해진다.

여기서 끝이 아니다. FRP는 우리가 하던 일을 지금까지와는 매우 다른 방식으로 풀어준다. 여러분의 코드를 개선하고 사고방식을 더 낫게 변화시켜준다. 그러면서도 일반적인 코드 작성 기법과 놀랍도록 잘 어우러지기 때문에 기존 프로젝트를 단계적으로 반응형으로 변환하기도 쉽다. 이 책은 FRP의 개념을 다양한 FRP 시스템과 프로그래밍 언어에 적용하면서 설명할 것이다.

FRP는 함수형 프로그래밍functional programming, FP의 아이디어를 기초로 하지만 FP를 모르더라도 이 책을 읽는 데는 무리가 없다. 1장은 밑바탕이 되는 개념을 몇 가지 다루고, 2장에서는 코드를 살펴볼 것이다. 듣기listening을 멈추고 반응reacting을 시작하라!

1.1 프로젝트, 복잡도의 벽에 부딪치다

프로젝트가 잘 진행되는 것 같았다. 모든 기능이 다 만들어지지는 않았지만 개발이 빠르게 이뤄지고 있었다. 윗선에서도 기뻐했고 고객도 감명받은 것 같았다. 투자자들도 낙관적이었고 미래가 밝아 보였다.

그러다 부지불식간에 그 일이 닥쳤다. 소프트웨어 품질이 흔들렸다. 개발은 마치 진창에 빠진 것 같이 느려졌다. 오래지 않아 고객의 불만도 늘어나고 야근도 늘기 시작했다. 무슨 일이 벌어진 걸까?

모든 큰 프로젝트는 어느 시점엔가 복잡도의 벽에 부딪치기 마련이다. 용인할 수 있을 것 같던 프로그램의 복잡도는 지수적으로 증가한다. 처음에는 거의 눈치채기 어렵지만 그 후엔 쾅! 하고 폭발한다. 프로젝트가 벽에 부딪친 것이다. 그 후 프로젝트는 보통 네 가지 중 한 방향으로 진행될 것이다.

- 진행이 보류된다.
- 처음부터 다시 시작한다. 수십억 원의 비용을 들이고 나서 같은 벽에 또 부딪친다.
- 회사에서 인력을 보강한다. 팀이 커짐에 따라 생산성이 엉망이 되고 끝없는 나락에 빠져든다(이 단계에서 회사가 다른 회사에 인수되곤 한다).
- 대규모 리팩터링refactoring을 통해 결국에는 관리 가능한 코드가 탄생한다.

리팩터링만이 유일한 전진의 길이다. 리팩터링은 복잡도의 벽에 부딪친 프로젝트를 살리는 주된 도구지만 사실은 더 일찍 사용할수록 더 최선이다. 따라서 개발 방법론의 일부로 채택해서 재앙이 발생한 후가 아닌 예방 차원에서 리팩터링을 활용해야 한다.

하지만 이 책의 주제는 리팩터링이 아니다. 이 책은 제어할 수 없는 복잡도를 예방하거나 고칠 때 도움이 되기에 리팩터링과 잘 어우러지는 프로그래밍 스타일인 **함수형 반응형 프로그래밍**에 대한 것이다. FRP는 방법론이 아니며(혹시 그런 생각으로 이 책을 구입한 독자에게는 사과의 뜻을 전한다), 모든 문제를 해결해주지는 못할 것이다. FRP는 복잡도의 일반적인 근원으로 떠오른 (따라서 버그의 주된 원인이 된) 이벤트 전달event propagation을 다루는, 여러분의 코드를 개선해주는 구체적인 프로그래밍 기법이다.

간단한 일에 시간이 너무 오래 걸릴 때

나는 임베디드 시스템에 쓰일 자바 기반 설정 도구를 개발하는 팀에 합류했다. 그 소프트웨어가 얼마나 복잡해졌냐 하면, 화면에 체크박스를 하나 추가하는 작업에 걸리는 시간을 추정하는 데 2주가 소요될 정도였다. 어떤 Boolean 값을 여러 단계의 인터페이스와 추상화를 통해 전달해야만 하도록 프로그램이 작성됐기 때문이었다. 이 문제를 해결하기 위해서 우리 팀은 프로그램을 수정했다. 나중에 살펴보니 그 수정은 기본적인 FRP 시스템과 같았다. 그 후에는 프로그램을 단 한 줄만 바꾸면 체크 박스를 추가할 수 있게 됐다. 나는 프로그램의 모든 로직이나 이벤트 리스너, 그리고 자주 일어나지 않는 경우를 처리하기 위한 코드가 모두 잠재적인 버그의 온상이 될 수 있음을 배웠다.

1.2 함수형 반응형 프로그래밍이란?

FRP를 여러 각도에서 살펴보자.

- FRP는 자주 쓰이는 **관찰자 패턴**을 대치한다. 관찰자 패턴을 **리스너**나 **콜백**이라고도 한다.
- FRP는 이벤트 위주의 로직을 조합 가능한 모듈로 코딩하는 방법이다.
- FRP는 다른 방식으로 사고한다. 프로그램을 입력에 대한 반응 또는 데이터의 흐름으로 표현한다.
- FRP는 프로그램 상태를 관리하는 데 질서를 부여한다.
- FRP는 근본적인 방식으로, 관찰자 패턴으로 문제를 해결하려고 노력하는 사람이라면 결국에는 FRP를 발명하게 될 것이라 생각한다.
- FRP는 일반적인 프로그래밍 언어의 경량 소프트웨어 라이브러리로 구현된다.
- FRP는 상태가 있는 로직을 위한 완전한 내장 언어embedded language라고 볼 수도 있다.

영역 특화 언어Domain Specific Language, DSL란 개념에 익숙하다면 FRP를 상태가 있는 로직을 표현하기 위한 최소이자 완전한 DSL이라고 이해할 수 있다. 예를 들어, I/O 부분을 제외하면 아무리 복잡한 비디오 게임도 완전히 FRP로 작성할 수 있다. 이처럼 FRP는 강력하고 표현력이 우수하다. 그렇다고 프로젝트 전체를 FRP로 구현해야 하는 것은 아니다. 기존의 프로젝트에도 여러분이 원하는 만큼만 FRP를 쉽게 집어넣을 수 있다.

1.2.1 더 엄격한 정의

코날 엘리엇Conal Elliott은 FRP를 발명한 사람 중 하나이며 이 책은 그의 정의를 따라 FRP를 다룬다. 우리는 이를 **진정한** FRP라고 짧게 부를 것이다. 그렇다면 FRP가 아닌 것은 무엇일까? 다음은 스택 오버플로stack overflow의 '함수형 반응형 프로그래밍 언어에 대한 명세'(http://mng.bz/c42s) 질문에 엘리엇이 답변한 내용의 일부다.

> *질문자가 구현이 아니라 명세에 대해 먼저 물어본 것이 기쁩니다. FRP가 무엇인지에 대한 대답이 수없이 돌아다닙니다. 내게 있어 FRP는 항상 두 가지로 집약됩니다. 첫 번째는 표시적denotative이란 것이고, 두 번째는 시간 연속적temporally continuous이라는 것입니다. 많은 친구들이 이 두 가지를 모두 빼먹고 여러 가지 구현상의 관념만으로 FRP를 정의하곤 합니다. 내가 볼 때 그런 정의는 모두 요점을 벗어난 것입니다.*
>
> *'표시적'이라는 것은 각각의 타입과 구성요소의 의미를 정확히 지정해주는 엄밀하고, 단순하며, 구현과는 무관한, 합성 가능한 의미론을 기초로 FRP가 이뤄져야 한다는 뜻입니다. 의미론이 합성적이기 때문에 각 구성요소를 합성한 것 중에서 타입이 올바른 것들은 모두 다 그 의미론에 따라서 정확한 의미를 결정할 수 있습니다.*

진정한 FRP 시스템은 표시적 의미론으로 정의해야만 한다.

> **DEFINITION_ 표시적 의미론**Denotation Semantics은 프로그래밍 언어의 엄밀한 의미를 수학식을 사용해 정의한 것이다. FRP 시스템의 경우 표시적 의미론은 시스템에 대한 정확한 명세를 제공하며, 모든 경우의 모든 구성요소에 대해 **합성성**compositionality이라는 중요한 특성이 성립함을 증명해준다.

합성성은 소프트웨어 설계에서 자주 요구되는 조합성composability이라는 개념을 수학적으로 더 정확하게 표현한 형태다. 이에 대해서는 5장에서 자세히 설명할 것이다.

이 책은 여러분이 즉시 사용할 수 있는 FRP 시스템을 통해 FRP를 연습하는 것을 강조한다. 앞으로 다룰 시스템 중 일부는 진정한 FRP는 아닐 수도 있다. 진행하면서 어떤 부분이 결여되었는지 설명하고, FRP 시스템이 왜 표시적 의미론에 바탕을 둬야 하는지 그 중요성에 대해 설명할 것이다. 시간적 연속성에 대해서는 9장에서 다룬다.

1.2.2 소듐 소개

이 책에서 FRP를 다루는 데 사용할 주요 수단은 필자가 만든 BSD 라이선스의 소듐sodium[1] 라이브러리다(https://github.com/SodiumFRP). 소듐은 부록 E에 있는 표시적 의미론을 구현한 시스템으로 필자가 다양한 상용 프로젝트에 성공적으로 적용한 실용적인 시스템이다.

소듐을 사용하는 이유는 실제로 유용하며, 단순하고, 진정한 FRP 시스템이기 때문이다. 이 책을 쓰는 현재 비함수형 언어에는 이와 비슷한 시스템이 많이 존재한다. FRP 시스템 사이에는 그다지 차이가 없으니 소듐으로 배운 내용을 다른 모든 시스템에 적용할 수 있다. 다른 시스템을 설명할 때는 이해를 돕기 위해서 소듐을 기준으로 삼을 것이다. 이 책의 목적은 FRP에 대한 학습이며 소듐은 그 목적을 이루기 위한 최선의 도구다.

다른 모든 라이브러리와 마찬가지로 소듐 또한 여러 설계 결정의 산물이다. 소듐 또한 완벽하지 않으며 다른 시스템에 장려하고 싶은 생각은 없다. 이 책에서는 다음 네 가지 의도로 소듐을 사용한다.

- 다양한 프로그래밍 언어를 지원하며 상업적/비상업적 소프트웨어 개발에 즉시 사용할 수 있는 검증된 라이브러리
- FRP의 진정한 정의를 장려하기 위한 수단
- 미래의 혁신에 대한 기준점이자 벤치마크 대상
- 최소주의minimulism 설계 사상에 따른 견실한 학습 플랫폼 역할

1.3 FRP가 적합한 분야와 현재 상황

NOTE_ 이 책은 독자가 일반적인 프로그래밍은 알고 있지만 함수형 프로그래밍은 모른다고 가정한다. 더 나아가 FRP는 함수형 프로그래밍 개념 중 일부만 사용하며 필요한 개념은 진행하면서 설명할 것이다. FRP는 함수형 프로그래밍이 제공하는 이점 중 많은 것을 제공하며 학습 곡선도 더 짧다. 또한, 사용 중인 언어에 FRP를 바로 적용할 수 있다.

1 옮긴이_ 소듐은 원자번호 11번, 원자기호 Na인 알칼리 금속(Alkiali metal) 원소다. 한국화학회에서 영어식 원소 표기를 채택하기 전에는 라틴어인 나트륨(Natrium)이라고 불렸다.

지나친 단순화처럼 들리겠지만 실제 FRP는 **함수형 프로그래밍**과 **반응형 프로그래밍**의 교집합이다(그림 1-1). 이 두 기술이 무엇인지 알아보자.

그림 1-1 FRP는 함수형과 반응형 프로그래밍의 교집합이다.

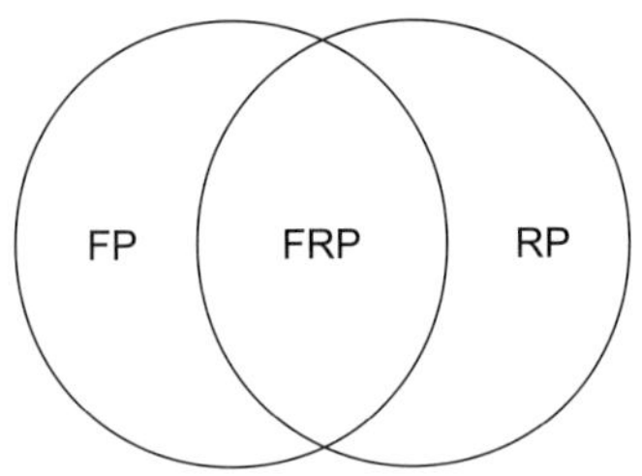

- **함수형 프로그래밍**: 수학적 의미의 함수에 기반한 프로그래밍 방식 또는 패러다임이다. 함수형 프로그래밍은 공유된 변경 가능한 상태mutable state를 의도적으로 회피한다. 그에 따라 불변immutable 데이터 구조를 사용한다. 함수형 프로그래밍은 **합성성**을 강조한다. 앞으로 설명하겠지만 합성성은 실제로 강력한 아이디어다. FRP가 복잡도를 효율적으로 처리할 수 있는 이유도 바로 합성성에 있다.
- **반응형 프로그래밍**: 프로그램을 전통적인 제어의 흐름이 아니라 1)이벤트 기반의, 2)입력에 반응하며 동작하는, 3)데이터의 흐름으로 보는 것을 뜻하는 광범위한 용어다. 이 용어는 이러한 목적을 어떻게 달성해야 하는지를 기술하고 있지 않다. 반응형 프로그래밍은 프로그램 구성요소 간의 더 느슨한 결합을 허용하며 그에 따라 코드가 더 모듈화된다.
- **함수형 반응형 프로그래밍**: 반응형 프로그래밍을 달성하기 위해 함수형 프로그래밍의 규칙을 따르도록 강제하는 구체적인 방법을 말한다. 특히, 합성성이란 특성을 강조한다.

전형적으로 반응형 프로그래밍으로 설명되는 시스템은 분산 처리를 강조하는 반면, FRP는 더 세밀한 단위를 사용하며 강력한 일관성으로부터 시작한다. 분산 시스템에서 규모 확장성scalability을 달성하려면 일관성을 완화시켜야만 한다(그 이유는 11.3절에서 설명한다). FRP와 반응형 프로그래밍은 이 문제를 다른 방식으로 접근한다. FRP도 분산 처리에 적합할 수 있지만 그 설계 목표는 단지 분산 시스템만을 위한 것이 아니다.

아카Akka 시스템도 반응형 프로그래밍으로 분류된다. 아카는 분산 처리를 위해 설계된 것으로 액터 모델actor model을 기반으로 한다(액터와 FRP의 차이는 10장에서 다룬다).

마이크로소프트의 반응형 확장Reactive Extensions, Rx은 이 책을 쓰는 현재 진정한 FRP가 아니다. Rx는 아카와 FRP 중간의 어느 지점에 위치한다. Rx와 FRP의 설계 목표에는 차이가 있다. Rx는 주로 이벤트 핸들러를 사슬처럼 엮는chaining 데 관심이 있으며 다양하게 엮는 방법을 제공한다.

FRP는 여러분이 작업하는 방법을 더 엄격히 제한하며 그 반대급부로 더 많은 것을 보장한다. 여러분이 이 책에서 배울 내용의 상당수는 Rx에도 해당한다. Rx에서 FRP와 유사한 부분을 6장에서 다룰 것이다.

1.4 대화형 애플리케이션: 이벤트가 뭐야?

대부분의 애플리케이션은 다음의 두 프로그래밍 모델 중 하나를 중심으로 하거나, 둘을 혼합해서 구조를 잡을 수 있다.

- 스레드
- 이벤트

이들은 모두 입력에 대한 반응으로 상태를 변화시키는 것을 관리하려고 한다. 하지만 그 목표를 달성하는 방법이 다르다. 어떤 방법을 선택할지는 해결하려는 문제의 성격에 달렸다.

- **스레드**는 상태 변화를 제어 흐름으로 모델링한다. 스레드는 상태 변화 순서가 명확히 정의될 때나 I/O에 잘 어울리는 경향이 있다. 액터나 제너레이터generator도 이 범주에 넣을 수 있다.
- **이벤트**는 프로그램에서 전파되는 이산적discrete이고 비동기적asynchronous인 메시지다. 이벤트는 순서가 덜 명확할 때 적합하다. 특히, 구성요소 간의 상호작용이 복잡할 때 잘 들어맞는다. 전형적인 응용으로는 그래픽 사용자 인터페이스Graphical User Interface, GUI와 비디오 게임을 들 수 있다.

수년간 사람들은 어떤 모델이 가장 좋은지 토론해왔다. 우리는 어느 하나가 다른 것보다 더 낫다고 생각하지 않는다. 각각이 자신의 목적에 더 나은 부분이 있다고 본다. 스레드가 최선인 경우에는 스레드를 사용해야 한다. 하지만 이 책은 두 번째 프로그래밍 모델인 이벤트에 대한 것이다. 이벤트가 최선인 경우가 자주 있다. 그런 경우에는 이 책이 문제를 어떻게 피할 수 있는지를 가르쳐줄 것이다.

1.5 상태 기계 분석의 어려움

상태 기계state machine는 다음과 같은 방식으로 작동하는 시스템이다.

1 시스템에 입력 이벤트가 들어온다.

2 프로그램 로직이 입력 이벤트와 프로그램의 현재 상태를 바탕으로 판단을 내린다.

3 프로그램 로직이 프로그램의 상태를 바꾼다.

4 프로그램 로직은 출력을 만들 수도 있다.

[그림 1-2]에 이를 표시했다. 화살표는 데이터의 흐름을 표시한다.

그림 1-2 일반적인 상태 기계의 데이터 흐름

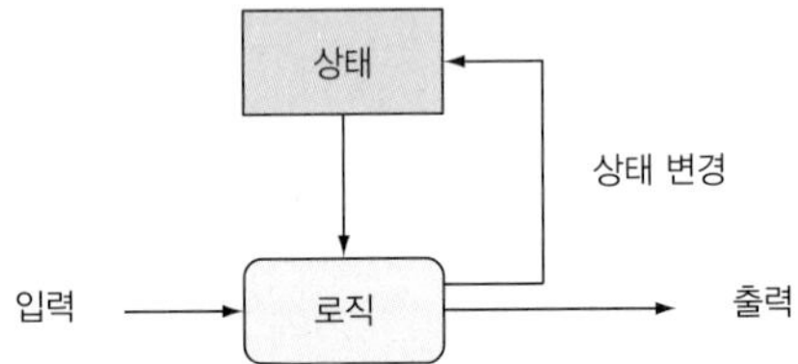

상태 기계라는 말은 보통 방금 설명한 구조를 반영하는 프로그램이나 프로그램의 일부를 일컫는 데 사용한다. 그런데 사실은 무언가 유용한 일을 수행하는 프로그램은 모두 기능적으로는 상태 기계와 동일하다. 어떤 프로그램이든 그와 똑같은 방식으로 작동하는 상태 기계로 다시 쓸 수 있기 때문이다.

모든 프로그램이 근본적으로는 상태 기계라고 말할 수도 있다. 하지만 전통적인 상태 기계 방식으로 작성된 코드는 읽기 어렵고 깨지기 쉽다(임베디드 C 프로그래머라면 누구든 이 말의 증인이 되어줄 것이다). 한편 상태 기계는 매우 효율적이다. 그래서 이런 방식의 코딩을 용인하는 주된 이유로 효율성을 꼽는 경우가 많다. 프로그래머의 할 일을 상태 기계를 관리 가능하도록 잘 조직하는 것이라 생각할 수도 있다. 물론 프로그래머는 컴퓨터가 실행할 수 있도록 프로그램을 기술해야 하지만 그의 책임은 거기서 끝나지 않는다. 코드가 크지 않거나 기억력이 특별히 좋지 않다면 머릿속에 모든 코드를 한꺼번에 기억하기란 불가능하다. 따라서 프로그래머의 주된 과업은 코드를 구조화해서 변경하기 쉽도록 만드는 것이다. 다른 말로, 프로그래머의 일차적 관심은 복잡도 관리다.

모든 프로그램이 상태 기계이며, 상태 기계는 근본적으로 분석하기 어려우며, 그로 인해 프로그래밍이 어렵다는 사실을 논했다. 프로그래머는 여러 기교나 자신이 배운 추상화들을 사용해 혼돈을 질서로 바꾼다. 이런 기교나 추상화는 연구와 창조력을 사용해 수년간 늘려온 것이다. 특히 스레드와 이벤트는 그중에서도 특히 유용한 추상화다. 다른 추상화도 많이 있으며 각각은 서로 다른 문제 영역에서 장단점을 가지고 있다. 이 책은 상태 기계의 복잡도 관리라는 문제를 직접적으로 해결하기 위해 여러분의 도구 상자에 추가할 수 있는 강력하면서도 매우 일반적인 추상화를 다룬다.

1.6 버그 없는 대화형 애플리케이션

우리가 해결하려는 문제는 원래부터 어려운 것이다. 그럼에도 불구하고 대부분의 문제는 우리가 문제를 다루는 방법으로부터 발생한다.

등산가는 종종 나쁜 날씨는 없고 나쁜 도구만 있을 뿐이라고 말하곤 한다. 우리는 나쁜 코드는 없지만 나쁜 인프라만 있다고 말한다.

이벤트 기반 프로그램의 버그 중 대다수는 예방할 수 있다. 그것이 바로 이 책의 메시지다.

1.7 리스너는 이벤트 처리의 기둥. 하지만...

리스너 또는 콜백(관찰자 패턴이라고도 함)은 오늘날 소프트웨어에서 이벤트를 전파하는 가장 주된 방식이다. 하지만 이 방식만 있던 것은 아니다.

옛날 흑벽돌로 집을 짓던 시절, 벽 안에 살던 쥐(마우스)들은 오늘날 우리가 아는 이벤트 소스가 아니라 작은 동물에 지나지 않았고 리스트 박스list box도 아직 발명되지 않았다. 프로그램에서 값을 전달하고 싶을 때는 그 값을 사용하려는 모든 장소를 호출해 값을 직접 전달해야 했다. 그 당시에는 생산자producer가 소비자consumer에 의존했다. 이벤트에 새로운 소비자를 추가하고 싶다면 생산자가 그 소비자도 호출하도록 만들어야 했다. 프로그램은 모노리식monolithic했으며 이벤트를 만들어내는 코드(이를테면 리스트 박스)를 재사용하고 싶어도 그 코드가 프로그램의 나머지 부분과 직접 연결돼 있었기 때문에 처리해야 할 일이 많았다.

리스트 박스를 재사용 가능한 소프트웨어 컴포넌트로 다루자는 아이디어는 리스트 박스가 자신의 소비자들을 미리 알고 있지 못하면 제대로 작동할 수 없다. 그래서 관찰자 패턴이 발명됐다. 특정 이벤트 생산자를 관찰하려면 아무 때나 새로운 소비자(또는 리스너)를 등록한다. 그러면 그 후로 이벤트가 발생할 때마다 해당 소비자가 호출된다. 관찰을 중단하고 싶다면 다음 코드와 같이 소비자를 생산자로부터 등록 해제하면 된다.

리스트 1-1 리스너: 관찰자 패턴

```
public class ListBox {
    public interface Listener {
        void itemSelected(int index);
    }

    private List<Listener> listeners = new ArrayList<>();
    public void addListener(Listener l) {
        listeners.add(l);
    }
    public void removeListener(Listener l) {
        listeners.remove(l);
    }
    protected void notifyItemSelected(int index) {
        for (l : listeners) l.itemSelected(index);
    }
}
```

이런 방식으로 리스너는 원래의 의존성dependency을 뒤집었다. 앞서와 반대로 소비자는 이제 생산자에 의존한다. 이렇게 하면 프로그램을 확장하기 쉽고 구성요소 간의 연결coupling이 느슨해져서 모듈화하기 좋다.

1.8 리스너의 여섯 가지 재앙 퇴치하기

이렇게 멋진 관찰자 패턴에서 대체 잘못될 수 있는 게 뭐가 있을까? 음... 그렇다. 우리는 리스너 버그의 근원 여섯 가지를 정리했다. [그림 1-3]을 보라. FRP는 이 모두를 퇴치해준다. 버그의 근원은 다음과 같다.

- **예측 불가능한 순서**: 리스너가 복잡하게 얽혀있다면 이벤트가 도착하는 순서는 여러분이 리스너를 등록한 순서에 따라 정해지는데 사실 이 방식은 도움이 되지 않는다. FRP에서는 이벤트의 처리 순서를 감지할 수 없기 때문에 이벤트 처리 순서가 문제가 되지 않는다.
- **첫 번째 이벤트 소실**: 생산자가 첫 번째 이벤트를 생산하기 전에 리스너가 등록되리라 보장하기 어렵다. FRP는 트랜잭션 방식이기 때문에 이를 보장할 수 있다.
- **지저분한 상태**: 콜백으로 인해 코드가 전통적인 상태 머신 형태로 바뀌며 지저분해지기 쉽다. FRP는 질서를 가져온다.
- **스레드 문제**: 리스너를 스레드 안전thread-safe하게 만들려 하다가 교착상태deadlock를 일으킬 수 있다. 또한, 리스너가 등록 해제된 다음에는 호출되지 않도록 보장하기도 어려울 수 있다. FRP는 이런 문제를 제거해준다.
- **콜백 누수**: 리스너를 해제하는 것을 잊는다면 메모리 누수가 발생한다. 리스너는 자연적인 데이터 의존성을 뒤집어주지만, 우리의 희망과 다르게 생존keep-alive 의존성을 뒤집어주지는 않는다. FRP는 메모리 누수를 방지한다.
- **의도치 않은 재귀**: 로컬 상태 갱신과 리스너 통지의 순서가 매우 중요한데 순서를 정할 때 실수하기 쉽다. FRP는 그런 문제를 없애준다.

그림 1-3 리스너의 여섯 가지 재앙

이런 문제에 대한 자세한 설명을 부록 B의 예제에서 볼 수 있다.

1.9 그냥 리스너만 고쳐서 사용하지 않는 이유

우리는 여러분이 리스너의 문제를 고치려다 보면 결국 FRP를 발명하게 될 것이라고 생각한다. 실제로 업계의 많은 사람이 자신의 영역에서 그와 같은 일을 해왔다. 다만 이름을 FRP라고 붙이지 않았을 뿐이다.

우리는 코날 엘리엇, 폴 휴닥Paul Hudak 등의 연구와 우리 자신의 연구를 바탕으로 범용 오픈소스(BSD3 라이선스) FRP 라이브러리인 소듐을 개발했다. 소듐은 다중 프로그래밍 언어 라이브러리로 최소주의와 실용성을 강조한다. 우리는 또 다른 FRP 시스템인 리액티브-바나나Reactive-Banana의 개발자인 하인리히 아펠무스Heinrich Apfelmus와 함께 서로의 시스템을 비교해봤다. 비록 그 둘이 서로 독립적으로 개발됐지만 이름을 제외하면 실제로 거의 동등함을 알 수 있었다. 하지만 여러분도 예상하듯 우리는 이 사실에 그리 놀라지 않았다.

우리는 FRP가 뭔가 근본적으로 똑똑한 아이디어라고는 생각하지 않는다. 관찰자 패턴을 고치려고 해본 사람들이 많은 고생 끝에 결국 모두 비슷한 해법에 도달한다는 측면에서 그렇다. 또한 '완벽한' 설계에는 가능한 변형이 몇 가지밖에 없다는 점에서도 그렇다. FRP는 발견이지 발명이 아니다.

FRP 시스템을 구현하기는 엄청나게 어려웠다. 우리는 다른 사람들의 작업을 훔쳐올 수 있었지만, 그럼에도 문제를 이해하고 FRP 시스템을 개발하는 데 6인/월person-month 분의 노력이 추가로 들었다. 그 결과로 만들어낸 라이브러리는 겨우 1,000줄에 지나지 않는다!

그 이유는 이벤트 처리가 근본적으로 해결하기 어려운 문제이기 때문이라 생각한다. 리스너를 사용하면 매일매일 조금씩만 당황하면 된다. 하지만 FRP 라이브러리를 개발하려면 그 모든 어려움을 한꺼번에 해결해야 한다.

여러분은 기존의 라이브러리를 재활용하고 절대 바퀴를 새로 발명하려 하지 않기를 바란다. 여러분이 선호하는 언어에 FRP 라이브러리가 없다면 기존의 구현을 그 언어로 포팅할 것을 권한다.

1.10 "재시작해봤어?" 또는 상태가 문제가 되는 이유

우리 모두는 사용 중인 소프트웨어가 잘못된 상태로 들어가는 경험을 한 적이 있다. 프로그램 내부에서 무언가가 제대로 갱신되지 못했고, 더 이상 제대로 작동하지 않는다. 그렇다. 어떤 일을 해야 할지 여러분도 알고 있을 것이다. 그래서 이런 경우에 대한 인터넷 밈internet meme[2]도 다양하다.

- 닥치고 리부트!
- Ctrl-Alt-Del은 모든 것을 고친다.
- 모든 시도가 실패하면, 재시작하라.
- 내가 IT 문제를 해결하는 방법: 잘 작동하지 않을 때 재시작 88%, 빠르게 구글 검색 10%, 이상한 IT 주술 2%
- 재시작하면 컴퓨터가 고쳐질 거라고 내가 그러면 어떻게 할래?
- 세계를 재시작하자! (이 방법이 최고라고 생각함)

우리는 프로그래밍에 리부팅이 필요하다고 생각한다. 대부분의 언어에서는 변수를 다음과 같이 정의할 수 있다.

```
int x = 10;
```

그 값을 변경하려면 다음과 같이 해야 한다.

```
x = x + 1;
```

FRP에서는 실행 순서에 민감한 일반적인 변경 가능한mutable 변수를 사용하지 않는다. 흔한 버그의 예로 어떤 변수의 값을 변경한 다음 그 값을 읽으려 했는데 (프로그램이나 스레드 흐름에 따라서) 그와 반대 순서로 처리되는 경우가 있다.

FRP는 상태를 **셀**cell이라는 컨테이너에 담아둔다. 변경 통지와 실행 순서 관리가 자동으로 들어가므로 셀은 이런 실행 순서의 문제를 해결해준다. FRP는 항상 셀을 최신 상태로 유지해준다. 상태 변경은 예측 가능한 시간에 일어난다.

---

2 옮긴이_ 인터넷을 통해 사람 사이에 전파되는 어떤 생각, 스타일, 행동 따위를 말한다. (출처: 위키백과)

이상 사례: 프로그램 설정

코드의 여러 부분에 영향을 주는 복잡한 설정을 지닌 프로그램을 다뤄본 적이 있는가? 프로그램을 실행하는 도중에 설정을 바꾸면 프로젝트에 어떤 일이 벌어졌는가?

설정을 사용하는 각 모듈은 상태 변경을 잡아내기 위해 리스너를 등록해야 하거나, 상태 변경을 아예 잡아낼 수 없다. 이는 코드를 복잡하게 만들며 설정 변경이 적절한 곳으로 전파되도록 만드는 과정에서 실수하기도 쉽다.

또, 어떻게 그런 경우를 테스트할 수 있을까? 그렇다. 테스트하기 어렵다. 이런 코드는 단위 테스트에 적합한 형태로 만들기 어렵다.

얼마나 많은 소프트웨어 프로젝트가 이를 포기하고 변경된 설정을 적용하기 위해 재시작하는 편을 택하고 있을까? 여러분이 ADSL 라우터의 설정 하나를 바꾸면 그 효과가 즉시 나타나는가 아니면 라우터를 재시작해야 하는가?

프로그램 설정은 분명 매우 단순해야 함에도 왜 실전에서는 해결하기 어려운 문제가 됐을까? 이런 현상이 우리가 프로그램을 작성하는 방법에 뭔가 근본적인 잘못이 있음을 의미하는 것은 아닐까?

1.11 FRP의 장점: 복잡도 다루기

우리 모두는 프로그램의 복잡도가 사람이 통제할 수 있는 범위를 벗어날 수 있다는 사실을 경험에서 안다. 이런 일이 너무 흔해서 IT 업계에서는 정상적인 일로 간주되곤 한다. 복잡한 부분이 복잡한 방식으로 상호작용할 때 복잡도는 복리 이자처럼 증가할 수 있다.

FRP는 특별한 방법으로 복잡도를 다룬다. 그 방법이란 수학적인 특성으로 합성성이라 한다. 합성성은 소프트웨어 구성요소들을 예상치 못한 부수 작용 없이 서로 합성할 수 있게 해주는 특성이다. 프로그램이 더 커지고 복잡해짐에 따라 합성성도 더욱 중요해진다. 합성성은 소프트웨어의 규모확장성을 높여주는 근원적인 방식이다. 여러분이 그 근간이 되는 요소를 잘 이해한다면 합성성을 떠받드는 생각을 더 잘 이해할 수 있을 것이다. 이에 대해서는 5장에서 자세히 다룰 것이다.

1.12 FRP는 어떻게 작동하는가?

FPR의 작동을 [그림 1-4]의 단순화한 항공권 예약 예제를 통해 보여줄 것이다. 다음이 그 시스템의 명세다.

- 사용자는 날짜 필드 위젯widget을 사용해서 출발일과 도착일을 입력한다.
- 사용자가 마우스와 키보드를 사용해 날짜를 입력하는 동안 비즈니스 로직은 계속해서 사용자가 현재 선택한 내용이 올바른지를 검증한다. 검증에 성공하면 OK 버튼을 활성화하고, 실패하면 비활성화한다.
- 검증에 사용할 비즈니스 규칙은 '출발일(dep) 〈= 도착일(ret) 이면 문제 없음'이다.

그림 1-4 단순화한 항공권 예약 예제

airline1
departure
2017 Sep 20
return
2017 Aug 20
OK

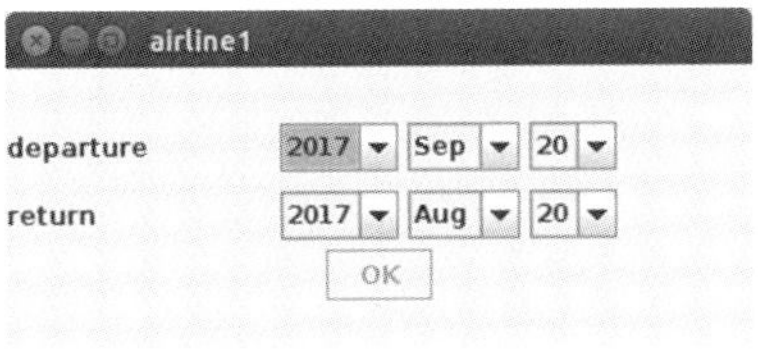

그림에서는 9월에 출발해서 같은 해 8월에 돌아오려고 시도하기 때문에 비즈니스 규칙이 실패한다. 따라서 OK 버튼이 비활성화(회색으로 사용 불가)된 것을 볼 수 있다.

이 애플리케이션을 개념적으로 보면 [그림 1-5]와 같다. GUI 위젯의 내부 상태를 알 수 없으므로 구름 모양으로 표현했다. 다른 말로 하자면 **블랙박스**black box다.

그림 1-5 개념적으로 본 항공권 예약 예제

날짜 필드 위젯
비즈니스 로직
버튼
날짜 필드 위젯
dep
dep <= ret
옳음
ok
ret

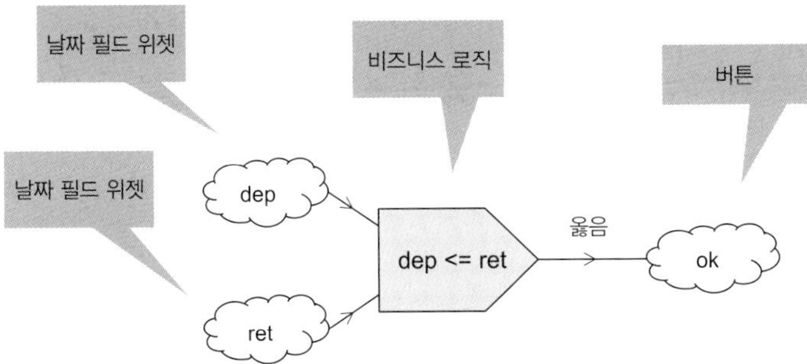

중심 아이디어는 다음과 같다. **출발일과 복귀일, 그리고 비즈니스 로직의 '옳음' 상태는 모두 사용자의 입력에 따라 동적으로 변한다**. 이 문장은 두 날짜로부터 어떤 로직을 거쳐서 OK 버튼 방향으로 가는 **데이터의 흐름**을 보여준다. 사용자가 날짜를 변경하면 로직이 만들어낸 결정에 의해서 OK 버튼이 활성화되거나 비활성화된다.

[리스트 1-2]는 GUI 설정 부분을 제외한 위젯과 로직을 만드는 자바 코드다. 지금 모든 자세한 내용을 다 이해할 수 있으리라 기대하지는 말라. 이 코드에 대해서는 1.16.2절에서 자세히 설명할 것이다.

리스트 1-2 FRP를 사용한 항공권 예약 예제

```
SDateField dep = new SDateField();
SDateField ret = new SDateField();
Cell<Boolean> valid = dep.date.lift(ret.date,
    (d, r) -> d.compareTo(r) <= 0);
SButton ok = new SButton("OK", valid);
```

우리는 저자들이 만든 소듐 FRP 라이브러리와 자바를 사용한다. 나중에 다른 FRP 시스템과 언어에 대해서도 다룰 것이다. FRP를 배우는 데는 사용하는 시스템이나 언어는 중요하지 않다. 표면적인 차이를 제외하면, FRP는 언어나 FRP 시스템과 관계없이 거의 같다.

FRP는 두 가지 기본적인 데이터 타입을 사용한다.

- **셀**cell은 시간에 따라 변화하는 값을 표현한다. 물론 여러분이 사용하는 프로그래밍 언어에도 변경될 수 있는 값을 표현하는 변수가 이미 존재할 것이다. 이 책은 그런 변수 대신 FRP가 제공하는 추상적 기능을 활용해 얻을 수 있는 이점을 알려주는 책이다.
- **스트림**stream은 이벤트의 흐름을 표현한다. 2장에서 자세히 소개할 것이다.

여기서 알아둬야 하는 핵심 아이디어는 [리스트 1-2]의 코드가 [그림 1-5]의 개념적인 모습을 그대로 반영한다는 사실이다.

우리는 GUI 위젯으로 작성한 장난감 라이브러리를 사용하고 있다. 이 라이브러리에 속한 클래스는 S로 시작된다. SDateField와 SButton은 일반적인 위젯과 같지만 FRP 기반의 외부 인터페이스를 덧붙였다. 이 덕분에 아직 다루지 않은 몇 가지 메커니즘을 피할 수 있다.

SDateField는 다음 필드를 외부에 공개한다.

```
Cell<Calendar> date;
```

Calendar는 자바에서 날짜를 표현하는 클래스다. 앞서 셀이란 시간에 따라 변하는 값이라고 했다. 따라서 Cell〈Calendar〉는 시간에 따라 변하는 날짜 값을 의미한다.

이와 같이 Cell은 그 안에 담을 값의 타입을 지정하는 타입 매개변수를 받는다. 자바의 리스트 등의 데이터 구조에서 제네릭generics을 사용할 때와 같은 방식으로 지정하면 된다. 예를 들어 날짜로 이뤄진 리스트는 List〈Calendar〉라고 표현한다. Cell〈Calendar〉도 마찬가지 개념이지만 여러 날짜가 모인 리스트가 아니라 하나의 날짜를 표현한다.

SDateField의 date 필드는 사용자가 SDateField을 조작하는 특정 순간에 화면에 표시된 날짜를 돌려준다. 코드에서 두 날짜를 lift와 함께 사용하는 것을 볼 수 있다.

NOTE_ [리스트 1-2]의 식 (d, r) -〉 d.compareTo(r) 〈= 0은 자바 8에 새로 도입된 람다 구문이다. 이 구문을 이해할 수 없더라도 걱정하지 말라. 여기서는 단지 개념만을 다룰 것이다. 이 모든 것이 어떻게 작동하는지는 2장에서 설명할 것이다.

다음 명령을 사용해 이 예제를 체크아웃해서 실행해볼 수 있다. 자바 8이 필요하니 자바 개발 키트JDK 8 버전 이상을 사용해야 한다. 우리는 자바 개발에 많이 쓰이는 빌드 시스템인 메이븐Maven과 앤트Ant 스크립트도 작성했다. 두 시스템 모두 아파치 소프트웨어 재단에서 나온 것이다. 윈도우 사용자라면 메이븐이 더 쉬울 것이다. 앤트의 윈도우 버전은 윈앤트WinAnt라고 불린다.

```
git clone https://github.com/SodiumFRP/sodium
cd sodium/book/swidgets/java
mvn test -Pairline1 또는 ant airline1
```

다른 디렉터리를 살펴보라. 같은 예제를 다른 언어로 이식한 것을 볼 수 있을 것이다.

NOTE_ 소듐은 메이븐 중앙 저장소에서 nd.dosium이라는 groupId로도 찾을 수 있다.

1.12.1 FRP 프로그램의 생애 주기

[그림 1-6]은 FRP 코드가 실행되는 메커니즘이다. 대부분의 FRP 시스템에서 이 동작은 실행 중runtime에 일어나며, 다음과 같이 두 단계로 이뤄진다.

그림 1-6 FRP 프로그램을 실행하는 단계

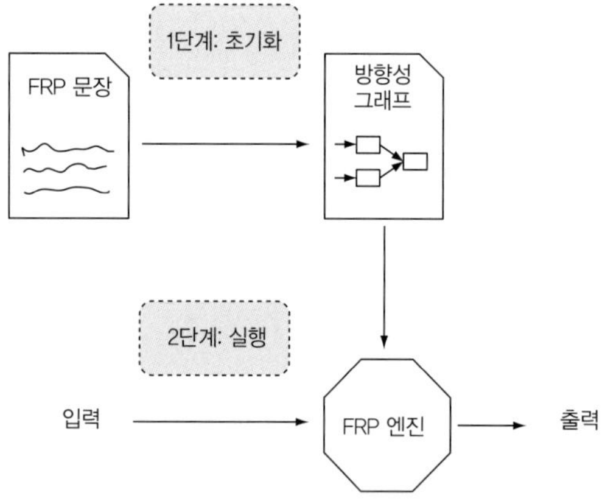

- **1단계: 초기화** – 보통 프로그램 시작 시 이뤄지며 FRP 코드 문장을 메모리상의 방향성 그래프directed graph로 변환한다.
- **2단계: 실행** – 프로그램을 실행하면서 사용자가 값을 넣고 크랭크 손잡이를 돌리면[3] FRP 엔진이 결과를 만들어낸다.

> **NOTE_** 실전에서 프로그램은 대부분의 시간을 이미 만들어진 방향성 그래프를 갖춘 상황에서 **실행** 단계에서 보낸다. 하지만 실행 단계에 그래프가 동적으로 바뀌는 일도 있다. 이에 대해서는 7장에서 다룰 것이다.

FRP 엔진의 주요 작업은 모든 것이 메모리에 있는 방향성 그래프가 지정하는 의존관계 순서대로 처리되게 만드는 것이다. 스프레드시트에서는 이런 순서를 **자연스러운 순서를 따르는 재계산**natural order recalculation이라고 하는데 '올바른 순서'라고 부르는 것이 더 나을 것이다. 다른 순서로 실행하면 잘못된 결과를 낳을 수도 있으니 말이다.

3 옮긴이_ 크랭크(crank)는 왕복운동을 원운동으로 바꾸거나 그 반대로 바꾸는 기계 부품이다.

초기화와 **실행** 단계의 구분은 GUI 라이브러리가 일반적으로 작동하는 방식과 유사하다. GUI에서는 먼저 위젯을 구성하고(초기화), 그 뒤에 이벤트루프가 사용자로부터 도착하는 이벤트를 처리한다(실행). 여기서 사용하는 자바 GUI 프레임워크인 스윙도 마찬가지 방식으로 작동한다.

초기화 단계에서 항공권 예약 예제는 다음 FRP 문장을 실행한다.

```
Cell<Boolean> valid = dep.date.lift(ret.date,
          (d, r) -> d.compareTo(r) <= 0);
```

이 코드는 위젯 사이의 관계만을 표현하며 다른 어떤 것도 표현하지 않는다.

> **NOTE_** 예제 코드에 있는 lift는 **끌어올리기**[liftin]라는 일반적인 함수형 언어 개념을 수행한다. 2장에서 리프팅에 대해 설명할 것이다.

초기화가 끝나면 실행 단계로 들어간다. 자바는 창을 만들고 사용자가 보내는 키보드와 마우스 이벤트를 처리한다. FRP 엔진은 우리가 표현한 관계를 유지하면서 valid의 값이 항상 최신 상태임을 보장하는 일을 담당한다.

이를 [그림 1-7]처럼 스프레드시트로 만들 수도 있을 것이다. 실제로 FRP는 스프레드시트와 같은 방식으로 작동한다. 동적으로 변할 수 있는 값에 Cell이라는 클래스 이름을 붙인 것도 이와 무관하지 않다.

그림 1-7 항공권 예약 예제를 스프레드시트로도 표현할 수 있다.

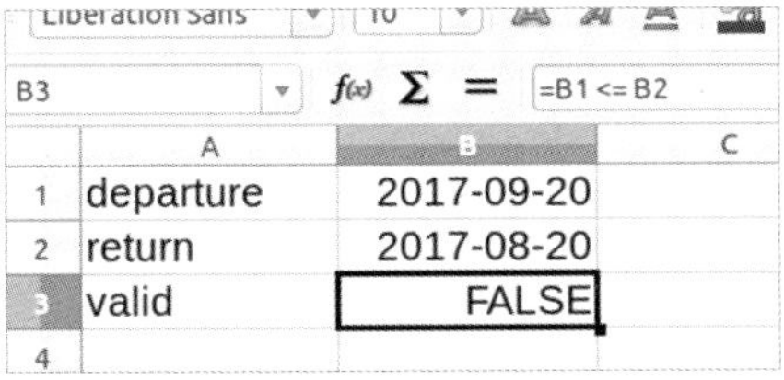

Liberation Sans | 10

B3 | =B1 <= B2

	A	B	C
1	departure	2017-09-20	
2	return	2017-08-20	
3	valid	FALSE	
4			

1.13 패러다임 전환

『과학 혁명의 구조』(까치글방, 2013)에서 저자 토마스 쿤Thomas Kuhn은 사람들이 일반적으로 생각하는 것과 달리 과학은 느리고 선형적으로 발전하는 게 아니라 급격히 이뤄진다고 강변했다.

DEFINITION_ 패러다임은 생각하는 방식, 세계관world view, 철학적인 체계 또는 준거틀frame of reference이다. 패러다임은 일반적으로 특정 분야의 지식에 적용되며 일련의 가정에 기반을 둔다.

FRP는 새로운 패러다임이다. 여러분이 FRP를 사용해서 기존의 코드 기반을 점차 개선할 수 있지만 그 밑바탕에는 다른 사고방식이 깔려 있다. 여러분이 그 사고방식을 받아들인다면 FRP를 가장 잘 활용할 수 있다.

1.13.1 패러다임

모든 사람의 사고방식은 참이라고 여기는 몇 가지 가정을 근거로 한다. 그런 가정 대부분은 무의식 수준에 있다. 사실 그 가정은 참일 수도 있고, 아닐 수도 있다. 사람들이 안다고 생각하는 대부분의 사실 바탕에는 그런 여러 가정이 깔려 있다. 아무리 똑똑한 사람이라도 결코 반문해 보지 않은 가정이 몇 개는 있기 마련이다.

대부분의 사람은 자신의 가정 중 상당 부분을 주변 세계와 나눈다. 이런 식으로 공유된 가정이 모여서 서로 의사소통할 수 있는 준거틀을 제공한다. 두 사람의 가정이 서로 너무 다르다면 그 둘 사이의 의사소통은 더 어려워진다. 그런 경우 두 사람이 서로 다른 패러다임을 운용한다고 말한다. 다른 나라를 방문했을 때 받는 문화적 충격이 좋은 예일 것이다.

어떤 지식 영역에서는 사람 사이의 가정이 정말로 아주 크게 다를 수 있는데 이런 경우 경험이 충돌할 수 있다. A라는 준거틀에서 말한 문장이 B라는 준거틀로 가면 불합리하게 느껴질 수도 있다. 심지어 어떤 사람은 다른 사람이 미쳤다고 생각할 수도 있다. 토마스 쿤은 이런 상황을 일컬어 두 사고방식이 서로 **통약불가능**incommensurable하다고 표현했다.

예를 들어, 크리스마스에 우리는 해변에서 아이스크림을 먹고 바다로 뛰어드는 것을 좋아한다. 다른 이에겐 이런 행동이 이상해 보일 것이다. 하지만 무더운 여름날 다른 무슨 일을 할 수 있겠는가?[4]

1.13.2 패러다임 전환

사람의 패러다임은 천천히 또는 어떤 깨달음에 의해 한순간에 바뀔 수 있다. 보통 그런 깨달음에 도달하기 전에 위기가 온다. 따라서 우리는 첫 번째 느린 방식을 더 선호한다.

객체지향 프로그래밍(OOP)에 익숙한 분이라면 새로운 패러다임으로 들어가게 될 것이다. FRP는 조금 이상해 보이겠지만, 우리는 하루 종일이라도 FRP가 간단한 아이디어라고 주장할 수 있고 실제로 그렇다. 하지만 간단한 것과 이해하기 쉽다는 것은 같지 않다. 실제로 여러분의 생각이 딱 들어맞기 전까지 여러분은 일종의 도전에 직면하게 될 것이다.

FRP는 프로그래밍에서 무엇이 중요한지에 대한 어떤 개념을 기반으로 하며 그것은 여러분이 현재 이해하고 있는 것과 다를 수 있다. 이를 이해하지 못하면 FRP는 아주 간단해야 하는 것을 괴상하고 한정적인 방식으로 다루는 방법에 불과할 것이다. FRP가 주장하는 여러 이익도 얻기 어려울 것이다.

우리는 표준적인 함수형 프로그래밍의 아이디어에 대해 이야기하고 있다. 여러분이 함수형 프로그래밍을 해왔다면 FRP도 쉽게 배우게 될 것이다. 그렇지 않더라도 문제는 없다. FRP를 배우기 위해 함수형 프로그래밍을 모두 다 알 필요는 없다. 우리는 여러분에게 필요한 함수형 프로그래밍 지식을 알려줄 것이다.

NOTE_ 저자 중 한 명은 FRP를 배운 다음에 함수형 프로그래밍을 더 쉽게 배웠다. 다른 저자는 정반대 순서로 그 둘을 배웠다.

우리는 여러분이 가지고 있는 가정에 의문을 품어보기를 권한다. 흥미롭고 도전적이며 속박을 푸는 일이 될 것이다. 그런 과정을 거쳐 여러분은 자신의 믿음을 바꾸거나 강화한다. 어느 쪽이든 여러분에게 이익이 될 것이다. 하지만 결코 쉽지는 않을 것이다.

---

4 옮긴이_ 두 저자는 뉴질랜드 사람이다. 게다가 역자도 호주에 살고 있다. 이런 환경의 크리스마스는 덥고, 산타는 반바지를 입고 맥주를 마시며 선물 배달을 다니기 마련이다.

다음 절에서는 FRP 안에서 생각하기 위한 기초를 놓기 시작할 것이다. 그리고 이 책을 끝마칠 때까지 그 노력을 계속할 것이다.

1.14 의존성 관점에서 생각하기

전통적으로 우리는 소프트웨어를 프로그래머가 작성하고 기계가 실행하는 여러 단계의 시퀀스로 표현해왔다. 각 단계는 이전 단계와 관련된다. 일부는 직전 단계에 의존하며, 일부는 훨씬 더 앞의 단계에 의존한다. 다음 단계를 생각해보자.

- 머리를 빗으라.
- 얼굴을 닦으라.

이 두 명령 사이에는 의존관계가 없다. 어느 순서로 실행해도 문제가 없으며 손만 충분하다면 둘을 동시에 할 수도 있다.

다음은 함수형 프로그래밍에서 사용하는 전통적인 예제다.

1 사일로silo 뚜껑을 연다.
2 미사일을 발사한다.

이 경우 이 시퀀스에 내재된 의존관계는 결정적이다.

FRP를 사용하지 않는다면 항공권 예약 예제를 [리스트 1-3]과 비슷하게 작성했을 것이다. 우리는 JDateField 위젯이 있다고 가정한다(실제로는 존재하지 않음). 여기서 문장의 순서가 매우 중요한 부분이 있음에 유의하라. 만약 그 순서를 지키지 않으면 프로그램이 망가질 것이다.

리스트 1-3 전통적인 비FRP 스타일로 작성한 항공권 예약 예제

```
public class BookingDialog {
    public BookingDialog() {
        JDateField startField = new JDateField(...); ← GUI
        JDateField endField = new JDateField(...);
        this.ok = new JButton("OK");
        ...;
        this.start = startField.getDate(); ← 로직
        this.end = endField.getDate();       (순서가 중요함)
        update();
```

```
        startField.addDateFieldListener(new DateFieldListener() {
            public void dateUpdated(Calendar date) {
                BookingDialog.this.start = date;   순서가 중요함
                BookingDialog.this.update();
            }
        });
        endField.addDateFieldListener(new DateFieldListener() {
            public void dateUpdated(Calendar date) {
                BookingDialog.this.end = date;     순서가 중요함
                BookingDialog.this.update();
            }
        });
    }
    private JButton ok;
    private Calendar start;
    private Calendar end;
    private void update() {
        boolean valid = start.compareTo(end) <= 0;
        ok.setEnabled(valid);
    }
}
```

스레드에서는 시퀀스를 표현할 수 있다. 이벤트로는 의존관계를 표현할 수 있다. 상황에 따라 둘 모두가 필요하다. 하지만 의존관계를 스레드로 표현하거나 이벤트를 시퀀스로 표현하는 데서 많은 문제가 생긴다.

항공권 예약 예제에서 본 것 같은 개념적인 그림이 있다면 [그림 1-8]처럼 의존관계를 쉽게 뽑아낼 수 있을 것이다. 우리에게 필요한 것은 필요 없는 부분을 제거하고, 데이터의 흐름을 표현한 화살표를 '~에 의존함' 관계로 바꾸는 것뿐이다.

FRP 엔진은 이런 관계를 잘 알고 있어서 의존관계를 자동으로 결정한다. 그 덕분에 올바른 시퀀스를 보장할 수 있다.

우리가 보여준 예제는 단순하다. 하지만 시퀀스에 의존하는 코드는 쉽게 복잡해질 수 있다. 의존관계를 시퀀스로 표현하는 것의 문제는 코드를 바꾸려 할 때 드러난다. 어떤 일이 더 일찍 또는 늦게 벌어지게 만들려면 기존 시퀀스가 암시하는 모든 의존성을 완전히 이해해야 한다. FRP에서는 의존관계를 직접 표현하므로 필요한 의존관계를 직접 더하거나 뺄 수 있고 자동으로 시퀀스가 갱신된다. 시퀀스에서 실수하기란 불가능하다.

그림 1-8 개념적인 그림에서 '~에 의존함' 관계 뽑아내기: 데이터 흐름 화살표 뒤집기

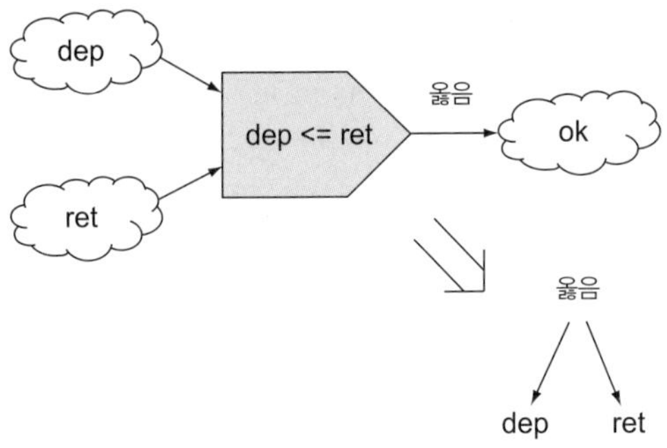

일반적인 리스너 기반의 이벤트 처리를 사용하면 의존관계를 표현할 수 있다. 하지만 신뢰할 만한 시퀀스를 유지하기란 여전히 어렵다. 처리 순서는 코드가 이벤트를 언제 전파하느냐에 따라 달라지며, 어떤 리스너가 등록돼 있느냐에 따라서도 달라진다(이것은 **예측 불가능한 순서**unpredictable order라고 하는 골칫덩어리다). 그런 것을 무심코 바꿔서 의도치 않게 놀라는 경우가 생기기 쉽다. 복잡한 프로그램에서 그런 일이 벌어지면 매듭을 푸는 데 상당한 시간이 소요된다.

우리는 자연스럽게 문제를 의존관계의 측면에서 생각한다. 프로그래밍의 대부분은 그런 관계를 시퀀스로 바꾸는 일이다. 의심할 여지 없이 여러분은 그런 일을 잘 할 것이다. FRP는 이런 측면의 프로그래밍을 덜어주며 여러분이 의존관계에만 관심을 쏟게 해준다. 따라서 여러분은 문제 설명problem description에 더 가까운 방식으로 프로그램을 작성할 수 있다.

1.15 선언적으로 생각하기: 이 프로그램은 무엇인가?

FRP에서는 기계 영역보다는 문제 영역에서 일에 대해 이야기한다. 수십 년간 소프트웨어를 개발해오면서 우리 저자들은 게을러졌다. 필요 없는 시퀀스 정보를 코드에 추가하고 싶지 않다. 그렇게 해봐야 디버깅할 거리만 늘어나는 일이 부지기수다.

시퀀스는 의존관계로부터 만들 수 있기 때문에 시퀀스를 전혀 기술하지 않으면 코드를 더 적게 작성할 수 있다. 그 결과 '어떻게how'는 더 적게 사용하면서 '어떤 것what'을 더 많이 사용할 수 있다. 이런 방식을 일컬어 **선언적 프로그래밍**declarative programming이라 한다. 기계에게 프로그램이 어

떤 일을 하는가를 알려주기보다, 프로그램이 무엇이어야 하는가를 알려주기 때문이다. 여러분은 여러 대상과 **그들 사이의 관계**를 직접 묘사할 수 있다.

'어떻게'보다 '무엇'을 설명하는 프로그램이 조합과 판단, 이해하기가 더 쉽다는 것을 보여주고 싶다. 하지만 이를 공복 상태에서 하고 싶지는 않다. 따라서 라자냐를 요리하기로 결정했다. 하지만 다음과 같은 요리법을 보고 우리는 공포에 빠지고 말았다.

1 기름을 큰 팬에 달군다.

2 양파가 갈색으로 변할 때까지 볶는다.

3 간 소고기와 토마토를 추가한다.

시퀀스다! 우리는 여러분에게서 이런 고통을 덜어줄 것이다.

이 요리법에는 전체적인 정리 없이 시퀀스 의존적인 세부 사항이 나열되어 있다. 라자냐가 무엇인지 잘 모르는 호주 사람이 여러분에게 라자냐가 무엇이냐고 물었다고 하자. 여러분이 앞의 요리법을 알려준다면 그는 어떤 음식을 먹게 될지 알아내느라 힘든 시간을 보내야 할 것이다. 이는 요리책을 쓰는 좋은 방법이 아니다. 앞의 요리법은 라자냐에 대한 **조작적 정의**operational definition다. 즉, 라자냐를 만들어내기 위해 필요한 각 단계로 라자냐를 정의했다. 선언적인 프로그래밍은 그런 방법 대신 **개념적 정의**conceptual definition를 사용한다(그림 1-9).

그림 1-9 개념적인 정의는 길게 나열한 자세한 지시 사항보다 쉽게 이해할 수 있다.

다음은 요리책이 실제 어떻게 쓰여 있어야 하는지를 보여준다.

- **라자냐**는 치즈 소스 위에 평평한 파스타 위에 볼로네즈 위에, 다시 치즈 소스 위에 평평한 파스타 위에 볼로네즈 위에, 또 다시 치즈 소스 위에 평평한 파스타 위에 치즈 소스 위에 치즈 가루를 얹고 45분간 구운 것이다.
- **볼로네즈**는 양파를 갈색이 될 때까지 볶고 간 소고기와 토마토를 섞은 후 20분간 은근히 끓인 것이다.
- **치즈 소스**는 우유와 치즈를 루roux에 조금씩 추가하면서 소스가 짙어질 때까지 볶은 것이다.
- **루**는 밀가루와 버터를 살짝 볶은 것이다.
- **굽는** 것은 오븐 그릇에 담아서 뜨거운 오븐에 넣는 것이다.
- **볶는** 것은 고온의 팬에 재료를 넣고 자주 섞어주는 것이다.
- **은근히 끓이는** 것은 저온의 팬에 재료를 넣고 가끔 저어주는 것이다.

우리는 코드 재사용을 좋아한다. 따라서 요리법 몇 개를 더 포함시키기로 했다.

- 볼로네즈 스파게티는 삶아서 물을 빼낸 스파게티 위에 볼로네즈를 얹은 것이다.
- 마카로니 앤 치즈(맥 앤 치즈)는 삶아서 물을 빼낸 마카로니 위에 치즈 소스를 얹은 것이다.

모두 함수형 요리를 즐기기를 바란다. 아마 다음과 같은 대안이 유용하다고 생각하는 사람도 있을 것이다.

- **치즈 소스**는 토마토 페이스트, 타히니(참깨 소스), 기름, 쌀가루, 아카미소(일본식 대두 된장), 간장, 두유, 영양 효모를 섞은 것이다.

언급할 것이 몇 개 있다.

- 우리는 의존관계를 직접 표현했다. 그로부터 순서를 정할 수 있다. 우리는 치즈 소스와 볼로네즈가 만들어지는 순서를 신경 쓰지 않는다. 둘 중 하나를 먼저 만들거나, 동시에 만들 수도 있고, 심지어 다른 사람이 만든 것을 사용할 수도 있다.
- 이것이 음식의 개념적인 모습에 더 가깝다. 따라서 이해하기 쉽다.
- 짧다. 그래서 요리책에 사진을 더 많이 실을 수 있다.
- 각 부분을 조합해서 새로운 요리법을 쉽게 만들 수 있다.

앞으로 진행하면서 프로그램이 어떤 일을 하는가보다는 프로그램이 무엇인가를 서술하는 구체적인 예제를 보여줄 것이다. 지금으로선 FRP의 바탕이 되는 철학의 기반인 다음 생각을 여러분에게 남겨둔다.

- 프로그램은 입력을 출력으로 변환transformation하는 것이다.

1.16 FRP, 개념적 이해 vs. 조작적 이해

FRP의 작동을 이해하는 방법은 두 가지다. (라자냐의 경우에서 본 것처럼) **조작적인** 이해와 **개념적인** 이해가 그 둘이다. FRP는 **개념적으로** 단순하다는 게 커다란 장점이다.

대부분의 프로그래머는 조작적인 사고에 익숙하지만 우리는 여러분이 그로부터 벗어나기를 바란다. FRP를 사용한다면 조작적인 사고는 더 복잡한 접근 방식이자 불필요한 세부 사항으로 정신을 오염시키는 것일 뿐이다. 말하자면, 커튼 뒤의 사람은 신경 쓰지 말라.

우리는 몇 절 앞에서 항공권 예약을 위한 약간의 코드를 제시했다. 나중에 이를 리스너와 콜백을 사용하는 전통적인 방식으로 구현하는 방법도 보았다. 여러분이 대부분의 FRP 시스템이 그 내부는 모든 것을 리스너로 처리한다는 사실을 안다고 해도 그다지 놀라지는 않을 것이다.

NOTE_ 모든 FRP 시스템이 내부적으로 리스너를 사용하지는 않는다. 푸시push 기반 FRP 시스템은 보통 리스너를 사용하지만 풀pull 기반 시스템(모든 값을 주문형으로 계산하는 시스템)도 있고, 그 둘을 조합한 것도 있다. 시스템의 내부 작동 방식은 오직 성능에만 영향을 준다. 즉, 여러분 코드의 의미를 바꾸지는 못한다. 소듐은 푸시 기반 시스템이다.

우리는 "코드가 실행될 때 실제로 어떤 일이 벌어지는 거지?"라는 질문을 던질 수도 있다. 그에 대한 설명은 잠시 후로 미루고, 그전에 개념적인 사고가 가장 중요함을 강조하고 싶다.

1.16.1 FRP에 마음 열기

마음을 가다듬고 빈 밥공기처럼 모든 것을 수용할 준비를 하기 바란다. 제약이 없는 코드의 스트림(냇물)을 따라 데이터가 흘러가는 그림을 상상하라(그림 1-10). 그것을 느낄 수 있는가?

그림 1-10 코드의 스트림

우리가 소개한 Cell 클래스에서 필수적인 특성은 무엇일까? FRP는 **반응형**reactive이라 불린다. 우리가 작성한 코드는 항시 입력에 반응하는 것이기 때문이다. FRP로 작업할 때는 셀을 오직 정보의 근원으로만 봐야 하며, 유일한 정보의 근원으로 봐야 한다. 결코 "이제 여기서 코드가 이 값을 푸시한다"라고 말해서는 안 된다. 마음 속에서 그런 생각을 아예 없애버려라.

FRP 로직은 데이터의 흐름이다. 데이터는 여러분의 로직 안으로 들어와 **스트림**과 **셀** 사이를 흐른다. 출력 부분에서 데이터는 외부로 흘러나간다. 중간의 비트도 역시 데이터의 흐름이다. FRP 코드는 입력에 대한 반응이다. 데이터는 입력에서 출력으로 흐른다. FRP는 근본적으로 **출력을 입력의 측면에서 선언적으로 기술**하는 것이다.

FRP에서 여러분은 개별 이벤트 값이 아니라 데이터 흐름이라는 수준에서 개념적으로 작업을 진행한다. 우리는 FRP를 사람들에게 소개할 때마다 어김없이 다음과 같은 질문을 받아왔다.

> *"값을 어떻게 얻나요?"*

그럼 우리는 이렇게 대답한다.

> *"머나먼 북쪽에서요. 값의 스트림(흐름)이 바위 사이를 흐르고 있어요. 잠깐 기다리면 값이 버드나무에 도달할 거예요."*

FRP를 사용하려면 개념적인 수준에서 생각하기 위해 노력하라. 여러 요소 간 상호작용의 메커니즘이 아니라 그들 사이의 관계 수준에서 머물라.

1.16.2 코드가 실행되면 어떤 일이 벌어지는가?

항공권 예약 예제에서 약간의 코드를 봤다. [리스트 1-4]는 같은 코드를 부수적인 내용도 포함해 더 자세히 보여준다. 하지만 레이아웃과 관련한 너무 장황한 부분은 제외했다. nz.sodium.*를 임포트하면 셀을 포함한 소듐 FRP 시스템을 사용할 수 있다.

GUI 위젯을 위한 '장난감 라이브러리'를 사용하기 위해 swidgets.*를 임포트했다. SDateField와 SButton은 일반적인 위젯과 같지만 FRP 인터페이스를 제공하는 더 멋진 위젯이다. 이 위젯이 없다면 Cell에 데이터를 주입하는 방법과 Cell에서 데이터를 받는 방법을 설명해야 했을 것이다.

FRP를 외부와 인터페이싱하는 일은 어렵지 않다. 하지만 지금과 같은 이른 단계에서는 그런 식의 조작적인 사고를 멀리하는 것이 가장 중요하다. FRP를 가르쳐본 경험에 따르면 사람들은 자신이 이미 알고 있는 쪽으로 끌리는 경향이 있다. FRP를 처음 접하는 사람이 리스너와 비슷한 인터페이스를 보면 "난 이걸 사용하는 법을 이미 알고 있어"라고 말한 후, 이미 잘 확립돼 있는 습관과 사고방식으로 되돌아갈 것이다. 그래서 FRP와 프로그램의 나머지 부분을 인터페이스하는 방법에 대해서는 이 책의 뒷부분에서 설명할 것이다.

리스트 1-4 더 자세한 항공권 예약 예제

```
import javax.swing.*;
import java.awt.*;
import java.util.Calendar;
import swidgets.*;
import nz.sodium.*;

public class airline1 {
    public static void main(String[] args) {
        JFrame view = new JFrame("airline1");
        view.setDefaultCloseOperation(JFrame.EXIT_ON_CLOSE);

        SDateField dep = new SDateField();
        SDateField ret = new SDateField();
        Cell<Boolean> valid = dep.date.lift(ret.date,
            (d, r) -> d.compareTo(r) <= 0);
        SButton ok = new SButton("OK", valid);

        GridBagLayout gridbag = new GridBagLayout();
```

```
        view.setLayout(gridbag);
        GridBagConstraints c = new GridBagConstraints();
        ...
        view.add(new JLabel("departure"), c);
        view.add(dep, c);
        view.add(new JLabel("return"), c);
        view.add(ok, c);
        view.setSize(380, 140);
        view.setVisible(true);
    }
}
```

이 코드가 실행될 때 어떤 일이 벌어질까? 초기화 과정에서 푸시 기반의 FRP 시스템은 [그림 1-11]과 비슷한 리스너의 네트워크를 만들어낸다. 그림을 통합 모델링 언어Unified Modeling Language, UML와 비슷한 스타일로 표현했다. 각 박스는 메모리상의 자바 객체를 표현하며, 각 객체에는 현재 등록된 리스너의 목록이 있다. 리스너를 등록한 객체는 update(..) 메서드를 통해 통지를 받는다.

그림 1-11 내부에서 FRP 시스템은 FRP 문장을 리스너로 이뤄진 방향성 그래프로 변환한다.

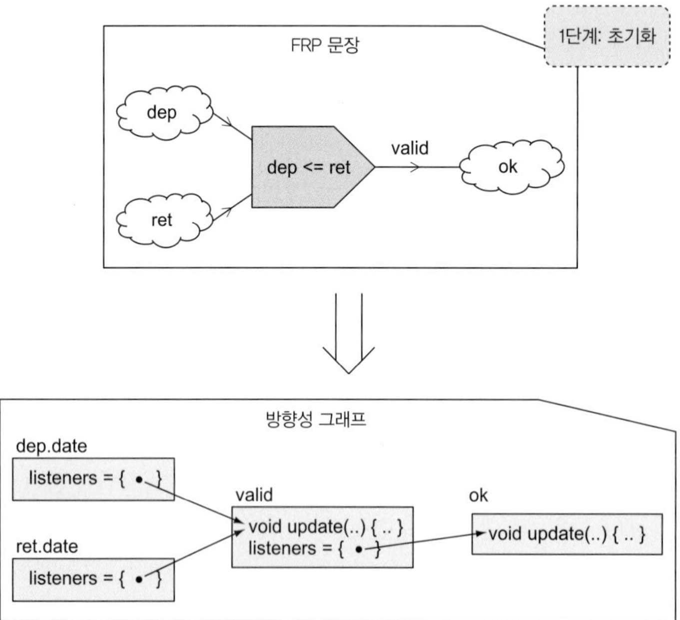

실행 단계에 사용자가 출발이나 복귀 날짜를 변경하지 않으면 아무 일도 벌어지지 않는다.

1 dep.date와 ret.date는 자신의 리스너에게 변경된 내용을 알려준다.

2 valid에 있는 update(..) 메서드가 호출된다. 그 안에서 비즈니스 규칙에 따라 최신 값을 가지고 로직을 다시 계산한다. 작업이 끝나면 valid가 자신의 리스너를 호출한다.

3 ok의 update(..) 메서드가 호출된다. 여기서는 버튼 위젯을 활성화하거나 비활성화한다.

1.17 함수형 프로그래밍을 이벤트 기반 코드에 적용하기

FRP의 능력 중 상당 부분은 FRP 셀과 스트림이 리스너/콜백 코드에서 결코 기대할 수 없는 함수형 프로그래밍의 규칙을 따른다는 사실에 있다.

이벤트 기반의 코드를 함수형 프로그래밍으로 다룰 수도 있다. FRP는 함수형 프로그램이 이벤트 기반 로직을 위한 메타 언어 역할을 할 수 있게 해준다.

DEFINITION_ 메타 언어 다른 언어로 된 코드를 조작하기 위해 사용하는 언어

FRP에서 함수형 프로그래밍은 로직을 직접 조작하지는 않는다. 대신 로직을 기술하는 언어의 문장을 조작한다. 이번 절은 여러분이 FRP의 메타 언어적인 측면을 맛보게 해줄 것이다.

NOTE_ 1장의 마지막인 이번 절은 함수형 프로그래밍을 아예 모르는 독자에게는 어려울 것이다. 이번 절은 여러분에게 FRP가 무슨 일을 할 수 있는지를 보여주기 위한 것일 뿐이며 그 내용 전체를 다 배울 필요는 없다. 이 예제가 너무 어려워서 머리에 쥐가 난다면 당장은 건너뛰어도 좋다. 2장을 끝내고 나면 이 내용이 더 쉽게 다가올 것이다.

이제 비즈니스 규칙을 Rule이라는 클래스로 캡슐화해서 규칙을 개념처럼 다루고자 한다. 첫 번째 예제의 규칙(복귀일이 출발일보다 빠를 수 없음)을 다음과 같이 다시 쓸 수 있다.

```
Rule r1 = new Rule((d, r) -> d.compareTo(r) <= 0);
```

여기서는 규칙에 대한 코드를 자바 8의 람다 문법을 사용해 작성하고, 그 람다를 Rule의 생성자에 인수로 전달했다.

중국에서는 4, 14, 24일을 불길한 날로 여긴다. 불길한 날에는 여행을 하지 못하도록 만드는 새로운 규칙을 정의할 수 있다. 다음과 같은 함수가 있다고 하자.

```
private static boolean unlucky(Calendar dt) {
    int day = dt.get(Calendar.DAY_OF_MONTH);
    return day == 4 || day == 14 || day == 24;
}
```

이 함수를 써서 규칙을 다음과 같이 표현할 수 있다.

```
Rule r2 = new Rule((d, r) -> !unlucky(d) && !unlucky(r));
```

규칙을 조합할 방법이 필요하다.

```
Rule r = r1.and(r2);
```

앞의 규칙은 두 규칙 r1과 r2를 모두 만족시켜야만 참이 된다.

[리스트 1-5]는 이런 Rule 클래스의 코드로, 두 날짜(Calendar)를 취해서 둘 모두가 올바르면 true를 반환하는 함수를 위한 컨테이너다. Lambda2 클래스는 소듐에서 가져온 것이다.

> **DEFINITION_ 구체화reify** 함수형 프로그래밍에서 어떤 대상에 대한 추상적인 표현을 실제 코드로 변환하는 것

이 정의에 맞게 reify()는 추상적인 규칙을 실제 FRP 코드로 '컴파일'한다. 우리는 먼저 Rule을 사용해 규칙을 추상적인 개념으로 조작한다. 그런 다음 앞서 만든 결과를 실행 가능한 코드로 바꾼다. 이 예제에서 reify()는 셀의 출발 날짜와 복귀 날짜에 대한 표현을 인수로 받아서 그 둘이 규칙을 지키는 올바른 날짜인지를 표현하는 셀을 반환한다.

and()는 기존 규칙을 조작하기 위한 메서드다. 이 메서드는 두 규칙을 조합해서 입력으로 받은 두 규칙을 모두 만족할 때만 만족하는 새로운 규칙을 만든다.

리스트 1-5 비즈니스 규칙 캡슐화하기

```
class Rule {
    public Rule(Lambda2<Calendar, Calendar, Boolean> f) {
        this.f = f;
    }
    public final Lambda2<Calendar, Calendar, Boolean> f;
    public Cell<Boolean> reify(Cell<Calendar> dep, Cell<Calendar> ret) {
        return dep.lift(ret, f);
    }
    public Rule and(Rule other) {
        return new Rule(
            (d, r) -> this.f.apply(d, r) && other.f.apply(d, r)
        );
    }
}
```

NOTE_ 옛날 프로그래밍 교과서는 f와 같이 아무런 설명을 제공하지 않는 함수 이름을 짓지 말라고 가르친다. 하지만 함수형 프로그래머들은 특정 문제와 연관되지 않은 코드는 항상 일반화하기를 바란다. 여기서는 Rule이라는 이름이 이 클래스가 무엇인지를 분명하게 말해준다. 그 안에서 사용하는 함수의 이름을 어떻게 짓더라도 목적을 더 명확히 설명하지는 못한다.

[리스트 1-6]은 주 프로그램의 로직이다. 새로운 Rule 클래스를 사용해 두 가지 비즈니스 규칙을 구현한다.

리스트 1-6 추상적인 비즈니스 규칙 조작하기

```
private static boolean unlucky(Calendar dt) {
    int day = dt.get(Calendar.DAY_OF_MONTH);
    return day == 4 || day == 14 || day == 24;
}
...
    SDateField dep = new SDateField();
    SDateField ret = new SDateField();
    Rule r1 = new Rule((d, r) -> d.compareTo(r) <= 0);  ← 출발일이 복귀일을 앞설 수 없다.
    Rule r2 = new Rule((d, r) -> !unlucky(d) && !unlucky(r));  ← 불길한 날에는 여행할 수 없다.
    Rule r = r1.and(r2);
    Cell<Boolean> valid = r.reify(dep.date, ret.date);
    SButton ok = new SButton("OK", valid);
```

이 예제는 먼저 깃git으로 코드를 체크아웃한 다음에 실행해야 한다. 다음은 그 과정을 보여준다.

```
git clone https://github.com/SodiumFRP/sodium
cd sodium/book/swidgets/java
mvn test -Pairline2 또는 ant airline2
```

이상은 프로그램이 복잡해질수록 더욱 강력해지는 접근 방식을 보여주는 작은 예다. 12장에서는 이 개념을 더 발전시켜서 이런 방식으로 GUI를 처리하는 구현을 보여줄 것이다.

1.18 요약

- **리스너**와 **콜백**에는 많은 문제가 있다. 우리는 이 문제들을 여섯 가지 재앙이라 부른다.
- FRP는 상태 기계와 리스너 또는 콜백을 대치한다.
- FRP는 **합성성**이라는 수학적 특성을 통해 복잡도를 다룬다.
- 시퀀스라는 관점보다 의존관계라는 관점에서 생각하는 것이 더 낫다.
- FRP 코드에는 **방향성 그래프**와 같은 구조가 들어 있다. FRP 엔진은 그 그래프로부터 실행 순서를 만들어낸다.
- FRP는 **선언적 프로그래밍** 방식을 사용한다. 이는 프로그램이 어떤 일을 하는가보다는 어떤 것이 되어야 하는가에 관심을 갖는 것이다.
- FRP는 근본적인 어떤 것이다. 그래서 FRP는 발견된 것이지 발명된 것이 아니다.
- FRP에서는 함수형 프로그래밍을 이벤트 기반 로직을 작성하기 위한 메타 언어로 사용할 수 있다.

CHAPTER 2

FRP의 핵심

- Stream과 Cell 타입
- 기본 연산: map, merge, hold, snapshot, filter, lift, never, constant
- StreamLoop와 CellLoop를 통한 전방 참조
- hold와 snapshot을 사용해 누적기 만들기

이 책의 앞 몇 장은 FRP의 원리를 설명하기 위해서 자바 소듐 라이브러리를 사용할 것이다. 자바를 선택한 이유는 정적 타입 지정 언어이고(FRP와 잘 어울리는 특성이다), 문법도 상당히 깔끔하기 때문이다. 우리는 FRP의 개념을 설명하려는 것이지 특정 시스템의 세부적인 내용을 가르치려는 것이 아니다. 소듐은 그런 기본적인 FRP 개념을 모두 포함하면서도 가능한 한 작게 설계한 라이브러리이며, 이 책에서 소듐과 자바는 FRP 개념을 설명하기 위한 수단에 불과하다. 여러분이 이 책을 특정 언어나 FRP 시스템에 대한 것으로 생각하지 않기를 바란다.

2장 이후부터는 다른 언어와 FRP 시스템에 대해 살펴볼 것이다. FRP 시스템은 개념적으로 모두 같지만 설계나 이름은 다를 수 있다.

2.1 스트림 타입: 이벤트의 흐름

FRP는 두 개의 클래스 또는 데이터 타입을 기반으로 한다. 1장에서 본 예제에서는 셀을 사용했다. 이제 셀의 상대방인 스트림stream을 살펴볼 것이다. 다음을 다시 한번 기억하자.

- **셀** – 시간에 따라 변할 수 있는 값을 표현한다.
- **스트림** – 이벤트의 흐름을 표현한다.

[그림 2-1]은 텍스트 필드와 버튼이 들어 있는 창을 하나 보여준다. 텍스트 필드에 텍스트를

입력할 수 있다. 버튼을 클릭하면 텍스트가 지워진다.

그림 2-1 Clear를 클릭하면 기존에 입력한 모든 텍스트는 사라진다.

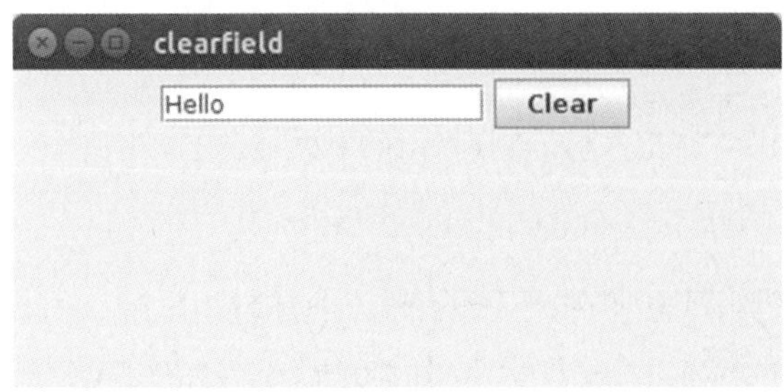

[그림 2-2]는 1장에서 본 것과 같은 개념적인 뷰다.

- **화살표**는 **스트림**을 표현한다. 각 스트림에는 변수 이름이 붙어 있다.
- **박스**는 스트림을 **변환**하는 것을 표현한다. 박스 위의 이름은 사용할 FRP 연산의 이름이다. 인자가 있다면 박스 중간에 표시한다.
- **개념**적인 **모듈**이나 **블랙 박스**는 **구름** 형태로 나타낸다. 이는 내부를 잘 볼 수 없다는 사실을 반영한다. 각각은 스트림이나 셀을 읽어 들이거나 내보낸다.

그림 2-2 clearfield 예제를 개념적으로 표시한 것

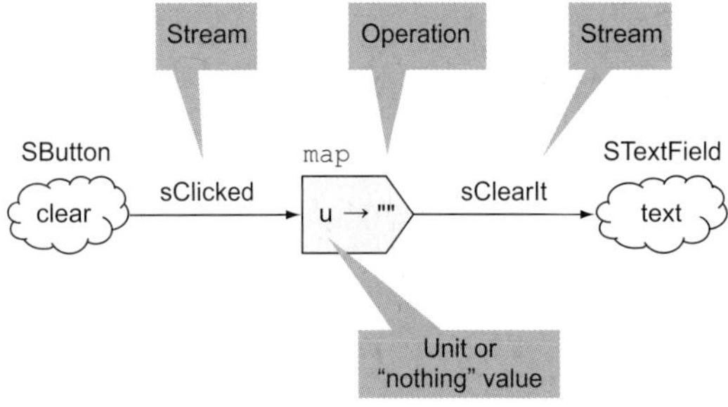

사용자가 버튼을 클릭하면 세 가지 일이 벌어진다.

1 이벤트가 만들어지고, sClicked라는 스트림으로 흘러들어간다. 버튼 클릭에는 그 일이 발생했다는 사실 외에 다른 정보가 필요 없다. 그래서 sClicked에는 '아무것도 아닌 값'을 표현하는 Unit이라는 타입이 들어간다. 이 타입에 대해서는 잠시 후 설명할 것이다.

> **NOTE_** 이 책에서는 스트림을 표현하는 변수의 이름의 맨 앞에 s를 붙였다.

2 이 이벤트는 Unit 값을 " "로 변환하는 map 연산으로 전달된다. map 연산은 sClearIt이라는 새로운 스트림을 만들어낸다.

NOTE_ 함수형 프로그래밍을 해본 독자라면 map의 개념을 이미 알 것이다. 그렇지 않더라도 걱정할 필요는 없다. 자세한 내용을 곧 설명할 것이다. 이 map을 키/값 쌍을 저장하는 자바 데이터 구조인 Map과 혼동해서는 안 된다.

3 sClearIt에 있는 이벤트가 텍스트 필드로 전달된다. 텍스트 필드는 자신의 내용을 이벤트의 내용인 " "으로 바꾼다. 이런 방식으로 사용자가 버튼을 클릭하면 텍스트 필드의 글자가 지워진다.

1장에서 Cell이 자신이 담아둘 수 있는 값의 타입을 지정하기 위해 자바 제네릭스로 표현 가능한 타입 매개변수를 받았다는 사실을 기억하라. Stream에도 마찬가지로 타입 매개변수가 있다. 그것은 스트림을 통해 전달되는 값의 타입을 지정한다. sClicked의 타입은 Stream〈Unit〉이다. 따라서 이 스트림에서 흘러가는 값의 타입은 Unit이다.

Unit 데이터 타입

Unit은 일종의 '아무것도 아닌 값'이다. Unit은 함수형 프로그래밍의 용어이자 개념이다. 왜 이 개념이 유용한지 살펴보자.

OOP에서 이벤트 핸들러는 원하는 인자를 원하는 수만큼 받을 수 있다. 버튼이 눌린 경우 눌렸다는 사실 자체 외에는 다른 정보가 필요 없다. 따라서 보통은 다음과 같이 아무런 인자를 받지 않는 핸들러를 정의한다.

```
public void buttonClicked() { ... }
```

FRP는 조금 다르다. 여러분은 FRP가 내부적으로 항상 인자를 하나만 받는 핸들러를 사용한다고 생각할 수 있다. 값이 없는 경우 하나뿐인 인자에 채워 넣을 아무것도 아닌 값이 하나 필요하다. 소듐은 이를 위해 Unit이라는 타입을 정의한다.

```
public enum Unit { UNIT };
```

OOP 스타일로 하면 이와 동등한 코드로 다음과 같이 인자가 하나뿐인 핸들러를 생각해낼 수 있을 것이다. 물론 FRP에서는 이런 일을 하지 않는다.

```
public void buttonClicked(Unit u) { ... }
```

핸들러의 코드는 아무 정보가 없기 때문에 u를 무시할 것이다.

[리스트 2-1]에 정상 작동에 필요한 모든 자바 요소를 포함한 관련 코드가 있다. 여기서도 FRP용으로 개선한 SWidgets 라이브러리를 사용한다.

> **NOTE_** SWidgets 라이브러리를 사용해보고 싶은 독자는 sodium/book/swidgets/java/swidgets 디렉터리로 이동해서 mvn install을 실행하여 로컬 메이븐 저장소에 설치할 수 있다.

SButton은 스윙 JButton과 비슷하지만 버튼이 클릭되면 다음과 같이 공개된 필드를 통해 FRP 스트림을 내보낸다.

```
public Stream<Unit> sClicked;
```

STextField는 다음과 같은 생성자를 가진 텍스트 필드다.

```
STextField(Stream<String> sText, String initText)
```

이 생성자의 첫 번째 인자로 텍스트를 필드에 쓸 수 있는 문자열 스트림을 넘긴다. 이제 한 스트림을 다른 스트림으로 연결하기만 하면 된다. 하지만 둘의 타입이 다르기 때문에 map 연산을 사용해 Unit 값을 빈 문자열로 바꿔야 한다. 다음 예제는 map()에 자바 8의 람다를 사용한다(잠시 후 이에 대해 자세히 설명할 것이다). 이 코드가 앞의 개념적인 그림에 얼마나 가까운지 한번 살펴보라.

리스트 2-1 clearfield: 테스트 필드와 Clear 버튼

```
import javax.swing.*;
import java.awt.FlowLayout;
import swidgets.*;
import nz.sodium.*;

public class clearfield {
    public static void main(String[] args) {
        JFrame frame = new JFrame("clearfield");
        frame.setDefaultCloseOperation(JFrame.EXIT_ON_CLOSE);
        frame.setLayout(new FlowLayout());
        SButton clear = new SButton("Clear");
        Stream<String> sClearIt = clear.sClicked.map(u -> "");
        STextField text = new STextField(sClearIt, "Hello");
```

'버튼 클릭' 스트림을 빈 문자열 이벤트의 스트림으로 매핑함

FRP 인터페이스가 있는 버튼

sClearIt을 sTextField의 '텍스트에 쓰기' 입력에 연결함

```
            frame.add(text);
            frame.add(clear);
            frame.setSize(400, 160);
            frame.setVisible(true);
        }
    }
```

이 예제를 실행하려면 먼저 깃을 사용해 체크아웃한 후 다음 명령을 사용하면 된다.

```
git clone https://github.com/SodiumFRP/sodium
cd sodium/book/swidgets/java
mvn test -Pclearfield 또는 ant clearfield
```

이 예제를 가지고 이것저것 해보길 바란다. mvn을 사용 중이라면 pom.xml을 변경해서 여러분이 빌드하고 싶은 항목을 추가할 수도 있다. ant의 경우 build.xml을 변경하라.

DEFINITION_ 이벤트 프로그램의 한 부분에서 다른 부분으로 비동기적으로 메시지를 전달하는 것

DEFINITION_ 스트림 개별 이벤트의 스트림이다. 다른 FRP 시스템에서는 이벤트라고 부르거나(그런 경우, 이벤트 안에 이벤트 발생event occurence이 들어 있다고 말한다), 이벤트 스트림, 관찰자observable, 시그널signal이라고도 부른다. 어떤 이벤트가 스트림을 통해 전달되는 경우 이를 일컬어 스트림을 '발사한다fire(또는 내보낸다)'고 말한다.

소듐은 Stream 클래스로 FRP 스트림을 표현한다. 본 예제는 버튼 클릭을 표현하기 위해 Stream을 사용한다. 스트림으로 모델링하는 것이 정당한 경우로는 다음과 같은 것이 있다.

- 마우스 클릭과 터치스크린 이벤트
- 비디오 게임에서 몬스터가 생겨나거나 파괴됨
- 비디오 게임의 캐릭터가 전투 중에 피해를 입음
- 서버와 연결되거나 연결이 끊김
- 브라우저에서 웹사이트를 북마크함
- 폴리곤polygon, 다각형 에디터에서 꼭짓점을 추가, 이동, 삭제함
- 교통수단의 여행 거리를 0으로 리셋함

스트림을 내보내면 이벤트나 메시지가 프로그램의 한 부분에서 다른 부분으로 전달된다. 그 메시지에는 값이 들어 있다. 이를 종종 **페이로드**payload라고 부르며 그 값의 타입을 (자바에서는) 제네릭스를 사용해서 지정한다. 이는 리스트 등의 컨테이너에서 원소의 타입을 표현하는 방식과 동일하다. 예를 들어, 키가 눌린 위치를 표현하는 스트림의 경우 페이로드로 Char 타입의 값을 가질 것이다. 따라서 다음과 같이 스트림을 선언할 수 있다.

```
Stream<Char> sKeyPresses = ...
```

NOTE_ 이제부터 몇 장에 걸쳐 사용하는 예제는 자바로 되어 있다. 나중에는 다른 언어로 된 예제도 보여줄 것이다. 자바가 아닌 다른 언어로 변환한 예제를 이 책의 온라인 사이트에서 볼 수 있다.

2.2 맵 기본 요소: 값 변환하기

clearfield 예제에서 버튼 클릭을 텍스트 필드에 넣을 텍스트 값으로 바꿨다. 버튼 클릭을 다음과 같이 표현한다.

```
Stream<Unit> sClicked
```

텍스트 필드 변경은 다음과 같이 표현할 수 있다.

```
Stream<String> sClearIt
```

전자를 후자로 변환하는 과정은 map을 사용해 다음과 같이 표현할 수 있다.

```
Stream<String> sClearIt = clear.sClicked.map(u -> "");
```

여기서는 자바 8의 람다 구문을 사용한다. 익숙지 않은 독자는 다음 설명을 참조하라.

자바 8 람다 구문

FRP에서는 FRP의 여러 연산에 전달하기 위해 작은 함수를 많이 사용하는 경향이 있다. 이를 위해 자바의 내부 클래스inner class를 사용할 수도 있지만, 이 책에서는 자바 8에 새로 추가된 람다 구문을 사용한다(람다는 끝내준다!).

예를 들어, 어떤 정수에 1을 더하는 함수를 정의하고 싶다면 이를 내부 클래스를 사용해서 다음과 같이 표현할 수 있다.

```
new Lambda1<Integer, Integer> {
  public Integer apply(Integer k) {
      return k+1;
  }
}
```

새로운 자바 8 람다 구문은 이를 더 짧은 코드로 작성할 수 있게 해준다. 위 클래스를 최소한 다음 여섯 가지 형태로 작성할 수 있다.

```
(Integer k) -> { return k+1; }
(k) -> { return k+1; }
k -> { return k+1; }
(Integer k) -> k+1
(k) -> k+1
k -> k+1
```

우리는 자바 8의 새 기능 몇 개를 사용할 텐데 이 책이 자바에 대한 책은 아니기 때문에 더 자세히 설명하지는 않을 것이다. 여기서 제공하는 간략한 설명이 충분하지 않다면 온라인 자료를 보면 도움이 될 것이다. 자바 8을 더 완벽히 다루고 싶다면『자바 8 인 액션』(한빛미디어, 2015)을 보라.

2.2.1 스트림 변환하기

map은 한 스트림을 같은 타입이나 다른 타입의 새로운 스트림으로 변환해준다. map은 스트림을 변환할 때 여러분이 인자로 넘기는 함수를 사용해서 스트림 안의 값을 변환한다.

이번 예제에서는 Unit을 String으로 변환해주는 함수를 map에 전달해서 버튼 클릭을 텍스트 필드 변경으로 변환했다. map은 이 변환 함수를 사용해서 Stream〈Unit〉을 원하는

Stream⟨String⟩으로 바꿀 수 있었다. 이렇게 하면 sClicked 스트림이 Unit 이벤트 값을 발사할 때, map이 sClearIt 스트림으로 " "라는 값을 가진 이벤트를 발사하게 만들 수 있다. 이런 변환을 위해 map은 sClicked가 발생할 때마다 여러분이 제공한 함수를 실행한다.

> **NOTE_** 새로운 스트림이 옛 스트림과 동시에 발사된다고 말하는 것이 이상하게 느껴질 수도 있다. 분명 이런 일이 실제로 벌어지는 것은 아니지만 FRP에서는 이를 조작적인 관점에서 생각하지 않는다. 개념적으로 FRP에서는 이 두 이벤트가 정말로 동시에 벌어지는 것이라고 볼 수 있다. 나중에 설명하겠지만 트랜잭션적인 컨텍스트transactional context가 이를 가능하게 만들어준다.

map은 원래의 스트림과 동시에 이벤트를 발사하는 새 스트림을 반환한다. 다만, 이때 map에 넘겨진 함수를 통해 페이로드를 변환한다. 일반적으로 map은 값에 대한 변환(즉, 함수)을 취해서 스트림에 대한 변환을 수행한다.

빨리 되돌아보기: 스트림과 맵

FRP에서 **스트림**이란 말은 이벤트의 흐름을 의미한다. 키가 눌린 사건의 스트림을 예로 들 수 있다.

- 스트림이 **발사**됐다 함은 특정한 값이 실린 이벤트가 프로그램의 한 부분에서 다른 부분으로 전파된다는 이야기다. 예를 들어 Stream⟨String⟩이라는 타입의 스트림은 "루시의 쓰레기통"이라는 값을 발사할 수 있다.
- map은 스트림을 받아서 (개념적으로) 그와 동시에 발사하는 새로운 스트림을 만든다. 값을 변환하기 위해 함수를 map에 제공한다. 예를 들어, 버튼 클릭 스트림에 u -⟩ " "라는 함수를 map한다면, 버튼의 레이블은 클릭 이벤트가 발사될 때마다 빈 문자열로 변환될 것이다.

자바 8에서 u -⟩ " "라는 람다 문법은 다음과 동일하다는 것을 기억하라.

```
new Lambda1<Unit, String> {
    public String apply(Unit u) {
        return "";
    }
}
```

2.3 FRP 시스템의 구성요소

FRP 시스템은 보통 표준 프로그래밍 언어의 경량 라이브러리를 통해 구현된다. 대부분의 FRP 시스템은 두 가지 클래스와 기본 연산primitive(프리미티브라고 그대로 쓰기도 하고 원시 연산, 기본 요소라고도 함)이라는 10가지 기본적인 연산으로 구성된다. 물론 설계에 따라 약간의 차이가 있다.

DEFINITION_ 연산 스트림이나 셀을 다른 스트림이나 셀로 변환하는 함수나 코드

DEFINITION_ 기본 연산 기초적인 연산. 즉, 다른 연산자를 조합해 표현할 수 없는 연산이다. 기본 연산은 메서드나 함수로 구현된다. 모든 FRP 연산은 작은 기본 연산을 조합해 만들어진다. 그래서 그런 연산을 프리미티브라고 부른다.

이미 Stream 클래스를 소개했다. 이제 다른 클래스인 Cell을 간단하게 소개할 것이다.

기본 연산의 종류는 map, merge, hold, snapshot, filter, lift, never, constant, sample, switch, 이렇게 총 10가지다. 또한, FRP의 핵심 개념 부분 밖에 있는 구현과 핵심 부분을 연관시키기 위한 다른 메커니즘도 필요하다.

NOTE_ 10가지 기본 연산은 6가지 재앙을 다루는 데 필요하다. 따라서 한 재앙을 처리하는 데 평균 1과 2/3개의 연산이 필요하다.

2.3.1 기본 연산 조합하기

FRP 프로그래밍의 핵심은 기본 연산을 Stream이나 Cell의 값에 적용해서 새로운 값을 만들어내는 것이다. 기본 연산을 원하는 대로 조합해서 복잡한 연산을 만들 수 있으며, 여러분이 FRP 코드를 작성하는 것은 바로 그런 일을 하는 것이다. 이런 구성을 쌓아 올리는 데는 전통적인 평범한 클래스와 메서드(plain old classes and methods)를 사용한다.

많은 FRP 시스템이 유용한 도우미 메서드와 함수를 제공한다. 처음에는 그런 요소가 FRP

시스템을 더 복잡하게 만드는 것처럼 보인다. 하지만 그것이 그렇게 나쁜 것은 아니다. 도우미들은 10가지 기본 연산을 조합한 것이다. 기본 연산을 잘 이해하면 다른 모든 것을 쉽게 따라갈 수 있다. 소듐은 최소주의를 지향하는 라이브러리로 추가 도우미 메서드를 가능한 한 적게 제공하지만 그렇지 않은 시스템도 있다.

스트림이나 셀이 작동하는 방식은 명확하게 정의돼 있다. 기본 연산은 어떻게 조합하든지 그 정의를 계속 만족시켜준다. FRP 시스템에 대한 **표시적 의미론**은 그에 대한 수학적인 증명이다. FRP는 이런 방식으로 **합성성**이라는 특성을 보장하며 합성성은 매우 유용하다. 5장에서 합성성이라는 아이디어에 대해 설명할 것이다.

> **DEFINITION_ 합성성** 어떤 식의 의미가 그 식을 이루는 각 부분의 의미와 각 부분을 조합하는 규칙에 의해 정해진다는 특성

2.3.2 I/O와 로직 분리하기

FRP로 애플리케이션을 작성하는 경우에는 I/O와 로직을 분리하는 것이 일반적이다. 실제로 분리하는 것이 필수지만 여기서는 처음이므로 조금 부드럽게 이야기했다. I/O와 로직의 분리는 좋은 일이다. FRP가 가하는 제약은 (역설적이게도) 당황스러운 경우나 단조로운 작업을 줄여주고 프로그램에서 원하는 것에 집중하도록 해준다.

영국에서 아침 식사는 '예' 아니면 '아니오'의 문제다. 형편없는 여러 아침 식사 중에서 하나를 고르도록 강제하는 대신 항상 모든 선택권을 제공한다.[1] 때로는 나쁜 선택을 하지 못하게 하는 게 좋을 때가 있다. FRP는 여러분에게 필요한 것을 제공하지만 여러분이 원하는 것을 제공하지 않을 수도 있다. 타입 안정성이 이런 원칙의 한 예다.

프로그램의 모든 로직을 전부 FRP로 구성할 필요는 없다(물론 그렇게 할 수도 있다). 하지만 I/O는 보통 FRP 밖에서 표준적인 제어의 흐름 형태로 작성된다. 우리는 FRP와 프로그램의 나머지 부분을 연결하는 방법에 대해 설명할 것이다. 하지만 당장은 아니다.

---

1 옮긴이_ 영국식 아침 식사는 보통 베이컨, 달걀, 소시지, 콩 등이 들어간 조합에 차 등의 음료가 곁들여진다. 영국 음식 자체는 악명이 높지만, 영국식 아침은 꽤 맛있고 양도 많다. 따라서 아침을 먹느냐 마느냐 하는 측면에서는 전체 선택권을 제공한다고 볼 수 있으며, 먹기로 결정했을 때는 상당히 괜찮은 아침을 먹을 수 있다.

2.4 참조 투명성이 필요하다

FRP가 제대로 작동하려면 map에 전달하는 함수가 반드시 **참조 투명성**referential transparency을 보장해야 한다. 다른 표현으로는 **순수**pure하다고도 말한다. 요구사항은 다음과 같다.

- I/O를 수행해서는 안 된다.
- 함수 내부에서 예외를 던지는 경우에는 꼭 그것을 잡아서 처리해야만 한다. 함수 밖으로 예외가 나가도록 방치해서는 안 된다.
- 변경 가능한 외부 변수의 값을 함수 내부에서 읽어서는 안 된다. 하지만 값이 변할 수 없는 변수나 상수를 읽는 것은 가능하며, 권장되는 일이다.
- 외부에서 볼 수 있는 변수의 상태를 변경해서는 안 된다.
- 함수 호출과 호출 사이에 지속되는 상태를 유지해서는 안 된다.
- 짧게 말해, 함수는 반환값을 제외한 외부 효과effect를 만들어서는 안 되며, 함수의 반환값이 외부 상태에 의해 영향 받는 일도 없어야 한다.

NOTE_ 너무 어려워 이 책을 집어 던지는 독자도 있으리라 생각한다. 하지만 당황하지 말라. 기본 연산을 사용하면 방금 나열한 여러 가지 제약을 피할 수 있다. 보통 참조 투명성을 달성하는 방법은 아주 간단하다. '단지' 여러분의 습관을 바꾸기만 하면 된다.

참조 투명한 함수는 수학적인 의미의 함수다. 참조 투명성을 테스트하는 한 가지 방법은 같은 값을 인자로 넘겼을 때 항상 출력값이 같은지 보는 것이다.

그런 함수에 대해 생각하는 가장 간단한 방법은 코드의 결과가 함수를 실행하는 장소나 시간과 무관하고 심지어 얼마나 많이 호출하는지와도 무관해야 한다는 것이다. 코드는 자기 밖의 외부 세계를 변경하지 않고 볼 수도 없다. 따라서 같은 입력에 대해 항상 같은 출력을 내놓아야 한다. 처음에는 이런 제약이 너무 심하다고 생각될 것이다. 하지만 FRP의 장점 중 가장 핵심인 합성성을 보장하기 위해서는 이런 제약이 필요하다.

DEFINITION_ 속임수 FRP 등의 함수형 코드에서 참조 투명성이 없는 함수를 사용하는 것.

약간의 속임수를 쓸 수도 있지 않을까? 아니다. 그렇지 않다. 현재로서는 이를 받아들이기 어려울지도 모르겠다. 하지만 나중에 많은 것을 돌려받을 것이라 약속한다. 우리의 경험에 따르면 속임수를 쓰면 그렇지 않았을 경우 피할 수 있었던 버그를 불가피하게 만나게 된다.

순수함수에 대해 설명했으니 이야기하는데, 한 가지 작은 예외가 있다. FRP 로직에서 버그를 찾기 위해 오가는 값을 보여주는 진단 메시지를 찍는 것이 그것이다. 그런 일은 프로그램의 나머지 부분에 논리적인 영향을 끼치지 않는다. 하지만 실행 순서가 예상과 달라질 수는 있다.[2]

2.5 Cell 타입: 시간에 따라 변하는 값

이벤트의 흐름을 표현하는 스트림을 살펴봤다. 이제 FRP에서 사용되는 다른 타입을 살펴볼 텐데 **시간에 따라 변하는 값**을 표현하는 **셀**이다.

[그림 2-3]은 간단한 예를 보여준다. GUI 레이블이 텍스트 필드의 현재 값을 표시한다. 텍스트 필드를 변경하면 레이블이 표시하는 값도 바뀐다.

그림 2-3 텍스트 필드의 현재 값을 항상 보여주는 레이블

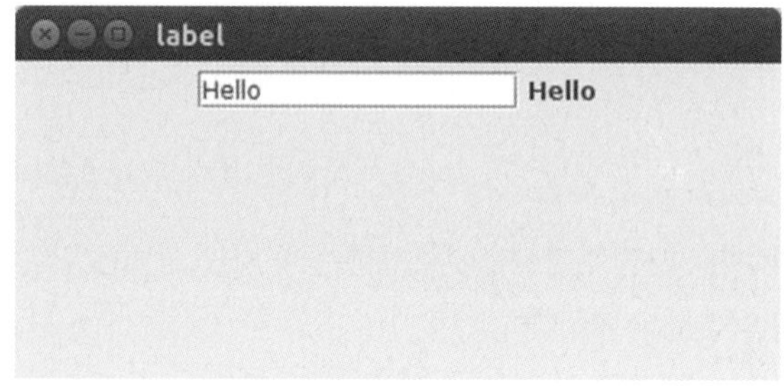

셀은 GUI 레이블 위젯에 잘 들어맞는다. SWidget의 SLabel은 Cell〈String〉의 시각적인 표현을 제공한다. SLabel은 셀의 최신 값을 항상 화면에 표시해준다. [그림 2-4]는 텍스트 필드의 출력인 test를 SLabel로 연결하는 모습을 개념적으로 보여주며, [리스트 2-2]는 그에 해당하는 코드를 보여준다.

---

2 옮긴이_ 실행 로그를 찍으면 결과가 달라지는 것과 같이 디버깅을 위해 어떤 행위를 하면 양상이 달라지는 버그를 하이젠버그(Heisenbug)라고도 부른다. 양자역학의 기초를 세운 물리학자 중 한 사람이며, 유명한 불확정성 원리(uncertainty principle, 물리학에서 관측량의 물리적 한계를 밝힌 이론)를 발견한 하이젠베르크(Heisenberg)와 버그(bug)를 합성한 말이다. 다중 스레드나 분산 프로그래밍과 같이 비결정적인 부분이 많은 프로그램 환경에서 이런 버그는 디버깅을 더욱 어렵게 하는 원인 중 하나다.

NOTE_ 셀은 스트림과 같이 상태 변화를 촉발하지는 못한다. 따라서 실선 가운데에 작은 화살 머리를 그려서 셀을 표현했다. 이는 셀들이 수동적이란 사실을 표시하기 위함이다. 반면 FRP의 스트림은 능동적인 행위자다. 우리는 이런 아이디어가 중요하다고 생각한다.

그림 2-4 레이블 예제의 개념적인 모습. STextField는 자신의 현재 텍스트를 노출하며, SLabel은 그 텍스트를 가져온다.

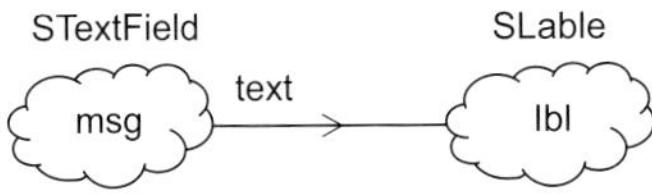

리스트 2-2 레이블 예제: 텍스트 필드의 값을 보여주는 레이블

```
import javax.swing.*;
import java.awt.FlowLayout;
import swidgets.*;
import nz.sodium.*;

public class label {
    public static void main(String[] args) {
        JFrame frame = new JFrame("label");
        frame.setDefaultCloseOperation(JFrame.EXIT_ON_CLOSE);
        frame.setLayout(new FlowLayout());
        STextField msg = new STextField("Hello");
        SLabel lbl = new SLabel(msg.text);
        frame.add(msg);
        frame.add(lbl);
        frame.setSize(400, 160);
        frame.setVisible(true);
    }
}
```

깃으로 이 코드를 체크아웃하고 실행하자.

```
git clone https://github.com/SodiumFRP/sodium
cd sodium/book/swidgets/java
mvn test -Plabel 또는 ant label
```

3 옮긴이_ 저자가 뉴질랜드 사람이라 영국식 철자법을 사용한다. 미국식으로는 behavior다.

DEFINITION_ 셀 값을 담는 컨테이너로, 값은 시간에 따라 변한다. 일부 FRP 시스템에서는 이를 행동behaviour,[3] 프로퍼티property, 또는 시그널signal이라고도 한다.

NOTE_ 시그널이라는 용어는 보통 **스트림**과 **셀**을 구분하지 않는 시스템에서 사용된다.

스트림은 구분된 시간에 발사되는 이벤트를 포함한다. 스트림 이벤트에는 그 이벤트가 발사될 당시에만 값이 존재하는 반면, 셀에는 항상 값이 담겨 있고 언제나 그 값을 읽을 수 있다. FRP에서 셀은 상태를 모델링하며, 스트림은 **상태 변화**를 모델링한다.

뭐? 셀이 변경 가능한 변수라고?!

함수형 프로그래밍을 배웠다면 지역적이지 않은 변경 가능한 변수를 사용하면 안 된다는 소리를 귀에 못이 박히도록 들었을 것이다. 변경 가능한 변수는 함수형 프로그래밍에서 아주 높이 평가되는 특성인 **합성성**을 해친다.

하지만 FRP 셀은 제 자리에서 변경된다. 따라서 기술적으로 셀은 지역적이지 않은 변경 가능한 변수가 된다. 대체 무슨 일이 벌어지는 걸까? 이 모순은 다음과 같이 해결할 수 있다.

상태 변경은 악한 것이다. 그 단어의 뜻 그대로 상태 변경은 합성성을 깨버린다. 이벤트 처리는 태생적으로 상태가 있기 마련이다. 따라서 상태 변경은 카인(성경 창세기의 인물)의 이마에 있는 낙인과도 비슷하다. FRP를 쓴다고 해도 이런 피할 수 없는 사실을 바꿀 수는 없다.

공포영화에서의 악마는 대부분 죽일 수 없다. 단지 내쫓을 수만 있다. 이는 언제나 속편을 만들어서 돈을 벌 수 있기 때문에 그리 나쁜 것은 아니다.

비슷한 방식으로 FRP는 이벤트 처리라는 악마를 취해서, 조각조각 나눈 다음, 각 부분을 **스트림**이나 **셀**이라 부르는 악마를 막을 수 있는 상자에 담는다. 그렇게 하면 악마가 여러분에 대한 음모를 꾸미지 못하게 작게 나눌 수 있으며, 악마를 가둔 상자를 외부에서 보기 좋게 꾸밀 수도 있다.

여기서 '보기 좋게'라는 말은 악마를 함수형 프로그래밍의 규칙을 지키는 무언가로 변환할 수 있다는 뜻이다. 내부에 있는 값은 변경 가능하지만 컨테이너인 Stream이나 Cell 자체는 불변 값이며 참조 투명성이 있는 함수 내부에서도 사용할 수 있다.

이 내용을 이해하려면 약간 시간이 걸릴 수도 있다. 하지만 중요한 핵심인 만큼 확실히 이해하고 넘어가기 바란다. Stream이나 Cell 클래스의 불변성으로 인해 여러분의 FRP 코드가 **합성 가능**compositional해진다. 이제는 함수형 프로그래밍의 기법을 여러분도 사용할 수 있다. 그리고 그곳이 바로 FRP의 진정한 장점이 생겨나는 지점이다.

이 악마는 판도라가 와서 악마가 든 상자를 열기 전까지만 상자에 갇혀 있다는 사실을 기억하라. 그래서 FRP 기본 연산에 넘기는 함수가 **반드시** 참조 투명성을 만족해야 한다는 규칙을 지키는 것이 매우 중요하다. 한 번 더 분명히 강조한다. 속임수로는 결코 성공할 수 없다.

다음은 셀로 모델링하기에 적합한 대상의 예다.

- 애플리케이션 창의 마우스 포인터의 위치
- 비디오 게임의 우주선의 좌표
- 편집 중인 다각형의 현재 상태
- 자동차의 속도, 거리계, 또는 현재 GPS 좌표
- 시간
- 와이파이 연결 여부
- 신호 강도
- 온도

2.5.1 스트림이나 셀을 사용하는 이유는?

clearfield 예제는 STextField의 내용을 변경하며, 레이블 예제는 SLabel을 변경한다. 두 경우 모두 그런 변경이 일어나게 만들려면 생성자에 어떤 것을 넘겨야만 한다. 다음 두 줄을 비교해보자.

```
STextField text = new STextField(sClearIt, "Hello");   ←—— clearfield 예제
SLabel lbl = new SLabel(msg.text);   ←—— 레이블 예제
```

첫 번째 줄에서는 스트림을 넘겼고, 두 번째 줄에서는 셀을 넘겼다. 왜 이런 차이가 생길까?

- clearfield에서는 사용자나 프로그램이 모두 STextField의 문자를 변경할 수 있다. 텍스트 필드는 사용자가 입력한 것을 따라야 할까 프로그램이 지정한 것을 따라야 할까? 텍스트 필드는 (사용자와 프로그램) 양쪽에서

발생하는 이벤트에 따라 변할 수 있어야 한다. 텍스트 필드의 현재 텍스트 문자열이 계속 바뀌는 것을 모델링해야 하므로 구분될 수 있는 이벤트를 표현하는 스트림이 더 적합하다.

- 레이블 예제에서는 프로그램만 레이블의 텍스트를 제어하며, 레이블이 표시하는 것은 시간에 따라 변할 수 있는 문자열 값이다. 따라서 Cell이 더 적합하다.

2.5.2 상수 기본 연산: 상숫값이 들어 있는 셀

셀은 시간이 지나면서 변할 수 있다. 하지만 상숫값을 가지고 셀을 만들 수도 있다.

```
Cell<Integer> dozen = new Cell<>(12);
```

이렇게 만든 셀을 나중에 변경하는 방법은 없다. 따라서 이런 셀의 값은 항시 그대로임을 보장할 수 있다.

2.5.3 셀 매핑하기

앞 예제의 문자열을 뒤집어서 셀에 대한 map을 보여줄 수 있다.

그림 2-5 셀에 있는 텍스트를 뒤집기 위해 map 사용하기

[그림 2-6]은 개념적인 모습이다(전자책에서는 하늘색으로 표현). [리스트 2-3]은 코드를 보여준다.

그림 2-6 문자열 뒤집기 예제의 개념적인 모습

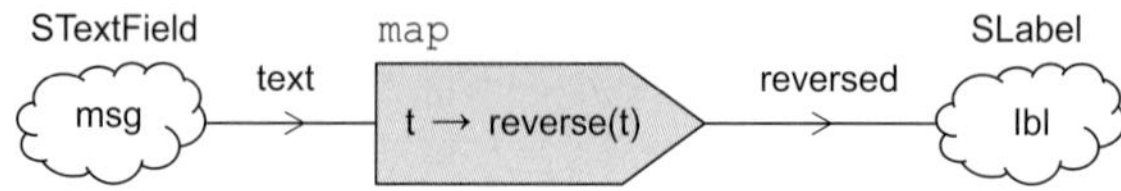

리스트 2-3 map을 사용해 텍스트 뒤집기

```
import javax.swing.*;
import java.awt.FlowLayout;
import swidgets.*;
import nz.sodium.*;

public class reverse {
    public static void main(String[] args) {
        JFrame frame = new JFrame("reverse");
        frame.setDefaultCloseOperation(JFrame.EXIT_ON_CLOSE);
        frame.setLayout(new FlowLayout());
        STextField msg = new STextField("Hello");
        Cell<String> reversed = msg.text.map(t ->
            new StringBuilder(t).reverse().toString());
        SLabel lbl = new SLabel(reversed);
        frame.add(msg);
        frame.add(lbl);
        frame.setSize(400, 160);
        frame.setVisible(true);
    }
}
```

이제 깃으로 체크아웃하고 실행해보자.

```
git clone https://github.com/SodiumFRP/sodium
cd sodium/book/swidgets/java
mvn test -Preverse 또는 ant reverse
```

2.6 merge 기본 연산: 스트림 합치기

여러분이 온라인으로 일본 보드 게임하기를 좋아한다고 하자. 게임 창 옆에는 채팅 창이 있다. 자주 사용하는 상용구를 처리할 수 있는 버튼을 두 개 만들자. 첫 번째 버튼은 'Onegai shimasu[오네가이시마스]'로 첫 인사를 위한 것이고, 두 번째는 게임의 마지막에 'thank you'를 표시하기 위한 것이다(그림 2-7). 이는 기본적으로 clearfield 예제와 같지만 버튼이 1개가 아니라 2개라는 점이 다르다.

그림 2-7 상용구를 텍스트 필드로 밀어 넣기 위한 버튼들

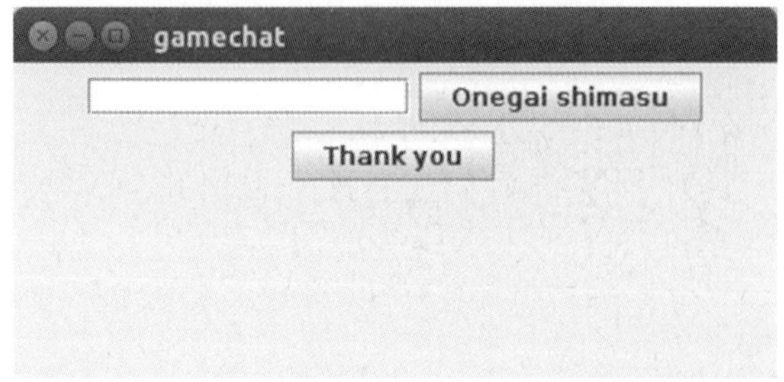

[그림 2-8]에서 상용구가 발생할 수 있는 소스source를 두 가지 볼 수 있다. 그리고 우리는 merge 기본 연산을 사용해서 그 둘을 하나로 합친다. 앞으로 merge를 사다리꼴로 그릴 것이다(어렸을 적 꿈 중 하나가 **사다리꼴**trapezoid이라는 단어가 들어 있는 책을 쓰는 것이었다).

그림 2-8 두 텍스트 스트림을 하나로 합치기

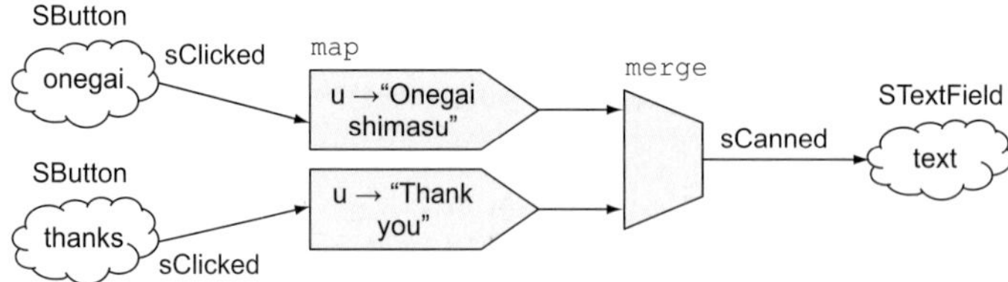

[리스트 2-4]는 코드를 보여준다. STextField는 입력으로 스트림을 하나만 받는다. 따라서 두 스트림을 하나로 합쳐야 한다. 이 예제는 소듐에 있는 merge의 변종인 .orElse()를 사용한다. 이 이름은 이벤트가 동시에 발생하는 경우를 어떻게 처리하느냐와 관계가 있다. 이에 대해서는 다음에 설명할 것이다.

리스트 2-4 두 상용구 메시지 소스를 하나로 합치기

```
import javax.swing.*;
import java.awt.FlowLayout;
import swidgets.*;
import nz.sodium.*;

public class gamechat {
    public static void main(String[] args) {
        JFrame frame = new JFrame("gamechat");
```

```
        frame.setDefaultCloseOperation(JFrame.EXIT_ON_CLOSE);
        frame.setLayout(new FlowLayout());
        SButton onegai = new SButton("Onegai shimasu");
        SButton thanks = new SButton("Thank you");
        Stream<String> sOnegai = onegai.sClicked.map(u ->
            "Onegai shimasu");
        Stream<String> sThanks = thanks.sClicked.map(u -> "Thank you");
        Stream<String> sCanned = sOnegai.orElse(sThanks);
        STextField text = new STextField(sCanned, "");
        frame.add(text);
        frame.add(onegai);
        frame.add(thanks);
        frame.setSize(400, 160);
        frame.setVisible(true);
    }
}
```

깃으로 체크아웃한 다음 실행하자.

```
git clone https://github.com/SodiumFRP/sodium
cd sodium/book/swidgets/java
mvn test -Pgamechat 또는 ant gamechat
```

DEFINITION_ merge 기본 연산은 두 스트림에서 발생한 이벤트를 한 스트림에 담는다. merge라는 이름이 일반적이지만 더 수학적인 용어인 union이나 append라는 이름을 쓰기도 한다.

merge 연산의 두 입력 스트림과 한 출력 스트림은 모두 같은 타입이어야 한다. 예제에서는 Stream<String>을 사용했다. merge를 사용하면 두 입력 스트림 중 어느 하나에서 이벤트가 발사될 때마다 같은 이벤트가 동시에 발사되는 새 스트림을 얻을 수 있다.

2.6.1 동시 이벤트

앞에서 FRP 처리가 트랜잭션 컨텍스트에서 일어난다고 잠깐 이야기했다. 이는 기본적으로 데이터베이스의 트랜잭션과 같은 아이디어다.

소듐은 트랜잭션을 어떻게 시작하는가?

소듐은 입력값이 스트림이나 셀에 밀려들어가는 순간 트랜잭션을 자동으로 시작한다. 그 입력으로 인해 생겨나는 모든 상태 변화는 한 트랜잭션 안에서 벌어진다. 대부분의 경우 여러분이 해야 할 일은 없다. 하지만 명시적으로 트랜잭션을 시작할 수도 있다.

앞에서 설명한 이유로 인해 입력값을 밀어 넣는 방법(그리고 트랜잭션을 직접 시작하는 방법)에 대해서는 더 뒤에서 설명할 것이다.

sOnegai와 sTanks는 모두 SButtons 클래스에서 나온다. 우리는 SButton을 클릭할 때마다 새로운 트랜잭션을 시작하도록 만들었다. 따라서 서로 다른 두 개의 버튼 이벤트가 동시에 같은 트랜잭션에서 발생할 수 없다. sCanned는 결코 동일한 트랜잭션 안에 두 이벤트가 발생하는 것을 볼 수 없다.

DEFINITION_ 동시 이벤트 둘 이상의 스트림 이벤트가 한 트랜잭션 안에서 발생하는 것을 말한다. 소듐에서는 같은 트랜잭션 안에 있는 이벤트의 선후관계를 이야기할 수 없기 때문에 이러한 이벤트들이 정말 동시적이라고 말할 수 있다.

FRP에서는 각 외부 이벤트마다 새로운 트랜잭션을 만들어내는 것이 일반적이다. 따라서 외부 스트림에서 동시에 두 이벤트가 들어올 수 없다고 가정해도 보통은 문제가 없다. SButton에서도 그런 방식을 택했다. 하지만 항상 이벤트들이 동시에 발생하지 않는다고 가정할 수는 없다. 외부 스트림에서 동시성이 발생하는 일은 거의 없기 때문에 동시 이벤트는 거의 대부분 단일 입력 스트림을 변경한 두 스트림에 의해 만들어진다.

예제: 그림판 프로그램의 동시 이벤트

여러분은 '그림판' 프로그램을 개발 중이다. 그 안에서는 그래픽 요소를 선택하거나, 선택 해제할 수 있다. 규칙은 다음과 같다.

- 그래픽 요소를 클릭하면 그것이 선택된다.
- 어떤 요소가 선택된 경우, 그 요소가 아닌 다른 곳을 클릭하면 요소 선택이 해제된다.

[그림 2-9]는 그림판 프로그램에서 다음 세 단계를 수행하는 모습을 보여준다.

1 처음에 아무것도 선택돼 있지 않다. 이제 삼각형을 클릭하려 한다.

2 삼각형을 클릭하면 그것이 강조된다.

3 팔각형을 선택하려고 준비한다.

이 순간, 마우스를 단 한번만 클릭해도 두 가지 이벤트가 동시에 발생한다.

- 삼각형 선택 해제
- 팔각형 선택

프로그램에서 결국 이런 스트림을 하나로 합치고 싶을 것이다. 이 두 이벤트가 동일한 마우스 클릭에서 기원했으니 이 둘은 동시에 일어난 것이다. 세 이벤트(마우스 클릭, 선택 해제, 선택)는 FRP에서는 정말로 동시에 발생한 이벤트다. 즉, 각각이 발생한 순서를 감지하기란 불가능하다.

부록 B에서 이 예제를 사용해 리스너의 첫 번째 재앙인 '예측 불가능한 순서'를 살펴볼 것이다. 그에 관한 코드도 부록에서 함께 볼 수 있다.

그림 2-9 그림판 프로그램을 사용하는 세 가지 단계

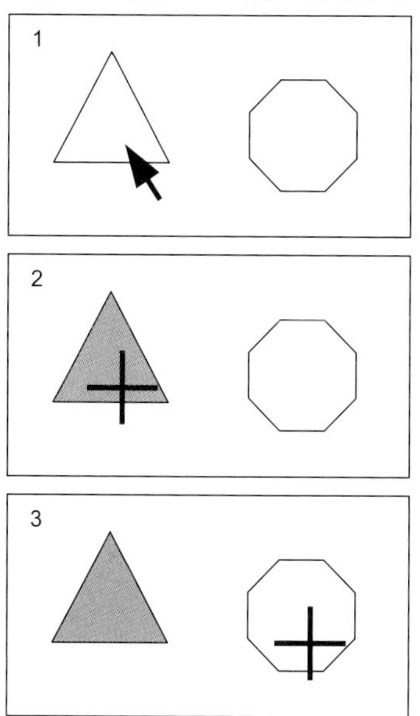

동시 이벤트 다루기

FRP 시스템마다 동시 이벤트를 합치는 나름의 정책이 있다. 소듐의 정책은 다음과 같다.

- 두 입력 스트림에서 입력 이벤트가 동시에 일어나면 merge가 그 두 이벤트를 하나로 합칠 수 있다. merge는 이벤트를 합칠 때 사용할 함수를 두 번째 매개변수로 받는다. 이벤트를 합쳐주는 함수의 시그니처는 A combine(A left, A right)다.
- 합쳐주는 함수는 입력 이벤트가 동시에 발생하지 않은 경우(보통 이런 경우가 더 흔함)에는 적용되지 않는다.
- s1.merge(s2, f)처럼 merge를 호출한 경우 merge가 동시 이벤트를 조합해야 할 필요가 있다면 s1의 이벤트를 f의 왼쪽 인자로, s2의 이벤트를 f의 오른쪽 인자로 넣어 호출한다.
- merge의 변종인 s1.orElse(s2)는 합쳐주는 함수를 인자로 받지 않는다. 동시에 이벤트가 발생하는 경우, 왼쪽에 있는 s1의 이벤트의 우선순위가 높기 때문에 s2의 이벤트는 버려진다. 이는 s1.merge(s2, (l, r) -> l)과 같다. orElse()라는 이름은 이벤트가 버려질 수 있으므로 조심하라는 의미에서 붙여진 것이다.

이런 정책을 채택하면 몇 가지 좋은 점이 있다.

- 주어진 스트림에 대해 한 트랜잭션당 하나의 이벤트만 존재한다.
- 트랜잭션 안에서는 이벤트 처리 순서라는 개념이 존재할 수 없다. 트랜잭션 안의 모든 이벤트는 서로의 선후를 감지할 수 없기 때문에 정말로 동시적이다.

어떤 FRP에서는 동시 이벤트를 꼭 합치지 않아도 된다. 따라서 스트림당 둘 이상의 이벤트가 발생할 수도 있다. 하지만 우리는 소듐의 정책(모든 merge 시마다 동시 이벤트를 강제로 감지하도록 한 것)이 진정한 동시 이벤트를 얻을 수 있기 때문에 올바른 것이라 생각한다. 이렇게 하면 이벤트에 대한 로직을 더 단순하게 설계할 수 있다.

> **NOTE_** 리액티브-바나나 FRP 시스템을 개발한 하인리히 아펠무스도 스트림을 병합할 때마다 동시 발생하는 이벤트를 하나로 묶는 쪽을 옹호한다.

동시 이벤트를 처리하는 방법은 merge에 지정된 것에만 영향을 받지 프로그램의 다른 먼 곳의 영향을 받지 않는다. 이를 통해 합성성이 있는 의미론을 보장할 수 있고, 합성성은 버그를 줄이기 위해 필수적이다. 왜 그런지에 대해서는 5장에서 설명할 것이다.

NOTE_ 몇몇 유사 FRP 시스템에서는 동시 이벤트라는 개념 자체가 존재하지 않는다. 따라서 merge가 항상 일관되게 동작함을 보장할 수 없다. 이는 합성성을 깨며, 그런 시스템은 기술적으로 진정한 FRP 시스템이 아니다. 이 책을 쓰는 현재 반응형 확장Reactive Extensions, Rx과 그로부터 영향받은 수많은 시스템이 이러한 요건을 만족시키지 못한다. 이것이 단지 이론적인 문제가 아니므로 합성성이 부족한 시스템들은 빨리 부족한 부분을 고치기를 바란다.

2.6.2 merge의 컬렉션 버전

소듐의 Stream 클래스는 스트림의 컬렉션을 처리할 수 있는 merge의 변종을 제공한다. 다른 FRP 시스템도 동등한 기능을 제공할 것이다.

```
static <A> Stream<A> orElse(java.lang.Iterable<Stream<A>> ss)
static <A> Stream<A> merge(java.lang.Iterable<Stream<A>> ss, Lambda2<A,A,A> f)
```

2.6.3 merge가 어떻게 작동하나?

merge가 두 동시 이벤트를 어떻게 하나로 조합할 수 있을까? 이 질문에 답하기 위해 다시 한 번 더럽고 냄새나는 조작의 뒷골목 세계로 내려가보자.

[그림 2-10]의 맨 아래는 앞 절에서 설명한 merge 예제를 순서대로 조작적으로 설명한다. 트랜잭션이 제때 실행됨을 볼 수 있다.

개념적으로 sDeselect와 sSelect에 대한 이벤트의 순서를 감지할 수 없다. 하지만 조작적으로 보면 그 두 이벤트가 바람직한 순서의 반대 순서로 일어났다. merge 구현은 더 이상의 입력이 들어오지 않는다는 확신이 들 때까지 임시 저장고에 이벤트를 넣어야만 한다. 그런 다음 (더 이상의 입력이 없다면) 이벤트를 출력한다. 이때 merge가 동시에 두 이벤트를 받았다면 제공받은 함수를 사용해 두 이벤트를 합친다. 그렇지 않다면 입력으로 받은 유일한 이벤트를 다시 출력으로 내놓는다.

그림 2-10 merge가 동시에 발생하는 이벤트를 처리하는 방법

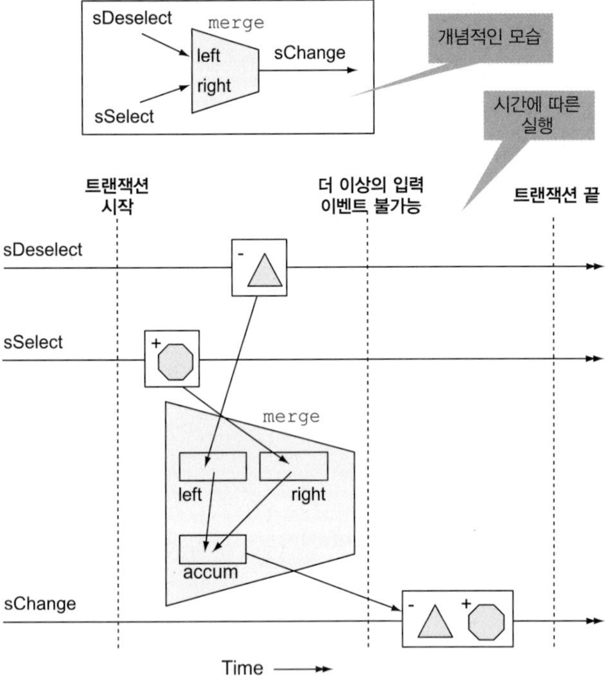

> **함수는 반드시 참조 투명해야 함**
>
> 다시 반복하지만 FRP의 기본 연산에 전달되는 함수는 모두 다 반드시 참조 투명(또는 순수)해야 한다. 이는 그 함수가 I/O를 수행하거나, 외부 상태를 읽거나, 외부 상태를 변경하거나, 내부 상태를 유지해서는 안 된다는 뜻이다. 이 조건은 매우 중요하다.

2.7 hold 기본 연산: 셀의 상태 유지하기

[그림 2-11]에서 사용자는 Red나 Green을 클릭할 수 있다. 여러분은 hold라는 기본 연산을 사용해 셀의 결과를 저장하면서 SLabel에 보여줄 수 있다(리스트 2-5).

그림 2-11 red나 green 중 하나를 선택하기. red를 클릭한 경우

[그림 2-12]는 hold 연산의 개념적인 모습을 보여준다. 스트림 이벤트는 상태 변화를 표현하며, 셀은 그 상태를 유지한다. SLabel은 현재 상태를 화면에 표시한다. 다시 설명하자면, 그림에서 다음과 같은 범례를 사용한다.

- 각진 박스는 스트림을 내놓는 기본 연산이다.
- 화살표는 스트림이다.
- 모서리가 둥근 박스는 셀을 내놓는 기본 연산이다.
- 작은 화살 머리가 붙은 선은 셀이다.

그림 2-12 red나 green 이벤트를 유지하는 것에 대한 개념도

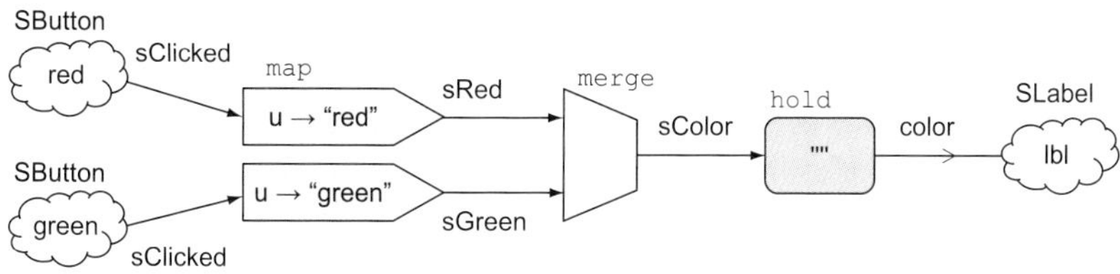

리스트 2-5 스트림을 저장했다가 셀로 바꾸기

```
import javax.swing.*;
import java.awt.FlowLayout;
import swidgets.*;
import nz.sodium.*;

public class redgreen {
    public static void main(String[] args) {
        JFrame frame = new JFrame("redgreen");
        frame.setDefaultCloseOperation(JFrame.EXIT_ON_CLOSE);
        frame.setLayout(new FlowLayout());
```

```
        SButton red = new SButton("red");
        SButton green = new SButton("green");
        Stream<String> sRed = red.sClicked.map(u -> "red");
        Stream<String> sGreen = green.sClicked.map(u -> "green");
        Stream<String> sColor = sRed.orElse(sGreen);
        Cell<String> color = sColor.hold("");  ←—— 셀의 초깃값을 지정함
        SLabel lbl = new SLabel(color);
        frame.add(red);
        frame.add(green);
        frame.add(lbl);
        frame.setSize(400, 160);
        frame.setVisible(true);
    }
}
```

깃으로 체크아웃하고 실행하자.

```
git clone https://github.com/SodiumFRP/sodium
cd sodium/book/swidgets/java
mvn test -Predgreen 또는 ant redgreen
```

DEFINITION_ hold 기본 연산은 스트림을 셀로 바꿔준다. 이때 셀의 값은 스트림에서 가장 최근에 받은 값이 된다. 다른 이름으로는 stepper나 toProperty가 있다.

NOTE_ stepper라는 이름은 시간적인 연속성을 중시하는 FRP 시스템에서 볼 수 있다. 시간이 연속적인 경우, 여러분은 셀을 시간에 따라 연속적으로 변하는 값으로 표현할 수 있다. 연속적인 시간 시스템에서는 stepper를 사용해 이산적인 시간에 값이 변하는 비연속적인 셀을 구성할 수 있다. stepper라는 이름도 거기서 온 것이다.

셀이 FRP에서 상태를 모델링하는 방법이며 오직 셀만 상태를 모델링할 수 있다는 사실을 기억하자. hold를 사용하면 스트림의 이벤트 값을 셀에 담아서 나중에 사용할 수 있다.

셀에 대한 황금률이 있다. 셀은 항상 값을 가진다. 그리고 그 값을 아무 때나 추출할 수 있다. 이런 불변 조건을 만족시키기 위해서 hold를 사용할 때는 최초로 이벤트가 도착할 때까지 셀에 담아둘 기본값을 지정해야 한다.

빨리 되돌아보기: 셀과 hold

셀은 시간에 따라 변하는 값을 모델링한다.

- 셀에는 아무 때나 읽을 수 있는 값이 들어 있다. 반면, 스트림은 이벤트를 발사하는 순간만 값을 가진다. 셀에는 메모리가 있다. 하지만 "셀이 메모리다"라고 말하는 편이 아마 최선일 것이다.
- hold는 스트림과 초깃값을 받아서 그 초깃값을 담고 있는 셀을 만든다. 그 후 스트림이 발사하는 이벤트에 맞춰 셀에 담긴 값이 바뀐다.
- 셀에 map을 사용해서 새로운 셀을 만들 수 있다. 스트림과 비슷하다.

2.8 snapshot 기본 연산: 셀의 값 캡처하기

셀 예제에서 사용자가 텍스트 필드 안에서 키를 입력하면 SLabel의 값도 변했다. 실제 애플리케이션에서 이런 식으로 하면 사용자를 방해할 수도 있다. 이제 snapshot을 사용해서 텍스트 필드의 값을 읽는 다른 방식을 보여줄 것이다. 사용자가 입력을 계속 진행하게 하고 버튼을 클릭한 경우에만 텍스트를 캡처해서 가져올 것이다.

[그림 2-13]은 사용자가 Translate를 클릭하면 벌어지는 일을 보여준다. 프로그램은 텍스트를 캡처한 다음, 가짜 라틴어[4]로 번역하고, 그 결과를 SLabel에 보여줄 것이다.

그림 2-13 Translate 버튼을 클릭해서 텍스트를 가짜 라틴어로 번역하기

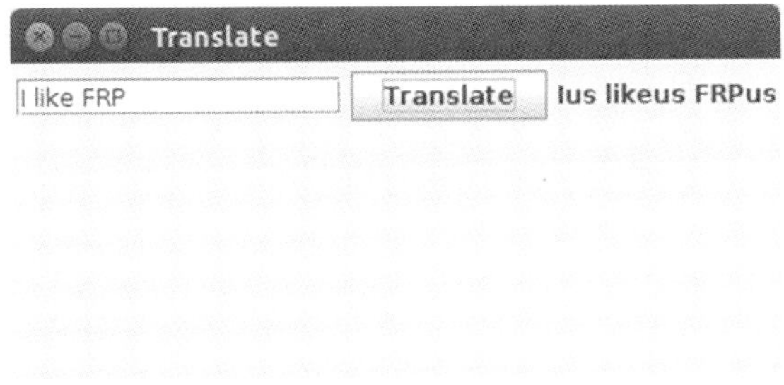

4 가짜 라틴어(mock Latin)를 만들기 위해 각 단어의 맨 끝에 us를 추가한다. 피상적인 권위가 필요한데 딱히 마음속에 떠오르는 라틴어 단어가 없는 경우 이를 유용하게 써먹을 수 있다. 이를 영어 입력에 대해서만 테스트했다는 사실에 유의하라. 어쩌면 다른 언어에서도 작동할지도 모른다.

[그림 2-14]는 개념적인 모습을 보여준다. 코드는 [리스트 2-6]에 있다. sClicked가 발사되면 텍스트를 추출한다. 그리고 두 입력값에 translate 함수를 적용한 결과를 출력한다. 이 함수는 버튼 이벤트의 Unit 값을 버린다.

머리가 없는 화살표는 FRP에서 스트림이 동적인 요소라는 사실을 뜻한다. snapshot을 수행할 때 스트림 이벤트는 셀의 값을 꺼내서 '밀어 넣는다'.

그림 2-14 사용자가 버튼을 클릭할 때 텍스트를 캡처하는 예제의 개념적인 모습

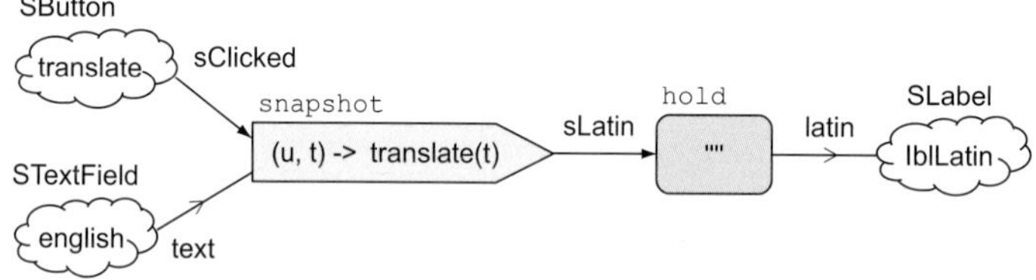

리스트 2-6 버튼 이벤트가 발생하면 셀의 값을 캡처하기

```
import javax.swing.*;
import java.awt.*;
import java.awt.event.*;
import swidgets.*;
import nz.sodium.*;

public class translate {
    public static void main(String[] args) {
        JFrame view = new JFrame("Translate");
        view.setDefaultCloseOperation(JFrame.EXIT_ON_CLOSE);
        view.setLayout(new FlowLayout());
        STextField english = new STextField("I like FRP");
        SButton translate = new SButton("Translate");
        Stream<String> sLatin =
            translate.sClicked.snapshot(english.text, (u, txt) ->
                txt.trim().replaceAll(" |$", "us ").trim()
            );
        Cell<String> latin = sLatin.hold("");
        SLabel lblLatin = new SLabel(latin);
        view.add(english);
        view.add(translate);
        view.add(lblLatin);
        view.setSize(400, 160);
```

```
        view.setVisible(true);
    }
}
```

체크아웃한 다음 실행해보자.

```
git clone https://github.com/SodiumFRP/sodium
cd sodium/book/swidgets/java
mvn test -Ptranslate 또는 ant translate
```

> **DEFINITION_** snapshot 기본 연산은 스트림 이벤트가 발사된 시점의 셀 값을 캡처한다. 그 후, 제공받은 함수를 사용해 스트림 이벤트의 값과 셀의 값을 합친다. 다른 FRP 시스템에서는 snapshot을 withLatest, attach, tag 등의 이름으로 부른다.

[그림 2-15]는 snapshot 연산의 시간 시퀀스를 보여준다. 셀의 값을 상태 변화의 길이에 맞춰 늘려서 표시했다. 이는 셀에 항상 값이 들어 있음을 표현한다. 스트림은 이와 다르다. 스트림은 발사된 순간에만 값이 들어 있다.

그림 2-15 스냅샷 연산의 시간에 따른 실행

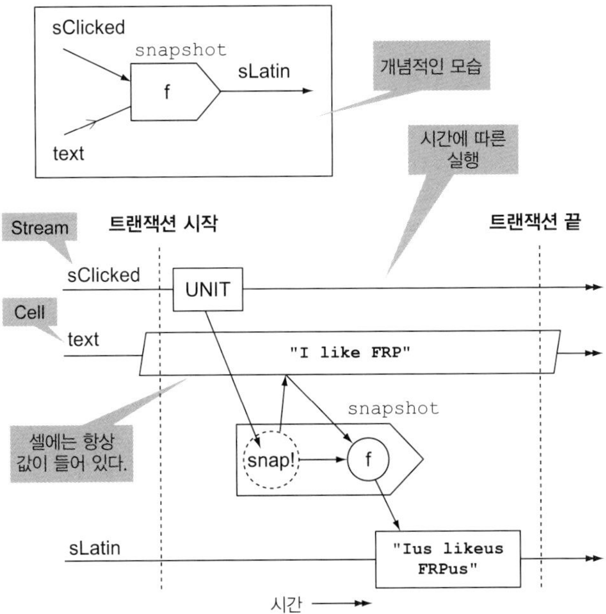

snapshot에는 두 번째 인자(함수)가 없는 다른 버전도 존재한다. 그 경우 스트림의 값은 무시하고 셀의 값을 캡처한다. 예를 들어, 영어를 번역하지 않고 캡처하려면 다음과 같이 할 수 있다.

```
Stream<String> sEnglish = translate.sClicked.snapshot(english);
```

NOTE_ 소듐을 포함한 대부분의 시스템에는 하나 이상의 셀 입력을 캡처할 수 있는 snapshot이나 그와 비슷한 함수가 들어 있다. 캡처 가능한 개수는 구현에 따라 다르다.

2.9 hold와 snapshot으로 루프를 만들어서 누적기 구현하기[5]

상태 변화를 누적시키는 방법을 보여주기 위해 [그림 2-16]처럼 간단한 스피너spinner를 만들어 보자. 누적된 값은 셀에 저장되며 그 값을 표시하기 위해 SWidgets의 SLabel을 사용한다.

그림 2-16 스피너 예제: +는 값을 증가, -는 값을 감소시킨다.

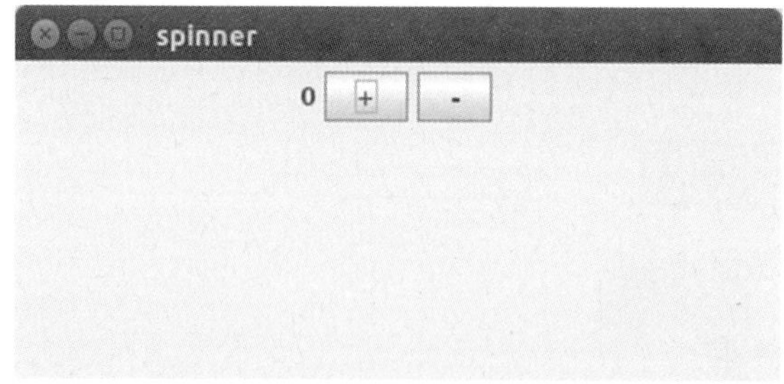

[그림 2-17]은 개념적인 모습을 보여준다. 누적기를 원으로 표시했다.

5 옮긴이_ CPU의 구성요소인 accumulator는 자신과 다른 레지스터를 활용해 계산한 결과를 다시 자기 자신에게 담기 때문에 '누산기'라는 말로 번역된다. 여기서는 accumulator가 계산 결과뿐 아니라 좀 더 많은 것을 누적시킬 수 있다고 봐서 '누적기'라는 이름을 붙였다.

그림 2-17 +와 – 버튼이 눌리면 값을 누적시키는 기능의 개념적 모습(누적기 부분을 원으로 표시함)

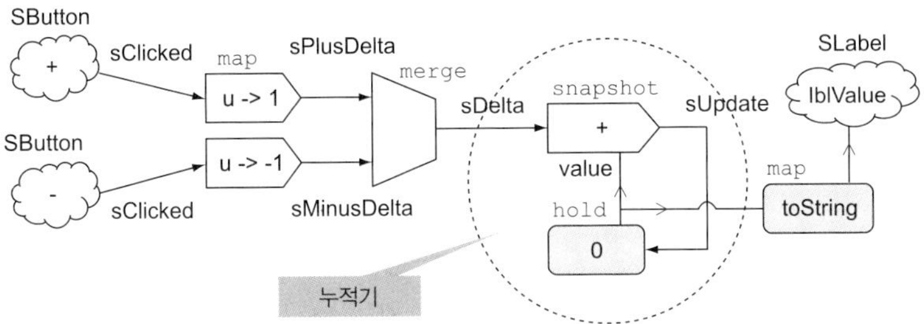

2.9.1 전방 참조

완전한 프로그램을 보여주기 전에 전방 참조forward reference에 대해 설명해야 한다. 편하게 자리에 앉았는가? 그렇다면 시작해보자.

먼저 +가 클릭되면 1이라는 값을, –가 클릭되면 –1이라는 값을 발사하는 스트림을 만든다. 다음을 보자.

```
Stream<Integer> sPlusDelta = plus.sClicked.map(u -> 1);
Stream<Integer> sMinusDelta = minus.sClicked.map(u -> -1);
Stream<Integer> sDelta = sPlusDelta.orElse(sMinusDelta);
```

이제 sDelta를 누적시키면 다 된 것이다.

```
Stream<Integer> sUpdate = sDelta.snapshot(value,
                (delta, value_) -> delta + value_
            );
Cell<Integer> value = sUpdate.hold(0);
```

불행히도 value가 자기 자신을 사용해 정의되기 때문에 자바에서는 이처럼 쓸 수가 없다. value는 sUpdate에 의존하고, sUpdate는 value에 의존한다.

DEFINITION_ 값 루프value loop 함수형 프로그래밍에서 어떤 값(여기서는 스트림이나 셀)이 자기 자신을 사용해 직접 정의되거나, 다른 변수를 통해 간접적으로 정의되는 경우를 말한다.

우리가 어렸을 때는 아침 식사를 하려면 먼저 음식을 준비해야 했다. 우리는 오래 전부터 그 둘 사이에 의존관계가 있음을 인식했다. 하지만 오직 유클리드 세계에서만 한 사건이 다른 사건보다 **시간적으로**temporally 앞에 있어야 한다. 그것은 오직 일부 세계에서만 성립하는 순서의 관점에서 생각하기보다는, 어느 세계에서나 관계없이 성립하는 의존관계의 관점에서 생각하는 것을 더 좋아해야 한다는 뜻이다.

자바는 이런 사고방식을 완전히 지원하지는 않는다. 그래서 소듐에서는 CellLoop라는 속임수를 사용해 우회적으로 이를 달성했다. 다음은 소듐 코드다.

```
CellLoop<Integer> value = new CellLoop<>();
Stream<Integer> sUpdate = sDelta.snapshot(value,
        (delta, value_) -> delta + value_
    );
value.loop(sUpdate.hold(0));
```

CellLoop는 loop() 메서드로 딱 한 번만 값을 대입할 수 있는 불변 변수와 비슷하다. 하지만 일반적인 변수와 달리 값을 대입하기 전에 그 변수를 참조할 수 있다.[6]

NOTE_ 스트림의 경우 CellLoop에 상응하는 StreamLoop가 있다.

CellLoop와 StreamLoop는 Cell과 Stream의 하위 클래스다. 이 둘은 loop()로 값을 할당한다는 점을 빼면 모든 측면에서 Cell과 Stream과 같다. 여기서 핵심은 CellLoop와 StreamLoop는 loop()를 호출하기 전에 자유롭게 사용할 수 있다는 사실이다. 이들의 목적은 오로지 전방 참조를 가능하게 하는 것이다. 하지만 여기서는 한 걸음 더 나가서 변수를 순환 참조할 때 사용했다. 약간 흑마술처럼 보일 것이다. 물론 실제로도 그렇기는 하지만 이해하기에 복잡하지는 않다. 이것이 흑마술처럼 보이는 이유는 여러분의 생각이 실행 순서의 복잡도로 인해 혼란스럽기 때문이다. 마음 속에서 그런 생각을 떨쳐버려라.

---

6 옮긴이_ 간접 계층을 하나 추가해서 전방 참조 문제를 해결한 것이다. value의 정의 자체는 sUpdate보다 앞에 오지만, 실제 value의 행동을 결정하는 sUpdate.hold(0) 대입은 sUpdate 정의 다음에 있는 value.loop 호출을 통해 이뤄졌다.

NOTE_ FRP 코드는 시간의 흐름 밖에서 존재한다. 좀 덜 시적으로 말하자면, FRP 문장 사이에는 시퀀스라는 것이 존재하지 않는다. FRP 코드는 임의로 각 줄을 뒤섞고, 필요에 따라 CellLoops와 StreamLoops를 삽입할 수 있다. 그렇게 해도 코드가 완전히 똑같이 작동할 것이다. 우리는 이를 '믹서 안의 해면sea sponge in a blender' 원칙이라 부른다. 해면을 믹서로 갈아보라. 다시 원래대로 돌아올 것이다. 하지만 우리가 실제 이 말을 믿는 것은 아니다(다음 절을 보면 이유를 알 수 있다).

2.9.2 명시적 트랜잭션 안에서 FRP 구성하기

소듐은 프로그램의 FRP 로직을 크고 명확한 단일 트랜잭션 안에서 구성하라고 권장한다. 대부분의 경우엔 소듐이 필요에 따라 자동으로 트랜잭션을 시작해줄 것이다. 하지만 CellLoop와 StreamLoop는 꽃잎처럼 섬세해서 그 둘의 선언과 loop() 호출을 같은 트랜잭션에 집어 넣어야만 한다. 그렇게 하지 않으면 예외가 발생한다.

코드를 명시적으로 트랜잭션 안에 넣으려면 코드를 다음과 같이 작성하라(다시 자바 8의 람다를 사용한다).

```
Transaction.runVoid(() -> {
    ... FRP 코드 ...
}
```

트랜잭션 블록에서 값을 반환하고 싶다면 다음과 같이 하라.

```
A a = Transaction.run(() -> {
    ... FRP 코드 ...
    A a = ...;
    return a;
}
```

DEFINITION_ 빌려쓰기 패턴loan pattern 람다를 입력으로 받는 메서드가 여러분을 대신해서 자원을 열고 닫는 경우를 '빌려쓰기 패턴'이라 한다. 파일을 사용할 때 이런 패턴을 자주 볼 수 있다. 이 패턴을 사용하면 결코 실수로 자원을 해제하지 않는 경우가 없기 때문에 이런 패턴을 사용하는 것이 좋다. 아직 이를 이해할 수 없는 독자는 8.3절을 펴서 이 패턴에 대한 자세한 설명을 살펴보라. 거기서 트랜잭션에 대한 더 자세한 설명도 찾아볼 수 있다.

2.9.3 누적기 코드

다음 리스트는 누적기의 모든 요소를 하나로 모은 코드를 보여준다.

리스트 2-7 +와 – 버튼 클릭 누적시키기

```
import javax.swing.*;
import java.awt.FlowLayout;
import swidgets.*;
import nz.sodium.*;

public class spinner {
    public static void main(String[] args) {
        JFrame view = new JFrame("spinner");
        view.setDefaultCloseOperation(JFrame.EXIT_ON_CLOSE);
        view.setLayout(new FlowLayout());
        Transaction.runVoid(() -> {  ←—— 코드를 명시적으로 트랜잭션 안에 넣는다.
            CellLoop<Integer> value = new CellLoop<>();  ←—— 전방 참조
            SLabel lblValue = new SLabel(
                        value.map(i -> Integer.toString(i)));
            SButton plus = new SButton("+");
            SButton minus = new SButton("-");
            view.add(lblValue);
            view.add(plus);
            view.add(minus);
            Stream<Integer> sPlusDelta = plus.sClicked.map(u -> 1);
            Stream<Integer> sMinusDelta = minus.sClicked.map(u -> -1);
            Stream<Integer> sDelta = sPlusDelta.orElse(sMinusDelta);
            Stream<Integer> sUpdate = sDelta.snapshot(value,
                    (delta, value_) -> delta + value_
                );
            value.loop(sUpdate.hold(0));
        });
        view.setSize(400, 160);
        view.setVisible(true);
    }
}
```

깃에서 체크아웃해서 다음과 같이 실행하자.

```
git clone https://github.com/SodiumFRP/sodium
cd sodium/book/swidgets/java
mvn test -Pspinner 또는 ant spinner
```

DEFINITION_ 누적기 기존 상태와 새로운 정보를 조합해서 갱신될 수 있는 상태 정보

hold, snapshot 그리고 **루프** 또는 **전방 참조**라는 세 요소를 사용해 누적기를 만드는 방법을 살펴봤다. 소듐이나 다른 FRP 시스템은 accum()이나 collect() 등의 메서드를 통해 누적기를 더 쉽게 만들 수 있게 해준다. 하지만 그런 메서드는 모두 여기서 설명한 세 요소를 기반으로 만든 도우미에 불과하다.

2.9.4 snapshot이 관찰하는 값이 새 값일까, 이전 값일까?

스트림을 통해 어떤 이벤트가 FRP 로직에 들어오면 그로부터 다른 부분으로 상태 변화가 연속적으로 전파된다. 앞에서 설명한 것처럼 이런 변화는 트랜잭션 안에서 진행되기 때문에 어떤 이벤트가 촉발하는 모든 변화는 원자적atomic이다.

DEFINITION_ 상태 변화가 **원자적**이라는 말은 그 모든 변화가 동시에 일어나는 것처럼 보인다는 뜻이다. 전체 변화 중 일부만 일어나고 나머지는 아직 일어나지 않은 상태를 관찰할 수 없다는 뜻이다. 이런 원자성은 여러분이 탄식할 만한 일이 벌어지지 않도록 해준다.

누적기 예제에서 한 셀의 값을 snapshot을 사용해서 읽고, 같은 트랜잭션에서 hold를 사용해서 그 값을 자신에게 기록했다. 그렇다면 snapshot이 value의 새로운 값을 보게 될까, 예전 값을 보게 될까? 여기서 써야 할 새 값이 value에서 읽은 값에 의존하기 때문에 값을 읽기 전에 그 값을 설정하는 것은 불가능하다. 따라서 그것은 자신의 꼬리를 잡아먹게 되고 결국 특이점singularity에 빠질 것이다.

하지만 더 일반적인 경우에는 어떨까? (한 트랜잭션 안에서) 같은 이벤트가 A라는 셀을 hold로 갱신하면서 snapshot으로 그 값을 캡처하는 경우에는 어떨까? 그 snapshot이 갱신 전과 후의 값 중 어떤 값을 보게 될까?

각 FRP 시스템은 이 문제에 대해 다른 접근 방법을 취한다. 소듐은 코날 엘리엇의 FRP 정의를 따른다. 그래서 snapshot은 항상 예전의 값을 본다. 이를 다음의 두 관점에서 볼 수 있으며 이 둘은 동등하다.

- snapshot은 트랜잭션을 시작한 시점의 값을 본다.
- hold에 의한 갱신은 트랜잭션이 끝날 때 원자적으로 수행된다. [그림 2-18]에서는 이런 관점을 보여준다.

그림 2-18 누적기를 갱신하는 경우의 실행 시퀀스. 값은 5였으며, 사용자가 +를 클릭했다.

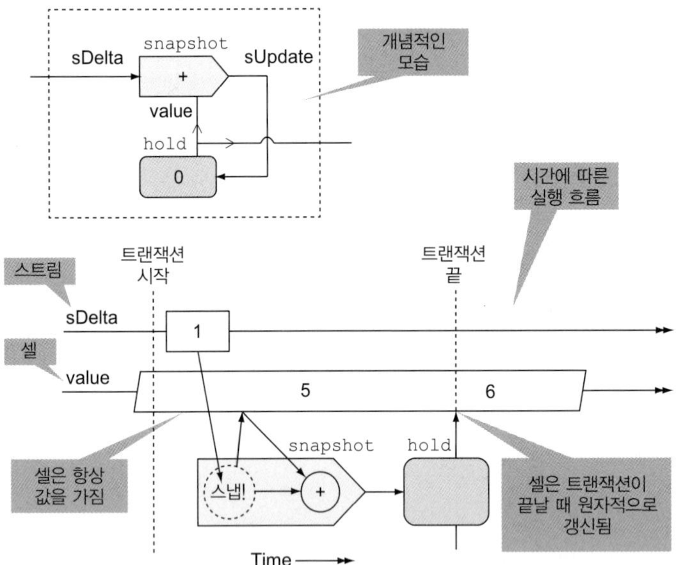

[그림 2-18]은 hold가 트랜잭션이 끝날 때 상태 갱신을 커밋commit하는 모습을 보여준다. 여기서 value는 5였고, 사용자는 +를 클릭했다.

다음은 다른 FRP 시스템에서 볼 수 있는 접근 방법들이다.

- snapshot이 새로운 값을 보며, 루프 안에 있는 경우 결과를 예측할 수 없다고 말한다.
- snapshot이 새로운 값을 보지만, delay라는 기본 연산을 사용해 예전 값을 명시적으로 얻을 수 있다. 누적기는 hold-delay-snapshot의 루프로 표현할 수 있다.
- 루프를 허용하지 않으며, 고수준의 accum 스타일의 요소만 사용해야 한다.

따라서 delay를 별도의 기본 연산으로 생각할 수도 있다. 하지만 소듐에서 delay는 암묵적으로 내재되어 있다.

지연 없는 hold의 필요성

소듐의 hold는 암묵적으로 delay를 포함한다. 하지만 경우에 따라 delay가 없는 hold가 필요하다고 주장하는 사람도 있다. 우리는 그런 기능 없이도 소듐을 상당히 잘 써왔다. 그래서 delay가 없는 hold가 필요하다는 주장을 아직 납득하지 못하고 있다. 하지만 여러분이 그에 대해 직접 고민해보길 바란다.

소듐에서 delay가 없는 hold를 만드는 다른 방법이 두 가지 있다. 첫 번째는 핵심이 아닌 기본 연산 Operational.updates()와 기본 연산 merge를 사용해서 현재 트랜잭션에서 변경된 셀의 갱신을 잡아내는 것이다. 두 번째는 트랜잭션을 새로 만드는 핵심이 아닌 기본 연산 Operational.defer()를 사용하는 방법이다. 이에 대해서는 8장에서 다룰 것이다. 하지만 우리는 실전에서 이런 기능이 그다지 필요하지 않음을 알게 됐다.

2.10 filter 기본 연산: 원하는 경우에만 이벤트 전달하기

앞의 스피너 예제를 변경해서 누적된 수가 음수가 되지 않게 하고 싶다고 하자. [그림 2-19]는 filter라는 기본 연산(원으로 표시)을 활용해 이를 구현하는 방법을 개념적으로 보여준다. 이벤트를 계속 유지할지 말지 결정해야 한다는 사실을 보여주기 위해서 흐름도flowchart에서 다이아몬드 모양의 박스를 빌려왔다.

그림 2-19 스피너의 값이 음수가 될 수 없도록 만들기 위해서 filter를 추가하기

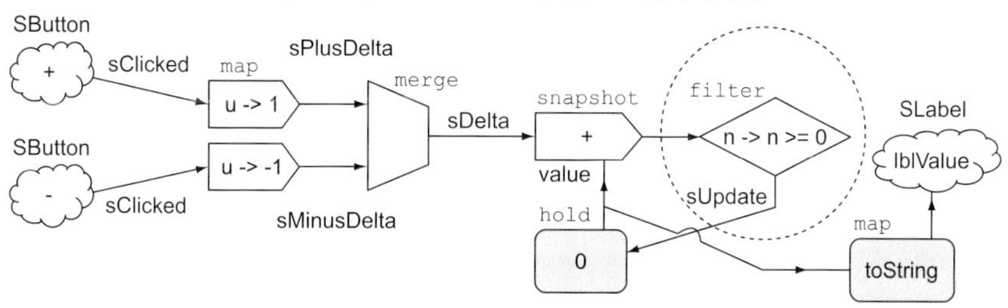

전체 코드 중 변경된 부분만 살펴보자. 추가된 부분을 굵은 글씨로 표시했다.

```
Stream<Integer> sUpdate = sDelta.snapshot(value,
        (delta, value_) -> delta + value_
    ).filter(n -> n >= 0);
```

sUpdate의 값이 >= 0이면 필터를 통과한다. 그렇지 않다면 버려진다. 따라서 hold에게 값이 전달되지 않는다.

깃에서 체크아웃하고 다음과 같이 실행하자.

```
git clone https://github.com/SodiumFRP/sodium
cd sodium/book/swidgets/java
mvn test -Pnonegative 또는 ant nonegative
```

DEFINITION_ 필터 스트림 값이 정해진 경우에만 흘러가게 만든다. 이는 일반적인 함수형 프로그래밍 개념으로 FRP 시스템은 모두 이런 이름을 사용한다.

앞에서 말했지만 (앞으로도 계속) 다시 말할 것이다. FRP의 다른 모든 함수와 마찬가지로 필터에 전달되는 함수도 순수(또는 참조 투명)해야 한다. 이는 다음과 같은 뜻이다.

- I/O나 외부 상태 변경 등 외부에 영향을 끼쳐서는 안 된다.
- 함수가 외부 상태로부터 영향을 받아서는 안 된다.
- 입력값이 같다면 항상 같은 출력값을 내놔야 한다.

어떤 상태를 기반으로 filter를 해야 한다면, 먼저 그 셀을 snapshot한 다음 그 출력을 filter할 수 있다. 여기서도 참조 투명성이 중요하다.

NOTE_ 소듐에는 filterOptional이라는 filter의 변종이 있다. 이 경우에는 사실 filterOptional이 더 적합하다. 몇 가지 예제를 나중에 보여줄 것이다.

2.11 lift 기본 연산: 셀 조합하기

lift 기본 연산을 사용하면 지정한 함수를 사용해 둘 이상의 셀을 하나로 조합할 수 있다. 두 정수를 add 함수를 사용해 더해보자. [그림 2-20]에서 레이블은 두 텍스트 필드의 값을 더한 값을 보여준다.

그림 2-20 두 셀을 더하기

[그림 2-21]은 개념적인 모습을 보여준다. 입력 텍스트 필드의 값을 정수로 변환한 다음 lift로 그들을 더한다. 그리고 그 결과를 다시 문자열로 변환해서 SLabel에 넣는다.

그림 2-21 두 텍스트 필드를 더하는 과정의 개념적인 모습

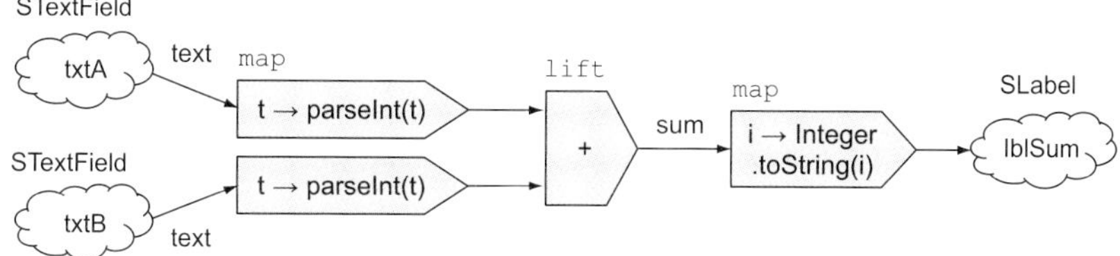

다음 리스트는 코드를 보여준다. lift의 첫 번째 인자는 현재 셀과 조합할 셀이고, 두 번째 인자는 우리 예제의 경우 두 정수를 더하는 함수다.

리스트 2-8 두 텍스트 필드를 더하기

```
import javax.swing.*;
import java.awt.FlowLayout;
import swidgets.*;
import nz.sodium.*;

public class add {
    public static void main(String[] args) {
        JFrame frame = new JFrame("add");
        frame.setDefaultCloseOperation(JFrame.EXIT_ON_CLOSE);
        frame.setLayout(new FlowLayout());
        STextField txtA = new STextField("5");
        STextField txtB = new STextField("10");
        Cell<Integer> a = txtA.text.map(t -> parseInt(t));
```

```
        Cell<Integer> b = txtB.text.map(t -> parseInt(t));
        Cell<Integer> sum = a.lift(b, (a_, b_) -> a_ + b_);
        SLabel lblSum = new SLabel(sum.map(i -> Integer.toString(i)));
        frame.add(txtA);
        frame.add(txtB);
        frame.add(lblSum);
        frame.setSize(400, 160);
        frame.setVisible(true);
    }
    private static Integer parseInt(String t) {
        try {
            return Integer.parseInt(t);
        } catch (NumberFormatException e) {
            return 0;
        }
    }
}
```

깃으로 체크아웃한 뒤 실행하자.

```
git clone https://github.com/SodiumFRP/sodium
cd sodium/book/swidgets/java
mvn test -Padd 또는 ant add
```

lift는 셀에 대해 작동하는 map 연산과 비슷하다. 다만 입력으로 둘 이상의 셀을 받는다는 점이 다르다. lift의 마지막 인자로 들어가는 함수는 처리할 대상 셀의 타입 및 개수에 맞아 떨어지는 매개변수를 받아야 한다.

DEFINITION_ 끌어올리기 함수형 프로그래밍에서 끌어올리기는 어떤 타입의 값에 대한 함수(타입: A->B)를 그 타입이 들어 있는 컨테이너에 대한 함수(타입: C<A>->C<B>)로 만들어주는 것이다. 'lift(끌어올림)'라 부르는 이유는 값에 작용하는 함수를 셀에 작용하는 함수로 끌어올려주기 때문이다. 본 예제에서는 Cell이 컨테이너 타입이었지만, lift를 사용해 List나 Optional 등의 컨테이너에 대한 함수를 만들 수도 있다. FRP에서는 더 이상의 내용이 필요하지 않기 때문에 이에 대해 추가로 언급하지는 않을 것이다. 하지만 아슬람 칸Aslam Khan의 『Grokking Functional Programming』(Manning, 출간 예정) 등의 함수형 프로그래밍 책을 보면 자세한 설명을 볼 수 있다.

FRP 라이브러리에 따라 한계는 있을 수 있지만, 여러 개의 셀에 대해 lift를 적용할 수 있다.

lift의 출력 셀은 입력 중 하나가 변경되면 자동으로 최신 상태로 변경된다. 여기서도 어떤 값이 최신 값인지 아닌지를 결코 고민할 필요가 없다.

NOTE_ 셀에 대한 map을 단일 셀에 대한 끌어올리기로 볼 수도 있다. 몇몇 FRP 시스템은 셀이 한 개든 여러 개든 관계없이 map이라는 이름을 사용하며, 몇몇은 lift라는 이름을 두 경우 모두에 사용한다. 소듐에서는 단일 Stream이나 Cell에 대해서는 map을 사용하며, 둘 이상의 Cell에 대해서는 lift를 사용한다.

2.12 never 기본 연산: 결코 발사되지 않는 스트림

이번 장에서 다룰 기본 연산이 하나 더 있다. 이 기본 연산은 아주 쉬운데... 왜냐하면... 아무 일도 하지 않기 때문이다.

DEFINITION_ never 스트림 결코 발사되지 않는 스트림이다. 모든 FRP 시스템에서 공통으로 사용한다.

소듐에는 never라는 이름의 스트림이 없다. 대신, 스트림에 아무 인자도 넘기지 않는 방식으로 같은 효과를 얻을 수 있다. 예를 들면 다음과 같다.

```
Stream<String> sNone = new Stream<String>();
```

이런 방식으로 만들어진 스트림에는 발사 관련 메커니즘이 전혀 들어 있지 않다. 따라서 결코 발사되지 않음을 보장할 수 있다.

NOTE_ FRP의 모든 상태 변화는 스트림 이벤트로부터 촉발된다. FRP는 **반응형**이며, 이런 특성은 FRP 로직의 외부에서 들어오는 I/O로부터 모든 이벤트가 시작돼야 한다는 뜻이다. 이 원칙은 중요하다. 이에 따라 (외부의 I/O로부터 발생하는 이벤트를 제외하면) 여러분이 직접 의존할 수 있는 유일한 스트림은 결코 발사되지 않는 이벤트 스트림뿐이다.

never는 여러분이 작성한 로직의 일부 기능을 필요로 하지 않을 때 주로 사용한다. SWidgets를 구현할 때 이런 기능을 사용했다. STextField에는 생성자가 2개 있다.

```
public STextField(String initText)
public STextField(Stream<String> sText, String initText)
```

두 번째 생성자를 사용하면 텍스트 필드에 표시되는 문자열을 프로그램에서 변경할 수 있다. 첫 번째 생성자는 두 번째 생성자에 never 스트림을 인자로 넘겨서 구현했다.

```
this(new Stream<String>(), initText);
```

우연히 상수 셀은 never 셀을 hold하는 것과 같다.

```
Cell<Integer> dozen = new Stream<Integer>().hold(12);
```

NOTE_ 엄격히 말해 constant는 never와 hold를 조합해 작성할 수 있기 때문에 기본 연산이 아니다.

2.13 참조 투명성 관련 권장 사항

앞에서 말한 것처럼 FRP 시스템에 넘기는 모든 함수는 순수(또는 참조 투명성) 함수여야만 한다. [표 2-1]은 일반적인 상황에서 어떤 것을 하고 어떤 것을 하지 말아야 할지를 조언해준다.

표 2-1 참조 투명성(중요함): 유혹이 올 때 볼 수 있는 가이드

할 것 / 하지 말 것	이유 / 대신 해야 할 일
함수 외부의 상태를 읽지 말라	스트림을 다룰 때: 상태를 셀로 모델링하라. 그리고 그 값을 snapshot으로 캡처하라. 셀을 다룰 때: 상태를 셀로 모델링하고, lift로 그 값을 캡처하라. 테스트 방법: 주어진 인자에 대해 함수가 항상 같은 값을 만들어내는지 살펴보라.

함수 밖에서 상수를 읽어라	함수가 자신의 바깥 영역에 있는 값을 상수로 캡처한다면(이는 함수가 살아 있는 동안 그 값이 바뀔 수 없다는 뜻이다), 그것은 상태가 아니다. 따라서 상수 사용을 장려한다.
	`final double kmPerMile = 1.609344;`
	`Cell<Double> km = mi.map(mi_ -> mi_ * kmPerMile);`

함수 밖의 상태 변수의 값을 변경하지 말라

스트림을 다룰 때: 기록하려는 값과 함수가 반환해야 하는 값을 함께 데이터 구조나 튜플에 넣어서 반환하라. 그런 다음 출력 스트림을 2개의 맵을 사용해 2개의 스트림으로 분리하라. 그런 다음 기록하려는 값이 들어 있는 스트림을 셀에 hold시켜라.

예제: 타임스탬프가 찍힌 마우스 이벤트에서 마우스가 눌린 위치를 추출하고 싶다고 하자.

```
Stream<Point> sDown = sMouse
    .filter(m -> m.type == MouseEvent.DOWN)
    .map(m -> m.pos);
```

이제 마지막으로 마우스가 눌린 시각을 기록하고 싶다. 이를 직접 변수에 기록하는 것은 허용되지 않는다. 다음은 앞에서 한 충고를 따라서 작성한 것이다.

```
Cell<new Tuple2<Point, Time>> sPair = sMouse
    .filter(m -> m.type == MouseEvent.DOWN)
    .map(m -> new Tuple2<Point, Time>(m.pos, m.time));
Stream<Point> sDown = sPair.map(p -> p.a);
Cell<Time> sLastTime = sPair.map(p -> p.b).hold(0);
```

셀을 다룰 때: 스트림의 경우와 기본적인 아이디어는 같다. 값을 튜플로 묶고 map을 사용해 분리하라.

스트림을 출력하고 싶다면 그럴 수 없다. 셀에 작동하는 기본 연산으로 스트림을 출력하는 것은 허용되지 않는다. 셀의 상태 변경을 스트림으로 직접 변경하는 것도 허용되지 않는다. 그렇게 하고 싶다면 셀 대신 스트림을 사용해야만 한다.

함수 호출과 호출 사이에 상태를 유지하지 말라

주어진 입력값에 대해 함수는 항상 같은 출력을 내놔야 한다. 이는 내부 상태가 없음을 의미한다.

스트림을 다룰 때: 상태를 셀에 보관하고 그 값을 읽기 위해 snapshot을 사용하라. 셀에 값을 다시 써넣고 싶다면 갱신할 값을 함수가 반환하는 스트림의 값과 함께 튜플로 묶은 새 스트림을 만들어 반환한 다음, 그 출력 스트림을 2개의 맵을 써서 두 스트림으로 분리하라. 그리고 갱신할 값이 들어 있는 스트림을 상태를 저장하고자 하는 셀에 hold해 넣어라.

예제: 네트워크 패킷을 분석하고 있다고 가정하자.

```
Stream<Message> sMessage = sPkt.map(p -> parseMsg(p));
```

각 메시지에 유일한 ID를 부여하고 싶다면 어떻게 해야 할까? 외부 변수를 직접 사용하는 것은 허용되지 않는다. 대신, 다음과 같이 할 수 있다.

```
StreamLoop<Integer> sID = new StreamLoop<>();
Cell<Integer> id = sID.hold(0);
Stream<Tuple2<Message, Integer>> sPair = sPkt.snapshot(id,
    (p, i) -> new Tuple2<Message, Integer>(
        new Message(i, parseMsg(p)),
```

```
            i+1));
    Stream<Message> sMessage = sPair.map(p -> p.a);
    sID.loop(sPair.map(p -> p.b));
```

	셀을 다룰 때: 셀의 기본 연산을 사용해 상태를 변경해야 한다면 스트림을 사용해야 한다. 셀은 그런 용도가 아니다.
I/O를 하지 말라	I/O에 쓰고 싶다면: 리스너 안에서 그렇게 하라(8.1절에서 다룰 것임). I/O를 읽고 싶다면: I/O에서 읽은 값을 StreamSink나 CellSink에 넣어라(8.1절에서 다룰 것임).
예외를 던지지 말라	예외가 발생한 함수 내부에서 잡아내거나, 그 예외를 반환값으로 변경해서 반환하는 한 예외를 사용해도 좋다. 하지만 예외가 함수 밖으로 나가게 해서는 안 된다.
디버깅용 트레이스를 추가하라	디버깅 트레이스는 프로그램에 논리적으로 영향을 끼치지 못한다. 따라서 사용해도 좋고, 실제로 유용한 경우도 많다. FRP 구현은 각 함수가 얼마나 자주, 또는 언제 실행될지 보장해주지 않는다. 따라서 트레이스를 찍어보면 놀라는 경우가 생길 것이다.

FRP의 기본 연산에 전달하는 모든 함수가 반드시 참조 투명해야 한다고 이야기해왔다. 이는 함수 외부와 내부를 잇는 직접적인 연결이 없다는 뜻이다. 이것은 매우 중요하다. 지금까지 우리가 제시한 FRP는 닫힌 세계다.

나중에 소듐과 프로그램의 나머지 부분을 연결하는 방법에 대해 설명할 것이다. 이 방법을 여러분에게 너무 빨리 알려주지 않으려는 이유는 이미 설명했다. 지금까지 여러분이 잘 알지 못하는 많은 내용을 설명했는데, 잘 알고 있는 내용을 너무 빨리 제시하면 어쩔 수 없이 마음이 그쪽으로 기울어지기 때문이다. 그런데 그 방향은 여러분이 조작적으로 생각하지 않고 개념적으로 생각하는 습관을 들이기 위해서는 가능하면 피해야 할 방향이다. 공부하는 동안에는 예전 습관을 가능한 한 멀리하는 편이 낫다.

2.14 FRP 커닝 페이퍼

[표 2-2]에 핵심 기본 연산을 표시했다. map과 switch는 셀과 스트림 버전이 존재한다. 하지만 각각을 별도로 표시했다. sample과 switch는 7장에서 다룰 것이다.

표 2-2 자바 버전 소듐에 있는 기본 연산을 정리한 표

클래스	스트림을 반환	셀을 반환	값을 반환
Stream	map() merge() / orElse() snapshot() filter() never / new Stream()	hold()	
Cell	switchS()	map() lift() new Cell(constant) switchC()	sample()

이런 열 가지 기본 연산은 그 연산을 바탕으로 작성된 도우미 함수를 통해 더 강력해질 수 있다. 소듐이 몇 가지 일반적인 도우미 함수를 제공하기는 하지만 기본 설계 철학은 최소주의다. FRP의 능력 대부분은 여러분 스스로 그런 도우미 함수를 작성할 수 있는 일반성에 있다. 여러분이 구체적인 문제에 맞춰 도우미 함수를 더 많이 작성함에 따라 코드가 줄어드는 모습을 볼 수 있을 것이다. FRP는 코드 재활용을 편리하게 만들어준다.

소듐은 큰 프로젝트에서 실용적인 개발 기반으로 사용하기에 적합하도록 완전성과 최소주의를 강조한다. 다른 FRP 시스템은 다른 설계 철학을 가지고 있다. 일부는 실용성을 강조하며 많은 도우미 함수를 제공하고, 일부는 FRP와 표준적인 프로그래밍 접근 방식을 혼용해 사용하도록 설계됐다. 소듐에서도 그런 식으로 두 패러다임을 섞어서 사용할 수 있다. 하지만 FRP가 강력하게 보장해주는 여러 특성을 제공하기 위해서는 두 패러다임을 분명히 구분해야 한다.

소듐을 다른 FRP 시스템보다 더 자랑하고 싶은 생각은 없다. 소듐을 만든 이유는 다양한 언어에서 일관성 있는 API로 FRP를 제공하기 위한 것이다. 소듐 라이브러리를 최소주의로 만들고, 특정 분야와 무관하게 만든 것은 그런 목표를 달성하는 데 도움이 된다.

2.15 요약

- **스트림**은 이벤트의 흐름이며, 각 이벤트는 페이로드 값으로 구성된다. 이벤트가 발생한 것을 스트림이 **발사**되었다고 말한다. 스트림을 부르는 다른 이름으로는 **이벤트**, **이벤트 스트림**, **관찰 가능**observable, **시그널**signal 등이 있다.
- map은 주어진 함수에 따라 스트림이나 셀에 있는 값을 변경한 새로운 이벤트나 셀을 만들어내는 기본 연산이다.
- 두 스트림에 대해 merge를 적용하면 두 입력 스트림에서 발생하는 이벤트를 조합한 새로운 스트림을 얻을 수 있다.
- 동일한 트랜잭션 안에서 벌어지는 두 이벤트는 **동시에 발생**한 것이다. sLeft.orElse(sRight)를 사용했는데 이벤트가 동시에 발생하는 경우, sLeft 스트림에서 발생한 이벤트가 더 우선권을 가지며 sRight에서 발생한 이벤트는 버려진다. 동시 이벤트를 다른 방식으로 조합하고 싶다면 조합을 위한 함수 f를 정하고, sLeft.merge(sRight, f)를 사용해야 한다.
- **셀**은 시간에 따라 변하는 값을 포함한다. **셀**의 다른 이름으로는 **행동**, **프로퍼티**, **시그널** 등이 있다.
- hold는 초깃값을 가지고 셀을 만들거나, 스트림에서 발사된 값으로 셀의 값을 갱신한다.
- 셀과 스트림이 있다면 snapshot은 스트림이 발사된 순간의 셀 값을 캡처하고, 인자로 받은 함수를 가지고 스트림의 값과 셀의 값을 조합해준다.
- filter를 사용하면 기존 스트림의 이벤트 중 일부만을 포함하는 새로운 스트림을 만들 수 있다. 이때 새 스트림에 이벤트를 포함시킬지 여부는 Boolean 값을 반환하는 술어predicate 함수가 결정한다.
- lift에 둘 이상의 입력값에 대해 작용하는 함수를 넘기고, 몇 개의 셀을 넘겨라. 그러면 lift가 그 함수를 사용해 모든 셀의 값을 합성한 새로운 셀을 돌려줄 것이다. 이는 셀에 map을 수행하는 것과 비슷하다. 차이는 셀이 하나가 아니라 여럿이라는 점뿐이다. lift라 부르는 이유는 (값의 세계에 존재하는) 함수를 셀의 세계로 끌어올리기 때문이다.
- never는 결코 발사되지 않는 스트림을 만든다.
- constant는 상숫값이 들어 있는 셀을 만든다.
- FRP 기본 연산에 넘기는 함수는 반드시 참조 투명해야 한다. 그 함수는 인자로 받는 값과 반환값을 제외하면 외부 세계에 의해 영향을 받거나, 외부 세계에 영향을 끼쳐서는 안 된다.
- 소듐에서는 한 트랜잭션 안에서 갱신된 셀의 값을 다음 트랜잭션을 시작하기 전까지 볼 수 없다. 다른 FRP 시스템에서는 다른 정책을 사용할 수도 있다.
- CellLoop와 StreamLoop를 사용한 루프에 대해 살펴보고, CellLoop와 StreamLoop를 사용해 누적기를 만드는 방법도 봤다. 다른 FRP 시스템에서는 이 문제를 다른 방식으로 해결할 수도 있다.

CHAPTER 3

자주 쓰는 위젯 만들기

- 몇 가지 간단한 GUI 위젯 예제

이번 장에서는 간단하게 FRP 개념을 두 가지 SWidget 예제와 결합할 것이다. 여기서도 FRP와 FRP가 아닌 것을 명확하게 구분해야 하므로 StreamSink와 CellSink에 대해서는 설명하지 않는다. 사람들은 익숙한 개념으로 쏠리는 경향이 있다고 이미 설명했다. 우리는 여러분이 "그거 어떻게 하는지 알아"라고 말하고 싱크sink와 FRP 로직을 혼합하는 것을 원하지 않는다. 그렇게 하면 FRP의 모델이 깨지기 때문이다. 여러분이 스트림과 셀을 오직 이벤트의 근원으로만 보기 전까지는 그런 식의 혼합은 바람직하지 않다.

여기서 다루는 예제는 2장에서 설명한 기본 연산을 사용한다. 따라서 기억을 되살리기 위해 때로 2장을 다시 봐야 할 것이다. 이제 시작해보자.

3.1 독립 SWidget인 스피너

2장에서 본 스피너의 개념을 가져와서 새로운 SWidget으로 분리해보자. 레이블 대신 텍스트 필드를 사용하면 좀 더 유용하다. [그림 3-1]은 +를 한 번 클릭한 다음 볼 수 있는 스피너의 모습을 보여준다.

그림 3-1 +를 한 번 클릭한 경우의 스피너 모양

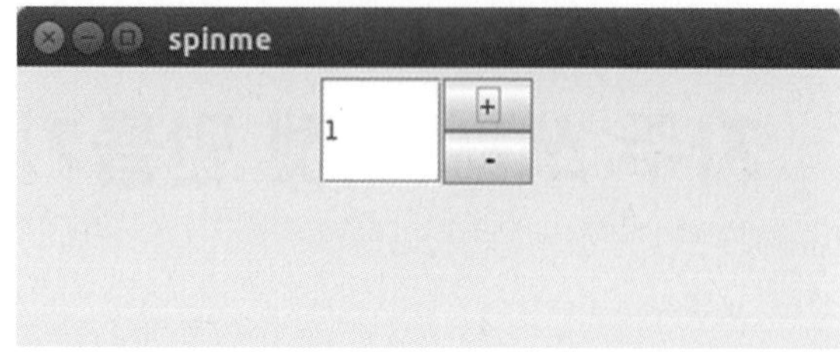

[리스트 3-1]은 이렇게 독립시킨 SSpinner 클래스를 보여준다. 여기서 메인 프로그램은 SSpinner를 만들고 뷰에 추가하는 기능만 하기에 제외했다. [리스트 3-1]에서는 텍스트 필드의 입력과 출력 부분에서 map을 사용해 정수와 문자열을 변환하는 것을 볼 수 있다.

리스트 3-1 SSpinner: 여러분 자신의 스피너 위젯

```
import javax.swing.*;
import java.awt.*;
import swidgets.*;
import nz.sodium.*;

public class SSpinner extends JPanel {
    SSpinner(int initialValue) {
        StreamLoop<Integer> sSetValue = new StreamLoop<>();
        STextField textField = new STextField(
            sSetValue.map(v -> Integer.toString(v)),   ← testField의 텍스트에 설정하기 위해 정수를 문자열로 변경
            Integer.toString(initialValue),
            5  ← 텍스트 필드의 크기
        );
        this.value = textField.text.map(txt -> {  ← 스피너의 현재 값을 제공하기 위해 textField의 현재 텍스트를 정수로 변환
            try {
                return Integer.parseInt(txt);
            }
            catch (NumberFormatException e) {
                return 0;
            }
        });
        SButton plus = new SButton("+");
        SButton minus = new Sbutton("-");

        setLayout(new GridBagLayout());
        add(textField, ...);  ← 자바 레이아웃과 관련된 부분을 생략
```

```
        add(plus, ...);
        add(minus, ...);

        Stream<Integer> sPlusDelta = plus.sClicked.map(u -> 1);
        Stream<Integer> sMinusDelta = minus.sClicked.map(u -> -1);
        Stream<Integer> sDelta = sPlusDelta.orElse(sMinusDelta);
        sSetValue.loop(
            sDelta.snapshot(    <------ delta를 현재 값에 추가함
                this.value,
                (delta, value) -> delta + value
            ));
    }
    public final Cell<Integer> value;
}
```

이 코드를 체크아웃하고 다음과 같이 실행하자.

```
git clone https://github.com/SodiumFRP/sodium
cd sodium/book/swidgets/java
mvn test -Pspinme 또는 ant spinme
```

3.2 폼 입력 검증

이번 3장은 일상적인 위젯 프로그래밍에 대한 것이다. 매일 사용하는 위젯 프로그래밍에서 폼form 검증이 빠지면 안 될 것이다. 1장에서 본 항공권 예약 예제에 폼 검증을 추가해보자. 폼 검증은 지겹고 버그를 만들기 쉬운 작업이지만 FRP를 사용하면 좀 더 간단하게 만들 수 있다.

[그림 3-2]는 다음 규칙을 포함하는 폼을 보여준다.

- 이름을 비워둘 수는 없고 (성과 이름을 구분하기 위한) 공백이 최소 1개 이상 들어가야 한다.
- 전자우편 주소는 1개 이상 4개 이하여야 한다.
- 사용자가 선택한 전자우편 주소 필드만 활성화된다.
- 전자우편 주소에는 @이 반드시 들어가야 한다.

검증 오류가 발생한 필드의 바로 옆에 오류 메시지가 들어 있는 SLabel을 표시한다. 검증에서 문제가 없는 경우에만 OK 버튼을 활성화한다.

그림 3-2 검증 규칙을 포함하는 입력 폼

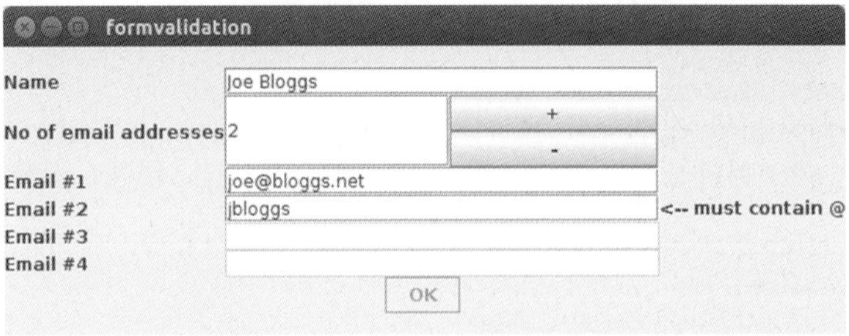

[리스트 3-2]는 폼의 필드와 검증 로직을 만드는 방법을 보여준다. 레이아웃 처리와 관련된 자바 코드는 생략했다.

2장에서 설명한 것처럼 수많은 FRP 구성요소가 명시적인 트랜잭션 안에 들어있다. 먼저 각 필드에 대한 검증 규칙을 구성하며, 그 결과가 ""(빈 문자열)면 검증에 성공했음을 표현한다. 이 결과를 SLabel을 사용해 대화창에 표시할 수 있다.

마지막의 for 루프에서 각 검증 결과를 string에서 Boolean 셀로 매핑한다(여기서 true는 필드 값이 올바르다는 의미다). 그리고 lift 연산을 연쇄적으로 사용해서 각 필드의 검증 결과 Boolean 값을 모두 다 논리적 **AND**로 합친 값인 allValid 셀을 만든다. 이 셀을 SButton 생성자의 enabled 인자로 넘긴다. 이렇게 하면 모든 필드의 값이 올바른 경우 OK 버튼이 활성화된다.

FRP는 검증 규칙을 기술하며 모든 상태를 최신으로 유지하는 작업을 여러분을 위해 수행해준다.

리스트 3-2 입력 검증 예제

```
Transaction.runVoid(() -> {   ←—— 명시적인 트랜잭션하에서 FRP를 구성한다.
    final int maxEmails = 4;

    JLabel[] labels = new JLabel[maxEmails+2];
    JComponent[] fields = new JComponent[maxEmails+2];
    Cell<String>[] valids = (Cell<String>[])Array.newInstance(
        Cell.class, maxEmails+2);   ←—— 자바에서 제네릭 타입의 배열을 만드는 방법
    int row = 0;

    labels[row] = new JLabel("Name");
```

```
        STextField name = new STextField("", 30);
        fields[row] = name;
        valids[row] = name.text.map(t ->
            t.trim().equals("") ? "<-- enter something" :
            t.trim().indexOf(' ') < 0 ? "<-- must contain space" :
                                      "");
        row++;

        labels[row] = new JLabel("No of email addresses");
        SSpinner number = new SSpinner(1);
        fields[row] = number;
        valids[row] = number.value.map(n ->
            n < 1 || n > maxEmails ? "<-- must be 1 to "+maxEmails
                                 : "");
        row++;

        STextField[] emails = new STextField[maxEmails];
        for (int i = 0; i < maxEmails; i++, row++) {
            labels[row] = new JLabel("Email #"+(i+1));
            final int ii = i;
            Cell<Boolean> enabled = number.value.map(n -> ii < n);
            STextField email = new STextField("", 30, enabled);
            fields[row] = email;
            valids[row] = email.text.lift(number.value, (e, n) ->
                ii >= n             ? "" :
                e.trim().equals("") ? "<-- enter something" :
                e.indexOf('@') < 0  ? "<-- must contain @" :
                                      "");
        }

        Cell<Boolean> allValid = new Cell<Boolean>(true);
        for (int i = 0; i < row; i++) {
            view.add(labels[i], ...);
            view.add(fields[i], ...);
            SLabel validLabel = new SLabel(valids[i]);
            view.add(validLabel, ...);
            Cell<Boolean> thisValid = valids[i].map(t -> t.equals(""));
            allValid = allValid.lift(thisValid, (a, b) -> a && b);
        }
        SButton ok = new SButton("OK", allValid);
        view.add(ok, ...);
    });
```

각 검증 결과는 정상인 경우 "", 아닌 경우 오류 메시지다.

최초의 n개의 전자우편 주소만 활성화한다.

주어진 Boolean 셀에 따라 STextField가 활성화된다.

비활성화된 필드는 검증에 들어가지 않는다.

검증 오류 메시지가 ""면 올바른 것이다.

각 줄의 Boolean 검증 결과의 논리적 AND를 취한다.

allValid가 참인 경우 버튼을 활성화한다.

깃으로 체크아웃한 다음 아래와 같이 실행하자.

```
git clone https://github.com/SodiumFRP/sodium
cd sodium/book/swidgets/java
mvn test -Pformvalidation 또는 ant formvalidation
```

3.3 요약

FRP는 GUI 프로그래밍에 잘 들어맞는다. 그 내용을 몇 가지 실용적인 위젯 예제를 통해 살펴봤다.

CHAPTER 4

실제 애플리케이션 작성하기

- 기본 연산을 조합해서 실제 코드 작성하기
- 전형적인 개발 프로세스
- 모듈성
- 테스트 가능성

지금까지는 약간 작위적인 예제를 가지고 FRP를 소개했으며 좀 더 실제적인 GUI 코드도 몇 개 보여줬다. 이제부터는 실제로 업계에서 FRP 애플리케이션을 작성하는 방법을 보여주고자 한다. 이번 장에서는 주유 펌프를 개발할 것이다.

FRP에 딱 들어맞는 예제를 찾기란 쉽지 않다. 스타덤에 오른 큰 업체에게는 FRP가 복잡성을 잘 다룰 수 있다고 허풍을 칠 수 있지만, 작은 규모의 예제에서는 그런 특성이 잘 드러나지 않는다. 예제가 너무 간단하다면 "별 이득도 없는데 저런 일을 굳이 FRP로 처리하는 것은 이상해"라고 할 것이다. 예제가 너무 크다면 예제를 이해하기 위해 너무 많은 노력을 들여야 할 것이다. 우리가 주유 펌프 예제를 택한 이유는 복잡성과 예제 이해도 사이에서 균형을 잡기 위해서다. 주유 펌프는 예제 크기도 적당하고 익숙하기 때문에 이해하기도 쉽다. 또한, 복잡도 측면에서도 FRP의 목적에 잘 들어맞는다.

NOTE_ 이번 장은 내용이 많다. 그렇지만 노력한 만큼 더 많은 혜택을 받게 될 것이다. 여기서 제시한 내용을 모두 자세히 공부할 필요는 없다. 그중 일부를 대강 넘어가면서 이 책을 계속 읽어도 된다. 그리고 나중에 다시 돌아와서 필요한 부분만 자세히 살펴봐도 좋다.

이 예제는 업계 표준 개발 방법론인, 심사숙고해서 모든 것을 미리 설계하는 대신 특성을 하나씩 추가해가는 방식을 사용한다. 여기서는 리팩터링은 제외했다. FRP에서는 리팩터링이 쉽기 때문이다. 그 주제에 대해서는 13장에서 다룬다.

4.1 주유 펌프 예제

우리는 미국의 일부 지역에서 아주 멋진 휘발유 펌프를 사용한다는 사실을 알고 있다. 하지만 이번 예제에서는 전 세계 대부분의 지역에서 쓰이는 일반적인 주유 펌프를 사용한다.

주유 펌프의 로직은 어떤 이에게는 간단해 보일 것이다. 하지만 실제 그 기능을 하나씩 추가하다 보면 프로그래머에게 편두통을 일으키기에 충분할 만큼 어렵기도 하다. 연료는 주유 펌프에서 차량으로 흘러간다. 하지만 우리는 그 안에서 데이터가 흘러가는 모습을 보여줄 것이다. FRP 프로그램을 데이터의 흐름으로 보면 도움이 된다. 그래서 종종 FRP가 데이터 흐름 프로그래밍data flow programming이라는 이름으로 불리기도 한다.

주유 펌프는 다음과 같은 특징을 지닌다.

- 세 가지 연료를 위한 세 가지 노즐
- (세 연료에 대한) 세 가지 가격 표시
- 주유된 석유 양(리터)과 지불해야 하는 금액(달러) 표시
- 주유할 금액을 미리 지정하기 위한 키패드와 디스플레이
- 경고음을 내는 비퍼beeper
- POSpoint of sale 시스템과 통신하기 위한 수단

[그림 4-1]은 주유 펌프의 사용자 인터페이스를 보여준다. 사용자 경험은 간단하다. 여러분이 노즐 중 하나를 들면 그에 따라 주유할 연료의 종류가 선택된다. 그 후 시뮬레이터가 펌프의 기계적인 부분을 흉내 내고 가상의 연료가 주유구로 흘러 들어가기 시작한다. 이 책에서는 UI 그래픽이나 시뮬레이션에 대한 코드는 다루지 않을 것이다. 우리가 관심 있는 부분은 애플리케이션 로직뿐이다. 하지만 원하는 독자는 전체 소스 코드를 다운로드해서 내용을 살펴볼 수 있다.

> **NOTE_** 주유 펌프가 제공하는 세 가지 연료는 딸기, 라임lime, 등유kerosene다.

그림 4-1 주유 펌프 사용자 인터페이스

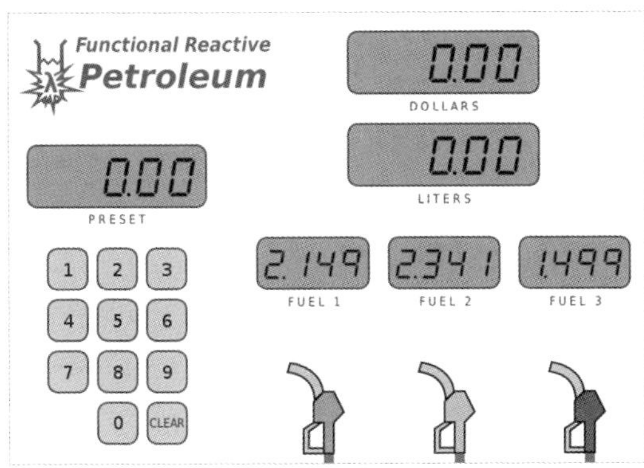

실제 주유 펌프 노즐에는 기계적인 방아쇠가 있어서 노즐을 차에 넣었을 때만 연료 주입이 가능하다. 하지만 시뮬레이터에서는 항상 노즐을 들자마자 기름이 흘러간다. 주유가 됨에 따라 지불할 금액과 주유한 양이 변하는 것을 볼 수 있을 것이다(그림 4-2).

그림 4-2 노즐을 들면 가상의 차에 기름이 들어가면서 주유한 연료 양과 금액이 변하는 것을 볼 수 있다.

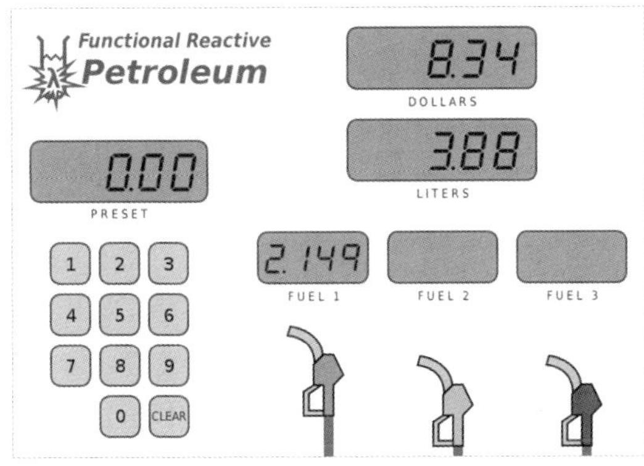

[그림 4-3]은 주유 노즐을 다시 거치대에 놓으면 연료의 흐름이 중단되고 POS 시스템으로 메시지가 전달되는 모습을 보여준다. POS 메시지 전달은 대화창이 뜨는 것으로 시뮬레이션한다. OK를 클릭하면 전체 금액과 주유량이 사라지고 펌프가 초기 상태로 돌아간다.

그림 4-3 주유 노즐을 거치대에 놓으면 판매 정보가 POS 시스템으로 전달된다.

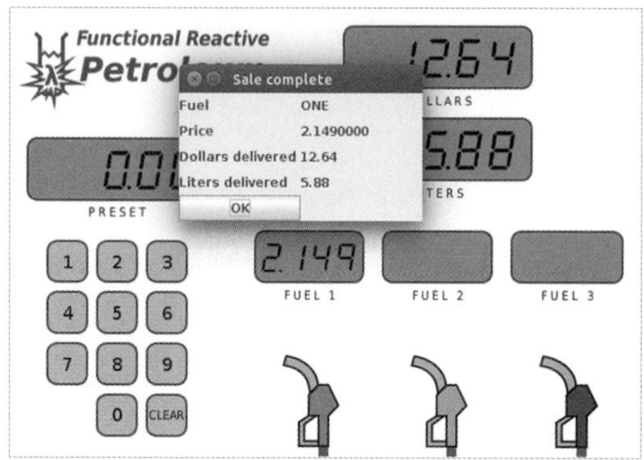

펌프는 다른 기능도 제공한다. 여러분은 키패드에서 원하는 금액을 지정할 수 있다. 그 값은 왼쪽에 있는 표시창에 나타난다. 주유 시 총 금액이 여러분이 미리 정한 금액에 가까워지면 연료의 흐름이 느려지고 정한 금액에 도달하면 주유가 멈춘다(그림 4-4).

그림 4-4 주유한 연료의 총 가격이 여러분이 지정한 금액에 도달하면 주유 펌프의 흐름이 멈춘다.

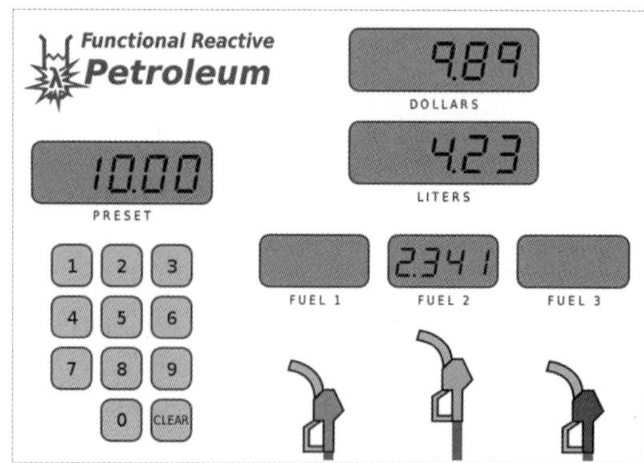

4.2 주유 펌프 예제 실행하기

펌프 예제를 실행하기 위해서는 체크아웃한 다음에 아래 명령을 실행하자.

```
git clone https://github.com/SodiumFRP/sodium
cd sodium/book/petrol-pump/java
mvn test 또는 ant run
```

창의 맨 위를 보면 이 책에서 소개한 여러 로직 중 어떤 펌프 로직을 실행할지 선택하는 부분이 있다. 각 예제를 실행해보면서 코드의 동작을 이해해보자. 또한, 코드를 가지고 여러 가지 시도를 해볼 것을 권장한다.

4.3 코드, 세상을 만나다

각 주유 펌프 로직은 [리스트 4-1]에 주어진 인터페이스를 구현한다. 이 인터페이스의 입력과 출력은 Stream과 Cell 타입을 담는 간단한 컨테이너 클래스다. Pump를 구현하는 각 클래스는 입력을 출력에 연결해주는 기구를 만들어야 한다. 여러분이 수행할 모든 로직은 이런 방식으로 만들어질 수 있다. 시뮬레이터를 실행하면 맨 위에 있는 드롭다운drop down 박스에서 원하는 로직을 선택할 수 있다.

리스트 4-1 주유 펌프 로직의 인터페이스

```java
package pump;

public interface Pump {
    public Outputs create(Inputs inputs);
}
```

[그림 4-5]는 Inputs와 Outputs로 캡슐화한 펌프의 입력과 출력을 도식으로 보여준다. 또한 각각이 실제 세상의 어떤 요소와 연결돼 있는지 알려준다.

[리스트 4-2]는 Inputs를 보여주며, 다음은 이 코드에서 사용하는 입력 스트림이다.

- sNozzle1, sNozzle2, sNozzle3 – 세 연료에 대해 노즐이 들렸는지(연료 주입이 시작했음을 알려줌), 거치대에 놓였는지를 알려주는 이벤트가 발사되는 스트림이다.
- sKeypad – 주유할 금액을 입력하는 키패드의 버튼이 눌린 경우를 표현하는 스트림. Key는 눌린 버튼을 표현하기 위한 열거형enumeration 타입이다.

- sFuelPulses – 연료 흐름 미터기로 전달되는 펄스pulse. 이벤트에 들어 있는 정보는 마지막 이벤트 이후 몇 개의 펄스가 발생했는지를 나타내는 정숫값이다.
- sClearSale – 결제가 끝나면 POS로부터 들어오는 신호로, 펌프를 초기화해서 주유가 가능한 상태로 돌리게 된다.

입력 셀은 다음과 같다.

- calibration – 한 펄스가 몇 리터인지 나타내는 배수
- price1, price2, price3 – 세 가지 연료의 가격(단위: 달러)

그림 4-5 펌프 로직과 (시뮬레이션된) 외부 세계의 인터페이스

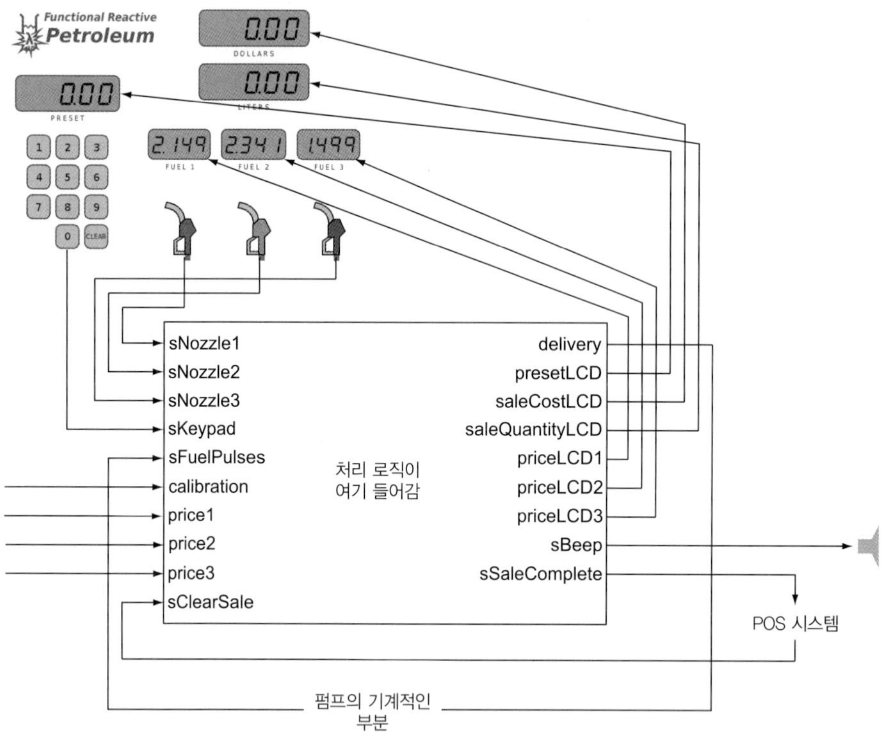

자바를 사용하기 때문에 약간 준비 코드가 필요하다. 하지만 이를 분명히 보여주기 위해 전체 코드를 모두 [리스트 4-2]에 표시했다.

FRP에서는 불변성immutability이 매우 중요하다. 따라서 여러분은 모든 필드를 final로 만들어야 한다. final 필드는 생성자에서 값을 지정할 수만 있고, 일단 지정된 값은 변경이 불가능하다.

이는 좋은 코딩 습관이라 되도록 따르는 것이 좋다. FRP 코드에서는 항상 이런 식으로 불변성을 사용하라.

리스트 4-2 주유 펌프 로직에 대한 입력 Inputs

```
package pump;
import nz.sodium.*;

public class Inputs {
    public Inputs(
            Stream<UpDown> sNozzle1,
            Stream<UpDown> sNozzle2,
            Stream<UpDown> sNozzle3,
            Stream<Key> sKeypad,
            Stream<Integer> sFuelPulses,
            Cell<Double> calibration,
            Cell<Double> price1,
            Cell<Double> price2,
            Cell<Double> price3,
            Stream<Unit> sClearSale) {
        this.sNozzle1 = sNozzle1;
        this.sNozzle2 = sNozzle2;
        this.sNozzle3 = sNozzle3;
        this.sKeypad = sKeypad;
        this.sFuelPulses = sFuelPulses;
        this.calibration = calibration;
        this.price1 = price1;
        this.price2 = price2;
        this.price3 = price3;
        this.sClearSale = sClearSale;
    }

    public final Stream<UpDown> sNozzle1;
    public final Stream<UpDown> sNozzle2;
    public final Stream<UpDown> sNozzle3;
    public final Stream<Key> sKeypad;
    public final Stream<Integer> sFuelPulses;
    public final Cell<Double> calibration;
    public final Cell<Double> price1;
    public final Cell<Double> price2;
    public final Cell<Double> price3;
    public final Stream<Unit> sClearSale;
}
```

[리스트 4-3]은 출력을 보여주며, 이 코드에서 사용하는 출력 스트림은 다음과 같다.

- sBeep - 이 스트림이 발사되면 시뮬레이터에서 짧게 경고음을 내준다.
- sSaleComplete - 주유 완료 후 POS 시스템에 판매 정보를 보낸다. 입력에 sClearSale이라는 스트림이 있었던 것을 기억하라. 지불이 끝나면 POS 시스템에서 sClearSale을 발사해서 다음 번 주유를 위해 펌프를 초기화한다.

출력 셀은 다음과 같다.

- delivery - 어떤 연료를 어떤 속도로 주유할지 지정한다. 값으로는 OFF, SLOW1, FAST1, SLOW2, FAST2, SLOW3, FAST3가 있다.
- presetLCD - 주유 설정 금액을 입력하는 키패드 위에 있는 LCD다.
- saleCostLCD - 주유한 연료의 전체 가격(달러)을 표시한다.
- saleQuantityLCD - 주유한 연료의 전체 용량(리터)을 표시한다.
- priceLCD1, priceLCD2, priceLCD3 - 각 연료의 리터당 가격을 표시한다.

set 메서드를 일반적이지 않은 방식으로 작성해야 한다. 각 메서드는 새로 변경된 필드의 값(굵게 표시함)을 갱신한 새로운 구조(객체)를 반환한다. 이렇게 하는 것은 데이터 구조의 불변성 유지 때문이다. 불변성이란 데이터를 변경할 수 없다는 뜻이다. 이렇게 하면 코드에 대한 추론이 더 쉬워지고 **합성성**을 보존할 수 있다. 이런 기법을 사용하면 관심 대상 필드만을 지정하면 되기 때문에(나머지 필드는 기본값을 그대로 사용한다) 코드를 읽기도 쉽다. 항상 이런 패턴을 사용해야 하는 것은 아니지만, 이런 패턴을 사용하는 것이 유용할 때가 종종 있다.

NOTE_ 필드를 단 하나만 변경하는 데 전체 데이터 구조를 복사하는 것이 효율적이지 않다고 느낄지도 모르겠다. 하지만 그렇게 하더라도 여러분이 생각하는 것처럼 비효율적이지는 않다. 이 패턴이 절대적으로 필요한 것은 아니다. 그저 이 패턴은 모든 것을 제대로 처리하고 있다는 사실을 확실히 하는 방법이다. 소프트웨어를 설계하면서 성능만을 너무 고려하면 종종 형편없는 결과를 가져오게 된다. 실제로, 사람들이 성능에 대해 가지고 있는 가정 대부분이 잘못된 것임이 드러난다. 이런 이유로 성능과 관련된 결정은 항상 프로파일링profiling 결과를 바탕으로 이뤄져야 한다.

리스트 4-3 주유 펌프 로직의 출력인 Outputs

```
package pump;

import nz.sodium.*;
```

```
public class Outputs {
    private Outputs(
            Cell<Delivery> delivery,
            Cell<String> presetLCD,
            Cell<String> saleCostLCD,
            Cell<String> saleQuantityLCD,
            Cell<String> priceLCD1,
            Cell<String> priceLCD2,
            Cell<String> priceLCD3,
            Stream<Unit> sBeep,
            Stream<Sale> sSaleComplete) {
        this.delivery = delivery;
        this.presetLCD = presetLCD;
        this.saleCostLCD = saleCostLCD;
        this.saleQuantityLCD = saleQuantityLCD;
        this.priceLCD1 = priceLCD1;
        this.priceLCD2 = priceLCD2;
        this.priceLCD3 = priceLCD3;
        this.sBeep = sBeep;
        this.sSaleComplete = sSaleComplete;
    }

    public Outputs() {
        this.delivery = new Cell<Delivery>(Delivery.OFF);
        this.presetLCD = new Cell<String>("");
        this.saleCostLCD = new Cell<String>("");
        this.saleQuantityLCD = new Cell<String>("");
        this.priceLCD1 = new Cell<String>("");
        this.priceLCD2 = new Cell<String>("");
        this.priceLCD3 = new Cell<String>("");
        this.sBeep = new Stream<Unit>();
        this.sSaleComplete = new Stream<Sale>();
    }

    public final Cell<Delivery> delivery;
    public final Cell<String> presetLCD;
    public final Cell<String> saleCostLCD;
    public final Cell<String> saleQuantityLCD;
    public final Cell<String> priceLCD1;
    public final Cell<String> priceLCD2;
    public final Cell<String> priceLCD3;
    public final Stream<Unit> sBeep;
    public final Stream<Sale> sSaleComplete;

    public Outputs setDelivery(Cell<Delivery> delivery) {
```

```
        return new Outputs(delivery, presetLCD, saleCostLCD,
                saleQuantityLCD, priceLCD1, priceLCD2, priceLCD3, sBeep,
                sSaleComplete);
    }
    public Outputs setPresetLCD(Cell<String> presetLCD) {
        return new Outputs(delivery, presetLCD, saleCostLCD,
                saleQuantityLCD, priceLCD1, priceLCD2, priceLCD3, sBeep,
                sSaleComplete);
    }
    public Outputs setSaleCostLCD(Cell<String> saleCostLCD) {
        return new Outputs(delivery, presetLCD, saleCostLCD,
                saleQuantityLCD, priceLCD1, priceLCD2, priceLCD3, sBeep,
                sSaleComplete);
    }
    public Outputs setSaleQuantityLCD(Cell<String> saleQuantityLCD) {
        return new Outputs(delivery, presetLCD, saleCostLCD,
                saleQuantityLCD, priceLCD1, priceLCD2, priceLCD3, sBeep,
                sSaleComplete);
    }
    public Outputs setPriceLCD1(Cell<String> priceLCD1) {
        return new Outputs(delivery, presetLCD, saleCostLCD,
                saleQuantityLCD, priceLCD1, priceLCD2, priceLCD3, sBeep,
                sSaleComplete);
    }
    public Outputs setPriceLCD2(Cell<String> priceLCD2) {
        return new Outputs(delivery, presetLCD, saleCostLCD,
                saleQuantityLCD, priceLCD1, priceLCD2, priceLCD3, sBeep,
                sSaleComplete);
    }
    public Outputs setPriceLCD3(Cell<String> priceLCD3) {
        return new Outputs(delivery, presetLCD, saleCostLCD,
                saleQuantityLCD, priceLCD1, priceLCD2, priceLCD3, sBeep,
                sSaleComplete);
    }
    public Outputs setBeep(Stream<Unit> sBeep) {
        return new Outputs(delivery, presetLCD, saleCostLCD,
                saleQuantityLCD, priceLCD1, priceLCD2, priceLCD3, sBeep,
                sSaleComplete);
    }
    public Outputs setSaleComplete(Stream<Sale> sSaleComplete) {
        return new Outputs(delivery, presetLCD, saleCostLCD,
                saleQuantityLCD, priceLCD1, priceLCD2, priceLCD3, sBeep,
                sSaleComplete);
    }
}
```

4.4 주유 흐름의 생애 주기

이제 map, merge, hold, snapshot, filter, lift, never, constant 기본 연산에 대해 배웠다. 주유 펌프를 만드는 데는 그것으로 충분하다. 아직 다루지 않은 기본 연산으로 sample과 switch가 더 있지만, 이 예제에서는 사용하지 않으니 7장까지 기다리기 바란다.

여러분이 해야 하는 첫 번째 일은 노즐 입력 이벤트를 변환해서 주유의 생애 주기life cycle로 바꾸는 것이다. [그림 4-6]에서 보는 것처럼 출력은 다음과 같다.

- sStart – 주유의 시작을 알려주는 스트림
- fillActive – 현재 주유 중인지 알려주는 셀이며, 현재 주유 중인 경우 선택된 연료의 종류를 알려줌
- sEnd – 주유의 끝을 알려주는 스트림

그림 4-6 LifeCycle 클래스의 입력과 출력

다음은 요구사항이다.

- 노즐을 들면, 사용자가 어떤 노즐을 들었는가에 따라 주유할 연료가 선택된다.
- 들었던 노즐을 놓으면(다른 노즐은 아님), 주유를 끝낸다. 주유하는 중에는 다른 두 노즐의 변화를 무시한다.

fillActive는 주유 중인지 아닌지를 알려주는 셀이다. 그 셀의 타입은 Cell<Optional<Fuel>>이며, 자바 8의 Optional 타입(아래 상자글 참조)과 열거형 Fuel을 사용해서 어떤 연료를 주유하고 있는지 표시한다. fillActive가 가질 수 있는 값은 다음과 같다.

- Optional.empty() – 주유 중이 아님
- Optional.of(fuel) – 주유 중이며, fuel 연료를 주입하는 중임

자바 8의 Optional 타입

자바 8에는 java.util 밑에 새로 Optional이라는 클래스가 들어갔다. Optional은 타입 매개변수를 받는다. Optional〈A〉는 A 타입의 null일 수도 있는 값을 표현한다. 즉, 그 타입의 값은 A 타입의 값을 포함하거나 '아무것도 아님'이라는 값을 가질 수 있다.

Optional 타입은 전통적인 null 참조를 대신하는 방법이다. null 대신 Optional을 일관되게 사용한다면 어떤 값이 null일 수 있는지 여부가 타입에 표시된다. 따라서 실수로 null인 경우를 처리하지 않고 넘어가기가 어려울 것이다. null을 검사하지 않는 것은 아주 흔한 버그의 근원이다. null을 1965년에 발명한 토니 호어Tony Hoare는 그것이 자신의 "십억 달러짜리 실수"라고 말한 바 있다.

Optional 타입은 더 자세히 설명하지 않을 것이다. 여기서 본 내용만으로 충분하지 않다면 온라인 문서를 찾아보면 잘 이해할 수 있을 것이다. 우리가 자바 8 파워 유저가 되고 싶은 것은 아니지만 자바 8의 기능 중 일부는 우리 목적에 아주 잘 맞는다. 자바 8을 자세히 설명하는 자료로는 『자바 8 인 액션』(한빛미디어, 2015)이 있다.

[그림 4-7]은 2장을 통해 이미 익숙해진 다이어그램을 사용해서 LifeCycle의 구현을 자세히 보여준다. 각 기본 연산이 어떻게 쓰이는지는 앞서 살펴보았고, 이번에는 여러 연산이 함께 협력하는 모습을 볼 수 있다.

일부는 구름이나 블랙 박스료 표시해 자세한 내용을 숨겼다. 구름의 종류는 다음과 같이 두 가지다. 각각을 어떻게 메서드로 구현했는지 코드를 잘 살펴보자.

- whenLifted – 연료 번호(ONE, TWO, THREE)를 상수로 받아서 노즐이 들리면 그 상수를 반환한다.
- whenSetDown – 이 메서드도 연료 번호를 상수로 받는다. 또 이 메서드는 추가로 현재 선택된 연료를 표시하는 fillActive도 살펴본다. 그래서 현재 주유 중인 상태이고 내려간 노즐과 주유 중인 연료가 일치할 때만 이벤트를 출력한다.

그림 4-7 생애 주기 로직인 LifeCycle의 개념적인 모습

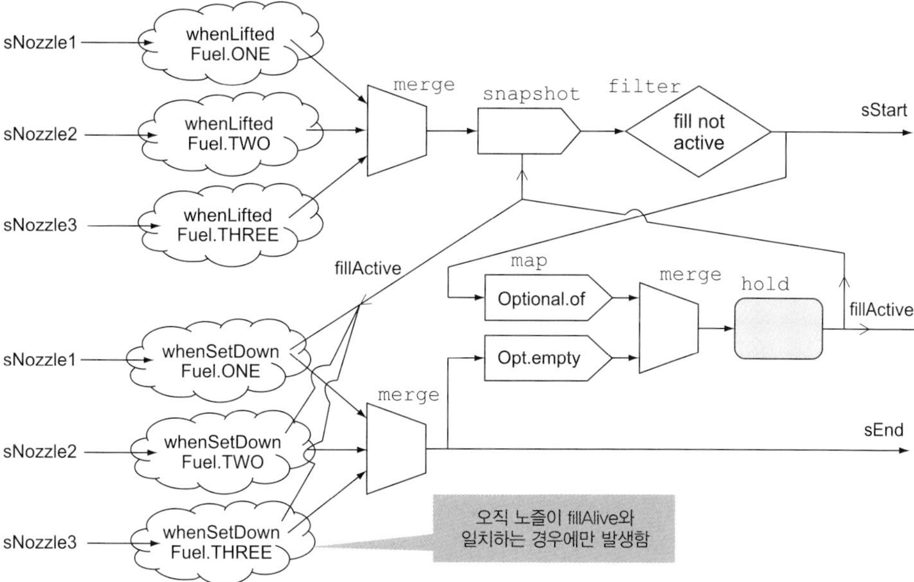

1번 노즐을 들었을 때의 이벤트 흐름을 살펴보자.

1 whenLifted(Fuel.ONE)이 반환하는 스트림은 Fuel.ONE 값이 들어 있는 이벤트를 출력한다.

2 1번의 이벤트는 현재의 fillActive 값을 스냅샷snapshot하게 만든다. 그 후, 현재 주유 중이 아닌 경우에만 연료 종류를 출력하도록 스냅샷에 의해 생긴 이벤트의 값을 필터링한다. 이 스트림을 sStart로 외부에 내보낸다.

3 sStart는 값을 Optional 타입으로 감싸는 map에 이벤트를 전달한다. 그 결과 이벤트의 값이 Optional.of(Fuel.ONE)이 된다.

4 그 값이 fillActive에 의해 캡처된다. 따라서 주유 상태가 활성화되며, 이때 선택된 연료는 Fuel.ONE 이다.

1번 노즐을 내려놓으면 다음과 같은 일이 벌어진다.

1 whenSetDown(Fuel.ONE)은 현재 Fuel.ONE을 주유 중인지 확인한다. 그런 경우에 그 메서드는 이벤트를 발사한다. 그 스트림은 sEnd로 외부에 노출된다.

2 그 후 sEnd를 map에 넘겨서 이벤트 값을 Optional.empty()라는 Optional 값으로 바꾼다.

3 그 결과를 fillActive에 캡처해서 주유 중 상태를 비활성화시킨다.

4.4.1 LifeCycle 코드

이번 절은 두 클래스를 보여준다. 로직은 [리스트 4-4]의 LifeCycle 클래스에 들어 있다. 그다음으로 [리스트 4-5]에서 두 번째 클래스인 LifeCyclePump를 보여줄 것이다. LifeCyclePump는 여러분이 실행할 수 있도록 펌프 입력과 출력을 연결하는 코드다.

FRP 기반의 클래스나 메서드를 이해하려면 가장 먼저 입력과 출력이 어떤 것인지를 살펴볼 것을 권장한다. 그때 코드에 담긴 의도가 무엇인지 이해하려고 노력하라. 그런 다음 입력이 어떻게 출력으로 변화되는지를 천천히 살펴보라.

Fuel은 다음과 같이 정의된 열거형이다. 열거형은 선택된 세 가지 연료 노즐을 식별할 때 사용된다.

```
public enum Fuel { ONE, TWO, THREE }
```

코드를 살펴보면 sStart와 sEnd가 fillActive에 의존하고, fillActive는 다시 sStart와 sEnd에 의존함을 알 수 있다. 우리는 2장에서 CellLoop에 대해 이미 학습했다. 이런 순환적인 의존관계가 있는 경우 루프가 마술처럼 문제를 해결해준다.

StreamLoop와 CellLoop가 만들어진 바로 그 트랜잭션 안에서 loop()를 실행해야 한다는 사실을 명심하라. 이 예제의 코드는 그런 문제가 없도록 작성했다. 왜냐하면 석유 펌프 시뮬레이터 메인 프로그램(책에서는 언급하지 않았음)에서 create() 호출을 트랜잭션 안에 넣어뒀기 때문이다. FRP 로직을 작성할 때는 항상 트랜잭션 안에서 생성 코드를 호출할 것을 권장한다. FRP를 구축하는 코드에서는 보통 그런 모든 생성 코드를 둘러싸는 큰 트랜잭션이 있다고 가정해야 한다.

NOTE_ 이 코드는 아직 여러분이 보지 못한 filter의 변종 filterOptional을 사용한다. 이 메서드는 Stream<Optional<A>>를 받아서 Stream<A>를 반환한다. 여기서도 자바 8의 Optional을 유용하게 사용한다. 값이 존재한다면 filterOptional은 그 값을 꺼내서 A 타입의 값으로 새로운 스트림에 전달하고, 값이 비어 있는 이벤트는 버린다(따라서 다음 스트림으로 전달되지 않는다). 입력 스트림에 Optional이 들어 있기 때문에 자바는 filterOptional을 Stream의 메서드로 선언하지 못하게 만든다. 그래서 그 대신 Stream.filterOptional(..)이라는 정적 메서드로 선언해야 한다.

리스트 4-4 석유 펌프 주유의 생애 주기

```
package chapter4.section4;

import pump.*;
import nz.sodium.*;
import java.util.Optional;

public class LifeCycle {
    public final Stream<Fuel> sStart;
    public final Cell<Optional<Fuel>> fillActive;
    public final Stream<End> sEnd;

    public enum End { END }

    private static Stream<Fuel> whenLifted(Stream<UpDown> sNozzle,
                                           Fuel nozzleFuel) {
        return sNozzle.filter(u -> u == UpDown.UP)
                      .map(u -> nozzleFuel);
    }

    private static Stream<End> whenSetDown(Stream<UpDown> sNozzle,
                Fuel nozzleFuel,
                Cell<Optional<Fuel>> fillActive) {
        return Stream.<End>filterOptional(
            sNozzle.snapshot(fillActive,
                (u,f) -> u == UpDown.DOWN &&
                         f.equals(Optional.of(nozzleFuel))
                               ? Optional.of(End.END)
                               : Optional.empty()));
    }

    public LifeCycle(Stream<UpDown> sNozzle1,
                     Stream<UpDown> sNozzle2,
                     Stream<UpDown> sNozzle3) {
        Stream<Fuel> sLiftNozzle =
            whenLifted(sNozzle1, Fuel.ONE).orElse(
            whenLifted(sNozzle2, Fuel.TWO).orElse(
            whenLifted(sNozzle3, Fuel.THREE)));
        CellLoop<Optional<Fuel>> fillActive = new CellLoop<>();
        this.fillActive = fillActive;
        this.sStart = Stream.filterOptional(
            sLiftNozzle.snapshot(fillActive, (newFuel, fillActive_) ->
```

- sStart: 주유 시작을 표현하는 스트림
- fillActive: 주유 중인 경우 선택한 연료를 식별해준다.
- sEnd: 주유 끝을 표현하는 스트림
- filter: 노즐 들기(UP), 내려놓기(DOWN) 이벤트 중에서 UP만 허용한다.
- map: 이 노즐에 해당하는 연료를 출력으로 내보낸다.
- whenSetDown: 타입 안전성을 위해 Unit 대신 End를 사용한다.
- u == UpDown.DOWN: 현재 주유 중인 노즐과 내려놓은 노즐이 일치할 때만 주유를 중단시킨다.
- sLiftNozzle: 노즐이 들리면 이 스트림이 발사된다. 그때 어떤 노즐이 들렸는지를 이벤트로 발사한다.
- CellLoop: fillActive에 대한 전방 참조를 정의한다.
- this.sStart: 이미 주유 중이 아닌 경우에만 주유를 시작할 수 있다.

```
                fillActive_.isPresent() ? Optional.empty()
                                        : Optional.of(newFuel)));
        this.sEnd = whenSetDown(sNozzle1, Fuel.ONE, fillActive).orElse(
                    whenSetDown(sNozzle2, Fuel.TWO, fillActive).orElse(
                    whenSetDown(sNozzle3, Fuel.THREE, fillActive)));
        fillActive.loop(
            sEnd.map(e -> Optional.<Fuel>empty())
                .orElse(sStart.map(f -> Optional.of(f)))
                .hold(Optional.empty())
        );
    }
}
```

각 노즐을 검사해서 주유를 끝내는지 체크한다.

fillActive 구현

주유가 끝날 때 값을 없애준다.

주유를 시작할 때 fillActive를 선택한 연료로 설정해준다.

[리스트 4-5]는 이를 테스트하는 주유 펌프 로직이다. 이것을 펌프 시뮬레이터에서 실행하면 어떤 노즐이 들렸는지를 표현하는 1, 2, 3 중 한 숫자가 주유량 표시 디스플레이에 뜨는 것을 보게 될 것이다.

리스트 4-5 LifeCycle의 기능을 보여주는 주유 펌프 구현

```
package chapter4.section4;

import pump.*;
import nz.sodium.*;
import java.util.Optional;

public class LifeCyclePump implements Pump {
    public Outputs create(Inputs inputs) {
        LifeCycle lc = new LifeCycle(inputs.sNozzle1,
                                     inputs.sNozzle2,
                                     inputs.sNozzle3);
        return new Outputs()
            .setDelivery(lc.fillActive.map(   ← 연료가 선택된 경우 모터를 켠다.
                of ->
                    of.equals(Optional.of(Fuel.ONE))   ? Delivery.FAST1 :
                    of.equals(Optional.of(Fuel.TWO))   ? Delivery.FAST2 :
                    of.equals(Optional.of(Fuel.THREE)) ? Delivery.FAST3 :
                                                         Delivery.OFF))
        .setSaleQuantityLCD(lc.fillActive.map(   ← 어떤 연료를 선택했는지 표시한다.
            of ->
                of.equals(Optional.of(Fuel.ONE)) ? "1" :
                of.equals(Optional.of(Fuel.TWO)) ? "2" :
                of.equals(Optional.of(Fuel.THREE)) ? "3" : ""));
```

```
    }
}
```

이 코드를 돌려보자. 아마도 이미 코드를 체크아웃했을 것이다. 그런 독자에게는 첫 번째 줄은 필요 없지만 전체 명령을 모두 포함시켰다.

```
git clone https://github.com/SodiumFRP/sodium
cd sodium/book/petrol-pump/java
mvn test 또는 ant run
```

4.5 이렇게 하는 것이 실제로 더 좋은가?

FRP식 코딩은 일반적인 방법과는 다르다. 여러분은 왜 이런 방식으로 생각하는 것이 더 나은지 궁금할 것이다. 심지어 코드가 더 짧은 것도 아니다. 어떤 면에서는 장황하기까지 하다.

이 시점에서 두 가지를 이야기하고 싶다. 먼저, FRP는 프로그램이 클수록 그 위력을 발휘한다고 강조했던 것을 기억하라. 작은 프로그램에서는 그런 이점이 분명하게 보이지 않을 것이다. 작은 프로그램에서는 여러분을 골치 아프게 할 수 있는 예외적이거나 아주 가끔 일어나는 작업을 처리하는 코드가 거의 없기 때문이다.

두 번째로, 일반적인 프로그래밍 언어로 직접 표현하는 경우 FRP 구문이 약간 투박해진다. 전처리기preprocessor 등을 사용하면 이런 부분이 개선될 여지가 아주 많다. 하지만 FRP는 여전히 새로운 분야이며, 그런 전처리기 등의 개발이 아직 잘 이뤄져 있지 않다. 이러한 문법과 관련된 주제에 대해서는 15장에서 다시 논의할 것이다.

4.6 주유한 연료량 계산하기

[그림 4-8]은 주유한 양을 계산할 때 사용할 accumulate() 메서드의 개념적인 모습을 보여준다. accumulate()는 sDelta에서 나오는 새로운 펄스를 기존의 전체 펄스 수와 snapshot시켜서 그 결과를 hold한다. 이런 전체 과정을 CellLoop를 사용해 계속 반복한다.

주유를 시작할 때 값을 초기화하기 위한 약간의 로직이 더 들어 있다. 이를 위해 sClearAccumulator라는 별도의 스트림을 0으로 설정한 다음 snapshot-hold 루프에 병합시킨다. accumulate()는 마지막으로 전체 펄스 수를 리터로 변경하는 계산을 수행한다.

그림 4-8 accumulate() 메서드의 개념적인 모습

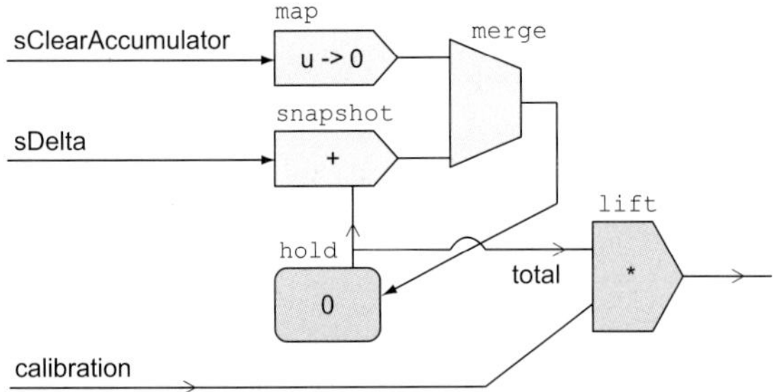

[리스트 4-6]의 create() 메서드는 주유한 기름의 리터 수를 LCD에 보여주는 주유 펌프를 구현한다. 다른 모든 예제와 마찬가지로 이를 펌프 시뮬레이터를 사용해 시험해볼 수 있다.

리스트 4-6 주유한 연료량 구하기

```
package chapter4.section6;

import pump.*;
import chapter4.section4.LifeCycle;
import nz.sodium.*;
import java.util.Optional;

public class AccumulatePulsesPump implements Pump {
    public Outputs create(Inputs inputs) {
        LifeCycle lc = new LifeCycle(inputs.sNozzle1,
                                     inputs.sNozzle2,
                                     inputs.sNozzle3);
        Cell<Double> litersDelivered =
                accumulate(lc.sStart.map(u -> Unit.UNIT), ←— 주유 시작 시 total을 지운다.
                           inputs.sFuelPulses,
                           inputs.calibration);
        return new Outputs()
            .setDelivery(lc.fillActive.map( ←—— 선택한 연료를 주유한다.
                of ->
                    of.equals(Optional.of(Fuel.ONE))  ? Delivery.FAST1 :
```

```
                of.equals(Optional.of(Fuel.TWO))  ? Delivery.FAST2 :
                of.equals(Optional.of(Fuel.THREE))? Delivery.FAST3 :
                                                    Delivery.OFF))
        .setSaleQuantityLCD(litersDelivered.map(◀── 주유한 연료량(리터)을 표시한다.
            q -> Formatters.formatSaleQuantity(q)));
    }

    public static Cell<Double> accumulate(
            Stream<Unit> sClearAccumulator,
            Stream<Integer> sPulses,
            Cell<Double> calibration) {
        CellLoop<Integer> total = new CellLoop<>();
        total.loop(sClearAccumulator.map(u -> 0) ◀── sClearAccumulator를 받으면 펄스
                                                     카운터를 0으로 설정한다.
                .orElse(
                    sPulses.snapshot(total, (pulses_, total_) ->◀── 펄스를 누적시킨다.
                        pulses_ + total_)
                )
                .hold(0));
        return total.lift(calibration,◀── 연료량에 조정 값을 곱해서 가격을 계산한다.
            (total_, calibration_) -> total_ * calibration_);
    }
}
```

4.7 주유한 연료의 가격 표시하기

이제 주유한 연료의 양과 가격도 표시하고 싶다. 그리고 그것을 처리하는 로직을 Fill이라는 새 클래스로 분리하고 싶다. [그림 4-9]는 Fill의 개념적인 모습을 보여준다. 다음은 그림에 명시된 입력들이다.

- sClearAccumulator – 누적기 값을 0으로 재설정하는 메커니즘
- sFuelPulses – 유량계에서 나오는 펄스
- calibration – 펄스 수를 리터로 변환할 때 사용하는 승수conversion factor
- price1, price2, price3 – 세 연료의 가격
- sFuelPulses – 주유 시작을 알려주는 이벤트(선택된 연료를 알려줌)

Fill의 작업 대부분은 accumulate()와 capturePrice()에서 이뤄진다. accumulate()에

대해서는 바로 앞 절에서 설명했고, capturePrice()는 이번 절에서 설명할 것이다.

그림 4-9 주유량 펄스를 달러와 리터로 바꿔주는 Fill의 개념적인 모습

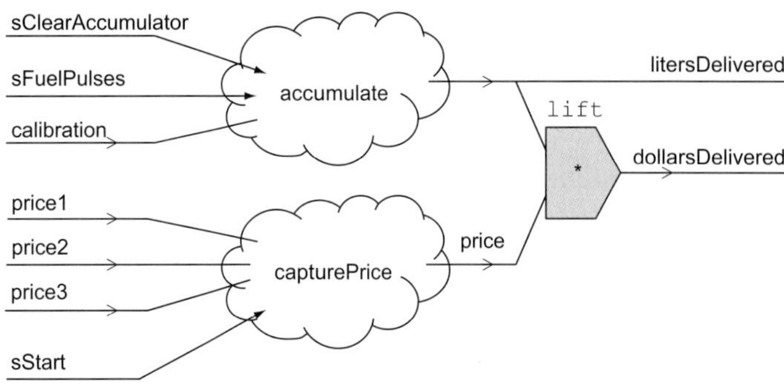

[리스트 4-7]은 Fill 클래스의 코드를 보여준다. 개념적인 수준에서 여러 FRP 명령이 한 가지 존재로 취급될 수 있다면 이를 별도 모듈로 분리하면 좋다. 모듈은 클래스나 메서드로 구현할 수 있다. capturePrice()는 모듈을 메서드로 구현하는 방법을 보여주는 예다. 자바에서는 출력이 1개만 존재하는 경우에는 정적 메서드로 구현하는 것이 가장 쉽고, 출력이 2개 이상이면 클래스로 구현하는 것이 더 쉽다. 조금 뒤 모듈에 대해 살펴볼 것이다.

> **NOTE_** 매개변수를 별도의 타입으로 지정하면 실수를 줄일 수 있다. 비록 여기서는 그렇게 하지 않았지만, 예를 들어 Double 대신 Dollars를 사용할 수도 있다. 언어에 따라서는 이름을 붙인 매개변수named parameter를 사용할 수도 있다. 또는 우리가 한 것처럼 여러 값을 하나로 묶기 위해 간단한 컨테이너 객체를 사용할 수도 있다.

리스트 4-7 주유 상태와 로직이 들어 있는 Fill

```
package chapter4.section7;

import pump.*;
import chapter4.section6.AccumulatePulsesPump;
import nz.sodium.*;
import java.util.Optional;

public class Fill {
    public final Cell<Double> price;
    public final Cell<Double> dollarsDelivered;
```

```
    public final Cell<Double> litersDelivered;

    public Fill(
            Stream<Unit> sClearAccumulator, Stream<Integer> sFuelPulses,
            Cell<Double> calibration, Cell<Double> price1,
            Cell<Double> price2, Cell<Double> price3,
            Stream<Fuel> sStart) {
        price = capturePrice(sStart, price1, price2, price3);  ← 주유를 시작한 시점의 가격
        litersDelivered = AccumulatePulsesPump.accumulate(
                sClearAccumulator, sFuelPulses, calibration);
        dollarsDelivered = litersDelivered.lift(price,  ← 총 주유량에 리터당 가격을 곱해서 전체 가격을 계산
                (liters, price_) -> liters * price_);
    }

    public static Cell<Double> capturePrice(
            Stream<Fuel> sStart,
            Cell<Double> price1, Cell<Double> price2,
            Cell<Double> price3) {
        Stream<Double> sPrice1 = Stream.filterOptional(  ← Fuel.ONE이 선택된 경우 price1을 선택
            sStart.snapshot(price1,
                (f, p) -> f == Fuel.ONE ? Optional.of(p)
                                        : Optional.empty()));
        Stream<Double> sPrice2 = Stream.filterOptional(
            sStart.snapshot(price2,
                (f, p) -> f == Fuel.TWO ? Optional.of(p)
                                        : Optional.empty()));
        Stream<Double> sPrice3 = Stream.filterOptional(
            sStart.snapshot(price3,
                (f, p) -> f == Fuel.THREE ? Optional.of(p)
                                          : Optional.empty()));

        return sPrice1.orElse(sPrice2.orElse(sPrice3))
                        .hold(0.0);
    }
}
```

Fill에서 맨 처음 하는 일은 capturePrice()를 호출해서 연료를 선택한 시점의 가격을 캡처하는 것이다. capturePrice() 안에서는 각 가격을 snapshot하되, 선택된 연료와 일치하는 경우에만 값을 취한다. 이를 위해 filterOptional을 사용해서 연료가 선택된 경우에만 Optional에 값을 넣는다. 다음으로 앞에서 만든 세 가지 스트림을 orElse()로 merge한다. 주유를 하는 과정에서 선택된 연료의 리터당 가격을 알아야만 하므로 여기서는 상태를 유지해야만 한다.

그래서 hold를 사용해 셀에 가격을 넣어둔다.

마지막으로 앞에서 설명한 것처럼 주유한 연료에 대한 가격을 계산한다. 이 부분의 기본 착상은 앞 절에서 설명한 것과 같다. 펄스 수를 승수로 곱하면 주유한 연료의 양(리터)이 나온다.

[리스트 4-8]은 이렇게 만든 Fill 클래스를 사용하는 펌프 구현을 보여준다.

리스트 4-8 전체 가격을 보여주는 주유 펌프

```
package chapter4.section7;

import pump.*;
import chapter4.section4.LifeCycle;
import nz.sodium.*;
import java.util.Optional;

public class ShowDollarsPump implements Pump {
    public Outputs create(Inputs inputs) {
        LifeCycle lc = new LifeCycle(inputs.sNozzle1,
                                     inputs.sNozzle2,
                                     inputs.sNozzle3);
        Fill fi = new Fill(lc.sStart.map(u -> Unit.UNIT),   ← 새 Fill 클래스를 만든다 (앞에서 설명함).
                           inputs.sFuelPulses, inputs.calibration,
                           inputs.price1, inputs.price2, inputs.price3,
                           lc.sStart);
        return new Outputs()
        .setDelivery(lc.fillActive.map(
            of ->
            of.equals(Optional.of(Fuel.ONE))  ? Delivery.FAST1 :
            of.equals(Optional.of(Fuel.TWO))  ? Delivery.FAST2 :
            of.equals(Optional.of(Fuel.THREE))? Delivery.FAST3 :
                                                Delivery.OFF))
        .setSaleCostLCD(fi.dollarsDelivered.map(
            q -> Formatters.formatSaleCost(q)))
        .setSaleQuantityLCD(fi.litersDelivered.map(
            q -> Formatters.formatSaleQuantity(q)))
        .setPriceLCD1(priceLCD(lc.fillActive, fi.price, Fuel.ONE, inputs))
        .setPriceLCD2(priceLCD(lc.fillActive, fi.price, Fuel.TWO, inputs))
        .setPriceLCD3(priceLCD(lc.fillActive, fi.price, Fuel.THREE, inputs));
    }
    public static Cell<String> priceLCD(
            Cell<Optional<Fuel>> fillActive,   ← 주유를 위해 가격을 캡처한다.
```

```
            Cell<Double> fillPrice,
            Fuel fuel,
            Inputs inputs) {
        Cell<Double> idlePrice;  ←—— 주유 중이 아닌 경우 보여줄 가격
        switch (fuel) {
            case ONE: idlePrice = inputs.price1; break;
            case TWO: idlePrice = inputs.price2; break;
            case THREE: idlePrice = inputs.price3; break;
            default: idlePrice = null;
        }
        return fillActive.lift(fillPrice, idlePrice,
            (oFuelSelected, fillPrice_, idlePrice_) ->
                oFuelSelected.isPresent()
                    ? oFuelSelected.get() == fuel
                        ? Formatters.formatPrice(fillPrice_)  ←— 주유 중인 경우 캡처한 가격을 보여준다.
                        : ""  ←— 주유하는 동안에는 선택되지 않은 연료의 가격을 비어 있게 만든다.
                    : Formatters.formatPrice(idlePrice_));  ←—— 주유 중이 아닌 경우
    }
}
```

다른 때처럼 이 예제도 한번 실행해보기 바란다.

4.8 POS 시스템과 통신하기

이번 절에서는 두 가지 스트림을 사용해 비동기적으로 원격 POS 시스템과 통신할 것이다.

- sSaleComplete – 주유가 끝나고 계산이 필요함을 POS에 알려주는 출력 스트림이다.
- sClearSale – POS에서의 처리가 끝났고, 다음 고객이 주유할 수 있도록 준비해도 좋다고 펌프에 알려주는 입력 스트림이다.

이 두 이벤트 사이에서는 펌프를 잠가서 주유가 불가능하게 만들어야 한다. 이로 인해 주유의 시작과 끝을 정의하는 것이 복잡해지는데, 여기에는 세 가지 상태 변화가 존재한다.

- 노즐을 들어서 주유를 시작
- 노즐을 거치대에 놓아서 주유를 끝내고 POS 시스템에 그 사실을 전달
- POS 시스템에서 거래가 끝나고 펌프의 정보를 초기화

[리스트 4-9]는 주유 펌프의 구현을 보여주고 [리스트 4-10]은 새로운 NotifyPointOfSale을 보여준다. 코드의 강건성robustness을 위해 영역scope을 사용한다. LifeCycle이 직접 NotifyPointOfSale에 곧바로 전달해서 create() 안에서 보이는 변수에 저장되는 일이 없도록 한다. 이렇게 하면 NotifyPointOfSale이 생애 주기를 직접 변경한 새로운 객체를 반환할 수 있고, 실수로 원래의 생애 주기 클래스를 사용하는 일을 피할 수 있다. 영역을 여러 가지 수단을 사용해 제한하는 것은 FRP 코드의 버그를 피하는 핵심적인 방법 중 하나다.

주유 펌프를 개념적으로 생각해보면 POS 통신은 바로 그러한 관점에서 바라본 개념임을 알 수 있다. 따라서 그와 관련된 로직을 NotifyPointOfSale(이 경우에는 클래스) 안에 넣는 것이 타당하다. FRP 코드에서는 결합이 느슨해지므로 로직의 개념적인 모습에 맞게 FRP 문장을 원하는 대로 그룹으로 묶거나 순서를 변경할 수 있다.

리스트 4-9 거래 후 상태를 초기화하는 펌프의 구현

```
package chapter4.section8;

import pump.*;
import chapter4.section4.LifeCycle;
import chapter4.section7.Fill;
import chapter4.section7.ShowDollarsPump;
import nz.sodium.*;
import java.util.Optional;

public class ClearSalePump implements Pump {
    public Outputs create(Inputs inputs) {
        StreamLoop<Fuel> sStart = new StreamLoop<>();
        Fill fi = new Fill(
                    inputs.sClearSale.map(u -> Unit.UNIT),
                    inputs.sFuelPulses, inputs.calibration,
                    inputs.price1, inputs.price2, inputs.price3,
                    sStart);  <- NotifyPointOfSale()의 sStart 구현
        NotifyPointOfSale np = new NotifyPointOfSale(  <- POS 로직(리스트 4-10) 만들기
                new LifeCycle(inputs.sNozzle1,
                              inputs.sNozzle2,
                              inputs.sNozzle3),
                inputs.sClearSale,
                fi);
        sStart.loop(np.sStart);
        return new Outputs()
```

(주석: 누적기가 노즐이 들렸을 때가 아니라 POS 시스템에서 통지를 받았을 때 초기화됨)

```
            .setDelivery(np.fuelFlowing.map(
                of ->
                    of.equals(Optional.of(Fuel.ONE))   ? Delivery.FAST1 :
                    of.equals(Optional.of(Fuel.TWO))   ? Delivery.FAST2 :
                    of.equals(Optional.of(Fuel.THREE)) ? Delivery.FAST3 :
                                                         Delivery.OFF))
            .setSaleCostLCD(fi.dollarsDelivered.map(
                q -> Formatters.formatSaleCost(q)))
            .setSaleQuantityLCD(fi.litersDelivered.map(
                q -> Formatters.formatSaleQuantity(q)))
            .setPriceLCD1(ShowDollarsPump.priceLCD(np.fillActive, fi.price,
                Fuel.ONE, inputs))
            .setPriceLCD2(ShowDollarsPump.priceLCD(np.fillActive, fi.price,
                Fuel.TWO, inputs))
            .setPriceLCD3(ShowDollarsPump.priceLCD(np.fillActive, fi.price,
                Fuel.THREE, inputs))
            .setBeep(np.sBeep)
            .setSaleComplete(np.sSaleComplete);
    }
}
```

[리스트 4-10]은 NotifyPointOfSale 클래스를 보여준다. phase라는 셀 안에 주유기의 세 상태인 '유휴', '주유 중', 'POS 완료 기다림'을 저장한다. 이를 열거형으로 표현할 수 있다.

```
private enum Phase { IDLE, FILLING, POS };
```

gate()는 Stream에 대한 메서드로, 인자로 지정한 셀의 값이 참인 경우에만 이벤트가 흘러가게 허용한다. snapshot과 filter를 사용해서 만들 수 있기 때문에 이 책에서는 gate를 기본 연산으로 취급하지는 않는다. gate()를 사용해 노즐을 들거나 거치시키는 이벤트가 적절한 주유기의 상태에서만 일어나도록 만들 수 있다.

```
sStart = lc.sStart.gate(phase.map(p -> p == Phase.IDLE));
sEnd = lc.sEnd.gate(phase.map(p -> p == Phase.FILLING));
```

이 코드는 이벤트가 질못된 상황에서 발생하는 일을 막는다. 예를 들어 POS 완료를 기다리는 동안 노즐을 들더라도 해당 이벤트는 무시된다.

주유한 연료의 종류를 fuelFlowing에서 얻기 때문에 sSaleComplete 구현이 약간 귀찮아진다. 주유 중일 때가 아니라면 fuelFlowing에는 아무런 값도 들어 있지 않기 때문이다. 이런 원치 않는 경우를 따로 처리해줘야 한다. 코드를 주의 깊게 읽으면 코드가 항상 필요한 값을 제공한다는 사실을 알 수 있을 것이다. 하지만 이런 불필요한 상태를 없애는 것이 가장 바람직하다. 그런 개선에 대해서는 7장에서 switch를 다루면서 다시 살펴볼 것이다. 나머지 부분은 코드에 대한 설명을 보면 이해할 수 있을 것이다.

리스트 4-10 POS 시스템 통지를 처리하는 모듈

```
public class NotifyPointOfSale {
    public final Stream<Fuel> sStart;
    public final Cell<Optional<Fuel>> fillActive;
    public final Cell<Optional<Fuel>> fuelFlowing;
    public final Stream<End> sEnd;
    public final Stream<Unit> sBeep;
    public final Stream<Sale> sSaleComplete;

    private enum Phase { IDLE, FILLING, POS };  ← 주유기의 세 가지 상태

    public NotifyPointOfSale(
            LifeCycle lc,
            Stream<Unit> sClearSale,
            Fill fi) {
        CellLoop<Phase> phase = new CellLoop<>();
        sStart = lc.sStart.gate(phase.map(p -> p == Phase.IDLE));  ← IDLE인 경우에만 주유를 시작할 수 있음
        sEnd = lc.sEnd.gate(phase.map(p -> p == Phase.FILLING));  ← FILLING인 경우에만 주유를 끝낼 수 있음
        phase.loop(  ← 세 가지 다른 이벤트에 따라 상태를 바꿈
            sStart.map(u -> Phase.FILLING)
            .orElse(sEnd.map(u -> Phase.POS))
            .orElse(sClearSale.map(u -> Phase.IDLE))
            .hold(Phase.IDLE));
        fuelFlowing =  ← 노즐이 거치대에 놓인 경우 비어 있음
            sStart.map(f -> Optional.of(f)).orElse(
            sEnd.map(f -> Optional.empty())).hold(Optional.empty());
        fillActive =  ← POS가 정산을 마친 경우 비어 있음
            sStart.map(f -> Optional.of(f)).orElse(
            sClearSale.map(f -> Optional.empty())).hold(Optional.empty());
        sBeep = sClearSale;  ← 판매가 끝난 뒤 경보음을 울림
        sSaleComplete = Stream.filterOptional(sEnd.snapshot(  ← 노즐을 내려놓은 경우 판매 정보를 캡처
            fuelFlowing.lift(fi.price, fi.dollarsDelivered,
                                     fi.litersDelivered,
                (oFuel, price_, dollars, liters) ->
```

```
                    oFuel.isPresent() ? Optional.of( ◀─── 특별히 처리해야 하는 부분
                        new Sale(oFuel.get(), price_, dollars, liters))
                            : Optional.empty())
        ));
    }
}
```

4.9 모듈성을 보여주는 예: 키패드 모듈

[리스트 4-11]은 금액을 세 자리까지 입력할 때 사용할 수 있는 키패드 모듈을 보여준다. 이 키패드는 키를 누를 때마다 비프음을 내지만 수가 이미 세 자리가 되었다면 아무 소리도 내지 않는다.

여기서도 앞에서와 같이 CellLoop에 넣고 hold와 snapshot을 사용해서 누적기를 만드는 패턴을 사용한다. 또한, 키 입력을 무시하고 싶을 때를 처리하기 위해 filterOptional을 사용한다. 이미 세 자리 수를 입력받은 경우가 거기에 해당할 것이다.

sBeep는 sUpdate에서 비롯되며, 이 두 스트림이 동시에 이벤트를 발생시키는 것이 타당할 것이다. sBeep는 사용자가 누른 키가 효과가 있음을 피드백해주는 것이기 때문이다. 키를 눌러도 효과가 없다면(이미 세 자리 수를 입력받은 경우), 아무 소리도 나지 않아야 한다.

첫 번째 생성자는 active라는 값을 추가 인자로 받는다. active가 false인 경우에는 키 입력을 무시하고 싶다. 이 값을 gate()와 엮어서 그렇게 할 수 있다.

NOTE_ if-else 대신에 ?: 연산자를 사용한 것을 눈치챈 독자가 있을 것이다. ?:는 값을 반환해야 해서 그렇지 않은 경우 컴파일러가 경고를 한다. 따라서 참이 아닌 경우를 처리하는 부분을 깜빡하거나, 출력해야 하는 값을 반환하거나, 대입하는 것을 잊어버리는 일이 없도록 보장해줄 수 있다. 가능하면 많은 부분에서 컴파일러를 활용해 버그를 방지하기 바란다.

이 예제는 FRP를 사용해 새로운 GUI 라이브러리를 구현할 때 기반이 될 수 있는 방법을 보여준다. 우리는 널리 쓰이는 객체지향보다 FRP가 GUI 라이브러리 작성에 더 좋은 방법이라 생각한다. 12장에서는 FRP 기반의 GUI 구현을 보여줄 것이다.

리스트 4-11 키패드 모듈

```
package chapter4.section9;

import pump.*;
import nz.sodium.*;
import java.util.Optional;

public class Keypad {
    public final Cell<Integer> value;
    public final Stream<Unit> sBeep;

    public Keypad(Stream<Key> sKeypad,
                  Stream<Unit> sClear, ←──── active가 false인 경우 입력 키를 무시하는 다른 버전
                  Cell<Boolean> active) {
        this(sKeypad.gate(active), sClear);
    }

    public Keypad(Stream<Key> sKeypad, Stream<Unit> sClear) {
        CellLoop<Integer> value = new CellLoop<>();
        this.value = value;
        Stream<Integer> sKeyUpdate = Stream.filterOptional(
            sKeypad.snapshot(value,
                (key, value_) -> {
                    if (key == Key.CLEAR)
                        return Optional.of(0);
                    else {
                        int x10 = value_ * 10;
                        return x10 >= 1000 ←──── 세 자리 수까지만 입력할 수 있음
                               ? Optional.empty()
                               : Optional.of(
                                   key == Key.ZERO  ? x10 :
                                   key == Key.ONE   ? x10 + 1 :
                                   key == Key.TWO   ? x10 + 2 :
                                   key == Key.THREE ? x10 + 3 :
                                   key == Key.FOUR  ? x10 + 4 :
                                   key == Key.FIVE  ? x10 + 5 :
                                   key == Key.SIX   ? x10 + 6 :
                                   key == Key.SEVEN ? x10 + 7 :
                                   key == Key.EIGHT ? x10 + 8 :
                                   x10 + 9
                               );
                    }
                }
```

```
            )
        );
        value.loop(sKeyUpdate.orElse(sClear.map(u -> 0))
                             .hold(0));
        sBeep = sKeyUpdate.map(k -> Unit.UNIT);
    }
}
```

외부에서 오는 입력값 리셋 명령

키가 눌려서 값이 바뀌는 경우에 비프음을 들려줌

다음 리스트는 Keypad 모듈만을 테스트하는 펌프 구현을 보여준다. 물론 이를 펌프 시뮬레이터 안에서 실행해볼 수 있다.

리스트 4-12 키패드 모듈만을 테스트하기 위한 펌프 구현

```
package chapter4.section9;

import pump.*;
import nz.sodium.*;
import java.util.Optional;

public class KeypadPump implements Pump
{
    public Outputs create(Inputs inputs) {
        Keypad ke = new Keypad(inputs.sKeypad, new Stream<Unit>());
        return new Outputs()
            .setPresetLCD(ke.value.map(v ->
                Formatters.formatSaleCost((double)v)))
            .setBeep(ke.sBeep);
    }
}
```

sClear 기능을 사용하고 싶지 않다. 따라서 never 스트림을 넘긴다.

4.10 모듈성에 대한 노트

각 기능을 모듈로 만드는 것은 FRP 프로그래밍에서 중요한 부분이다. 여기 몇 가지 요령을 설명한다.

4.10.1 모듈의 형태

우리는 모든 필드를 final로 만들어서 객체지향 프로그래머들을 괴롭히는 것을 좋아한다. 그렇게 해서 객체지향 프로그래머들이 중심을 잃고 비틀거리면 생성자에 모든 코드를 집어넣는 것으로 마무리 펀치를 날린다. 다시 약간 회복되는 경우에는 클래스 대신 정적 메서드를 사용해 한 번 더 가격한다. 그게 우리의 게임 방식이다.

자바에서는 정적 메서드나 클래스를 사용해 모듈을 구현할 수 있다. 이 책에서 클래스를 사용할 경우 다음과 같이 해야 한다는 사실을 배웠을 것이다.

- 모든 필드를 public final로 정의한다.
- 클래스의 유일한 메서드는 생성자뿐이다.

이렇게 하는 구체적인 이유가 있다.

- **모든 필드**는 **public**이다. 필드의 유일한 목적은 스트림이나 셀을 사용 가능하게 하는 것뿐이다. 따라서 private 필드를 사용하는 것은 의미가 없다. private한 필드를 만들고 싶다면 생성자 안에서 지역변수를 사용하라.
- **모든 필드**는 **final**이다. 불변 클래스를 만들고 싶다. 앞에서 설명한 것처럼, 생성된 다음에 객체 내부를 변경하는 것은 문제를 야기할 뿐이다.
- **모든 코드**는 보통 **생성자 안**에 들어간다. 자바에서 final 필드에 값을 대입할 수 있는 곳은 생성자 내부뿐이다.

하지만 이런 방식에는 약간 정신나간 측면이 있다. 사실, 우리 방식에는 아예 없는 것도 있다. 바로 OOP가 그것이다. 우리의 방법은 실제로는 OOP가 아니다. OOP의 목적은 상태의 변화를 관리하는 것이다. FRP에서는 스트림과 셀을 사용해 이를 다룬다. 우리가 클래스를 사용하는 이유는 값을 한데 모으고, 생성자를 사용해서 코드가 다룰 수 있는 데이터의 영역을 제한하기 위해서다.

출력이 단 하나뿐인 모듈을 작성하고 싶다면 이 책의 앞부분에서 본 것처럼 정적인 메서드를 사용하는 것이 좋다. 정적 메서드를 public으로 정의하는 이유는 사실 그렇게 하지 않아야 할 이유가 없기 때문이다. 모든 것이 불변이라면 인터페이스의 내부 동작을 직접 변경하기가 불가능하기 때문에 public으로 정의해도 문제가 없다. 하지만 정적인 메서드를 지역적으로만 사용해도 된다면 private으로 지정해도 무방하다.

4.10.2 튜플 vs. 클래스

어떤 언어는 n-튜플을 편하게 다룰 수 있는 구문을 제공하기도 한다. 그런 경우 메서드나 함수에서 여러 값을 동시에 반환하는 일이 매우 쉬워진다. 하지만 여러분이 사용하는 언어에서 널리 쓰이는 방식을 채택하는 쪽이 타당할 것이다. 자바에서는 클래스를 사용하는 것이 일반적이다.

4.10.3 명시적 연결

FRP의 특징 중 하나는 모듈의 입력과 출력이 명시적이라는 것이다. FRP 모듈은 상태로만 이루어진 로직pure stateful logic이며, 호출하는 쪽에서는 그 모듈을 나머지 코드와 잘 연결해서 실제로 모듈이 어떤 일을 수행하도록 만들어야 한다. 아마도 여러분이 지금까지 해온 코딩 방법보다 조금 더 관료적일지도 모르겠다. 하지만 핵심 개념은 프로그래밍이란 우리가 작성한 코드가 올바르다는 것을 컴파일러에게 증명하려고 시도하는 작업이라는 사실이다. 그 반대급부로 컴파일러가 우리에게 많은 도움을 제공할 것이다.

4.10.4 입력과 출력이 급격히 늘어나는 경우

FRP 모듈의 인자 수가 많아질 때가 종종 있다. 대부분의 프로그래밍 상황에서 이런 일은 리팩터링을 해야 하는 코드 냄새code smell로 취급된다. FRP에서도 그 명제 자체는 사실이지만 정도가 약간 덜하다.

한 가지 언급해야 할 것은 FRP 코드 내부에서는 프로그램이 서로 통신하는 부분을 명시적으로 감출 수 있는 방법이 없다는 것이다. 때로 이런 사실은 일반적인 프로그래밍을 할 때보다 더 많은 입력과 출력을 명시적으로 사용해야 한다는 뜻이 되기도 한다. 사실은 실제 입력과 출력의 개수가 더 많아진 것이 아니다. 단지 각각이 눈에 더 명시적으로 보이게 된 것뿐이다. 우리는 입력과 출력이 복잡도의 근원이기 때문에 이런 현상이 좋다고 생각한다. 어떤 입출력이 있는지를 직접 눈으로 볼 수 있으면 각각을 더 빨리 처리하고 싶어지기 마련이다.

그렇다고 해서 많은 입출력을 추상화하지 못할 이유는 없다. 앞서의 키패드 개념을 확장해서 완전한 GUI를 구현한다고 하자. 그런 경우 각 위젯의 입력과 출력은 더 복잡한 관리에 필요한 것만큼 더 많아질 것이다.

이를 처리하는 기본적인 방식은 자세한 부분을 추상화해서 컨테이너 클래스 안에 감추는 것이다. 처음에는 이런 단순한 방법이 효과가 있다는 것에 놀랄지도 모르겠다. 하지만 이런 방식은 엄청나게 강력하다. 이에 대한 실제적인 예제를 12장의 FRP 기반 GUI 라이브러리에서 보게 될 것이다.

4.10.5 버그 일부는 해결했지만...

FRP는 상당수의 버그가 만들어지는 일 자체를 방지한다. 하지만 여전히 몇 가지 버그가 발생할 수 있을 것이다.

- 입력 Stream이나 Cell을 모듈 안에서 사용하는 것을 그냥 잊어버릴 수 있다. 또는 호출하는 쪽에서 모듈의 출력값을 사용하는 것을 까먹을 수도 있다. 일반적으로 어떤 만들어진 값을 사용하지 않는다면 그것은 버그다. 왜냐하면 원치 않는 것이 존재해서는 안 되기 때문이다. 종종 컴파일러가 사용하지 않은 변수가 있다고 경고하는 것을 보고 이를 눈치챌 수 있다(물론 항상 그런 것은 아니다). 그런 경고를 간과해서는 안 된다.
- 방금 설명한 내용이 항상 참인 것은 아니다. 때로 의도적으로 어떤 값을 무시하고 싶은 경우도 있다. 예를 들어, 키패드 모듈을 재사용하고는 싶지만 비프음은 내지 않기를 바랄 수도 있다. 그런 경우 반환받은 sBeep를 무시하면 된다.
- 입력값을 공급하는 일을 잊어버리면 컴파일러가 값을 지정하라고 경고할 것이기 때문에 그런 실수를 저지르기는 힘들다. KeypadPump에서처럼 하다못해 never 스트림이라도 제공해야 한다.
- FRP에서 생기기 쉬운 버그 중 하나는 타입이 동일한 값을 실수로 혼용하는 것이다. FRP 코드에는 지역변수가 많은 경우가 자주 있고, 그로 인해 이런 문제가 생기곤 한다. 이런 경우를 처리하는 좋은 방법은 혼동을 야기할 수 있는 값을 단독으로 담는 컨테이너를 사용하는 것이다. 그렇게 하면 값의 의미를 타입에 반영할 수 있다. 유닛 값, 즉 '아무것도 아닌' 값의 경우에는 값이 단 하나뿐인 열거형을 사용하라. 펌프에서 주유의 끝을 표시하는 Stream<End>에서 End가 바로 그런 예였다. 이렇게 하는 게 큰 도움이 될지는 모르겠지만 적어도 해롭지 않다는 사실은 분명하다.

> **DEFINITION_ 뉴타입newtype 패턴** 함수형 프로그래밍에서는 값을 클래스로 감싸서 의미를 부여하고 타입 안정성을 추가로 얻어내는 식의 패턴이 흔하다. double 값을 Liters 클래스에 넣거나, String을 ErrorMessage 클래스에 넣는 예를 들 수 있다. 이런 강력한 기법의 이름인 **뉴타입**은 하스켈 프로그래밍 언어의 키워드를 따온 것이다.

> **DEFINITION_ 원시 타입에 대한 집착**primitive obsession 뉴타입 패턴의 반대인 안티 패턴anti-pattern으로, 가능하면 모든 것을 원시 타입을 사용해 처리하려는 것이다.

4.10.6 테스트 가능성

의존관계를 명시함으로써 얻을 수 있는 다른 이점은 테스트 가능성이다. 앞에서 본 모듈은 단위 테스트를 작성하기가 쉽다. 다만, 아직 프로그램의 다른 부분과 FRP 코드 사이를 연결하는 방법에 대해 설명하지 않았기 때문에 주유 펌프의 키패드 클래스를 테스트하는 방법에 대해서는 11장에서 설명할 것이다.

4.11 현재 주유 금액 추가하기

키패드 모듈을 만들었으므로 이제 주유 펌프와 이번 장을 마무리하기 위한 마지막 로직을 추가할 수 있다. [리스트 4-13]에 있는 Preset 클래스/모듈로 미리 정한 금액에서 주유를 멈추게 만드는 기능이다.

다음은 그 입력이다.

- **미리 지정한 금액**
- **연료 가격**
- **주유한 연료의 양(리터)**
- **주유중인 연료** – 노즐을 들었는지 여부와 어떤 연료를 주유 중인지를 표현함
- **주유 활성화** – 주유 중이거나 이미 주유는 끝난 상태이지만 아직 POS 시스템에서 정산이 끝나지 않은 상황

다음은 출력이다.

- **주유** – 어떤 연료를 주유 중인지와 주유를 빠르게 진행 중인지, 천천히 진행 중인지 여부
- **키패드 활성화** – 사용자가 키패드의 키를 입력할 수 있는지 여부

다음은 우리가 바라는 로직이다.

- 0은 미리 지정한 최대 주유 금액이 없음을 의미한다.
- 미리 지정한 금액 바로 직전에만 주유 속도를 늦춰서 천천히 주유한다.
- 미리 지정한 금액에 도달하면 주유를 멈춘다.
- 주유 속도가 느려지기 전까지는 원하는 대로 지정 금액을 변경할 수 있다. 주유 속도가 느려진 다음에는 키패드를 잠가서 입력을 금지한다.

리스트 4-13 주유 금액 지정 기능을 위한 로직

```
package chapter4.section11;

import pump.*;
import chapter4.section7.Fill;
import nz.sodium.*;
import java.util.Optional;

public class Preset {
    public final Cell<Delivery> delivery;
    public final Cell<Boolean> keypadActive;

    public enum Speed { FAST, SLOW, STOPPED };

    public Preset(Cell<Integer> presetDollars,
                  Fill fi,
                  Cell<Optional<Fuel>> fuelFlowing,
                  Cell<Boolean> fillActive) {
        Cell<Speed> speed = presetDollars.lift(  ←── 펌프의 주유 속도를 계산한다.
                fi.price, fi.dollarsDelivered, fi.litersDelivered,
            (presetDollars_, price, dollarsDelivered, litersDelivered) -> {
                if (presetDollars_ == 0)
                    return Speed.FAST;
                else {
                    if (dollarsDelivered >= (double)presetDollars_)
                        return Speed.STOPPED;
                    double slowLiters =
                            (double)presetDollars_/price - 0.10;
                    if (litersDelivered >= slowLiters)
                        return Speed.SLOW;
                    else
                        return Speed.FAST;
                }
            });
        delivery = fuelFlowing.lift(speed,  ←── 펌프 속도/연료를 (주유) 모터에 대한 명령으로 변환한다.
```

```
            (of, speed_) ->
                speed_ == Speed.FAST ? (
                    of.equals(Optional.of(Fuel.ONE))   ? Delivery.FAST1 :
                    of.equals(Optional.of(Fuel.TWO))   ? Delivery.FAST2 :
                    of.equals(Optional.of(Fuel.THREE)) ? Delivery.FAST3 :
                                                         Delivery.OFF
                ) :
                speed_ == Speed.SLOW ? (
                    of.equals(Optional.of(Fuel.ONE))   ? Delivery.SLOW1 :
                    of.equals(Optional.of(Fuel.TWO))   ? Delivery.SLOW2 :
                    of.equals(Optional.of(Fuel.THREE)) ? Delivery.SLOW3 :
                                                         Delivery.OFF
                ) :
                Delivery.OFF);
            keypadActive = fuelFlowing.lift(speed,   <-- 활성화 상태가 아니면 키패드를 무시한다.
                (of, speed_) ->
                    !of.isPresent() || speed_ == Speed.FAST);
        }
    }
```

Preset에 대한 모든 입력과 출력은 셀이다. 그리고 입출력에 대해 사용하는 유일한 기본 연산은 lift뿐이다. 먼저 주유 속도를 결정해서 FAST, SLOW, STOPPED 열거형으로 인코딩한다. 그 정보를 fuelFlowing 상태와 결합해서 펌프의 모터에 Delivery 값을 준다. 마지막으로, 키패드를 활성화할지 여부를 결정한다. 모터 속도가 SLOW가 되기 전까지는 사전 설정 값을 원하는 대로 변경할 수 있다.

다음은 완성된 주유 펌프를 보여준다.

리스트 4-14 주유 금액 설정 기능을 포함한 완전한 주유 펌프 구현

```
package chapter4.section11;

import pump.*;
import chapter4.section4.LifeCycle;
import chapter4.section4.LifeCycle.End;
import chapter4.section6.AccumulatePulsesPump;
import chapter4.section7.Fill;
import chapter4.section7.ShowDollarsPump;
import chapter4.section8.NotifyPointOfSale;
import chapter4.section9.Keypad;
import nz.sodium.*;
```

```
import java.util.Optional;

public class PresetAmountPump implements Pump {
    public Outputs create(Inputs inputs) {
        StreamLoop<Fuel> sStart = new StreamLoop<>();
        Fill fi = new Fill(inputs.sClearSale.map(u -> Unit.UNIT),
                           inputs.sFuelPulses, inputs.calibration,
                           inputs.price1, inputs.price2, inputs.price3,
                           sStart);
        NotifyPointOfSale np = new NotifyPointOfSale(
                new LifeCycle(inputs.sNozzle1,
                              inputs.sNozzle2,
                              inputs.sNozzle3),
                inputs.sClearSale,
                fi);
        sStart.loop(np.sStart);
        CellLoop<Boolean> keypadActive = new CellLoop<>();
        Keypad ke = new Keypad(inputs.sKeypad,
                               inputs.sClearSale,
                               keypadActive);  ← preset()에서 가져옴
        Preset pr = new Preset(ke.value,  ← 키패드에 입력한 금액
                               fi,
                               np.fuelFlowing,
                               np.fillActive.map(o -> o.isPresent()));
        keypadActive.loop(pr.keypadActive);
        return new Outputs()
            .setDelivery(pr.delivery)  ← preset()이 이 값을 결정함
            .setSaleCostLCD(fi.dollarsDelivered.map(
                    q -> Formatters.formatSaleCost(q)))
            .setSaleQuantityLCD(fi.litersDelivered.map(
                    q -> Formatters.formatSaleQuantity(q)))
            .setPriceLCD1(ShowDollarsPump.priceLCD(np.fillActive, fi.price,
                    Fuel.ONE, inputs))
            .setPriceLCD2(ShowDollarsPump.priceLCD(np.fillActive, fi.price,
                    Fuel.TWO, inputs))
            .setPriceLCD3(ShowDollarsPump.priceLCD(np.fillActive, fi.price,
                    Fuel.THREE, inputs))
            .setSaleComplete(np.sSaleComplete)
            .setPresetLCD(ke.value.map(v ->
                    Formatters.formatSaleCost((double)v)))
            .setBeep(np.sBeep.orElse(ke.sBeep));  ← 비프를 발생시키는 소스가 두 군데
                                                    있으므로 그 둘을 병합함
    }
}
```

Preset의 keypadActive를 Keypad 모듈에 연결한다. 이 부분을 Preset을 만들기 전에 호출해야 하기 때문에 오랜 친구인 CellLoop를 사용해서 루프를 만들어야 한다.

비프음의 근원은 두 가지다. NotifyPointOfSale는 판매 완료 후 비프음을 내며, Keypad는 키가 눌린 경우 비프음을 낸다. 이 둘을 병합한 것을 Outputs에 넣어야 한다.

4.12 이번 장에서 배운 내용

이번 장에서는 실제 세계의 문제를 해결하는 상당히 복잡한 코드를 보여줬다. 그렇게 큰 프로그램의 경우 상당히 많은 로직이 들어가야 하는데, 여기서는 적당한 조각들로 나눠서 (비록 개선할 여지는 있지만) 각 부분을 깔끔하게 유지할 수 있었다.

여러분은 여섯 번에 걸쳐 코드를 갱신해가면서 중요한 기능을 추가해왔다. 코드는 주로 두 부분으로 구성된다.

- 절반 정도는 서로 주고받는 값을 정의하기 위한 부가 비용overhead이다.
- 나머지 대부분은 상태가 있는 로직이다.

이렇게 전달되는 값의 목적은 변수의 영역을 제한함으로써 코드를 깔끔하게 유지하는 것이다. 로직을 작성하는 입장에서 보면 부가 비용이지만, 더 큰 이익을 얻을 수 있는 부가 비용이라 할 수 있다.

이 코드에 다음과 같은 것이 없다는 사실을 눈치챘기를 바란다.

- 명시적인 순서가 존재하지 않는다. 문장의 순서나 문장을 묶은 그룹은 단지 이해를 돕기 위한 것일 뿐 그렇게 만들 다른 이유는 없다. FRP는 개념적인 그룹에 따라 코드를 배열할 수 있도록 해준다.
- 상태 갱신에 있어 주변적인 가장자리 조건에 실질적으로 관심을 기울이지 않았다. 이런 문제 중 대부분은 그냥 사라져버린다(물론 전체가 다 사라지는 것은 아니다).
- 일반적인 변경 가능한 변수에 상태를 유지하지 않는다. 대신 셀을 사용한다.
- 스레드 등 제어 흐름을 닮은 것을 아무것도 사용하지 않는다.
- 상태 변경을 코드에서 직접적으로 시작하지 않는다. 셀이나 스트림은 항상 정보의 소스source다. FRP 패러다임 안에서는 정보가 도달해야 하는 싱크sink라는 개념을 표현하는 것이 불가능하다. 즉, '그래. 이제 이 값을 저리로 밀어 넣어야겠어'라는 생각이 불가능하다. FRP가 일반적인 제어 흐름의 개념을 허용하지 않음을 고려하면 이해가 쉬울 것이다. FRP에서는 스트림의 이벤트가 상태 변경을 일으키는 유일한 방법이며, 직접적으로 만들어

낼 수 있는 스트림 타입은 아무런 이벤트도 발생시키지 않는 never 스트림뿐이다. 따라서 상태를 변경하는 요인은 FRP 시스템의 외부에서 들어올 수밖에 없다. 코드가 오직 (외부) 입력에만 반응할 수 있기 때문에 이를 일컬어 **반응형**reactive 프로그래밍이라고 말한다.

- 메모리 관리가 없다. FRP에서는 메모리 관리가 100% 자동이다.

코드는 외부 입력에만 반응한다. 하지만 그런 외부 입력을 어떻게 만들어내는지에 대해 아직 설명하지 않았다. 계속 이야기하지만 외부 입력 처리를 제외한 이유는 여러분이 FRP적인 사고 방식에 완전히 잠기게 하기 위해서다.

FRP를 새로 접한 독자라면 이 코드가 이전에 여러분이 작성했던 어떤 코드와도 비슷하지 않으리라 생각한다. FRP 방식으로 코드를 작성할 때 어떤 문제에 부딪치게 될지 한번쯤 생각해보는 것도 좋다.

4.13 요약

- 보통 FRP 코드의 절반은 순수한 로직이며, 절반은 변수의 영역을 관리하기 위한 내용이다.
- 모듈은 클래스나 정적 메서드를 사용해서 작성하라.
- 클래스로 모듈을 작성하는 경우 모든 코드를 생성자에 넣고, 출력을 public final 필드로 만들어라.
- FRP 코드에서는 모든 입력과 출력을 명시해야 한다. 그에 따라 코드의 테스트 가능성도 자연스럽게 높아진다.

CHAPTER 5

새로운 개념

- 폰 노이만 기계: 프로그램 저장식 컴퓨터 아키텍처
- 합성성의 의미와 중요성
- 불변 값과 불변 데이터 구조
- 의도의 명확성
- 값싼 추상화

FRP 스타일로 된 실용적인 예제를 살펴봤다. 새로운 사고방식이 FRP를 잘 활용하는 데 도와줄 수 있다고 말했다. 이번 장에서는 이 새로운 사고방식에 대해 더 자세히 살펴볼 것이다.

5.1 전설의 폰 노이만 기계를 찾아서

이번 절에서는 폰 노이만 기계가 무엇인지 설명한다. 그리고 이 기계가 프로그래밍에 도움되지 않는 가정의 근원이며, 그 개념 대부분이 잘못되었다고 판명된 이유를 이야기할 것이다.

1945년 존 폰 노이만John von Neumann이 '프로그램 저장식' 컴퓨터 구조에 대해 이야기한 이래 그런 구조가 잘 사용돼왔다(그림 5-1). 그 구조는 현대 컴퓨터의 기반을 보여준다. 프로세서는 프로그램 명령을 메모리에서 읽어서 실행하며, 메모리에 있는 데이터를 변화시킨다. 메모리와 프로세서는 별도의 존재로, 버스에 의해 연결된다.

그림 5-1 폰 노이만 '프로그램 저장식' 하드웨어 아키텍처

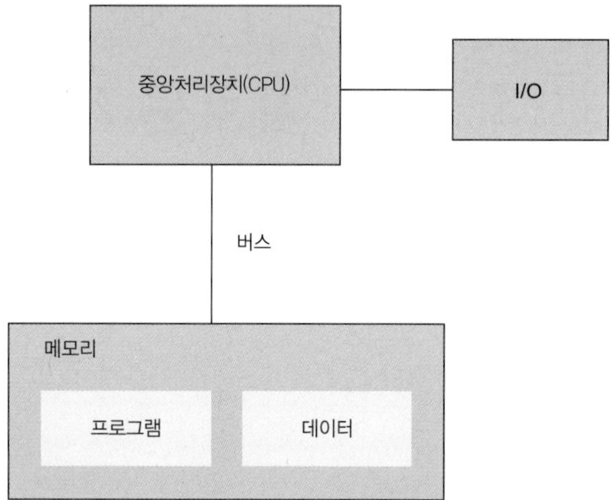

이제부터 폰 노이만의 '프로그램 저장식' 컴퓨터 구조에 잘 들어맞지 않는 기계의 성능 특성을 보여주려 한다. 단일 연결 리스트는 노드들의 연결로, 각 노드에는 리스트의 다음을 가리키는 참조가 있다. 많은 프로그래밍 언어가 이런 리스트를 표준 라이브러리로 제공한다. 예제에는 가장 아랫단의 기계어와 가까운 C 언어를 사용할 것이다.

여러분은 100만 개의 원소가 있는 연결 리스트를 1,000번 방문한다(리스트 5-1). 코드는 각 노드를 섞기 전에 임의의 순서로 노드를 뒤섞는다. 하지만 명령줄에 --no-shuffle을 인자로 넘기면 노드를 뒤섞지 않는다. 다만, 노드를 섞지 않는 경우에도 노드를 뒤섞을 때 사용하는 난수를 여전히 만든다. 따라서 난수 생성이 성능에 영향을 주지 않으리라 확신할 수 있다. 이 코드는 예제 깃허브의 소듐 프로젝트 아래인 sodium/book/von-neumann/에서 볼 수 있다.

리스트 5-1 연결 리스트를 방문하는 데 걸리는 시간은?

```
#include <stdlib.h>
#include <assert.h>

typedef struct Node {
    struct Node* next;
    unsigned value;
} Node;
```

```
void shuffle(Node** nodes, unsigned n, int doit) {
  unsigned i;
  for (i = 0; i < n; i++) {
    unsigned j = (unsigned)(((long long)random() * n) /  ← 난수를 생성한다.
                 ((long long)RAND_MAX + 1));
    if (i != j && doit) {  ← 뒤섞는 기능이 활성화된 경우에만 두 원소를 바꾼다.
      Node* node = nodes[i];
      nodes[i] = nodes[j];
      nodes[j] = node;
    }
  }
}

int main(int argc, char* argv[])
{
  const unsigned n = 1000000;
  const unsigned iterations = 1000;
  Node* head;
  Node* node;
  unsigned iter;
  {
    Node** nodes = malloc(sizeof(Node*) * n);
    unsigned i;
    for (i = 0; i < n; i++) {
      nodes[i] = malloc(sizeof(Node));
      nodes[i]->value = i;
    }
    shuffle(nodes, n,
      argc == 2 && strcmp(argv[1], "--no-shuffle") == 0);
    for (i = 0; i < n; i++)
      nodes[i]->next = (i+1) < n ? nodes[i+1] : NULL;
    head = nodes[0];
    free(nodes);
  }
  for (iter = 0; iter < iterations; iter++) {
    unsigned long long sum = 0;
    for (node = head; node != NULL; node = node->next)
      sum += node->value;
    assert(sum == (unsigned long long)(n - 1) * n / 2);
  }
}
```

각 노드가 메모리에 할당된 순서대로 노드를 연결하면 얼마나 오래 시간이 걸리나 살펴보자.

```
time ./linked-list --no-shuffle
user 0m3.390s
```

노드를 임의의 순서로 연결하면 어떻게 될까?

```
time ./linked-list
user 1m19.563s
```

후자가 23배나 더 오래 걸렸다. 왜 그럴까?

5.1.1 느린 이유? 캐시 때문에!

실제로는 두 번째 실행이 그렇게 느렸던 것은 아니다. 단지 컴퓨터의 놀라운 공학적인 특징으로 인해 첫 번째 실행이 두 번째 것을 상대적으로 느리게 느끼게 할 정도로 빨랐을 뿐이다. 오늘날 기계들은 불균일 메모리 접근non-uniform memory access, NUMA이라는 아키텍처를 사용한다.

코드는 폰 노이만이 제시한 모습을 그대로 따라하지 않는다. 여기서 무슨 일이 벌어지고 있을까? 현대식 컴퓨터에서는 주 메모리와 프로세서 사이에 캐시cache라는 약간의 마법이 존재한다(그림 5-2). 캐시는 주 메모리에서 가장 최근에 사용한 부분의 지역적인(CPU 코어에 대해 지역적이다) 복사본을 유지하는 메모리다.

캐시에 이미 존재하는 데이터에 접근하는 경우에는 캐시 성공cache hit이라고 하며, 그렇지 못해서 더 느린 주 메모리에서 데이터를 비싸게 읽어와야 하는 경우에는 캐시 실패cache miss라고 한다. 캐시에 실패하면 캐시는 필요한 데이터를 제공하지 못한다. 그러면 보통 128바이트 정도의 작은 데이터 덩어리를 가져와서 캐시에 저장하는데, 실제로 지역성locality이라는 가정이 성립하는 경우가 많이 있기 때문이다. 지역성이란 최근에 사용한 데이터와 메모리상에서 가까운 데이터를 사용할 가능성이 높다는 의미다.

그림 5-2 현재의 불균일 메모리 접근(NUMA) 아키텍처

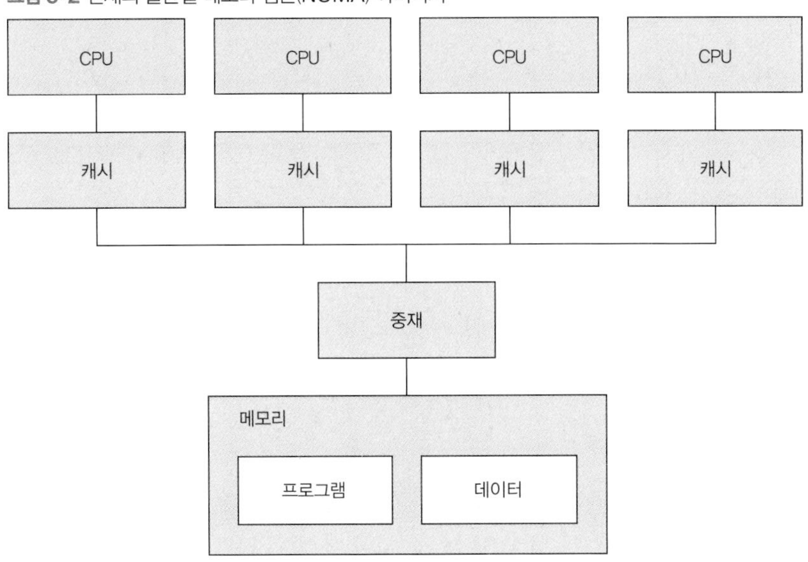

이것이 이 예제에서 노드를 뒤섞으면 성능이 떨어지는 이유다. 운영체제가 메모리 블록을 할당할 때 직전에 할당했던 메모리 블록과 인접한 곳에서 새로운 블록을 할당한다. 지역성이 성립하기 때문에 여러분이 데이터를 읽을 때 노드와 노드 주변의 데이터가 이미 캐시에 사전 적재prefetch되어 있을 가능성이 크다. 하지만 노드를 뒤섞으면 지역성이 파괴되어 각각의 루프에서 캐시 실패가 거의 매번 발생할 것이다.

캐시 실패가 발생하면 주 메모리에서 데이터를 가져오는 데 따른 지연latency을 감수해야 한다. 지연되는 동안 CPU가 다른 일을 할 수만 있다면 지연 자체는 그리 나쁘지 않다. 하지만 연결 리스트 구조에서는 루프를 돌 때 매 단계가 이전 단계의 결과로부터 영향을 받는다. 그에 따라 프로그램이 CPU가 놀지 않게 만들 정도로 일감을 줄 수가 없기 때문에 메모리로부터 데이터가 도착할 때까지 CPU가 블록된다. 결국 프로그램의 성능은 수직 하강한다.

다중 프로세서 머신

프로세서가 2개 이상이 되면 캐시가 더 복잡해진다. 프로세서 중 하나가 메모리에 데이터를 쓰려면 다른 프로세서에 있는 관련 캐시를 삭제해야 한다. 여러 쓰기 연산이 동시에 실행되는 경우에는 충돌 문제를 해결해야만 한다. 중재arbitration는 이런 모든 협상이 벌어지는 것을 일컫는

용어다. 프로세서들이 같은 메모리를 두고 싸운다면 중재가 많이 일어나며, 이를 캐시 경합cache contention이라고 부른다.

결국 NUMA 아키텍처는 공유 메모리라는 환상을 유지하기 위해 많은 노력을 기울이는, 로컬 메모리를 가진 여러 프로세서로 이뤄진 집합이라 할 수 있다. 이런 구조가 1,000개의 프로세서에도 잘 적용될 수 있을까? 우리는 확신할 수 없다.

5.1.2 버스 최적화라는 미친 짓

때로 사람들은 캐시와 버스 성능을 위해 코드를 최적화한다. 일반적인 규칙은 시간상으로 가깝게 쓰이는 메모리를 물리적으로도 근처에 위치시키고, 각 프로세서가 자신만의 로컬 메모리 풀을 가져야 한다는 것이다. 하지만 더 많은 규칙이 있다.

C 언어는 연속적인 메모리 블록에 대한 거의 직접적인 접근을 제공한다. 컴파일러가 자동으로 캐시와 버스의 성능을 최적화하는 능력은 한정되어 있다. 예를 들어, C에서 포인터를 사용하는 경우를 생각해보자. 그런 경우 언어의 설계(포인터)로 인해 컴파일러가 프로그램의 시간적인 메모리 접근 패턴을 인식해서 최적의 위치에 투명하게 각 메모리 블록을 배치하는 것이 불가능하다.

질문: 이런 이상한 상황에 처하게 된 이유가 무엇일까?

답: 언어의 제약으로 인해서 현대적인 기계가 스스로를 1970년대 이전의 구식 기계처럼 드러내야만 하기 때문이다.

오늘날, 기존의 소프트웨어로부터 우리가 원하는 성능을 얻기 위해서는 캐시가 극도로 복잡해져야만 한다. 애플리케이션 프로그래머가 캐시의 효율성을 위해 코드를 최적화하는 것은 일반적으로 좋은 아이디어가 아니지만 여전히 사람들은 그런 짓을 하고 있다. 그런 문제로 인해 우리는 다음과 같이 말할 수밖에 없다.

- 하드웨어 아키텍처는 기존의 소프트웨어를 빠르게 작동시키기 위해서 복잡해져왔다.
- 더 복잡한 아키텍처를 채택함에 따라, 캐시와 버스 성능에 맞도록 직접 최적화하는 것은 프로그래머의 능력을 크게 벗어났다. 프로그래머들은 이미 충분히 어려움을 겪고 있다.
- 최적화는 컴파일러의 몫이어야 한다. 하지만 대부분의 언어는 그런 최적화에 맞춰 설계되지 않았다.

- 애플리케이션을 손으로 직접 최적화하는 것은 애플리케이션을 현대의 아키텍처에만 구속시킨다. 하지만 미래에 컴퓨터 아키텍처가 바뀐다면 그런 최적화는 무용지물이 될 것이다. 따라서 그런 접근 방법을 택하는 경우에는 결과를 변경하기가 결코 쉽지 않고, 그에 따라 하드웨어에 새로운 혁신을 도입하는 것도 더 어려워진다.
- 이러한 악순환이 반복되어 소프트웨어와 하드웨어가 서로를 점점 더 복잡하게 만든다.

코드에서 최상의 버스 성능을 얻어내기

다음은 800여 페이지에 달하는 『Intel 64와 IA-32 아키텍처 최적화 참고 매뉴얼(Intel 64 and IA-32 Architectures Optimization Reference Manual)』의 3.6.12절에서 발췌한 충고다.

> *버스에 읽기와 쓰기가 혼재하는 경우, 코드를 나눠서 버스에 읽는 단계와 쓰는 단계로 만든다면 성능에 도움이 될 수 있다. 하지만 버스상의 읽기와 쓰기 트랜잭션의 순서가 프로그램상의 순서와 반드시 일치하지는 않는다는 사실에 유의하라.*
>
> *캐시 라인으로부터 데이터를 가져오는 버스 지연시간은 데이터에 대한 참조의 주소 접근 위치 간격access stride에 따라 달라진다. 일반적으로 연속적인 캐시 실패를 일으키는 접근 위치 간격의 값이 늘어나면 버스 지연시간도 늘어날 것이다. 그와 독립적으로 버스 지연시간은 버스 대기열의 깊이(어떤 주어진 트랜잭션 유형의 버스 요청의 수)에 따라서도 달라진다.*

이 설명을 이해할 수 있는가?

프로세서는 상태를 메모리의 그 자리에서in-place 변경하는 순차적인 명령어로 작동한다. 만약 CPU가 메모리 읽기를 블록당하면, 명령어 사이의 의존관계를 분석해서 아직 처리되지 못한 데이터에 의존하지 않는 다른 코드를 찾아서 실행해야 한다. 1장에서 우리는 프로그래머가 하는 일이 대부분 이런 의존관계를 순서로 만들어내는 것과 관련 있다는 사실을 이야기했다.

오늘날 소프트웨어를 작성하는 방식에서는 컴파일러가 더 나은 코드를 만들기 위해 원래의 의존관계(프로그래머가 코드로 풀어내기 전의 개념적인 의존관계)를 사용하지 못한다. 이제 프로세서는 순차적인 명령어로부터 더 나은 성능을 얻어내기 위해 그런 의존관계를 추출해내야만 한다. 하지만 의존관계를 추출하는 능력은 프로세서마다 제한적이다. 이런 설계 아래서는 단일 프로세서에서 대규모 병렬화는 불가능하다.

이런 일을 하는 이유는 대체 무엇일까?

우리는 몇 가지 불안정한 가정 위에서 코딩 습관을 쌓아왔다. 폰 노이만 기계는 그 자리에서 상태를 변경하는 것을 중심으로 설계된 하드웨어 아키텍처로 1970년대까지는 잘 작동해왔다. 우리가 사용하는 프로그래밍 언어들은 폰 노이만 기계에서 상태를 변경하기 위해 설계된 것이며, 최근에도 그다지 바뀐 부분은 없다. 상태 변경이 더 효율적이라고 가정하지만 실제로는 더 복잡하다.

상업적인 소프트웨어 프로젝트에서 경험할 수 있는 '복잡도의 벽'에는 수학적인 이유가 존재한다. 상태 변경을 사용해 코드를 짜면 가능한 데이터의 의존관계가 미로처럼 얽히고, 그런 미로를 풀어내기란 수학적으로 해결하기 힘든 문제다. 그로 인해 프로그래밍이 더 어려워지고 병렬성이 더 복잡해지며, 최적화도 어려워진다. 객체지향 프로그래밍은 상태 변경에 질서를 부여하긴 하지만 단지 소프트웨어나 하드웨어 개발자에게는 도움이 별로 되지 않는 접근 방법을 고수하는 것뿐이다.

폰 노이만 기계는 속도를 제한하는 설계상의 병목을 가지고 있다. 하지만 우리의 언어는 우리를 그런 제약에 묶어버린다. 기존의 소프트웨어를 빠르게 실행하기 위해서 현대의 기계들은 폰 노이만 기계인 척하기 위해 최선을 다한다.

복잡한가? 이제 프로세서를 추가해보자

여러분의 코드가 제 자리에서 상태를 변화시키는 것을 기반으로하는데 여러 프로세서에서 병렬화하고 싶다면, 상태를 록lock을 사용해 보호해야만 한다. 이런 스타일로 프로그래밍하면 비결정적 오류가 발생하기 쉽다. 즉, 백만 번 실행해야 겨우 한 번쯤 임의로 나타나는 경합 조건이나 교착상태가 생길 수도 있다.

이런 스타일의 코딩은 프로그램의 크기에 맞게 규모가 확장될 수 없다. 이유는 이렇다. 록을 큰 범위에 대해 걸면 안전하기는 하지만 병렬성을 해치게 되고, 록을 세밀하게 걸기 위해서는 제대로 된 순서로 락을 획득할 수 있는 정책이 필요한데, 프로그램의 크기가 커지면 그런 정책을 세우기가 엄청나게 어려워진다.

결과적으로 복잡도가 커짐에 따라 비결정적인 재현하기 어려운 버그가 늘어난다. 경험 많은 프로그래머라면 이로부터 **웨히**wehi, 즉 공포를 느낄 것이다.[1]

요약하면, 우리는 나쁜 방식으로 프로그램을 짜고 있다. 그렇게 해야 현재는 존재하지 않는 비효율적인 하드웨어 아키텍처와 호환되기 때문이다. 그로 인해 그런 가상의 하드웨어를 복잡하게 에뮬레이션해야 하며, 소프트웨어를 최적화하기가 어려워지고, 이런 악순환이 서로를 강화해서 하드웨어 에뮬레이션이 다시 더 복잡해진다.

그림 5-3 맥신이 폰 노이만 기계가 존재하지 않는다는 사실에 경악하고 있다.

하지만 우리는 이 고리를 끊을 수 있다

폰 노이만 기계를 최적화한 NUMA만이 유일한 아키텍처라는 생각은 상상력에 제한을 두는 것이다. 컴퓨터를 만드는 방법에는 여러 가지가 있다. 예를 들면 다음과 같다.

- 빠른 이더넷으로 연결된 로컬 메모리가 있는 단일 프로세서들의 모임
- 그래픽 처리 장치GPU와 같이 병렬화 정도가 아주 큰 배열 프로세서들
- 메모리와 코드가 아주 가깝게 있는 FPGAField programmable gate array

1 옮긴이_ '웨히'라는 말은 마오리어다. 저자들이 사는 뉴질랜드는 영어와 마오리어가 공용어다. 백인들이 무리하게 정복하기에는 마오리족의 힘이 너무 세서 나름 타협한 결과다(물론 그 과정에서 많은 마오리인이 희생당했으며, 백인들이 뉴질랜드에 평화롭게 정착했던 것은 아니다). 이 점은 원주민인 애버리지니(호주 원주민을 뜻하는 단어 'Aborigine'의 발음은 애버리진이 아니라 '애버리지니'다)들을 몰살시켰던 옆 동네 호주와는 조금 다른 점이다.

- 광학 컴퓨터
- 양자 컴퓨터

아마도 미래의 컴퓨터는 여러 아키텍처를 매끄럽게 연결한 하이브리드 컴퓨터일 것이다. 거기서는 문제에 가장 적합한 하드웨어에서 코드가 실행될 것이다.

우리가 현재 저지르고 있는 근본적인 실수는 문제와는 거리가 먼, 기계에 더 잘 들어맞는 프로그램을 작성하는 것이다. 그 과정에서 문제를 필요 이상으로 어렵게 만들고 있다. 또한, 컴파일러와 프로세서를 제공하는 회사들의 선택을 제한하고 있다.

5.1.3 이것이 FRP와는 어떤 관계인가?

우리 코드가 미래에도 잘 작동하고, 하드웨어의 혁신에 맞게 준비되기 위해서 한 가지 필요한 작업이 있다. 그 일은 프로그램을 문제에 잘 맞는 방법으로 작성하고, 의존관계에 대한 정보를 컴파일러(우리의 경우 FRP 시스템을 말한다)에 넘겨서, 컴파일러가 대상 기계에 최적인 코드를 만들도록 하는 것이다. 일반적으로 함수형 프로그래밍은 제자리에서의 상태 변경을 없애고 데이터의 의존관계를 추적함으로써 이를 달성한다. FRP는 한 가지 문제 영역에 잘 들어맞는 좀 더 구체적인 방법을 통해 마찬가지 일을 수행한다. 위에서 언급한 아키텍처 중에서 FRP에 가장 잘 들어맞는 것은 (완벽하지는 않지만) FPGA다. 이런 관계를 연구해보는 것도 재미있을 것이다.

프로그램이 병렬로 실행되면 훨씬 적은 전력을 소모하면서 동일한 스루풋을 달성할 수 있다. 이 기본적인 사실만으로도 병렬성을 계속 사용해야 하는 진정한 이유가 된다. 병렬성은 우리가 기계가 아닌 문제에 초점을 맞춘 프로그래밍 기법을 채택하도록 이끌어갈 동인이다.

NOTE_ FRP는 여전히 초기 단계이며, 병렬성이 FRP의 채택을 촉진할 직접적인 장점이라고 말하기는 아직 어렵다. 현재의 FRP 구현은 아직 병렬성을 많이 살리지 못한다. 또한 일반적으로 병렬성은 쉬운 문제가 아니다. 하지만 태생적으로 FRP는 전통적인 프로그래밍과 다른 방식으로 병렬화 가능하다.

5.2 합성성

FRP의 주된 주장 하나는 FRP로 복잡성을 길들일 수 있다는 것이다. FRP에서는 합성성으로 복잡성 문제를 해결한다.

5.2.1 복잡성이 제어를 벗어날 때

우리는 이를 경험에서 알고 있다. 프로그램의 복잡성은 제어를 벗어날 수 있다. 복잡한 여러 부품이 복잡한 방식으로 상호작용할 때, 그 복잡도는 서로 곱해진다. 그 결과 전체적인 소프트웨어의 복잡도는 프로그램 크기가 커짐에 따라 지수적으로 증가하게 된다.

DEFINITION_ 지수적 증가 어떤 양의 증가 속도가 현재 증가 속도에 비례해서 커지는 경우를 말한다. 은행의 복리 이자가 좋은 예다. 지수적 증가를 겪을 때 전형적인 경험은 처음에는 증가를 느끼지 못하다가 갑자기 불어나는 대상을 보면서 압도되는 것이다. 지수적 증가를 설명하는 좋은 비디오가 유튜브YouTube에 많이 있다. 복잡도가 지수적으로 늘어나는 소프트웨어 프로젝트는 어떤 크기에 도달하면 복잡도의 벽에 부딪친다.

소프트웨어의 복잡도가 부푸는 것을 어떻게 막을 수 있을까? 리팩터링은 그런 경우에 반대쪽으로 균형을 잡아주는 기법이다.

우리는 FRP가 프로그램의 각 요소 사이의 상호작용을 단순하고 예측 가능하게 하면서, 복잡한 부분이 없도록 만드는 수학적인 규칙을 강제하기 때문에 합성성이 있다고 말한다. FRP의 복잡도는 서로 곱해지지 않고 더해진다. 따라서 전체적인 복잡도가 프로그램의 크기와 정비례한다. 모든 요소를 한꺼번에 조합해도 여러분이 놀라게 될 일은 없다.

1장에서 표시적 의미론이라는 용어를 정의했다. 그것이 바로 FRP 시스템에 대한 합성성을 수학적으로 증명해준다. 따라서 어떤 FRP 코드든 얼마나 복잡한가와 관계없이 합성성이 보장된다.

5.2.2 환원주의와 엔지니어링

소프트웨어 개발은 엔지니어링의 한 형태이며, 엔지니어링은 환원주의reductionism를 기반으로 한다. 환원주의는 매우 강력한 방법론이며, 우리가 대부분의 일을 하는 방법을 완전히 변화시킨 기술을 엄청나게 성공적으로 제공해왔다.

환원주의자의 엔지니어링에 대한 접근 방법은 다음과 같다.

1 복잡한 문제를 가지고 시작한다.
2 문제를 더 작은 부분으로 나눈다.
3 각 부분을 해결한다.
4 해결한 것을 서로 조합해서 전체에 대한 해법을 만든다.

여기서 문제가 되는 단계가 네 번째 단계다. 환원주의에는 합성성이라는 숨겨진 가정이 들어 있다. 여러 부분을 합성해도 각 부분의 성격이 바뀌지 않는다. 만약 각 부분의 성격이 바뀐다면 환원주의는 실패한다. 우리가 합성성에 대해 잘못 가정한다면 합성성의 오류라는 논리적인 오류에 빠지게 될 것이다. 각 부분을 독립적으로 따졌을 때 참인 것이 전체를 조합하면 거짓일 수 있을 것이다. 예를 들면 다음과 같다.

- 축구 경기를 보는 관중이 일어선다면 경기를 더 잘 볼 수 있을 것이다. 따라서 모두 다 일어선다면 모두 다 경기를 더 잘 볼 수 있다.
- 세포는 눈에 보이지 않는다. 나는 세포로 이루어졌다. 따라서 나는 보이지 않는다.
- 내가 당면한 문제들을 1시간 동안 무시한다면, 그 문제들은 1시간 동안 사라진다. 따라서 내가 그 문제들을 2시간 동안 무시한다면, 2시간 동안 문제가 사라지는 것을 경험할 수 있다. 따라서...

이벤트의 전파는 소프트웨어 컴포넌트를 합성할 때 널리 쓰이는 '풀(접착제)'이다. FRP는 이벤트 전파를 제공하면서 합성성을 보장한다. FRP는 합성성을 강제함으로써 환원주의의 가정을 참으로 만들며, 당연히 그렇게 해야만 하는 방식으로 소프트웨어 엔지니어들이 작업할 수 있게 해준다.

합성성과 복잡도 정의하기

수학적인 특성인 **합성성**이라는 아이디어는 언어학과 의미론에서 온 것이다. 엄밀한 정의는 '어떤 식expression의 뜻이 그 식을 이루는 각 부분의 의미meaning와 각 부분을 조합하는 데 사용한 규칙에 따라 정해지는 특성'이다.

이 정의를 이해하기 위해서는 **의미**라는 말의 의미를 이해해야 한다. 하지만 여러분이 '의미'가 의미하는 것이 무엇인지를 알 수 없다면 여러분이 이해하고 있다는 것을 어떻게 이해할 수 있을까? 혼란스러웠다. 그래서 한잔 하러 술집에 갔다.

의미의 의미를 심사숙고하다.

오래 심사숙고한 끝에, 우리는 언어학에서 **의미**라는 것이 사람의 언어를 통해 전달되는 정보의 내용을 가리킨다는 사실을 깨달았다. 정보에는 구조가 있고, 구조는 복잡성을 의미하며, 복잡성은 프로그래머로서 우리가 주로 관심을 가지는 대상이다.

합성성이 없다면 프로그램 모듈을 합성한 결과는 임의적일 수밖에 없다. FRP는 앞에서 말한 합성성의 정의를 따르도록 합성의 규칙을 강제하기 때문에 잘 작동한다.

복잡성을 정확히 이해하는 것도 어렵다. 따라서 복잡성을 측정하는 방식도 여러 가지다. 우리는 분명히 프로그램이 하는 일을 측정하지는 않는다. 두 프로그램이 동일한 일을 하지만 둘 중 하나가 다른 것보다 구조적으로 더 복잡할 수 있다. 우리는 프로그램을 리팩터링한 결과로 생겨나는 잘 정리된 구조가 아니라 리팩터링을 거치지 않은 지금 당장의 프로그램 구조에 관심이 있다.

순환 복잡도 Cyclomatic complexity는 프로그램에서 서로 선형으로 독립적인 경로의 수를 측정한다. if문과 반복문이 이 지표 값을 증가시킨다. FRP는 if문의 수를 감소시켜준다.

본문(즉, 프로그램)을 이루는 문자열의 **콜모고로프**Kolmogorov **복잡성**은 대상 본문을 가장 짧게 기술할 수 있는 표현의 길이 또는 그 본문을 출력할 수 있는 가장 짧은 프로그램의 길이를 말한다. 예를 들어 'abcabcabcabc'는 'abc를 세 번 반복하라'라고 표현할 수 있을 것이다.

이런 내용이 도움이 될지는 모르겠다. 하지만 좀 더 실용적으로 복잡성을 바라보려 한다. 우리는 프로그램을 이해하는 데 드는 시간과 노력으로 그 프로그램의 복잡도를 측정한다. 프로그램을 안전하게 변경하려면 그 변경이 함의하는 모든 것을 찾아내야 한다. 프로그램의 구조가 복잡할수록 사람이 이해하는 데 걸리는 시간도 늘어나며, 그에 따라 (수정할 때) 실수할 확률도 더 커진다. 이것이 복잡도가 프로그래밍에 부정적인 결과를 가져오는 이유다.

5.2.3 합성성은 더 이상 선택 사항이 아니다

프로그래머들이 해결하려는 문제는 사실상 점점 더 병렬적이고 분산적이며, 더 복잡해지고 있다. 함수형 프로그래머들은 함수형 프로그램이 복잡성을 더 잘 다룬다는 사실을 경험으로 알고 있다. 하지만 그 이유를 아는 사람은 많지 않기 때문에 다른 사람에게 왜 그런지에 대해 설명하지 못하는 경우가 많다. 합성성이 그 이유다. 함수형 프로그래밍은 합성성을 강제하기 때문에 잘 작동한다. 물론 함수형 프로그래밍만 그런 것은 아니다.

모든 문제를 합성적인 방법을 사용해서 다룰 수 있는 것은 아니다. 상태가 있는 이벤트 기반의 로직은 언제나 비합성적인 분류에 들어가며 그런 문제는 항상 버그의 온상이다. 이런 상황은 이제 FRP를 통해 달라질 수 있다. 아마도 다른 문제들도 비슷한 방법으로 해결할 수 있을 것이다.

합성성은 대다수 프로그래머의 이해에서 빠져 있는 부분이다. 하지만 합성성은 우리가 개발하는 방식을 엄청나게 향상시켜준다. 시간이 지남에 따라 증가하는 복잡도로 인해서 합성성을 채택하는 방식을 반드시 받아들이게 될 것이다.

5.3 합성성 부족을 보여주는 예

2장에서 merge 기본 요소를 설명하기 위해 그림판 프로그램을 예로 들었다. 이제 그림 요소가 들어 있는 문서를 편집하는 그 프로그램을 수정한다고 가정하자. 여러분은 그림 요소를 선택하거나 선택 해제하는 부분을 코딩하고 있다. 다음은 새로운 두 가지 규칙(굵은 글씨)을 포함하는 전체 규칙을 보여준다.

- 어떤 요소를 클릭하면 그 요소가 선택된다.
- 어떤 요소가 선택된 상태에서, 요소 밖의 다른 곳을 선택하면 그 요소가 선택 해제된다.
- **아무것도 선택되지 않은 경우, 열십자(+) 모양의 마우스 커서를 표시한다.**
- **어떤 요소가 선택된 경우, 커서가 화살표 모양이어야 한다.**

[그림 5-4]는 이 그림판 프로그램이 수행해야 하는 세 가지 단계를 보여준다.

1. 아무것도 선택되지 않았다. 삼각형을 클릭할 준비가 됐다.
2. 삼각형을 클릭하면 그것이 강조되며, 커서는 화살표로 바뀐다.
3. 팔각형을 클릭할 준비가 됐다.

그림 5-4 그림판 프로그램에서 원소를 선택하고 선택 해제하는 3단계

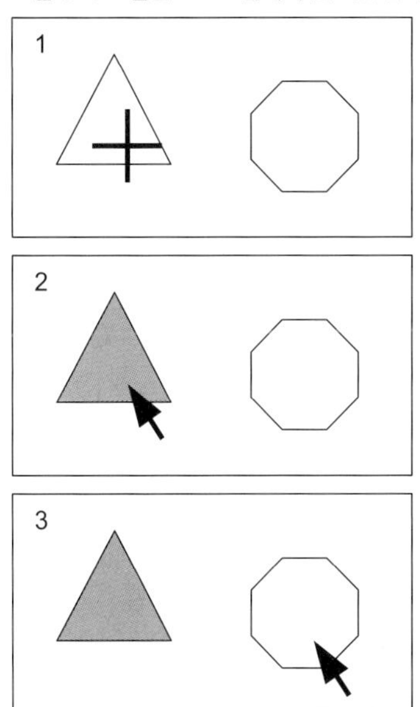

이 시점에서 마우스를 클릭하면 두 가지 이벤트가 만들어질 것이다.

- 삼각형 선택 해제
- 팔각형 선택

[리스트 5-2]는 선택한 원소의 수에 따라 커서의 모양을 변화시키기 위한 객체지향/관찰자 패턴 스타일의 의사코드pseudocode다.

리스트 5-2 선택한 원소의 수에 따라 마우스 커서 모양 바꾸기

```
public interface SelectionListener {
    void selected(Element e);
    void deselected(Element e);
}

public class CursorMonitor implements SelectionListener {
    private HashSet<Element> selectedElts = new HashSet();
    public void selected(Element e) {
        selectedElts.add(e);
        updateCursor();
    }
    public void deselected(Element e) {
        selectedElts.remove(e);
        updateCursor();
    }
    private void updateCursor() {
        if (selectedElts.isEmpty()) crosshairCursor(); else
                                    arrowCursor();
    }
}
```

이때 고객이 커서 모양이 화살표-열십자-화살표로 깜빡이지 않고, 모양(이 경우에는 화살표)을 계속 유지하기를 원한다면 어떻게 해야 할까? 그렇게 하려면 해제하기 전에 선택을 먼저 하도록 보장하거나, 전체 과정을 일종의 트랜잭션으로 묶어서 마지막 결과를 가지고 커서 모양을 결정해야 한다. 이벤트 도착 순서를 예측할 수 없기 때문에 첫 번째 방식을 사용하기는 어렵다. 결과가 리스너를 등록한 순서에 따라 달라지는데, 하필이면 그 부분은 여러분이 손 댈 수 없는 곳에 있다. 두 번째 선택은 가능하기는 하지만 코드가 엄청나게 복잡해질 수 있다.

이 코드를 FRP를 사용해 작성한다면 merge를 사용해서 동시에 발생하는 이벤트의 순서를 예

측 가능하게 만들 수 있다. 이런 문제를 풀려면 다음 코드처럼 선택을 먼저 하도록 만들어야 한다. 이 코드에서는 append() 연산이 두 액션을 하나로 합친다고 가정한다.

```
sSelected.merge(sDeselected, (s, d) -> s.append(d))
```

5.3.1 객체지향 방식에서 합성성이 부족한 이유는?

앞 절에서 본 객체지향 코드에서는 두 이벤트 핸들러 selected()와 deselected()가 있다. 이 벤트가 발생하면 각각이 호출된다. 이 코드를 FRP의 안경을 쓰고 살펴보자.

앞에서 말했지만 FRP에서는 이들을 두 스트림 sSelected와 sDeselected로 모델링한다. 각 이벤트가 발생하는 곳의 코드를 보이지는 않았지만 코드의 어딘가에 다음과 비슷한 부분이 존재한다고 가정하자.

```
CursorMonitor cm = new CursorMonitor();
selectionLogic.addListener(cm);   ←── 나중에 호출될 cm.selected()를 준비한다.
deselectionLogic.addListener(cm);   ←── 나중에 호출될 cm.deselected()를 준비한다.
```

updateCursor() 메서드는 FRP에서 개념적으로 sSelected와 sDeselected를 merge했던 것과 약간 비슷하다. 여기서 보여준 코드에 들어 있는 개념적인 merge 연산에 sUpdate라는 이름을 붙이자.

FRP의 (표시적) 의미론은 FRP의 merge가 합성 가능한 결과를 내놓는다는 사실을 알려준다. 합성성이라는 용어의 정의에 따르면, sUpdate의 의미가 '각 원소(sSelected와 sDeselected)와 그 둘을 조합하는 방법(merge)'에 의해 정의돼야만 한다.

하지만 이 코드가 보여주는 가상의 merge는 다른 것을 덧붙인다. sUpdate의 전파 순서(updateCursor()에 이벤트가 도착하는 순서)는 다른 부분에 있는 코드의 이벤트 등록 순서에 따라 달라진다. 앞에서 리스너 등록을 보여줬지만 순서가 문제되는 곳은 거기가 아니다. 또한, 앞에서 보여준 selectionLogic과 deselectionLogic을 설정하는 순서도 문제가 되지 않는다.

이 코드는 진정한 FRP의 merge라 할 수 없다. 왜냐하면 각 원소와 그 원소를 조합하는 규칙과 완전히 다른 곳에 있는 소스로부터 중요한 것이 추가되기 때문이다. 지역적이지 않은 외부의 어떤 것이 updateCursor()의 이벤트 처리 순서에 영향을 끼치기 때문에 merge 결과의 의미도 달라진다. 그에 따라 합성성이 깨져버린다.

이와 같은 문제는 한 가지만 따로 놓고 봤을 때는 그렇게 문제되지 않는다. 하지만 이런 작은 세균들이 복리로 불어나기 시작할 것이다. 그것들은 곧 여러분의 떡을 먹어치우고, 여기저기 말라 비틀어진 떡고물의 흔적이 남게 될 것이다.[2]

5.4 합성성: 모든 종류의 버그 없애기

FRP는 우리가 일하는 방식에 많은 규율을 강제한다. 처음에는 그런 규율을 따르기가 힘들 수도 있지만 우리와 함께 잘 견뎌내길 바란다. 우리는 경험을 통해 FRP로 모든 것을 표현할 수 있다는 사실을 알았다. 여러분은 곧 그동안 익숙하게 사용하던 작업 방식이 더 이상 제대로 작동하지 않는 것을 발견하게 될 것이다.

하지만 그런 희생의 대가로 중요한 것을 얻을 수 있다. 우리가 '여섯 가지 재앙'이라고 생생하게 묘사했던 여러 실수를 저지르기가 많이 어려워지며 그런 실수 중 대부분은 아예 없어진다. 우리는 버그들을 하나하나 없애지 않고 모든 종류의 버그를 한꺼번에 없애려고 시도한다. 그렇다고 모든 버그를 100% 으깨버릴 수는 없지만 이벤트 처리 코드가 지니는 근본적인 위험성으로 인해 생기는 버그를 없앨 수는 있다. 그 후 남는 버그는 대부분 다음과 같은 것으로 구성될 것이다.

- 같은 타입의 두 변수를 혼용하는 것과 같은 몇 가지 바보 같은 실수들
- 논리적인 오류(이 부분을 우리가 여러분 대신 해결해 줄 방법은 없다. 하지만 단위 테스트 등이 도움이 될 것이다.)
- 고객의 요구사항을 완전히 이해하지 못함

자, 이제 우리가 새로 출시한 FRP 버그 퇴치 스프레이를 써보시라!

2 옮긴이_ 원문에서는 래밍턴(lamington)이라는 간식을 비유로 사용했다. 래밍턴은 작은 직사각형 스폰지 케익 2개를 크림 등으로 붙여서 샌드로 만든 다음 초콜렛으로 코팅한 위에 코코넛 가루를 뿌린 간식이다. 오래 지나면 코코넛 가루가 말라서 맛이 없어진다.

> **깨우침**
>
> 프로젝트에서 발생하는 버그의 원인 중 상당수가 고객의 요구사항을 이해하지 못했기 때문이라면, 여러분은 열반에 도달한 것이다. 이런 상태가 되면 여러분은 할 일이 없어서 일부러 오래된 코드 베이스를 다시 작성하거나, 가족하고 더 많은 시간을 보내게 될 것이다. 관리자는 팀의 생산성이 앞으로 얼마나 높아질지 예측할 수 없어서 팀의 크기를 한동안 그대로 유지하자고 주장할 것이다. 실제로 저자 중 한 사람에게서 그런 일이 벌어졌다.

5.5 믿는 도끼에 발등 찍히지 않기: 불변 값 사용

셀이나 스트림에는 값이 들어 있다. FRP 시스템에서는 그 값이 전달되면서 코드의 여러 부분에서 각기 다른 시간에 그 값을 참조하게 된다. 따라서 FRP에서는 그 값을 그대로 제공하는 것이 중요하다. 스트림이나 셀에 저장된 값은 처리 과정에서 변해서는 안 된다.

이를 보장하는 방법은 모든 데이터 구조를 불변성으로 만드는 것이다. 대부분의 언어에서 필드를 비공개private로 만들고 게터getter만을 정의하는 방식으로 불변성을 구현한다. 자바에서는 필드를 public final로 표시할 수 있다. 그런 필드의 타입도 물론 불변성이어야 한다. 팀원들이 값을 변경하지 않는 훈련을 충분히 받았다면 일반적인 공개public 필드에 값을 담아서 쉽게 처리할 수도 있다.

5.5.1 불변 데이터 구조

참조 투명성 또는 **순수성**은 FRP 기본 요소에 전달되는 함수들이 I/O를 수행하거나 외부의 상태를 변경하거나 읽는 일이 없고, 내부에 상태를 저장하는 일도 없다는 뜻이다.

퀴즈: 참조 투명성은 얼마나 중요한가?

가. 전혀 중요하지 않다.

나. 약간 중요하다.

다. 꽤 중요하다.

라. 매우 중요하다.

만점이다! 투명성은 매우 중요하다. 아직도 이 말에 신물이 나지 않았다면 우리가 아직 투명성을 덜 강조한 것이다. 이 책은 우리가 참조 투명성을 쉴 새 없이 떠들어서 여러분이 토하게 될 것에 대비한 특별 부록으로 비닐봉투를 함께 제공한다(물론 농담이다).

여러분이 항상 **불변 데이터 구조**를 사용해야 한다는 것은 참조 투명성(항상, 매우 중요하다)에 따른 자연스러운 귀결이다. 트리를 기반으로 하는 맵과 집합이 있으며, 그 자리에서 수정이 불가능한 다른 데이터 구조들도 있다. 내부의 값을 변경해야 한다면 이런 데이터 구조는 효율적으로 새로운 데이터 구조에 자신을 '복사'한다. 이런 데이터 구조를 **함수형 데이터 구조**functional data structure나 **영속적 데이터 구조**persistent data structure라고 부른다(여기서 '영속적'이라 함이 데이터 구조를 영구 저장장치에 기록한다는 뜻이 아님에 유의하라).

변경 불변 데이터 구조를 복사한 다음, 복사본을 변경하는 방식으로 마찬가지 효과를 얻을 수 있다. 하지만 데이터 구조의 크기가 커지면 이런 식의 처리는 매우 비효율적이 된다. 진정한 불변 구조의 효율은 변경 가능한 구조와 거의 같다. 우리는 변경하기 쉬우면서 올바른 소프트웨어를 작성하는 방법을 설명하는 중이다. 대부분의 프로젝트에서는 그런 성질이 성능보다 훨씬 더 우선순위가 높다. 현 시점에서는 그로 인한 성능상 비용이 약간 들기는 하지만 그 비용은 그리 크지 않다. 그리고 사람들이 함수형 접근 방식을 더 많이 사용하고, 컴파일러가 적절히 최적화를 함으로써 주요 언어에서 함수형 데이터 구조를 사용하는 비용이 점점 줄어들 것이다. 함수형 프로그래밍 언어들은 불변 데이터 처리 효율을 상당히 개선할 수 있다는 사실을 지속적으로 보여왔다. 병렬성이 더 중요해짐에 따라 불변 데이터 구조도 더 빠르게 채택될 것이다.

5.6 의도의 명확성

4장의 끝에서 FRP 코드는 주로 두 가지 요소로 이뤄져 있다고 말했다.

- 순수 로직
- 영역을 제한하는 구조

FRP는 대부분의 외부적인 세부 사항을 별도로 제외시킨다. 그로 인해 개념적인 수준에서 잘 작동하는 방법만을 사용할 수 있도록 자유롭게 영역을 제한할 수 있다.

13장에서 리팩터링에 대해 자세히 다룰 것이다. FRP에서는 리팩터링도 쉽다. 어떤 로직의 두 측면이 서로를 복잡하게 만들고 있다면 그 둘을 별도의 모듈로 분리하는 것도 간단하다.

- 의존관계가 명시되어 있기 때문에 코드를 기계적으로 분리하기가 쉽다. 별도로 분리하고 싶은 코드를 제거하고, 필요에 따라 인자를 전달하면 된다.
- 타입 안전성으로 프로그램이 깨질 위험을 줄인다. 따라서 단위 테스트가 없더라도 원하는 대로 코드를 리팩터링할 수 있다.

코드를 몇 번 리팩터링하고 나면 코드는 잘 정의되고 완결된 간단한 추상화 계층으로 변하기 마련이다. FRP가 합성성을 보장해주기 때문에 추상화가 '새어나가는' 일이 없다. 즉, 코드의 두 부분 사이의 인터페이스가 잘 정의되며 그 인터페이스 규칙을 깰 수가 없다. 두 부분을 오가는 값의 타입이 주로 인터페이스의 의미를 결정한다(하지만 스트림 이벤트의 의미나 순서의 세부 사항이나 타입으로는 잡아낼 수 없는 셀 값의 변경이 있을 수 있기 때문에, 타입이 인터페이스의 의미를 모두 결정하는 것은 아니다). 종합적으로 이 부분은 전통적인 프로그래밍보다 FRP에서 훨씬 크게 향상된 부분이다.

복잡한 프로그램이 문제에 적합한 추상적인 계층을 이루게 되면 여러분이 **의도의 명확성**을 달성했다는 사실을 알게 될 것이다. 추상화에는 비용이 들지만, 이익도 따른다. 코드를 처음 읽는 사람은 눈앞의 추상화 계층 뒤에 있는 개념을 이해하기 위해 시간이 필요하다. 하지만 한번 이해하고 나면 코드를 읽고 그 코드가 어떤 일을 하는지 정확히 알 수 있다. 이것이 바로 **의도의 명확성**이다.

1장의 라자냐 예제를 기억해보자. 라자냐를 만드는 과정을 설명할 때보다 사람들이 라자냐에 대해 갖는 생각을 묘사했을 때 라자냐를 더 잘 이해할 수 있었다. 대규모 프로그램은 매우 복잡하지만 서로 예측 불가능한 방식으로 간섭할 수 없는 단순한 계층을 사용해서 그것을 표현할 수 있다. 각 계층은 '어떻게'가 아니라 '무엇'을 설명한다. 여기서 '무엇'은 문제에 대한 설명에 담긴 어떤 개념에 대응한다. 이 방식이 더 단순하며 이해하기도 더 쉽다.

의도의 명확성을 판별하는 시금석은 '누군가 버그를 보고한다면 코드를 읽기만 해도 그 버그를 찾을 수 있어야 한다'는 것이다. 여러분이 프로그램을 돌려보지 않고도 무슨 일을 하는지 이해할 수 있어야 한다.

5.7 저렴한 추상화의 결과

FRP는 다른 함수형 프로그래밍들과 마찬가지로 추상화 비용이 크지 않다는 중요한 특징이 있다. 그에 따라 우리는 추상화를 더 많이 사용하게 된다. 추상화를 사용하면 대상의 자세한 내용을 감추고 더 단순한 방식으로 다룰 수 있다. 실전 FRP에서는 영역을 제한하는 단순한 기법을 통해 이런 추상화를 대부분 달성한다. 추상화는 전체적으로 코드를 간단하게 만들며(때로는 아주 극적이기도 하다), 코드의 의도를 더 명확히 해준다. 하지만 주어진 추상화 뒤의 개념을 이해하는데 시간을 더 써야 한다는 비용도 있다는 사실을 잊지 말자.

하지만 이 비용이 그리 높지 않은 경우가 자주 있다. 추상화 비용이 작다는 것은 추상화의 유용성이 그 비용보다 크다는 뜻이다. FRP에서 추상화는 '보통' 프로그래밍에서보다 더 일반적인 경우가 많고, 그에 따라 코드의 재활용도 더 쉬워진다. 추상화가 더 일반적일수록 필요한 추상화의 개수나 다양성이 줄어들기 때문에 그 유용성이 최대화될 수 있다. 이로 인해 추상화를 이해하는 데 드는 비용도 낮게 유지된다.

우리는 프로그램의 여러 부분을 합성하는 것이 잘 정의된 규칙을 따르기 때문에 FRP에 합성성이 있다고 말했다. FRP는 이를 해상도가 다른 여러 계층을 통해 달성한다. 우리는 FRP 코드의 리팩터링이 쉽다는 이야기도 했다. 그 이유 중 하나는 코드에서 가장 작은 부분까지도 합성적이라는 특성 때문이었다. FRP에서는 합성성이 코드 곳곳에 스며들어 있다.

NOTE_ '보통' 프로그래밍에서 코드로부터 따로 분리하기가 아주 어려운 측면이 FRP에서는 분리하기 쉬운 경우가 자주 있다. 추상화 비용이 작다고 하는 이유가 여기 있다. FRP로 코딩하는 경우에 우리는 공통의 로직을 알아내고, 그것을 재활용 가능한 함수로 분리하는 리팩터링을 끊임없이 수행하는 자신을 발견하곤 한다. 이를 '믿을 수 없을 정도로 줄어드는 코드the incredible shrinking code'라고 부른다.

깊이 추상화하는 코딩 방식은 사람들이 익숙하게 써온 방식과는 다르다는 문제가 있다. 우리는 추상화하는 코딩 스타일이 프로그래밍 기법이라는 우주를 정복하는 것에 저항하는 한 줌의 반란군을 마주해왔다. 하지만 함수형 프로그래밍이 주류로 편입되면서 그런 문제는 줄어들고 있다. 예전에는 함수 프로그래밍이 비밀 결사 비슷했지만 이제는 잘 알려진 기법이 됐다.

궁극적으로 추상화 비용이 작으면 일종의 깨달음이나 '초전도 현상superconductor effect'이 발생한다. 그런 경우 복잡도 대신 단순함이 복리로 불어나고, 여러분은 더 높은 수준에서 프로그램을 작성하고 있는 스스로를 보게 된다. 글이나 말로는 이를 전해줄 수가 없다. 경험해봐야만 알 수 있는 부분이지만 여러분도 이 책을 통해 그 맛을 조금이나마 볼 수 있게 되길 바란다.

5.8 요약

- 우리가 사용하는 기계는 실제로는 폰 노이만 기계가 아니다. 폰 노이만 기계는 순서에 의존하며, 병렬성을 어렵게 하고, 프로그래머가 하는 일을 어렵게 만들며, 하드웨어의 혁신을 제한한다.
- 프로그램은 풀어야 할 문제에 기초해 작성하고, 기계에 대한 부분은 컴파일러가 신경 쓰도록 해야 한다. FRP는 이런 올바른 방향으로 한걸음 나가는 것이다.
- FRP는 합성성을 강제함으로써 복잡성을 길들인다.
- FRP는 불변 데이터 구조와 참조 투명성(순수성)을 필요로 한다.
- 코드의 의도가 명확해야 한다. 코드는 이해하기 쉬워야 한다.

CHAPTER 6

웹에서의 FRP

- RxJS의 Observable
- RxJS에서 상태를 관리하는 방법
- RxJS 예제
- Kefir.js와 Flapjax 맛보기
- 동시성 이벤트에 대한 비일관적인 처리와 오류

FRP가 잘 어울리는 문제가 몇 가지 있다. 특히 이벤트를 기반으로 하는 사용자 인터페이스나 네트워크가 FRP에 잘 들어맞는 영역이다. FRP가 웹 애플리케이션에도 훌륭히 들어맞는다는 사실은 전혀 놀랄 만한 것이 아니다.

RxJS(반응형 확장 스위트의 일부)는 FRP 기능을 가지는 시스템으로 웹 애플리케이션에서 널리 쓰인다. 이번 장에서는 RxJS를 FRP에서 사용하는 방법을 소듐과 비교하면서 살펴본다. 여기서 우리는 소듐을 진정한 FRP의 모델로 취급할 것이다.

NOTE_ 부록 C에는 여기서 언급한 모든 시스템에 대한 비교 표가 있다.

6.1 RxJS

반응형 확장Reactive Extensions, Rx은 마이크로소프트가 닷넷용으로 개발한 라이브러리인 Rx.NET으로부터 시작됐다. 이제 Rx.NET은 거의 대부분의 언어로 포팅되었으며 자바스크립트 버전은 RxJS라고 불린다.

베이컨Bacon.js, 커피어Kefir.js, 미티어 트래커Meteor Tracker 등 RxJS의 영향을 받은 다른 자바스크립트 시스템도 많다. 플랩잭스Flapjax는 소듐과 같은 '전통적인 FRP' 계보를 따르는 자바스크립트 시스템의 다른 예다. 우리는 RxJS, Kefir.js, Flapjax, 이렇게 세 시스템을 같은 예제를 통해 비교할 것이다.

Rx의 목표와 설계 철학은 소듐과는 약간 다르다.

- 소듐은 '진정한 FRP'라는 핵심 개념을 실용적이고 최소한의 형태로 구현하는 것을 의도한다. 소듐은 특정 종류의 버그가 발생하는 것을 원천적으로 막거나, 버그의 발생을 더 어렵게 만드는 것을 목표로 제약을 많이 가하는 접근 방법을 취한다.
- Rx는 다양한 실제 세계의 문제를 푸는 것을 돕기 위해 설계됐다. Rx를 사용하는 사람들은 종종 FRP와 FRP가 아닌 코드를 함께 조합해서 업무를 수행한다. 우리는 이런 방식에 익숙하지 않다. 왜냐하면 그 둘을 조합하는 것은 직접 FRP 기본 요소를 만들어내는 것과 마찬가지 효과를 내기 때문이다. 직접 FRP 기본 요소를 작성하면 합성성을 깨기가 너무 쉬워진다. FRP에서 가장 큰 효과를 얻고 싶다면 FRP와 I/O 사이를 엄격하게 구분하는 편이 낫다. 그래서 이 책에서도 그런 접근 방법을 택했다.

Rx에는 많은 기능이 있지만 그 중 일부만이 FRP와 비슷하며 소듐처럼 보인다. 두 시스템 모두 관찰자 패턴에 대한 궁극적인 래퍼wrapper라 할 수 있다. 이번 장의 접근 방법은 Rx를 소듐과 비교하는 것이다. 그렇게 하는 이유는 우선 FRP의 관점에서 Rx를 살펴보기 위함이며 두 번째로 여러분이 이미 소듐에 익숙해졌으므로 판단의 기준을 제공하기 위함이다.

NOTE_ Rx에 부족한 중요한 한 가지는 표시적 의미론이다. 이는 각 부분을 조합할 때 합성성이 부족한 분야가 있다는 뜻이다. 이번 장에서 그런 분야에 대해 설명할 것이다. 따라서 Rx는 '진정한 FRP'가 아니다.

이 책은 Rx를 잘 사용하는 방법을 다루는 책이 아니다. 이 책에서 알려주는 것은 Rx에서 FRP를 어떻게 사용할 수 있는가이다. Rx 계열 시스템을 어떻게 다룰지 더 잘 알고 싶은 독자는 타미르 드레셔Tamir Dresher가 쓴 『Reactive Extensions in Action』(Manning, 2016)을 참조하라.

6.2 Observable

Rx는 Observable이라는 인터페이스를 중심으로 한다. Observable은 소듐의 Stream에 대응한다. 소듐의 Stream은 전통적인 FRP와 마찬가지로 오직 한 가지 이벤트 타입(값)만을 지원하지만 Rx Observable은 세 가지 이벤트를 지원한다.

- onNext – 값
- onError – 오류
- onCompleted – 스트림의 끝

NOTE_ 우리는 FRP에 대해 최소주의적 관점을 택한다. 따라서 오류나 스트림의 끝이 FRP 시스템 안에 있어서는 안 된다고 생각한다. 그런 성질은 영역에 따라 달라진다. 예를 들어, 마우스 이벤트의 스트림이 있다면 오류나 스트림의 끝은 의미가 없을 것이다. 반면 오류나 스트림의 끝이 필요하면 값으로 인코딩할 수 있다. 물론 이는 우리가 순수주의자이기 때문에 하는 주장이다. Rx의 설계 목표는 일반적인 작업을 더 쉽게 만드는 것이기 때문에, 이런 처리 방식은 Rx의 설계 목표에는 타당하다.

Observable은 값의 시퀀스를 표현한다. 값을 얻으려면 Observable을 구독해야 한다. 그러면 콜백을 통해 차례로 값을 전달받게 된다. 예를 들면 다음과 같다.

```
var numbers = Rx.Observable.range(1, 3);
console.log("---1");
var subscription = numbers.subscribe(
    function (x) { console.log('onNext: %s', x); },
    function (e) { console.log('onError: %s', e); },
    function () { console.log('onCompleted'); });
console.log("---2");
```

다음은 출력이다.

```
---1
onNext: 1
onNext: 2
onNext: 3
onCompleted
---2
```

NOTE_ subscription.dispose()를 사용해 구독을 해지할 수 있다. 하지만 Rx는 발사 후 망각 시나리오를 위해 설계됐기 때문에 대부분의 경우 구독 해지할 필요가 없다.

6.2.1 뜨거운 Observable과 차가운 Observable

앞의 예제에서 모든 동작은 subscribe()가 호출된 다음에 일어난다. 이런 경우를 차가운cold Observable이라고 말한다. numbers를 다시 구독하면 새로운 구독자도 처음부터 똑같은 시퀀스를 얻을 수 있다.

차가운 Observable은 함수형 프로그래밍의 리스트와 같다고 생각할 수 있다. Rx의 목표 중 일부가 일반적인 함수형 프로그래밍을 위한 하부 구조를 함수형이 아닌 언어에 제공하는 것이라는 사실을 안다면 이 동작이 이해가 될 것이다.

뜨거운hot Observable은 소듐의 Stream에 해당한다. 구독자가 즉시 콜백 호출을 받지 않는다. 대신 나중에 '라이브' 이벤트가 들어온다. 마우스 이벤트가 좋은 예라 할 수 있다.

```
var sMouseDown = Rx.Observable.fromEvent(document, 'mousedown');
var subscription = sMouseDown.subscribe(
    function (x) { console.log('onNext: %s', x.clientX+','+x.clientY); },
    function (e) { console.log('onError: %s', e); },
    function () { console.log('onCompleted'); });
console.log("---");
```

문서를 두 번 클릭한다면 다음 출력을 볼 수 있다.

```
---
onNext: 100,87
onNext: 84,175
```

6.2.2 상태를 어떻게 관리할 것인가?

RxJS의 Observable은 소듐이나 기타 다른 FRP 시스템의 Stream과 거의 똑같이 작동한다. 하지만 상태를 유지하는 방법은 조금 다르다. RxJS는 상태를 관리하기 위한 메서드 세 개와 클래스 하나를 제공한다.

- scan()
- withLatestFrom()

- combineLatest()
- BehaviorSubject

여기서는 네 가지 모두 설명할 것이다.

RxJS에는 cell 타입과 정확히 같은 것은 없다. 하지만 다른 방법을 통해 비슷한 효과를 얻을 수는 있다. 스트림과 셀이라는 개념의 차이는 FRP에서 중요한 부분이다. RxJS는 이런 구분을 데이터 타입을 통해서 하지는 않는다. 따라서 우리는 '스트림' 변수의 이름 앞에 s를 붙이는 소듐 예제의 규약을 따름으로써 그 둘 사이의 차이를 강조할 것이다.

6.2.3 scan()을 사용한 상태가 있는 누적기

[그림 6-1]은 마우스 클릭 지점 사이에 선을 그려주는 장난감 애플리케이션이다. 첫 번째로 그려지는 선은 (0,0)부터 첫 번째 마우스 클릭 지점을 잇는 선이다.

그림 6-1 마우스 클릭 위치 사이에 선을 그려주는 웹 애플리케이션

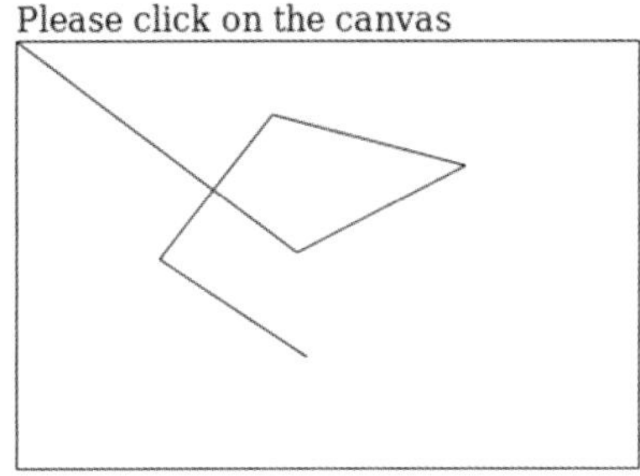

[리스트 6-1]과 [리스트 6-2]에 관련 코드가 나와 있다. 선을 그리기 위해서는 이전 마우스 클릭 위치를 상태로 유지해야 한다. 이를 위해 마지막으로 이벤트를 처리한 시점의 상태 값을 유지하는 scan() 메서드를 사용해서 상태가 있는 누적기를 제공한다. 호출될 때마다 제공된 함수에 상태와 새로운 값이 전달되며, 함수는 새로운 상태 값을 반환한다. 새로운 상태 값은 이제 sLines Observable의 출력이 된다. 소듐에는 scan()과 동등한 accum()이라는 메서드가 있다. 이 메서드는 hold-snapshot 루프를 사용해 구현된다.

리스트 6-1 connect-the-dots.html: 마우스 클릭 위치 사이에 선 그리기

```
<html><head>
    <title>Connect the dots</title></head>
    <style>
        #myCanvas { border-style: solid; border-width: 1px }
    </style>
    <script src="rx.all.min.js"></script>
    <script src="connect-the-dots.js"></script>
</head>
<body onload="init()">
    <div>Please click on the canvas</div>
    <canvas id="myCanvas" width="300" height="200">No canvas!</canvas>
</body>
</html>
```

실제 그래픽 처리는 구독자에서 이뤄진다. HTML5의 canvas 객체는 그려진 이미지의 상태를 계속 유지하기 때문에 여러분이 이전에 그렸던 선이 화면에 계속 표시될 것이다.

리스트 6-2 connect-the-dots.js

```
function init() {
    var canvas = document.getElementById("myCanvas");
    var sMouseDown = Rx.Observable.fromEvent(canvas, 'mousedown');
    var initial = { x0 : 0, y0 : 0, x1 : 0, y1 : 0 };
    var sLines = sMouseDown.scan(initial, function(last, e) { ←── 초기 상태 값을 취한다.
        var x = e.pageX - canvas.offsetLeft; ←── 상태를 갱신할 함수를 정의한다.
        var y = e.pageY - canvas.offsetTop;
        return { x0 : last.x1, y0 : last.y1,
                 x1 : x, y1 : y };
    });
    var subscription = sLines.subscribe(function (l) { ←── 이 구독의 경우 dispose()를 하지 않는다.
        var ctx = canvas.getContext("2d");
        ctx.beginPath();
        ctx.moveTo(l.x0, l.y0);
        ctx.lineTo(l.x1, l.y1);
        console.log('{ x:'+l.x1+', y:'+l.y1+' },');
        ctx.stroke();
    });
}
```

다음과 같이 이 코드를 체크아웃해서 실행해볼 수 있다.

```
git clone https://github.com/SodiumFRP/sodium
```

브라우저로 sodium/book/web/connect-the-dots.html을 보라.

이제 상태 관리 및 상태 로직이 scan()에 있고 FRP가 그것을 처리한다는 사실을 알게 될 것이다. 여러분이 꼭 해야 하는 것(I/O 처리)만 subscribe()에 넘긴 함수 안에 구현하면 된다.

6.2.4 withLatestFrom()으로 가장 최근의 Observable 값 가져오기

[그림 6-2]는 마우스 버튼을 떼면 마우스 버튼을 누른 위치로부터 뗀 위치까지 선을 그리고 선의 양 끝에 십자를 표시해주는 프로그램을 보여준다. [리스트 6-3]에서는 sMouseUp이 발생하면 withLatestFrom()을 통해 최근의 sMouseDown 위치를 가져온다. withLatestFrom()은 sMouseDown을 셀로 취급한 것과 마찬가지로 상태를 유지해준다. 다만 sMouseDown을 셀로 명시적으로 변환하지 않고도 그런 처리를 할 수 있다.

그림 6-2 mouse-down과 mouse-up 위치 사이에 선 그리기

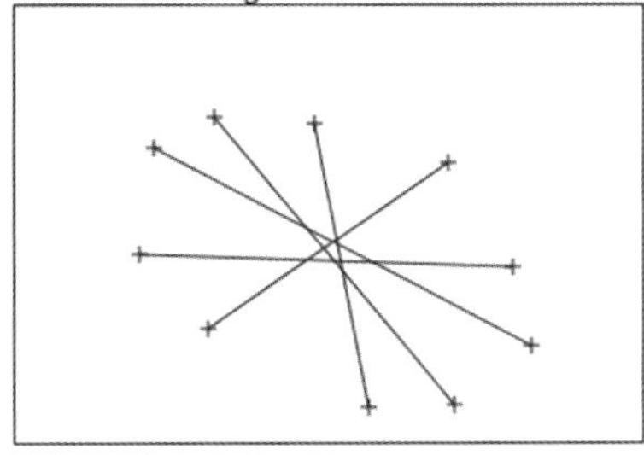

이와 동등한 소듐 코드는 다음과 비슷할 것이다.

```
sMouseUp.snapshot(sMouseDown.hold(null), ...);
```

하지만 약간 차이가 있다. 만약 sMouseDown이 그전에 발생한 적이 없다면 withLatestFrom()은 아무 값도 출력하지 않을 것이다. 이 예제의 HTML 코드는 따로 보이지 않

는다. 앞 예제의 HTML 코드와 비교할 때 아주 사소한 수정을 한 정도의 차이밖에 없기 때문이다.

리스트 6-3 line-stretch.js: 마우스 버튼을 누른 위치와 뗀 위치 사이에 선 그리기

```
function init() {
    var canvas = document.getElementById("myCanvas");
    var getXY = function(e) { return { x : e.pageX - canvas.offsetLeft,
                                       y : e.pageY - canvas.offsetTop }; };
    var sMouseDown = Rx.Observable.fromEvent(canvas, 'mousedown')
                                  .map(getXY);
    var sMouseUp = Rx.Observable.fromEvent(canvas, 'mouseup')
                                .map(getXY);
    var sLines = sMouseUp.withLatestFrom(sMouseDown,
                     function(up, down) {
        return { x0 : down.x, y0 : down.y,
                 x1 : up.x, y1 : up.y };
    });
    var sub1 = sMouseDown.merge(sMouseUp).subscribe(function (d) {
        var ctx = canvas.getContext("2d");
        ctx.beginPath();
        ctx.moveTo(d.x-4, d.y);
        ctx.lineTo(d.x+4, d.y);
        ctx.moveTo(d.x, d.y-4);
        ctx.lineTo(d.x, d.y+4);
        ctx.stroke();
    });
    var sub2 = sLines.subscribe(function (l) {
        var ctx = canvas.getContext("2d");
        ctx.beginPath();
        ctx.moveTo(l.x0, l.y0);
        ctx.lineTo(l.x1, l.y1);
        ctx.stroke();
    });
}
```

mouseUp 발생 시 가장 최근의 mouseDown 위치를 포획한다.

mouseUp과 mouseDown 위치에 십자를 그린다.

mouseUp 발생 시 mouseDown 위치로부터 mouseUp 위치까지 선을 그린다.

이 예제를 실행하려면 브라우저로 sodium/book/web/line-stretch.html을 보라.

6.3 RxJS, Kefir.js, Flapjax에서 상태 유지하기

BehaviorSubject는 소듐의 Cell에 대응하며 현재 값이라는 개념을 포함한다. BehaviorSubject는 차가운 Observable로 시작하는데 BehaviorSubject를 구독하면 현재 값이 콜백에 즉시 전달된다. 그 후 BehaviorSubject가 뜨거운 Observable로 바뀌고, 상태가 바뀔 때마다 콜백을 통해 갱신된 상태를 전달받을 수 있다.

예를 들어, [그림 6-3]은 개나 고양이 폴리곤polygon을 선택할 수 있는 프로그램을 보여준다. OK를 선택하면 경고창alert이 떠서 'You selected cat'(고양이를 선택한 경우)나 'You selected dog'(개를 선택한 경우)를 표시한다.

그림 6-3 기본값으로 고양이가 선택되어 있는 Select 애플리케이션

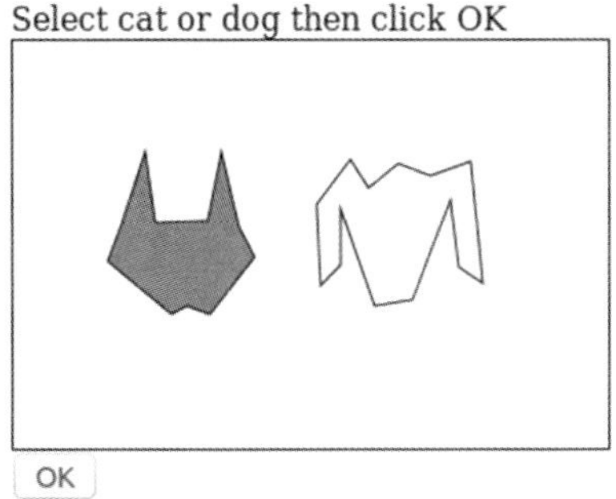

[리스트 6-4]와 [리스트 6-5]는 소듐의 hold와 같은 기능을 보여준다. 다음 코드는

```
var selected = new Rx.BehaviorSubject("cat"); ←—— sSelected에 따라 그 값을 변화시킴
sSelected.subscribe(selected); ←—— 기본 값이 들어 있는 Cell
```

소듐에서 다음 코드와 같다.

```
selected = sSelected.hold("cat");
```

인자는 기본값으로 고양이가 선택됐음을 말해준다. sSelected를 직접 사용하지 않고 이런 방법을 사용하는 것은 두 가지 장점이 있다.

- 페이지를 읽고 나서 화면을 그릴 수 있다. BehaviorSubject가 없다면 사용자가 캔버스를 클릭하기 전에 sSelected에서 이벤트를 발생시키는 일이 없기 때문에 화면에서 아무것도 볼 수 없다.
- OK를 클릭하면 프로그램이 BehaviorSubject에 인자로 넘긴 기본값("cat")을 포획한다. sSelected를 직접 사용한다면, 사용자가 OK 버튼만을 누른 경우 아무런 일도 벌어지지 않을 것이다. 따라서 sOK가 발생해도 아무것도 출력되지 않을 수도 있다.

전방 참조

Observable.subscribe(BehaviorSubject)라는 코드는 Rx.BehaviorSubject를 만드는 코드보다 훨씬 더 뒤에 쓰일 수도 있다. 따라서 전방 참조가 가능하며, 소듐의 CellLoop와 비슷한 역할을 할 수 있다. 이를 사용하면 소듐에서와 마찬가지로 루프가 있는 값을 사용한 상태 누적기를 만들 수 있다.

비슷한 방법으로 Rx.Subject()라는 클래스를 사용하면 스트림을 루프에 넣을 수도 있다. 이는 소듐의 StreamLoop와 같은 역할을 한다.

```
var s0 = new Rx.Subject();
...
s.subscribe(s0);
```

리스트 6-4 select-rxjs.html: 폴리곤 선택을 위한 Select 애플리케이션

```
<html><head>
    <title>Select cat or dog then click OK - Rx.JS</title>
    <style>
      #myCanvas { border-style: solid; border-width: 1px }
    </style>
    <script src="rx.all.min.js"></script>
    <script src="select-rxjs.js"></script>
</head>
<body onload="init()">
    <div>Select cat or dog then click OK - Rx.JS</div>
    <canvas id="myCanvas" width="300" height="200">No canvas!</canvas>
    <div><button id="ok">OK</button</div>
</body>
</html>
```

리스트 6-5 select-rxjs.js

```
function insidePolygon(pos, poly) {
    var x = pos.x, y = pos.y, coords = poly.coords, inside = false;
    var v = coords[coords.length-1], x1 = v.x, y1 = v.y;
    for( var i = -1; v = coords[++i]; ) {
        var x2 = v.x, y2 = v.y;
        if( ( y1 < y && y2 >= y ) || ( y2 < y && y1 >= y ) )
            if ( x1 + ( y - y1 ) / ( y2 - y1 ) * ( x2 - x1 ) < x )
                inside = ! inside;
        x1 = x2, y1 = y2;
    }
    return inside;
}
var shapes = [
    { id: "cat", coords: [{ x:55, y:90 },{x:67,y:54},{x:72,y:89},
            {x:99,y:88},{x:106,y:54},{x:115,y:91},{x:123,y:106},
            {x:100,y:134},{x:88,y:130},{x:80,y:134},{x:48,y:108}]},
    { id: "dog", coords: [{x:171,y:58},{x:154,y:80},{x:156,y:120},
            {x:166,y:110},{x:166,y:82},{x:183,y:130},{x:202,y:127},
            {x:221,y:78},{x:225,y:111},{x:237,y:119},{x:231,y:59},
            {x:211,y:66},{x:195,y:60},{x:180,y:72}]}
]
function init() {
    var canvas = document.getElementById("myCanvas");
    var getXY = function(e) { return { x : e.pageX - canvas.offsetLeft,
                                        y : e.pageY - canvas.offsetTop }; };
    var sMouseDown = Rx.Observable.fromEvent(canvas, 'mousedown')
                                  .map(getXY);
    var sSelected = sMouseDown.map(function(pos) {
          for (var i = 0; i < shapes.length; i++)
              if (insidePolygon(pos, shapes[i]))
                  return shapes[i].id;
          return null;
        });
    var selected = new Rx.BehaviorSubject("cat");
    sSelected.subscribe(selected);                 스트림을 hold한다.
    var okButton = document.getElementById('ok');
    var sOK = Rx.Observable.fromEvent(okButton, 'click');
    sOK.withLatestFrom(selected, function(ok, sel) { return sel; })
       .subscribe(function(sel) {
           alert('You selected '+sel);
       });
    selected.subscribe(function(selected) {
```

```
            var ctx = canvas.getContext("2d");
            ctx.clearRect(0, 0, canvas.width, canvas.height);
            for (var i = 0; i < shapes.length; i++) {
                var coords = shapes[i].coords;
                ctx.beginPath();
                ctx.moveTo(coords[0].x, coords[0].y);
                for (var j = 0; j < coords.length; j++)
                    ctx.lineTo(coords[j].x, coords[j].y);
                ctx.closePath();
                if (selected == shapes[i].id) {
                    ctx.fillStyle = '#ff0000';
                    ctx.fill();
                }
                ctx.stroke();
            }
        });
    }
```

이 예제를 실행하려면 브라우저에서 sodium/book/web/select-rxjs.html을 보라.

6.3.1 startWith()로 BehaviorSubject 줄여쓰기

앞의 예제에서 다음 두 줄을

```
var selected = new Rx.BehaviorSubject("cat");
sSelected.subscribe(selected);
```

다음과 같이 쓸 수도 있다.

```
var selected = sSelected.startWith("cat");
```

이렇게 하면 새로운 구독자에게 "cat"을 한 번 보고해주는 Observable을 만들 수 있다. 이 프로그램에서는 그 둘의 효과가 같지만 실제로 그 둘이 항상 같은 것은 아니다.

새로운 구독이 들어오면 BehaviorSubject는 새로운 이벤트가 발생하지 않았다면 "cat"을 전달하고, 이벤트가 발생한 적이 있다면 마지막 값을 전달한다. BehaviorSubject는 마지막 상태 변경을 기억하기 때문에 FRP의 Cell처럼 작동한다. 하지만 startWith는 이벤트가 발생했는지 여부와 관계없이 새로 구독하는 쪽에게 항상 "cat"을 초깃값으로 전달한다. startWith는 BehaviorSubject와 달리 가장 최근의 이벤트 값을 기억하지 않는다. 이 둘이 동등한 경우는 프로그램을 초기화하는 동안(첫 번째 이벤트가 도착하기 전)에 가입하는 경우뿐이다. 하지만 초기화를 하면서 그래프를 연결하는 프로그램이 많기 때문에 그 둘이 동등한 경우가 자주 생긴다.

6.3.2 Kefir.js에서 같은 작업 수행하기

지금까지 본 예제를 Kefir.js에서도 해보자(리스트 6-6). Kefir는 RxJS를 기반으로 하지만 Cell/BehaviorSubject에 해당하는 타입의 이름은 Property다. Property는 소듐에서처럼 별도의 타입으로 작동한다. Property는 소듐의 hold와 정확히 같고, sampledBy는 소듐의 snapshot에서 맨 앞의 두 인자의 순서를 서로 바꾼 것과 같다.

리스트 6-6 select-kefir.js: Kefir.js를 사용하는 Select 애플리케이션

```
function init() {
    var canvas = document.getElementById("myCanvas");
    var getXY = function(e) { return { x : e.pageX - canvas.offsetLeft,
                                       y : e.pageY - canvas.offsetTop }; };
    var sMouseDown = Kefir.fromBinder(function(emitter) {
        canvas.addEventListener("mousedown", emitter.emit);
        return function() {
            canvas.removeEventListener("mousedown", emitter.emit);
        }
    }).map(getXY);
    var selected = sMouseDown.map(function(pos) {
        for (var i = 0; i < shapes.length; i++)
            if (insidePolygon(pos, shapes[i]))
                return shapes[i].id;
        return null;
    }).toProperty("cat");
    var okButton = document.getElementById('ok');
    var sOK = Kefir.fromBinder(function(emitter) {
        okButton.addEventListener("click", emitter.emit)
        return function() {
            okButton.removeEventListener("click", emitter.emit);
        }
    });
    selected.sampledBy(sOK, function(sel, ok) { return sel; })
```

```
        .onValue(function(sel) {
            alert('You selected '+sel);
        });
    selected.onValue(function(selected) {
        ...
```

이 예제를 실행하려면 브라우저로 sodium/book/web/select-kefir.html을 보라.

6.3.3 그리고 이제 Falpjax

다음은 같은 예제를 Flapjax로 만든 것이다(리스트 6-7). Flapjax는 '전통적인' FRP에 더 기반을 둔 것이기 때문에 RxJS보다는 소듐에 더 가깝다.

Flapjax는 예전에 관련자들이 사용하던 용어인 Event(스트림 대신)와 Behavior(셀 대신)라는 말을 사용한다. 그래서 기본 요소 앞에 E와 B라는 접미사가 붙어 있다. mapE는 소듐에서 스트림에 대한 map에 해당하며, liftB는 소듐에서 셀에 대한 map에 해당한다.

그 둘은 I/O 처리 부분에 출력을 제공하기 위한 기능으로 작용한다. 우리는 이런 방식의 사고에 익숙하지 않다. 우리 생각에는 "이것은 mapE인데 그것은 참조 투명성을 보장하는 로직을 위한 것이고, 이것은 listen인데 그건 I/O를 위한 것이다"처럼 사람들이 그 두 개념을 별도로 유지하는 것이 더 낫다.

startsWith는 소듐의 hold에 해당한다(RxJS의 startWith()가 아니다). 그리고 snapshotE는 snapshot과 똑같다.

NOTE_ 우리는 FRP의 요건을 만족하는 모든 시스템은 동등한 FRP 시스템이라는 입장을 견지한다. 즉, 일부 표면적인 차이에도 불구하고 모든 FRP 시스템은 실제로 동일한 간단한 몇 가지 개념을 기반으로 한다.

리스트 6-7 select-flapjax.js: 이번에는 Flapjax로 작성한 Select 애플리케이션

```
function init() {
    var canvas = document.getElementById("myCanvas");
    var getXY = function(e) { return { x : e.pageX - canvas.offsetLeft,
                                       y : e.pageY - canvas.offsetTop }; };
```

```
    var mouseDown = extractEventE(canvas,'mousedown').mapE(getXY);
    var selected = mouseDown.mapE(function(pos) {
        for (var i = 0; i < shapes.length; i++)
            if (insidePolygon(pos, shapes[i]))
                return shapes[i].id;
        return null;
    }).startsWith("cat");
    var okButton = document.getElementById('ok');
    var ok = clicksE(okButton);
    snapshotE(ok, selected, function(ok, sel) { return sel; })
        .mapE(function(sel) {
            alert('You selected '+sel);
        });
...
```

이 예제를 실행하려면 브라우저에서 sodium/book/web/select-flapjax.html를 열라.

6.4 combineLatest로 두 Observable의 마지막 상태 얻기

이제 다시 RxJS로 돌아가자. 우리가 다룰 마지막 상태 유지 메서드는 combineLatest다. combineLatest를 사용하면 두 Cell과 비슷한 Observable로부터 현재 값을 조합할 수 있다. 입력이 BehaviorSubject인 경우에 combineLatest는 예상한 대로 작동한다. 이와 같이 사용하는 경우 combineLatest는 소듐의 lift에 해당한다.

[그림 6-4]는 FRP lift를 사용하는 뻔하지만 전통적인 예제로, 두 셀에 들어 있는 수를 더하는 것을 보여준다. [리스트 6-8]과 [리스트 6-9]에서 코드를 볼 수 있다. 일부 브라우저는 웹페이지를 새로고침해도 텍스트 필드의 내용을 유지해줄 것이다. 여러분은 모든 것이 셀과 비슷한 방식으로 작동하는 것을 볼 수 있고, 합계가 제대로 계산되는 모습을 보게 될 것이다.

그림 6-4 두 수를 서로 더하기

61 + 99 = 160

리스트 6-8 add.html: 두 수를 서로 더하기

```
<html><head>
    <title>Add two numbers</title>
    <style>
      #a { width: 80px; }
      #b { width: 80px; }
    </style>
    <script src="rx.all.min.js"></script>
    <script src="add.js"></script>
</head>
<body onload="init()">
    <input id="a" type="text"/> +
    <input id="b" type="text"/> =
    <span id="c"/>
</body>
</html>
```

리스트 6-9 add.js

```
function currentTextOf(input) {  ←—— 입력 필드의 현재 텍스트 값에 대한 BehaviorSubject
    var sKeyPresses = Rx.Observable.fromEvent(input, 'keyup'),
        text = new Rx.BehaviorSubject(input.value);
    sKeyPresses.map(function (e) { return input.value; }).subscribe(text);
    return text;
}
function init() {
    var a = currentTextOf(document.getElementById('a'))
            .map(function(text) { return parseInt(text); }),
        b = currentTextOf(document.getElementById('b'))
            .map(function(text) { return parseInt(text); }),
        cSpan = document.getElementById('c');
    var c = a.combineLatest(b, function(aa, bb) { return aa + bb; });
    c.subscribe(function(cc) { cSpan.innerHTML = cc; });
}
```

이 예제를 실행하려면 브라우저에서 sodium/book/web/add.html을 보라.

6.4.1 combineLatest의 작은 오류

1장에서 Rx가 표시적 의미론을 바탕으로 하지 않기 때문에 진정한 합성성을 보장하지 못한다는 이야기를 했다. 이것은 FRP의 요구사항 중 한 가지다. 합성성을 보장하지 못하는 사실을 잘 보여주는 예는 글리치glitch다. 진정한 FRP 시스템은 그런 글리치가 없어야 한다.

FRP 코드가 정의한 관계와 출력에서 관찰할 수 있는 내용이 다른 경우를 글리치라고 정의할 수 있다. 글리치를 보여주기 위해서는 동시에 이벤트를 발생시켜야 한다. 두 개의 동시 이벤트는 단일 스트림에서 비롯돼야 한다는 것을 기억하라. 이런 문제는 간단한 프로그램에서는 잘 나타나지 않다가 프로그램이 복잡해질수록 나타나기 쉽고 문제가 더 커지는 성향이 있다.

글리치를 보여줄 수 있는 가장 빠른 방법은 잘 꾸며낸 예제를 통하는 것이다. 동시에 발생한 두 이벤트(ones와 hundreds)가 있다고 하자. ones에는 1과 2를 보내고 hundreds에는 ones의 값을 100배 한 것을 보낸다. 그리고 ones와 hundreds의 합을 sum으로 정의한다. 완전한 글리치가 없는 프로그래밍이라면 [그림 6-5]와 같이 sum이 변하는 모습을 볼 수 있어야 할 것이다.

그림 6-5 1의 자리와 100의 자리에 있는 두 수를 동시에 더하는 경우

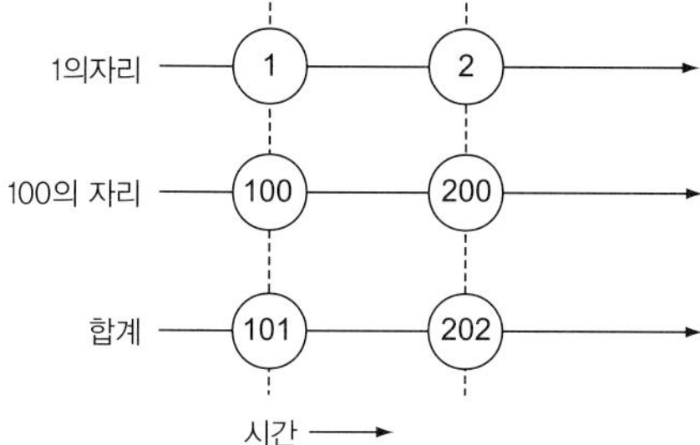

여러분이 이를 RxJS로 구현하고(리스트 6-10), 브라우저를 새로고침하면 다음과 같은 세 가지 알림창을 볼 수 있다.

- 101
- 102
- 202

여기서 102는 백의 자리에 있는 숫자가 1의 자리 숫자와 같지 않기 때문에 글리치라 할 수 있다.

출력에서 관찰할 수 있는 102라는 값은 코드에서 관계에 부합하지 않는다. FRP 시스템에서는 이런 일관성이 없는 상태를 관찰할 수 없어야 한다.

리스트 6-10 RxJS가 동시 이벤트를 어떻게 처리하는가

```
<html><head>
    <title>Glitch</title>
    <script src="rx.all.min.js"></script>
</head>
<body>
    <script type="text/javascript">
        var ones = Rx.Observable.range(1 , 2);
        var hundreds = ones.map(function(x) { return x * 100; });
        var sum = ones.combineLatest(hundreds , function(o , h) {
            return o + h; });
        sum.subscribe(function(s) { alert(s); });
    </script>
</body>
```

이 예제를 실행하려면 브라우저에서 sodium/book/web/glitch.html을 보라.

[리스트 6-11]은 같은 예제를 소듐으로 만든 것이다.

리스트 6-11 소듐은 동시 이벤트를 어떻게 처리하는가?

```
import nz.sodium.*;

public class glitch {
    public static void main(String[] args) {
        CellSink<Integer> ones = new CellSink<>(1);
        Cell<Integer> hundreds = ones.map(o -> o * 100);
        Cell<Integer> sum = ones.lift(hundreds , (o , h) -> o + h);
        Listener l = sum.listen(s -> System.out.println(s));
        ones.send(2);
        l.unlisten();
    }
}
```

소듐은 글리치가 없어서 다음처럼 기대한 대로의 결과가 나올 것이다.

```
101
202
```

시스템을 평가할 때는 동시 이벤트를 어떻게 처리하는지를 살펴보고, 동시 이벤트 처리가 프로젝트에서 얼마나 중요한지를 결정해야 한다. 프로젝트에 어떤 시스템을 사용하기로 결정하고 자원을 투자한 다음에는 해당 시스템의 글리치로부터 벗어날 수 없다. 나중에 글리치를 수정하는 것은 불가능하다.

RxJS가 없애주는 리스너의 재앙은 어떤 것이 있을까? [표 6-1]을 보자.

표 6-1 RxJS가 없애주는 리스너의 재앙은?

재앙	해결
예측 불가능한 순서	아니오
첫 번째 이벤트 소실	예
지저분한 상태	예
스레드 문제	부분적[1]
콜백 누수	예
의도치 않은 재귀	아니오[2]

6.4.2 merge는 합성적이지 않다

RxJS나 다른 시스템이 가지는 비슷한 두 번째 문제점은 merge가 동시성 이벤트를 일관성 있게 다루지 못한다는 것이다. 그것은 우리가 5.3절에서 설명한 것과 정확히 같은 것이다. 합성성이 부족하면 프로그램 크기가 커짐에 따라 더 많은 실질적인 문제가 생겨나며, 그런 문제는 결국 복리로 늘어나기 마련이다. 프로젝트에 사용할 FRP 시스템을 선택할 때는 이런 문제도 고려해야 한다.

1 자바스크립트에는 스레드가 없다. 따라서 스레드 문제도 분명 없을 것이다. 다른 언어의 Rx 시스템은 스레드 문제를 불완전하게 처리하기 때문에 전통적인 방식에 비해서는 나은 편이지만 좋다고 말할 수준은 아니다. 소듐이 보여줬던 것처럼 FRP 시스템에서는 모든 스레드 문제가 사라진다.

2 Rx는 구독자의 핸들러 코드가 이벤트를 Observable에게 넣을 수 있도록 허용하며, 그로 인해 실수로 재귀가 발생할 수 있다. 이 사실을 안다면 이 문제를 방지하기 위해 핸들러 코드 안에서 이벤트를 Observable에게 넣지 않도록 스스로를 제어해야 한다. 8장에서 설명하겠지만 소듐은 엄격하게 그런 행위를 금지한다. 따라서 이 재앙을 완전히 해결할 수 있다.

'스트림'을 사용하는 시스템의 표준화 – 잃어버린 기회?

Rx와 비슷한 시스템이 점점 널리 받아들여지고 있고, 경우에 따라서는 표준으로 간주되는 경우도 있다. 우리는 합성성이 부족한 시스템이 채택되는 것을 우려하고 있다. 그런 문제를 바로잡는 데는 그리 많은 노력이 추가로 들지는 않을 것이다. 불완전한 FRP가 표준으로 채택되면 업계에서 소프트웨어의 품질을 향상시킬 중요한 기회를 날리게 되리라 생각한다.

6.5 뜨거운 Observable 만들기

I/O 처리를 목적으로 자신만의 뜨거운 Observable을 만드는 것도 가능하다. 여기서는 그 방법을 정리하고 다음 절에서 구체적인 예를 살펴보자. 아래는 그 뼈대다.

```
var sOutput = Rx.Observable.create(function (observer) {
        ... 비동기 I/O 처리 ...
        observer.onNext(outputValue);
        ...
    }).publish();
sOutput.connect();
```

전체는 네 부분으로 이뤄진다.

1 가장 먼저 Observable을 만든다. 구독하는 관찰자에게 값을 제공하는 일을 실제로 담당하는 함수를 그 Observable에 넘긴다.

2 여러분이 사용하는 비동기적인 I/O 코드가 이벤트 소스를 리슨[listen]할 수 있을 것이다. 콜백을 통해 통지를 받거나 이벤트 구독을 신청한 관찰자들에게 보내고 싶은 경우에는 관찰자의 onNext()를 호출한다.

3 publish()가 없다면, 여러 구독자가 있는 경우에 1에서 넘긴 함수가 한 번 이상 실행되면서 구독자당 하나씩 인스턴스가 생길 것이다. publish()는 출력을 단일 출력 스트림에 브로드캐스팅한다. 그래서 인스턴스가 오직 하나만 생기며, 여러 구독자는 같은 이벤트의 복사본을 전달받는다.

4 publish()는 출력을 브로드캐스팅할 (유일한) 인스턴스를 자동으로 시작하지는 않는다. 시작하기 위해서는 명시적으로 connect()를 호출해야 한다.

6.5.1 직접 만든 뜨거운 Observable을 로직 구현에 사용하지 말 것!

프로그램의 I/O 부분에서 FRP 로직으로 이벤트를 밀어 넣고 싶은 경우 직접 뜨거운 Observable을 만드는 게 올바른 선택이다. 하지만 뜨거운 Observable을 사용해서 상태가 있는 로직을 만들거나, 여러분 자신만의 FRP 기본 요소를 만들려는 유혹에 빠지지 않기 바란다. 다음을 확실히 하자.

- Observable에서 이벤트를 받되, 자신만의 상태를 유지하면서 상태에 따라 적절히 출력 이벤트를 만들어내는 코드를 작성하고 싶을 수 있다.
- 직접 만든 뜨거운 Observable이 바로 전의 문장에서 언급한 일만 수행할 것이라면 기존의 기본 요소를 활용해야만 한다. 기존 기본 요소를 사용하면 아무런 노력을 기울이지 않아도 합성성을 보장받을 수 있고, 바로 그 합성성이 기본 요소의 설계 목적이다. 언제든 합성성을 가정할 수만 있다면 상당히 많은 범주의 버그가 존재하지 않으리라 확신할 수 있다.
- 직접 만든 뜨거운 Observable이 I/O까지 수행해야 한다면 여러분이 직접 Observable을 만들고 그 Observable을 subscribe()하는 것이 아마도 최선의 방법일 것이다. 여기서 중요한 점은 입출력 부분을 'FRP 세계의 밖에 있는 존재'로 생각해야 한다는 것이다.

여기서 말한 모든 것의 핵심을 말하자면 여러분은 "이 코드는 FRP이고, 나는 이 부분에서 합성성이 성립한다는 사실을 알고 있다. 이 코드는 I/O이고, 이 부분에는 주의를 기울여야만 한다"라고 말할 수 있다는 것이다.

6.6 예제: FRP 방식으로 자동 완성 기능 만들기

지금까지 살펴본 예제들은 각각의 기본 요소를 소개하기 위해 만든 아주 단순한 것들이었다. 이번에는 모든 기본 요소를 함께 활용하는 좀 더 실제적인 예제를 살펴보자. 이번 예제는 웹사이트 등에서 쉽게 볼 수 있는 자동 완성 기능이다. 다만 여기서는 자동 완성 기능을 FRP 방식으로 구현한다(그림 6-6). 사용자가 도시를 선택하면 예제는 그 도시와 관련 있는 정보를 검색하고 표시한다(그림 6-7).

그림 6-6 FRP로 구현한 자동 완성

City Gro

Groesbeck, TX, United States
GROGANVILLE, QL, Australia
Groningen, GR, Netherlands
Groom, TX, United States
Groomsville, QL, Australia
Grosmont, QL, Australia
Gross-Zimmern, HE, Germany
Grosse Ile, MI, United States
Grosse Pointe, MI, United States
Grosse Tete, LA, United States
Grosseto, TO, Italy
Grosvenor Dale, CT, United States
Groton, CT, United States
Groton, MA, United States
Groton, NY, United States

그림 6-7 사용자가 도시를 선택하면 여러분이 만든 프로그램이 그 도시를 검색하고 관련 정보를 표시한다.

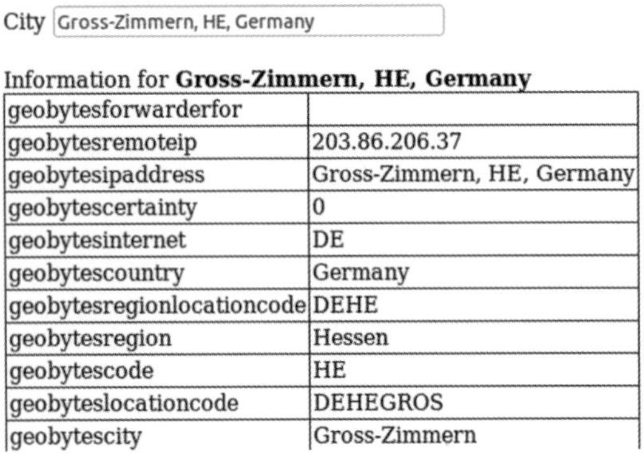

City Gross-Zimmern, HE, Germany

Information for **Gross-Zimmern, HE, Germany**

geobytesforwarderfor	
geobytesremoteip	203.86.206.37
geobytesipaddress	Gross-Zimmern, HE, Germany
geobytescertainty	0
geobytesinternet	DE
geobytescountry	Germany
geobytesregionlocationcode	DEHE
geobytesregion	Hessen
geobytescode	HE
geobyteslocationcode	DEHEGROS
geobytescity	Gross-Zimmern

[리스트 6-12]와 [리스트 6-13]을 보자. 자동 완성 기능을 만들기 위해서는 타이머와 비슷한 기능이 필요하다. debounce()가 바로 타이머와 같은 기능을 제공하는 RxJS 메서드다. debounce()는 지정한 시간 동안 이벤트가 발생하지 않는 경우에 이벤트를 발생시킨다. 우리는 debounce()를 이용해서 사용자가 100밀리초 이상 입력을 하지 않은 경우에만 입력한 텍스트를 서버에서 검색하게 만든다.

리스트 6-12 autocomplete.html: 자동 완성을 위한 도구

```
<html>
<head>
    <title>Autocomplete - Rx.JS</title>
    <style>
```

```
        #info { padding-top: 20px; }
        #city { width: 300px; }
        table { border-collapse: collapse; }
        table td { padding: 2px; border: 1px solid black; }
    </style>
    <script src="rx.all.min.js"></script>
    <script src="autocomplete.js"></script>
</head>
<body onload="init()">
    <div>
        <label for="city">City</label>
        <input id="city" type="text" />
    </div>
    <div id="info"></div>
</body>
</html>
```

리스트 6-13 autocomplete.js

```
var jsonpCallbacks = {
    cntr: 0
};

function lookup(url, sRequest) {
    var sResponse = Rx.Observable.create(function (observer) {
        return sRequest.subscribe(function(req) {
            var fnName = "fn" + jsonpCallbacks.cntr++,
                script = document.createElement("script");
            script.type = "text/javascript";
            script.src = url+encodeURIComponent(req) +
                                    "&callback=jsonpCallbacks." + fnName;
            jsonpCallbacks[fnName] = function(resp) {
                delete jsonpCallbacks[fnName];
                document.body.removeChild(script);
                observer.onNext([req, resp]);
            };
            document.body.appendChild(script);
        });
    }).publish();
    sResponse.connect();
    return sResponse;
}
```

서버에서 도시 이름을 검색한다.

뜨거운 Observable을 만들어서 I/O를 FRP화한다.

I/O 수행. 즉, 상태를 사용할 수 있다.

```
function escapeHTML(text) {
    return text.replace(/&/g, '&amp;')
               .replace(/"/g, '&quot;')
                     .replace(/'/g, '&#39;')
                     .replace(/</g, '&lt;')
                     .replace(/>/g, '&gt;');
}

function calm(s) {
    return s.scan([null, null], function(prev_out, thiz) {
        return [thiz, thiz != prev_out[0] ? thiz : null];
    }).map(function(tpl) {
        return tpl[1];
    }).filter(function(a) {
        return a !== null;
    });
}

function currentTextOf(input) {
    var sKeyPresses = Rx.Observable.fromEvent(input, 'keyup'),
        text = new Rx.BehaviorSubject(input.value);
    sKeyPresses.map(function (e) { return input.value; }).subscribe(text);
    return text;
}

function autocomplete(textEdit) {
    var popup = document.createElement('select');
    popup.size = 15;
    popup.style.position = 'absolute';
    popup.style.zIndex = 100;
    popup.style.display = 'none';
    popup.style.width = textEdit.offsetWidth;
    popup.setAttribute('id', 'popup');
    document.body.appendChild(popup);
    var sClicked = Rx.Observable.fromEvent(popup, 'change')
                              .map(function (e) {
        return popup.value;
    });
    sClicked.subscribe(function (text) {
        return textEdit.value = text;
    });
    var editText = currentTextOf(textEdit),
        sKeyPresses = Rx.Observable.fromEvent(textEdit, 'keyup'),
```

(calm 주석) 일반적인 FRP 구문: 바로 전 값과 같은 갱신을 무시한다.

(currentTextOf 주석) add 예제 참조: BehaviorSubject는 입력 필드의 현재 텍스트를 돌려준다.

(sClicked 주석) 도시 이름을 팝업에서 선택한 경우

(sClicked.subscribe 주석) 입력 텍스트 필드에 값을 넣는다.

```
    sDebounced = sKeyPresses.startWith(null).debounce(100),
    sTextUpdate = calm(sDebounced.withLatestFrom(editText,
        function (key, text) { return text; }));
var sTabKey = sKeyPresses.filter(function(k) {
        return k.keyCode == 9; }),
    sEscapeKey = sKeyPresses.filter(function(k) {
        return k.keyCode == 27; }),
    sEnterKey = sKeyPresses.filter(function(k) {
        return k.keyCode == 13; });
var sClearPopUp = sEscapeKey.merge(sEnterKey)
                        .merge(sClicked).map(null);
    lookedUp = lookup("http://gd.geobytes.com/AutoCompleteCity?q=",
        sTextUpdate.merge(sTabKey.withLatestFrom(editText,
            function (key, text) {
                return text;
            }
        ))
    ).map(function (req_resp) {
        var req = req_resp[0],
            resp = req_resp[1];
        return resp.length == 1 && (resp[0] == "%s"
                || resp[0] == "" || resp[0] == req) ? null : resp;
    }).merge(sClearPopUp).startWith(null);
lookedUp.subscribe(function(items) {
    if (items !== null) {
        var html = '';
        for (var i = 0; i < items.length; i++) {
            html += '<option>' + escapeHTML(items[i]) + '</option>';
        }
        popup.innerHTML = html;
        if (popup.style.display != 'block') {
            popup.style.left = textEdit.offsetLeft;
            popup.style.top = textEdit.offsetTop +
                              textEdit.offsetHeight;
            popup.style.display = 'block';
        }
    }
    else {
        popup.style.display = 'none';
    }
});
return sEnterKey.withLatestFrom(editText, function (key, text) {
    return text;
}).merge(sClicked);
```

키 입력이 100밀리초 이상 없으면 발생하는 이벤트

Esc나 Enter 키를 누르거나, 사용자가 도시를 선택한 경우 팝업을 닫는다.

키 입력이 없거나, 탭이 눌리지 않았는지 살펴본다.

서버가 보내는 응답이 비어 있는 경우를 처리한다.

lookedUp의 결과에 따라 팝업을 보여주거나, 보여주지 않는다.

```
}

function init() {
    var cityInput = document.getElementById("city"),
        infoDiv = document.getElementById("info"),
        sEntered = autocomplete(cityInput);
    lookup("http://getcitydetails.geobytes.com/GetCityDetails?fqcn=",   ← 도시 정보를 검색한다.
           sEntered).subscribe(function (city_info) {
        var city = city_info[0],
            info = city_info[1];
        var html = 'Information for <b>' + escapeHTML(city) +
                   '</b>' + '<table>';
        for (var key in info) {
            html += '<tr><td>' + escapeHTML(key) + '</td><td>' +
                    escapeHTML(info[key]) + '</td></tr>';
        }
        html += '</table>';
        infoDiv.innerHTML = html;
    });
}
```

이 예제를 실행하려면 브라우저로 sodium/book/web/autocomplete.html을 보라.

6.7 RxJS/소듐 치트 시트

RxJS는 소듐과 같은 개념을 포함하지만 이름이 다르다. [표 6-2]는 이런 개념을 명확하게 알 수 있게 해주는 치트 시트cheat sheet다(여러 다른 FRP 시스템 간의 비교는 부록 C 참조).

한 가지를 기억하라. 우리는 FRP의 방식을 따르고 여러분 스스로 기본 요소를 작성하는 것을 피하는 일이 중요하다고 충고했다. FRP는 여러분이 직접 기본 요소를 발명하지 않아도 될 정도로 충분히 강력한 패러다임이다. FRP가 제공하는 이점은 합성성(또는 완전한 FRP가 아닌 경우라면 그 시스템이 허용하는 합성성의 정도)에 있다. 이런 특성은 실무에서 더 적은 버그로 나타나게 된다.

표 6-2 소듐과 RxJS에서 같은 개념

소듐	RxJS
Stream	Rx.Observable
new Stream() (이벤트 발생 없음)	Rx.Observable.of()
s1.merge(s2)	s1.merge(s2)
s.map(f)	s.map(f)
s.filter(f)	s.filter(f)
s.snapshot(c, f)	s.withLatestFrom(c, f)
s.accum(i, f)	s.scan(i, f)
s.listen(handler)	s.subscribe(handler)
s.hold(i)	var c = new Rx.BehaviorSubject(i); s.subscribe(c);
Cell	Rx.BehaviorSubject
new Cell(constant)	Rx.Observable.of(constant)
c.map(f)	c.map(f)
c1.lift(c2, f)	c1.combineLatest(c2, f)

CellLoop.loop()	var c = new Rx.BehaviorSubject(i);
	··· 코드 ···
	s.subscribe(c);

StreamLoop.loop()	var s0 = new Rx.Subject();
	··· 코드 ···
	s.subscribe(s0);

NOTE_ Stream.listen()에 대해서는 8장에서 자세히 다룬다.

자바스크립트 함수형 프로그래밍

FRP는 이벤트 기반의 코드를 함수형 프로그래밍의 능력을 활용할 수 있는 형태로 변환해준다. 루이스 아텐시오Luis Atencio의 『Functional Programming in JavaScript』(Manning, 2016)를 통해 그 능력을 어떻게 활용할 수 있는지 제대로 배울 수 있다.

6.8 정적 타입 지정을 선호함

웹 개발을 생각할 때면 보통 자바스크립트를 떠올린다. 자바스크립트는 동적 타입 지정dynamic typing 언어다. FRP는 버그를 예방하기 위해 많은 일을 하지만 그 방법 중 상당 부분은 정적 타입 지정static typing의 능력을 활용한다. 동적 타입 지정 언어를 사용한다면 FRP가 제공하는 장점 중 일부를 잃는다.

오늘날 상당수의 언어가 자바스크립트로 컴파일될 수 있다. 여러분이 새로운 웹 프로젝트를 시작한다면, 반드시 자바스크립트를 사용해야 한다는 생각에서 벗어나 정적 타입 지정 언어를 사용할 것을 고려해보라. 타입 추론을 잘 해주는 언어를 사용한다면 타입을 키보드로 번거롭게 입력하는 수고를 굳이 하지 않고도 타입 안전성을 얻을 수 있기 때문에 타입 추론을 제공하는 정적 타입 지정 언어가 더 좋다.

기존의 프로젝트가 있는 독자에게는 자바스크립트에 타입 안전성을 더해주는 상위 집합superset인 마이크로소프트의 타입스크립트Typescript가 있다. 자바스크립트의 상위 집합이라는 말은 기존의 자바스크립트 애플리케이션을 타입스크립트로 이식하는 것이 쉽다는 말이다. 타입스크립트는 단지 한 가지 예에 불과하다. 여러분이 선택할 수 있는 언어는 아주 다양하다.

6.9 요약

- RxJS Observable은 FRP의 '이벤트의 스트림'이라는 개념과 같다.
- Cell과 동등한 타입 대신, 상태를 관리하기 위해 세 가지 메서드와 한 가지 클래스를 사용한다. 그것은 scan(), withLatestFrom(), combineLatest(), BehaviorSubject이다.
- Observable은 차갑거나(구독 시 즉시 출력을 내놓음), 뜨거울(이벤트가 발생할 때마다 출력을 내보냄) 수 있다. BehaviorSubject는 차가운 Observable로 시작해서 최초 구독 시 현재 값을 출력해준 다음 뜨겁게 바뀐다.
- startWith()는 BehaviorSubject를 만들어내는 지름길이다. 하지만 둘이 완전히 같지는 않다.
- RxJS는 글리치를 막지 못하며, 동시 발생 이벤트를 일관성 있게 처리하지 못한다. 따라서 RxJS는 합성성을 보장하지 않는다. 즉 RxJS는 진정한 FRP시스템이 아니다.

CHAPTER 7

스위치 연산

- 마지막 두 가지 핵심 기본 연산: sample과 switch
- FRP로 비디오 게임 만들기

FRP 코드는 데이터 흐름을 방향성 그래프 구조로 표현한다. 지금까지는 그 그래프가 정적이었다. 상태를 저장하기 위한 셀은 hold 기본 연산을 사용해 만들어졌고, 전체 셀의 수는 프로그램이 실행되는 동안에 변하지 않았다. switch를 사용하면 이런 구조를 동적으로 바꿀 수 있다. sample은 셀의 값을 표본 추출sampling해준다.

7.1 sample 기본 연산: 셀의 값 얻기

지금 읽으려는 내용이 우리 같이 합성성을 청교도적으로 추구하는 사람에게서 나왔다는 사실이 여러분을 놀라게 할지도 모르겠다. 1장에서 FRP를 새로 접한 사람들이 우리에게 "값을 어떻게 얻죠?"라고 물어봤다고 이야기한 것을 기억하는가? 우리는 손사래 치면서 답변을 회피하기 위해 엉뚱한 말을 했다. 우리는 그냥 다음과 같이 (예제를 통해) 셀의 현재 값을 직접 가져올 수 있다고 답변할 수도 있었다.

```
Cell<Scene> scene = ...;
Scene sc = scene.sample();
```

하지만 여러분이 올바른 방식으로 생각하기를 더 원했기 때문에 답변을 미뤘었다. (이런 위선자 같으니라고!)

이제 마음을 가라앉히고 다시 책을 집어 들기를 바란다. sample이 유용한 일반적인 경우로는 애니메이션의 paint() 메서드를 들 수 있다. listen 콜백은 repaint()를 유발할 수 있다. 자바(특히 AWT나 스윙Swing)를 모르는 독자를 위해 설명하자면, repaint()는 화면을 직접 그리지 않고 '나중에' 실행될 paint() 메서드를 스케줄링해준다.

실제 화면을 그려야 할 때가 되면 가장 최신의 값으로 화면을 갱신할 수 있다(이때 sample을 사용한다). 어쩌면 프레임을 몇 개 잃어버릴 수도 있지만 그게 어쨌다는 말인가? CPU가 여유가 없는 경우도 있다. 그런 경우라면 프레임을 덜 그리는 쪽이 올바른 선택일 수도 있다.

다른 모든 기본 연산과 마찬가지로, 여러분이 명시하지 않아도 sample은 작은 트랜잭션을 시작한다. sample을 여러 번 호출한다면 그 호출들이 시간상 같은 순간에 처리되기를 원할 것이다. 그 모두를 명시적인 트랜잭션으로 감싸면 그렇게 할 수 있다. 앞에서 트랜잭션에 대해 설명했지만 8.3절에서 더 자세히 다룰 것이다. 좀 더 sample을 명확히 이해하기 위해, 앞으로 몇 가지 예제에서 sample을 사용할 것이다.

7.2 switch

앞서 이야기한 것처럼 FRP 로직을 데이터 흐름 그래프로 생각할 수 있다. 지금까지 그 그래프는 정적이었다. 때로 flatten이나 join이라고도 하는 switch는 FRP를 구축하기 위해 FRP를 사용할 수 있게 해준다. 즉, switch는 프로그램이 실행되는 동안 데이터 흐름 그래프의 구조를 동적으로 바꿀 수 있게 해준다. 다음은 몇 가지 일반적인 용례이다.

- 실행 중인 게임에서 몬스터를 추가하거나 제거한다.
- 잘못된 상태가 존재하지 않게 만들어서 버그를 방지한다.
- 애플리케이션을 여러 화면으로 나눈다. 예를 들어, 비디오 게임을 인트로 화면, 설정, 게임 자체, 그리고 '게임 끝' 화면으로 구성할 수 있다. 오직 현재 활성화된 화면만 자원을 소비해야 한다.

7.2.1 switch의 개념: TV 리모컨

필자가 아이였을 때 각각의 방송이 나오는 두 TV 채널과 지직거리는 화면을 보여주는 신비로운 세 번째 채널이 있었다. 그 당시에는 깨닫지 못했지만, 사실 세 번째 채널이 다른 두 채널보다 더 나았다. switch를 개념적으로 이해하기 위해서 여러분이 내 옛날 TV(그림 7-1)의 디지털 버전을 구현한다고 치자. 여러분도 아는 것처럼 **셀**은 시간이 지나면서 변해가는 값이다. 따라서 비디오 스트림을 Cell〈Image〉(시간에 따라 변하는 이미지)로 모델링하는 것이 타당하다.

selected는 Cell〈Cell〈Image〉〉 타입이며 가장 최근에 리모컨이 선택한 비디오 스트림을 저장한다. 여러분은 이를 **시간에 따라 비디오 스트림(Cell〈Image〉)이 변하는 것**이라고 생각할 수 있다. 즉, **시간에 따라 변하는 이미지가 시간에 따라 변하는 것**이라 볼 수 있다.

시간에 따른 스트림의 변화나 시간에 따라 변하는 이미지가 변하는 것 등은 Cell 〈Cell〈Image〉〉 타입에 대한 해석이다. 하지만 결과를 화면에 보이려면 Cell〈Cell〈Image〉〉 타입을 비디오 스트림 타입으로 바꿔야 한다. 즉, Cell〈Cell〈Image〉〉 타입 스트림을 **평평하게 펴서**flatten Cell〈Image〉로 바꿔야 한다. 이 기본 연산을 switch라고 부르기도 한다. 한 덩어리의 로직을 다른 덩어리로 바꾸기 때문이다.

그림 7-1 TV 채널을 바꿀 수 있는 리모컨을 모델링(버튼이 눌리기 전의 상태를 보여줌). 기본적으로 '잡음' 채널이 선택된다.

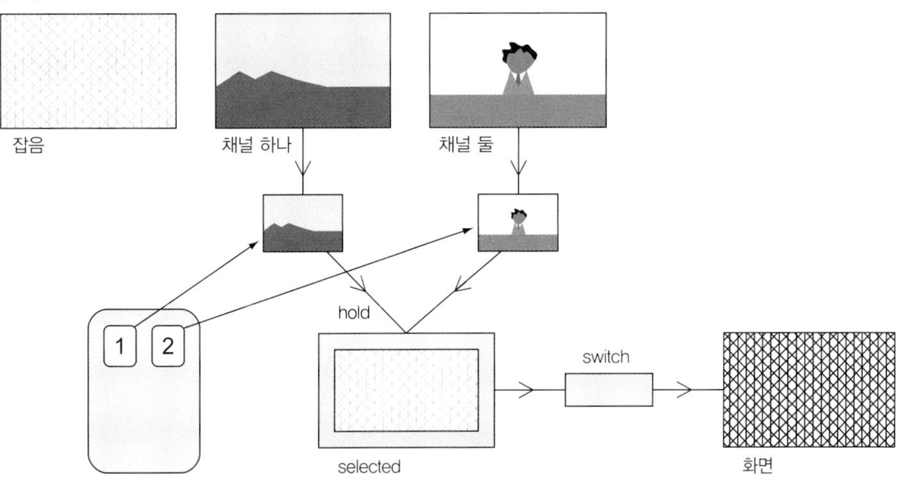


```
Cell<Image> fuzz = ...;
Cell<Image> one = ...;
Cell<Image> two = ...;
Stream<Unit> sButton1 = ...;
Stream<Unit> sButton2 = ...;
Cell<Cell<Image>> selected = sButton1.map(u -> one).orElse(
                               sButton2.map(u -> two)).hold(fuzz);
Cell<Image> screen = Cell.switchC(selected);
```

7.3 switch의 용례 1: 좀비즈

이번 절에서는 비디오 게임을 예제로 두 가지를 보여주려 한다.

- FRP는 여러 이슈를 깔끔히 캡슐화하고 조합할 수 있기 때문에 비디오 게임에도 훌륭히 쓰일 수 있다. 특히 몬스터의 AI에 적합하다. 우선 FRP 비디오 게임이 일반적으로 어떤 구조가 될지를 보여주겠다.
- 사람이 좀비에 물리면 좀비로 변한다는 사실을 알고 있을 것이다. 우리는 switch를 사용해서 그런 변환을 모델링하는 방법을 보여줄 것이다.

이를 염두에 두고 먼저 비디오 게임 캐릭터의 로직을 소개하고, 나중에 좀비에게 물렸을 때의 변환을 구현하기 위해 switch 기능을 추가할 것이다.

7.3.1 세계의 종말

[그림 7-2]는 사람과 좀비 AI의 숨은 전략을 보여준다. [그림 7-3]은 시뮬레이션의 사람과 좀비 AI 간의 상호작용을 보여준다. 사람은 임의의 경로로 걷고, 좀비는 가장 가까운 사람을 쫓는다.

그림 7-2 사람과 좀비의 전략

종족: 사람/호모 사피엔스homo sapiens
목표: 일반적으로 재미있게 지내는 것
속도: 80픽셀/초
전략:
1. 장애물을 피한다.
2. 임의의 방향으로 걷는다.
3. 지루하거나 장애물을 만나면 방향을 바꾼다.

종족: 호모 좀피쿠스homo zombicus
목표: 사람의 살을 먹는 것
속도: 20픽셀/초
전략:
1. 좀비쿠스가 가까이 있으면 그로부터 멀어지는 방향으로 걷는다.
2. 가장 가까운 사람을 향해 걸어간다.
3. 가까이에 사람이 있으면 문다.

그림 7-3 진행 중인 좀비 아포칼립스

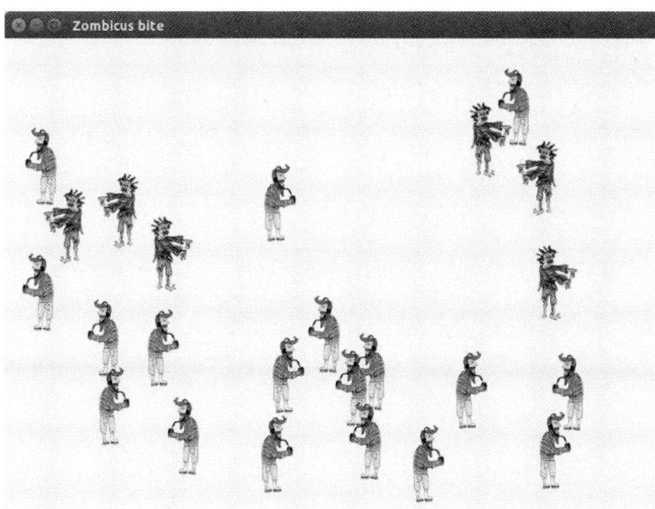

이 장면의 레이어를 Character 데이터 구조의 리스트로 표현한다. Character는 [리스트 7-1]에서 볼 수 있다. 장면을 그릴 때 Character를 사용하지만, 좀비가 걸어갈 방향을 정할 때도 같은 Character를 사용한다.

> **NOTE_** [리스트 7-1]의 Vector는 간단한 벡터 계산을 위해 우리가 만든 클래스다. 해당 코드는 목록으로 따로 표시하지는 않았다.

리스트 7-1 장면을 구성하는 요소들을 기술하는 Character

```
import java.awt.Point;

public class Character {
    public Character(int id, CharacterType type, Point pos,
                     Vector velocity) {
        this.id = id;    ← 유일한 ID
        this.type = type;    ← 사람(SAPIENS)과 좀비(ZOMBICUS)로 이뤄진 열거형(Enum)
        this.pos = pos;    ← (x,y) 위치
        this.velocity = velocity;    ← 속도
    }
    public final int id;
    public final CharacterType type;
```

```
    public final Point pos;
    public final Vector velocity;
}
```

7.3.2 간단한 사람

간단한 사람을 구현한 다음(리스트 7-2), 화면에 움직이게 그릴 것이다. 사람 캐릭터는 스마트폰을 가지고 놀고 있어서 좀비가 사람을 잡아먹는 것을 인식하지 못한다. 보통 사람의 움직임을 시뮬레이션하기 위해 사람은 임의의 방향으로 걸으며, 0.5에서 1.5초가 지난 후 심심해지면 새로운 방향을 선택한다.

각 캐릭터에게는 유일한 ID가 부여된다. 아직은 그 ID가 필요하지는 않다. 나중에 그 ID를 가지고 어떤 사람이 물렸는지를 식별할 것이다.

여기 새로 보인 코드는 snapshot에 3번 전달되는 함수 안에서 sample 기본 연산을 사용한다. 그에 대해서는 다음 장에서 설명할 것이다.

리스트 7-2 간단한 사람 캐릭터

```
import java.awt.Point;
import java.util.List;
import java.util.Optional;
import java.util.Random;
import nz.sodium.*;

public class SimpleHomoSapiens {
    public SimpleHomoSapiens(
        int self,  ←—— 유일한 ID
        Point posInit,←—— 초기 위치
        Cell<Double> time, ←—— 애니메이션 시간(초)
        Stream<Unit> sTick) ←—— 프레임 틱
    {
        final double speed = 80.0;
        class Trajectory {
            Trajectory(Random rng, double t0, Point orig) {
                this.t0 = t0;
                this.orig = orig;
                this.period = rng.nextDouble() * 1 + 0.5;
```

```
            double angle = rng.nextDouble() * Math.PI * 2;  ← 임의의 방향을 선택한다.
            velocity = new Vector(Math.sin(angle), Math.cos(angle))
                    .mult(speed);
        }
        double t0;
        Point orig;
        double period;
        Vector velocity;
        Point positionAt(double t) {  ← 함수가 걸린 시점의 위치
            return velocity.mult(t - t0).add(orig);
        }
    }
    Random rng = new Random();
    CellLoop<Trajectory> traj = new CellLoop<>();  ← AI 상태를 위한 누적기
    Stream<Unit> sChange = Stream.filterOptional(  ← 방향을 바꿀지 결정한다
        sTick.snapshot(traj, (u, traj_) ->
            time.sample() - traj_.t0 >= traj_.period  ← '지루한' 기간이 끝나면 방향을 바꾼다.
                ? Optional.of(Unit.UNIT)
                : Optional.<Unit>empty()
        ));
    traj.loop(
        sChange.snapshot(traj, (u, traj_) ->
            new Trajectory(rng, time.sample(),  ← 현재 위치와 시간에서 새로운 궤적을 계산한다.
                traj_.positionAt(time.sample()))
        ).hold(new Trajectory(rng, time.sample(), posInit))
    );
    character = traj.lift(time, (traj_, t) ->
        new Character(self, CharacterType.SAPIENS,  ← 출력: 화면에 보임
            traj_.positionAt(t), traj_.velocity)
    );
  }
  public final Cell<Character> character;
}
```

7.3.3 map이나 snapshot 안에서 sample 사용하기

sample을 map에 전달할 함수 안에서 사용할 수도 있다. 이는 snapshot과 같다. 다음 코드는

```
Stream<Integer> sC = sA.snapshot(b, (a_, b_) -> a_ + b_);
```

다음과 같이 쓸 수 있다.

```
Stream<Integer> sC = sA.map(a_ -> a_ + b.sample());
```

이 둘은 서로 같다.

NOTE_ 엄격히 말해 snapshot은 map과 sample을 사용해 작성할 수 있기 때문에 기본 연산이 아니다.

앞의 [리스트 7-2]에서와 같이 sample을 snapshot 안에서 사용할 수도 있다. 대부분의 FRP 시스템에서는 하나 이상의 셀에 대한 snapshot이 가능하다. 하지만 우리는 sample을 이렇게 쓸 수도 있음을 보여주기 위해 그렇게 했다.

이와 같이 map이나 snapshot 안에서 sample을 사용하는 것은 2장에서 제시한 규칙 **'FRP 기본 연산에 넘기는 함수는 반드시 참조 투명해야 한다'**를 깨는 것이다. 함수가 참조 투명하려면, 그 함수를 실행한 시점과 관계없이 같은 입력에 대해 같은 답을 내놓아야 한다. sample의 출력은 **언제** 그것이 호출되었느냐에 따라 달라지므로 참조 투명성 규칙을 만족하지 않는다.

우리가 FRP의 규칙을 오용하고 있는 것 같다. 그렇기는 하지만 sample과 switch 양쪽의 관점에서 볼 때 그 규칙은 수정할 필요가 있다. sample은 실행되는 트랜잭션 컨텍스트와 연결돼 있다. 따라서 사용해도 안전하다. map이나 snapshot 안에서 사용하는 경우 sample이 반환하는 값은 전달된 함수가 평가되도록 만든 이벤트가 발생한 시점의 셀 값이다. 그런 컨텍스트에서는 sample이 안전하다. 하지만 일반적인 변경 가능 함수를 직접 참조하는 것은 FRP 시스템이 그 변수에 값이 들어가는 것을 제어할 수 없기 때문에 안전하지 않다.

다음은 새로 만든 완전한 규칙이다.

- FRP 기본 연산에 전달되는 함수는 참조 투명한 코드를 포함시켜야 할 것이다.
- 이벤트를 다루는 FRP 기본 연산(Stream.map, snapshot, filter, merge, Stream.accum)에는 트랜잭션 컨텍스트와 연결된 코드를 사용할 수 있다. sample이나 여러분이 직접 구성한 FRP 로직(hold나 다른 기본 연산을 활용해 작성)이 그런 코드라 할 수 있다.

NOTE_ sample을 lift나 Cell.map과 같이 cell을 반환하는 기본 연산 안에 사용하면 안 된다. cell 값의 변경 단계를 이벤트처럼 취급하면 안 되기 때문이다. 그에 대해서는 8장에서 설명한다.

switch를 유용하게 쓰려면 이벤트 기반의 기본 연산을 사용해서 FRP 로직을 만들 수 있도록 해야 한다. 게임을 실행하는 도중에 새로운 게임 캐릭터를 만들어내는 예제에서 그런 예를 보게 될 것이다.

7.3.4 게임 루프

[리스트 7-3]은 여러 사람이 나오는 장면을 움직이게 하는 기초적인 게임 루프loop다. 아직은 루프를 도는 것이 전혀 없다. Animate에는 실제 그림을 그리는 자바 스윙 코드가 들어 있지만 따로 표시하지는 않을 것이다.

사람을 화면에 배치하고 그 출력 캐릭터 값을 List〈Cell〈Character〉〉 타입의 리스트에 넣는다. 하지만 Animate에는 화면에 그릴 장면이 필요하며 그 타입은 약간 다른 Cell〈List〈Character〉〉이다. 따라서 A 타입의 셀의 리스트를 A 타입의 리스트의 셀로 바꿀 필요가 있다. 그런 일을 하는 표준적인 함수형 프로그래밍 관용어가 이미 존재한다.

```
static <A> Cell<List<A>> sequence(Collection<Cell<A>> in)
```

이런 개념은 아주 일반적이기 때문에 우리는 하스켈Haskell 프로그래밍 언어에서 그 개념의 이름을 빌려왔다. FRP 시스템에서 사용하기 위한 일반적인 도우미 함수로 이 함수를 채택할지 여부를 논의할 수 있을 것이다.

Animate가 3단계로 FRP 로직을 호출한다는 사실을 이해하는 게 중요하다. 각 단계는 별도의 트랜잭션으로 실행된다.

1. time을 새로운 시간으로 설정한다.
2. sTick에 단위 시간(UNIT 값)을 집어넣는다. 그로부터 모든 상태 갱신이 일어난다.
3. 상태 갱신이 끝나고 나면, sample을 사용해 scene 셀에서 장면 정보를 읽어서 화면에 그린다.

소듐에서는 스트림 이벤트가 셀을 갱신할 수 있지만 갱신 결과는 같은 트랜잭션 안에서 보이지 않는다는 사실을 기억하라. sTick이 만들어낸 상태 변화를 보려고 할 때, 그것은 sTick에 의한 갱신이 일어난 시점의 상태가 아니라 새로운 시간에 해당하는 상태를 원하는 것이다. 마찬가지로 3단계에서 장면을 포획해 가져올 때도 과거의 장면이 아니라 새 시간에 해당하는 장면을 원한다. 따라서 세 가지 단계를 각각 별도의 트랜잭션으로 진행해서 원하는 상태를 사용할 수 있게 한다.

하지만 우리는 아직 FRP 로직과 나머지 프로그램을 소듐에서 연결하는 방법에 대해 설명하지 않았다(물론 6장의 자바스크립트 예제에서 그런 경우를 보긴 했다). 여러분이 오래 기다렸다는 사실을 우리도 안다. 잠시 기다리면 다음 장에서 배울 수 있다.

> **NOTE_** 이 애니메이션을 실행하기 위해 사용한 3단계는 연속적인 시간을 구현하기 위해 사용하는 기법과 비슷하다. 그에 대해서는 9장에서 설명한다.

리스트 7-3 여러 사람 움직이기

```
import java.awt.Dimension;
import java.awt.Point;
import java.util.ArrayList;
import java.util.Collection;
import java.util.List;
import nz.sodium.*;

public class simple {
    static <A> Cell<List<A>> sequence(Collection<Cell<A>> in) {  ← 유용한 도우미 함수
        Cell<List<A>> out = new Cell<>(new ArrayList<A>());
        for (Cell<A> c : in)
            out = out.lift(c,
                (list0, a) -> {
                    List<A> list = new ArrayList<A>(list0);
                    list.add(a);
                    return list;
                });
        return out;
    }

    public static void main(String[] args)
    {
        Animate.animate(
            "Zombicus simple",
            (Cell<Double> time, Stream<Unit> sTick,
                                        Dimension windowSize) -> {  ← 람다를 Animate에 넘겨서 장면을 구성하게 한다.
                List<Cell<Character>> chars = new ArrayList<>();
                int id = 0;
                for (int x = 100; x < windowSize.width; x += 100)
```

```
                for (int y = 150; y < windowSize.height; y += 150) {
                    Point pos0 = new Point(x, y);
                    SimpleHomoSapiens h = new SimpleHomoSapiens(id,
                        pos0, time, sTick);
                    chars.add(h.character);
                    id++;
                }
            return sequence(chars);
        }
    );
  }
}
```

이 프로그램을 다음과 같이 실행할 수 있다.

```
git clone https://github.com/SodiumFRP/sodium
cd sodium/book/zombicus/java
mvn test -Psimple 또는 ant simple
```

7.3.5 개선된 사람(장애물 피하기)

사람들은 화면 밖으로 바로 걸어나간다. [리스트 7-4]는 그런 사람들에게 장애물을 피하는 능력을 부여한다. 새로 만든 사람은 두 가지 일을 한다.

- 새로운 방향 선택 시 임의로 선택한 방향 바로 앞에 장애물이 있는 경우에는 다시 새로운 방향을 선택한다. 이런 재시도를 최대 10회 한다.
- 장애물에 부딪친 경우에도 새로운 궤적을 선택한다.

이 시뮬레이션에서 유일한 장애물은 화면의 가장자리다.

이 로직의 FRP 뼈대는 그다지 복잡하지 않음을 알 수 있을 것이다. 그저 간단한 상태 누적기다. 대부분의 복잡도는 게임 자체에 있다. 하지만 비디오 게임의 구조를 이런 식으로 잡으면 게임 캐릭터를 얼마든지 복잡하게 만들 수 있다.

리스트 7-4 장애물을 피하는 사람

```
import java.awt.Point;
import java.util.List;
import java.util.Optional;
import java.util.Random;
import nz.sodium.*;

public class HomoSapiens {
    public HomoSapiens(
        World world,  ←—— 장애물 정보가 들어 있다.
        int self,
        Point posInit,
        Cell<Double> time,
        Stream<Unit> sTick)
    {
        final double speed = 80.0;
        final double step = 0.02;
        class Trajectory {
            Trajectory(Random rng, double t0, Point orig) {
                this.t0 = t0;
                this.orig = orig;
                this.period = rng.nextDouble() * 1 + 0.5;
                for (int i = 0; i < 10; i++) {
                    double angle = rng.nextDouble() * Math.PI * 2;
                    velocity = new Vector(Math.sin(angle), Math.cos(angle))
                                .mult(speed);
                    if (!world.hitsObstacle(positionAt(t0 + step*2)))
                        break;
                }
            }
            double t0;
            Point orig;
            double period;
            Vector velocity;
            Point positionAt(double t) {
                return velocity.mult(t - t0).add(orig);
            }
        }
        Random rng = new Random();
        CellLoop<Trajectory> traj = new CellLoop<>();
        Stream<Unit> sChange = Stream.filterOptional(
            sTick.snapshot(traj,
                (u, traj_) -> {
```

```
                double t = time.sample();
                return world.hitsObstacle(traj_.positionAt(t + step))
                            || t - traj_.t0 >= traj_.period
                    ? Optional.of(Unit.UNIT)
                    : Optional.<Unit>empty();
            }));
        traj.loop(
            sChange.snapshot(traj, (u, traj_) ->
                new Trajectory(rng, time.sample(),
                    traj_.positionAt(time.sample()))
            ).hold(new Trajectory(rng, time.sample(), posInit))
        );
        character = traj.lift(time, (traj_, t) ->
            new Character(self, CharacterType.SAPIENS,
                traj_.positionAt(t), traj_.velocity)
        );
    }
    public final Cell<Character> character;
}
```

NOTE_ 여기서 사용한 자바 난수 발생기는 엄격히 말하면 참조 투명하지 않다. 같은 입력에 항상 같은 출력을 내놓아야 한다는 요구사항을 만족시키지 못하기 때문이다. 이 경우에는 그 결과가 나쁘지 않았다. 하지만 제대로 처리하고 싶다면 함수형 난수 발생기를 고려해볼 수도 있다.

이를 위한 게임 루프 코드를 따로 보여주지는 않았다. 하지만 다음과 같이 실행해볼 수 있다.

```
git clone https://github.com/SodiumFRP/sodium
cd sodium/book/zombicus/java
mvn test -Phumans 또는 ant humans
```

7.3.6 살을 먹는 좀비

[리스트 7-5]는 호모 좀비쿠스의 로직이다. 좀비는 일반적으로 가장 가까운 사람을 향해 걷지만 가장 가까운 캐릭터가 좀비이고, 60픽셀 이내에 있는 경우에는 그 좀비로부터 멀리 달아난다. 이는 여러 좀비가 서로 붙어서 함께 움직이는 것을 방지해서 장면을 더 보기 좋게 만들기 위함이다.

좀비의 방향은 0.2초마다 바뀐다. 매 프레임마다 방향을 갱신한다면 정수 Point 타입에 의한 반올림 오류로 인해 곤란한 일이 많을 것이다.

초기 State는 빈 장면으로 구성된다. 그렇게 한 이유는 초기 장면에 알맞은 값을 찾을 수 없기 때문이다. 따라서 이를 가장 궁색한 방식으로 처리한다. 즉, 처음에 빈 장면으로 시작한다. 처음 0.2초는 좀비가 움직이지 않고 가만히 있는다는 뜻이다.

리스트 7-5 좀비 캐릭터의 게임 로직

```
import java.awt.Point;
import java.util.ArrayList;
import java.util.List;
import java.util.Optional;
import nz.sodium.*;

public class HomoZombicus {
    public HomoZombicus(
        int self,
        Point posInit,
        Cell<Double> time,
        Stream<Unit> sTick,
        Cell<List<Character>> scene) ←—— 장면에 있는 모든 캐릭터
    {
        final double speed = 20.0;
        class State {
            State(double t0, Point orig, int self,
                                            List<Character> scene) {
                this.t0 = t0;
                this.orig = orig;
                double bestDist = 0.0;
                Optional<Character> oOther = nearest(self, scene);
                if (oOther.isPresent()) {
                    Character other = oOther.get();
                    this.velocity = Vector.subtract(other.pos, orig)
                                         .normalize().mult(
                        other.type == CharacterType.SAPIENS  ←┐ 사람을 향해 가고, 좀비
                                         ? speed : -speed     │ 로부터는 도망간다.
                    );
                }
                else
                    this.velocity = new Vector(0,0);
            }
```

```
    Optional<Character> nearest(int self, List<Character> scene) {
        double bestDist = 0.0;
        Optional<Character> best = Optional.empty();
        for (Character ch : scene)
            if (ch.id != self) {
                double dist = Vector.distance(ch.pos, orig);
                if (ch.type == CharacterType.ZOMBICUS && dist > 60)
                    ; ←── 멀리 있는 좀비를 무시하고
                else      아무것도 하지 않는다.
                if (!best.isPresent() || dist < bestDist) {
                    bestDist = dist;
                    best = Optional.of(ch);
                }
            }
        return best;
    }
    Optional<Character> nearestSapiens(int self,
                                       List<Character> scene) {
        List<Character> sapiens = new ArrayList<>();
        for (Character ch : scene) {
            if (ch.type == CharacterType.SAPIENS)
                sapiens.add(ch);
        }
        return nearest(self, sapiens);
    }
    final double t0;
    final Point orig;
    final Vector velocity;
    Point positionAt(double t) { ←── 시간의 함수로 위치를 결정
        return velocity.mult(t - t0).add(orig);
    }
}

CellLoop<State> state = new CellLoop<>(); ←── AI 상태를 위한 누적기
Stream<State> sChange = Stream.filterOptional(
    sTick.snapshot(state,
        (u, st) -> {
            double t = time.sample();
            return t - st.t0 >= 0.2 ←── 새로운 방향을 0.2초마다 선택
                ? Optional.of(new State(t, st.positionAt(t),
                    self, scene.sample()))
                : Optional.<State>empty();
        }
    ));
```

```
        List<Character> emptyScene = new ArrayList<Character>(0); ◀── 처음에는 빈 장면을
        state.loop(sChange.hold(                                      기반으로 결정한다.
            new State(time.sample(), posInit, self, emptyScene)
        ));
        character = state.lift(time, (st, t) ->  ◀── 출력: 장면의 표현
            new Character(self, CharacterType.ZOMBICUS,
                st.positionAt(time.sample()), st.velocity));
        sBite = Stream.filterOptional( ◀── 사람이 10픽셀 안에 있으면 문다.
            sTick.snapshot(state,
                (u, st) -> {
                    Optional<Character> oVictim = st.nearestSapiens(
                        self, scene.sample());
                    if (oVictim.isPresent()) {
                        Character victim = oVictim.get();
                        Point myPos = st.positionAt(time.sample());
                        if (Vector.distance(victim.pos, myPos) < 10)
                            return Optional.<Integer>of(victim.id);
                    }
                    return Optional.<Integer>empty();
                }
            ));
    }

    public final Cell<Character> character;
    public final Stream<Integer> sBite;
}
```

7.3.7 두 가지 캐릭터를 함께 놓기

이제 여러분은 사람과 좀비를 간단한 애니메이션에 함께 집어넣어서 그 움직임을 볼 수 있다. 아직 사람을 좀비로 바꾸는 로직은 안 들어 있다. 따라서 지금은 좀비의 sBite 출력을 무시한다.

[그림 7-4]는 어떻게 서로를 연결할지 보여준다. 입력은 단순히 애니메이션의 시계 셀과 각 프레임에 대한 틱의 스트림뿐이다. 시간과 sTick을 하나로 조합하지 않는 이유는 무엇일까? 시간은 개념상 연속적이기 때문에 cell로 표현하는 것이 적절하다. 반면 애니메이션 프레임은 개념상 이산적discrete이라서 스트림을 사용하는 것이 적당하다. 우리는 이런 개념을 깔끔하게 분리하고 싶다. 이 코드는 연속적인 시간을 진짜로 모델링하지는 않는다. 9장에서는 연속적인 시간을 적절히 모델링하는 방법을 보여줄 것이다.

각 캐릭터는 자신의 위치와 모양을 묘사하는 Character 데이터 구조를 출력으로 내놓는다. 여러분은 그 정보를 리스트에 모아서 장면을 구성한 다음 그것을 화면에 그린다. 또한 그 장면을 HomoZombicus에게 집어넣어서 좀비가 다른 사람이나 좀비의 위치를 알 수 있게 해야 한다. 아직 보여주지 않은 World는 불변이다.

이것이 게임을 구조화하는 간단하면서 자연스러운 방법임에 동의하길 바란다. 게임 캐릭터는 자신의 상태를 내부에 유지하고, 모든 것을 데이터 흐름으로 서로 연결한다. 로직에서 데이터가 A 지점에서 B 지점으로 가야 한다면 셀이나 스트림을 필요에 따라 전달한다. FRP는 이렇게 간단한 원리를 따른다.

[리스트 7-6]은 전체 애니메이션 코드를 보여준다. 장면은 캐릭터의 출력으로부터 생성된다. 좀비의 출력은 장면에 따라 달라지며 그에 따라 **순환적인 의존관계**cyclic dependency가 생긴다. 하지만 snapshot을 사용해 장면의 표본을 추출하고, 소듐이 상태 갱신을 지연시키기 때문에, (트랜잭션 안에서) 이전 프레임의 결과인 장면을 읽게 되고 모든 것이 잘 작동할 수 있다.

그림 7-4 애니메이션에 캐릭터 함께 넣기. 코드 안에는 사람이나 좀비가 많지만, 이 그림에는 각각 하나씩만 표시했다.

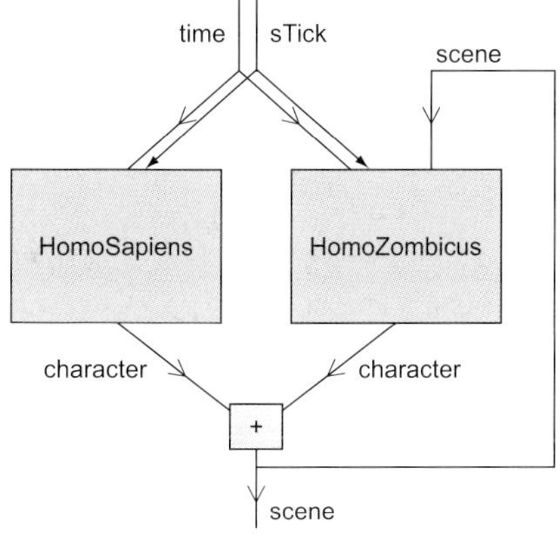

리스트 7-6 캐릭터 함께 넣기

```
import java.awt.Dimension;
import java.awt.Point;
import java.util.ArrayList;
import java.util.Collection;
import java.util.List;
```

```
import nz.sodium.*;

public class characters {
    static <A> Cell<List<A>> sequence(Collection<Cell<A>> in) {
        Cell<List<A>> out = new Cell<>(new ArrayList<A>());
        for (Cell<A> c : in)
            out = out.lift(c,
                (list0, a) -> {
                    List<A> list = new ArrayList<A>(list0);
                    list.add(a);
                    return list;
                });
        return out;
    }
    static Cell<List<Character>> createCharacters(
            Cell<Double> time, Stream<Unit> sTick, World world,
            Cell<List<Character>> scene) {
        List<Cell<Character>> chars = new ArrayList<>();
        int id = 0;
        for (int x = 100; x < world.windowSize.width; x += 100)
            for (int y = 150; y < world.windowSize.height; y += 150) {
                Point pos0 = new Point(x, y);
                if (id != 3 && id != 6 && id != 7) {
                    HomoSapiens h = new HomoSapiens(world, id, pos0,
                        time, sTick);
                    chars.add(h.character);
                }
                else {
                    HomoZombicus z = new HomoZombicus(id, pos0,
                        time, sTick, scene);
                    chars.add(z.character);
                }
                id++;
            }
        return sequence(chars);
    }
    public static void main(String[] args)
    {
        Animate.animate(
            "Zombicus characters",
            (Cell<Double> time, Stream<Unit> sTick,
                                            Dimension windowSize) -> {
                World world = new World(windowSize);
                CellLoop<List<Character>> scene = new CellLoop<>();
```

```
                Cell<List<Character>> scene_ = createCharacters(
                    time, sTick, world, scene);
                scene.loop(scene_);
                return scene;
            }
        );
    }
}
```

이것을 다음과 같이 실행할 수 있다.

```
git clone https://github.com/SodiumFRP/sodium
cd sodium/book/zombicus/java
mvn test -Pcharacters 또는 ant characters
```

7.4 switch로 게임 캐릭터 변환하기

HomoSapiens에는 좀비에게 물린 것을 처리하는 로직이 없다. 이제 사람과 다른 BitableHomoSapiens라는 새 클래스를 만들어서 sBite 이벤트가 발생하면 자신을 좀비로 변환하게 할 것이다.

[그림 7-5]는 어떤 일이 벌어지는지를 보여주지만 전체를 완벽하게 표현하지는 못한다. [리스트 7-7]에 있는 코드는 그림에서 빠진 자세한 부분을 채워준다. 결과적으로, 좀비에 물린 이벤트가 들어오면 한 덩어리의 FRP 로직을 다른 덩어리로 바꾸며 필요에 따라 각각을 서로 연결하게 된다.

- 사람은 주변 환경을 인식하지 못한다. 따라서 scene 입력을 사용하지 않는다. 하지만 좀비는 scene을 사용한다.
- 사람은 물 수 없다. 따라서 처음에는 sBite에 never 스트림을 연결한다. 좀비는 진짜 sBite 스트림을 출력으로 내놓는다.

그림 7-5 사람이 물리면 hold에 있는 로직을 다른 것으로 바꾼다.

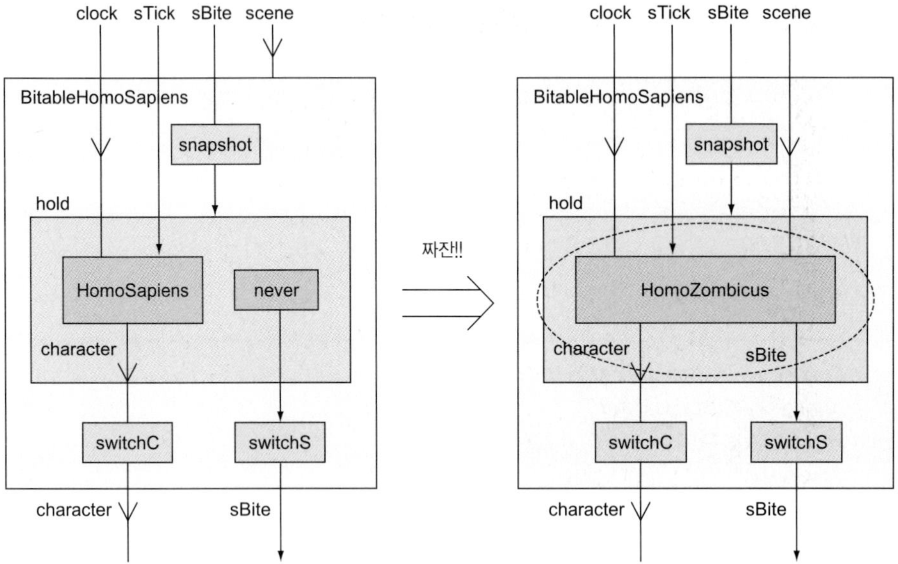

실제 변경은 출력에서 일어난다는 것을 기억하라. 스위치에는 두 가지 버전이 있다. switchC는 셀을, switchS는 스트림을 바꿔치기한다. 이들을 각각 character와 sBite에 사용한다.

리스트 7-7 물리면 좀비로 바뀌는 BitableHomoSapiens

```
import java.awt.Point;
import java.util.List;
import java.util.Set;
import nz.sodium.*;

public class BitableHomoSapiens {
    public BitableHomoSapiens(
        World world,
        int self,
        Point posInit,
        Cell<Double> time,
        Stream<Unit> sTick,
        Stream<Set<Integer>> sBite,
        Cell<List<Character>> scene)
    {
        HomoSapiens h = new HomoSapiens(world, self, posInit,
            time, sTick);
```

```
        Stream<Set<Integer>> sBiteMe = sBite.filter(ids ->     ← 이 캐릭터를 문 이벤트
            ids.contains(self));                                  가 아니면 걸러낸다.
        Stream<HomoZombicus> sBecome = sBiteMe.snapshot(   ← 새로운 좀비를
            h.character,                                      포함하는 스트림
            (id, ch) -> new HomoZombicus(
                    self,
                    ch.pos,   ← 좀비를 사람의 현재 위치에서 시작한다.
                    time,
                    sTick, scene
                )
        );
        this.character = Cell.switchC(   ← 처음에는 HomoSapiens로 시작하고,
                                           sBecome에서 받은 캐릭터로 캐릭터를 바꾼다.
            sBecome.map(z -> z.character).hold(h.character)
        );
        this.sBite = Cell.switchS(   ← 사람은 물지 않기 때문에 never로 시작하고,
                                       sBecome에서 받은 것으로 sBite를 바꾼다.
            sBecome.map(z -> z.sBite).hold(new Stream<Integer>())
        );
    }
    public final Cell<Character> character;
    public final Stream<Integer> sBite;
}
```

이 예제를 실행하려면 다음을 실행하라.

```
git clone https://github.com/SodiumFRP/sodium
cd sodium/book/zombicus/java
mvn test -Pbite 또는 ant bite
```

7.4.1 나무가 쓰러졌는데... switch와 메모리 관리

지금까지는 메모리 관리에 대해 거의 이야기하지 않았다. 왜냐하면 FRP 시스템은 완전히 자동으로 메모리를 관리해주기(또는 관리해야만 하기) 때문이다. 따라서 대부분의 경우 메모리 관리를 생각할 필요조차 없다. 하지만 실제 어떤 일이 벌어지는지를 알아두면 도움이 될 것이다. 또한 꼭 알아야 하는 중요한 내용도 몇 가지 있다.

숲에 있는 나무가 쓰러졌는데...

아마 여러분은 유명한 철학적인 수수께끼를 알고 있을 것이다. "숲에 있는 나무가 쓰러졌는데, 근처의 아무도 그 소리를 듣지 못했다. 과연 그 나무는 소리를 낸 것일까?" 이것을 실제 세계와 연관 짓는다면 우리는 답을 알 수 없다. 하지만 FRP에서라면 답은 "그렇지 않다"이다.

> *"어떤 FRP 로직을 관찰하는 사람이 아무도 없다면, 그 로직은 실행되고 있는 것일까?"*

참조 투명성을 요구했기 때문에 FRP는 셀과 스트림을 통하지 않는 모든 효과를 잠글 수 있다. 셀이나 스트림이 없다면 유일하게 관찰할 수 있는 차이는 효율뿐이다. 어떤 FRP 로직을 다른 무엇인가가 참조한다면 그 로직은 존재하게 되며 메모리와 CPU 자원을 소비한다. 어떤 로직에 대한 모든 참조가 사라지면 그 로직은 쓰레기 수집garbage collect되고 사라진다.

이 예제에서 여러분은 사람이 좀비가 되면 사람일 때 상태를 저장하는 데 쓰였던 메모리를 해제하고 싶을 것이다. 하지만 이 코드는 제대로 되어 있지 않기 때문에 사용한 메모리를 해제하지 못한다. 코드를 주의 깊게 읽어보면 한 번 물린 BitableHomoSapiens 캐릭터도 다시 물리는 것이 가능하다는 사실을 보게 될 것이다. 실제로는 좀비가 다른 좀비를 무는 일이 없기 때문에 그런 일이 벌어지지 않을 것이다. 하지만 코드상의 가능성으로 인해, sBecome -> h.character라는 의존관계 사슬에 의해 snapshot이 사람 로직을 여전히 참조한다. 그로 인해 실제로는 관찰할 수 있는 효과가 전혀 없는 오래된 사람의 로직을 유지하면서 메모리를 낭비하게 된다. 이것을 고치는 방법은 두 가지가 있다.

- character와 sBite에 대해 했던 것처럼 sBecome을 바꾸고, 그것을 StreamLoop로 다시 루프에 넣을 수 있다. 어떤 로직이 switch를 사용해서 자신을 새로운 구현으로 바꿔서 자신의 존재를 지우는 일은 FRP에서 흔히 발생하는 일이다. 그에 대한 예제를 잠시 후 살펴보자.
- sBiteMe를 정의할 때 Stream에 있는 once()라는 메서드(이전에 언급한 적은 없다)를 사용할 수도 있다.

```
Stream sBiteMe = sBite.filter(id -> id == self).once();
```

대부분의 FRP 시스템에는 once가 있다. once가 하는 일은 sBiteMe 이벤트가 한 번만 발생하게 만드는 것이다. 이벤트가 발생하고 나면 시스템은 모든 것을 해제해야 한다.

실제로는 once가 없는 시스템도 있을 것이다. 그것은 구현이 얼마나 똑똑한가에 달려 있다. FRP 시스템의 최적화는 시간이 지남에 따라 더 나아지고 있다. 요약하면, 효율성이란 측면을 제외하면 FRP에서는 관측되지 않는 것은 실제로도 존재하지 않는다.

7.5 switch의 용례 2: 게임 캐릭터 생성과 제거

게임의 각 캐릭터에는 자신만의 로직과 상태가 있다. FRP는 상태와 로직을 깔끔히 모듈 안에 유지한다. 지금까지는 게임을 시작할 때 캐릭터를 만들고, 그 이후 알아서 캐릭터가 살아가게 놔뒀다. 하지만 게임에서는 보통 실행 도중에 캐릭터를 동적으로 더 넣거나 뺄 수 있다. switch가 없이는 그렇게 할 수 없다. switch가 없다면 FRP 로직을 한 번 생성하고 나면 구조를 변경할 수 없기 때문이다.

이 예제에서는 6초에 한 번씩 화면 중앙에 있는 핀즈버리 파크 튜브 스테이션Finsbury Park Tube Station이라는 에너지 포털portal을 통해 사람이 들어온다. 또한 길 중간에 구멍을 파고 주변을 교통 안전 원뿔로 표시할 것이다. 사람들은 장애물 회피 로직이 있기 때문에 안전하다. 하지만 좀비는 구멍에 빠져 사라질 수 있다(그림 7-6).

그림 7-6 생성과 소멸: 사람은 중앙의 포털을 통해 들어오고 좀비는 구멍에 빠질 수 있다.

코드는 몇 페이지 뒤의 [리스트 7-8]에 있다. 전체를 이해하기 위한 열쇠는 여러분이 다음 필드를 사용해 State 데이터를 유지한다는 데 있다.

```
int nextID;
Map<Integer, Cell<Character>> chars;
Map<Integer, Stream<Integer>> sBites;
Map<Integer, Stream<Integer>> sDestroys;
```

각각의 Map은 각 캐릭터에 대한 유일한 ID를 키로 사용한다. 새로운 데이터 구조를 만들고 여러 값을 한 맵에 함께 넣을 수도 있을 것이다. 하지만 이 방법이 약간 더 편리하다.

보통은 snapshot과 hold 기본 연산을 루프에 넣어서 State 데이터 구조를 누적시킨다. 하지만 State에는 셀과 스트림이 **들어 있다**. 여러분은 그런 구조를 이전에 처리해본 적이 없다. sChange가 캐릭터를 추가하거나 제거해서 게임의 상태를 변경하는 함수의 스트림이라는 것을 기억하라.

```
CellLoop<State> state = new CellLoop<>();
...
Stream<Lambda1<State, State>> sChange = ...;
state.loop(sChange.snapshot(state, (f, st) -> f.apply(st))
                  .hold(initState));
```

character 셀과 sBite 스트림은 이전의 캐릭터가 내놓는 출력이다. 하지만 이제 특정 캐릭터를 제거하는 sDestroy라는 스트림을 추가한다. 캐릭터는 게임 루프의 최상위 로직이 자신을 삭제하게 만드는 메시지를 보내는 방식으로 자신을 제거한다. 로직의 일부가 이런 방식으로 자신을 종료시켜줄 것을 요청하는 것도 일반적인 FRP 숙어다.

상태는 Cell〈State〉이고, State는 그 구조 안에 셀과 스트림을 포함한다. 그로부터 세 가지 출력(scene, sBite, sDestroy)을 추출해서 최상위 게임 루프가 사용할 수 있게 만들고 싶다. 다음처럼 두 단계로 그렇게 할 수 있다.

1. 캐릭터의 출력을 합친다. Cell〈State〉 state에서 map 기본 연산을 사용해 Cell〈Cell〈...〉〉과 Cell〈Stream〈...〉〉 타입의 값을 얻을 수 있다.
2. 1에서 얻은 것을 그대로 사용할 수는 없다. 따라서 그것들을 switch로 펼쳐서 Cell〈...〉과 Stream〈...〉으로 만들면 사용할 수 있다.

예를 들어, 다음은 state 안의 모든 sDestroy 스트림을 합친 단일 스트림을 추출하는 방법을 보여준다.

```
Cell<Stream<Set<Integer>>> csDestroy = state.map(st ->
                                Helper.mergeToSet(st.sDestroys.values()));
this.sDestroy = Cell.switchS(csDestroy);
```

스트림을 합치기 위해서는 도우미 함수 mergeToSet()을 사용한다. mergeToSet()은 집합에 속한 모든 동시 이벤트를 수집한다. 그렇게 해야 하는 이유는 한 트랜잭션 안에 여러 캐릭터가 동시에 파괴될 수 있기 때문이다. sDestroy의 이벤트는 한 프레임 틱 안에 파괴돼야 하는 모든 캐릭터를 알려준다. 적절한 함수형의 불변 Set 구현이 있다면 mergeToSet() 구현이 좀 덜 불편할 것이다. 자바에서 불변 데이터 구조가 표준이 되면 mergeToSet()을 소듐의 기본 연산으로 넣을 수도 있을 것이다. 다음은 그 구현을 보여준다.

```
public static <A> Stream<Set<A>> mergeToSet(Iterable<Stream<A>> sa) {
    Vector<Stream<Set<A>>> asSets = new Vector<>();
    for (Stream<A> s : sa)
        asSets.add(s.map(a -> {
            TreeSet<A> set = new TreeSet<>();
            set.add(a);
            return set;
        }));
    return Stream.merge(asSets, (s1, s2) -> {
        TreeSet<A> out = new TreeSet<>(s1);
        out.addAll(s2);
        return out;
    });
}
```

상태를 갱신하기 위해 캐릭터의 생성과 소멸을 모두 처리해야 한다. 또한 게임 안에는 수많은 캐릭터가 있기 때문에 여러 다른 캐릭터의 생성과 소멸 이벤트가 동시에 발생할 수 있다. 이들을 성공적으로 조합하기 위해서는 sAdd와 sRemove를 상태 변화를 나타내는 스트림으로 먼저 표현해야 한다. 다음은 sRemove에서 어떻게 그렇게 하는지를 보여준다.

```
Stream<Lambda1<State, State>> sRemove
              = sDestroy.map(ids -> st -> st.remove(ids));
```

각 상태 변환은 State를 받아서 바뀐 새로운 State를 반환하는 함수인 Lambda1〈State, State〉로 표현된다.

ids –〉 st –〉 st.remove(id)라는 식은 캐릭터 식별자의 집합 ids를 인자로 받아서 상태 변환을 반환하는 함수(Lambda1〈State, State〉)를 생성하는 함수를 만든다. ids –〉 (st –〉

st.remove(id))처럼 괄호를 추가한다면 더 명확하게 그 뜻을 알 수 있을 것이다. 함수형 프로그래밍에 익숙하지 않다면 처음엔 약간 생각할 시간이 필요할 것이다. 우리도 잠시 여러분을 기다리겠다.

다시 돌아온 것을 환영한다. 함수형 프로그래머들은 이런 방법을 커링currying이라 부른다. 여러분 중에는 온라인이나 책에서 커링에 대해 읽어본 사람이 있을 것이다.

변화를 상태 변환으로 표현하고 나면, 두 변환을 하나의 람다로 합쳐주는 함수를 사용해 그들을 merge할 수 있다.

```
Stream<Lambda1<State, State>> sChange = sAdd.merge(sRemove,
    (f1, f2) -> a -> f1.apply(f2.apply(a)));
```

그리고 마침내 그렇게 만들어진 최종 함수를 상태에 적용할 수 있다.

```
state.loop(sChange.snapshot(state, (f, st) -> f.apply(st))
                 .hold(initState));
```

FRP에서는 이런 식으로 변경 함수를 누적시키는 경우가 자주 있다. 따라서 이런 로직을 FRP 시스템의 도우미 메서드에 넣을 후보로 삼을 수 있다.

리스트 7-8 동적으로 캐릭터 추가하고 제거하기

```
import java.awt.Dimension;
import java.awt.Point;
import java.awt.Polygon;
import java.util.ArrayList;
import java.util.Collection;
import java.util.HashMap;
import java.util.List;
import java.util.Map;
import java.util.Optional;
import java.util.Set;
import nz.sodium.*;

public class dynamic {
    static <A> Cell<List<A>> sequence(Collection<Cell<A>> in) {
```

```
    Cell<List<A>> out = new Cell<>(new ArrayList<A>());
    for (Cell<A> c : in)
        out = out.lift(c,
            (list0, a) -> {
                List<A> list = new ArrayList<A>(list0);
                list.add(a);
                return list;
            });
    return out;
}
public static Stream<Unit> periodicTimer(
        Cell<Double> time, Stream<Unit> sTick, double period) {
    CellLoop<Double> tAlarm = new CellLoop<>();
    Stream<Double> sAlarm = Stream.filterOptional(
        sTick.snapshot(tAlarm,
            (u, alarm) -> time.sample() >= alarm
                ? Optional.of(time.sample() + period)
                : Optional.<Double>empty())
    );
    double t0 = time.sample() + period;
    tAlarm.loop(sAlarm.hold(t0));
    return sAlarm.map(u -> Unit.UNIT);
}
static class State {
    State() {
        this.nextID = 0;
        this.chars = new HashMap<>();
        this.sBites = new HashMap<>();
        this.sDestroys = new HashMap<>();
    }
    State(int nextID, Map<Integer, Cell<Character>> chars,
                      Map<Integer, Stream<Integer>> sBites,
                      Map<Integer, Stream<Integer>> sDestroys) {
        this.nextID = nextID;
        this.chars = chars;
        this.sBites = sBites;
        this.sDestroys = sDestroys;
    }
    final int nextID;
    final Map<Integer, Cell<Character>> chars;
    final Map<Integer, Stream<Integer>> sBites;
    final Map<Integer, Stream<Integer>> sDestroys;

    State add(Cell<Character> chr, Stream<Integer> sBite,
```

(periodicTimer 주석: 일정한 간격으로 이벤트를 발생시킨다(다음 절을 보라).)

```
            Stream<Integer> sDestroy) {
        Map<Integer, Cell<Character>> chars =
                                    new HashMap<>(this.chars);
        Map<Integer, Stream<Integer>> sBites =
                                    new HashMap<>(this.sBites);
        Map<Integer, Stream<Integer>> sDestroys =
                                    new HashMap<>(this.sDestroys);
        chars.put(nextID, chr);
        sBites.put(nextID, sBite);
        sDestroys.put(nextID, sDestroy);
        return new State(nextID+1, chars, sBites, sDestroys);
    }
    State remove(Set<Integer> ids) {
        Map<Integer, Cell<Character>> chars =
                                    new HashMap<>(this.chars);
        Map<Integer, Stream<Integer>> sBites =
                                    new HashMap<>(this.sBites);
        Map<Integer, Stream<Integer>> sDestroys =
                                    new HashMap<>(this.sDestroys);
        for (Integer id : ids) {
            chars.remove(id);
            sBites.remove(id);
            sDestroys.remove(id);
        }
        return new State(nextID, chars, sBites, sDestroys);
    }
}
static Stream<Integer> fallDownHole(int self, Stream<Unit> sTick,
                        Cell<Character> character, World world) {
    return Stream.filterOptional(
        sTick.snapshot(character, (u, ch) ->
            world.hitsHole(ch.pos) ? Optional.of(self)
                                   : Optional.<Integer>empty()
        ));
}
static class CreateCharacters {
    CreateCharacters(Cell<Double> time,
            Stream<Unit> sTick, World world,
            Cell<List<Character>> scene, Stream<Set<Integer>> sBite,
            Stream<Set<Integer>> sDestroy) {
        State initState = new State();
        HomoZombicus z = new HomoZombicus(initState.nextID,
            new Point(36,332), time, sTick, scene);
        initState = initState.add(z.character, z.sBite,
```

복사를 효과적으로 만들어주는 함수형 데이터 구조

좀비 한 마리로 시작한다.

```
                fallDownHole(initState.nextID, sTick, z.character, world));
            CellLoop<State> state = new CellLoop<>();
            Point center = new Point(world.windowSize.width / 2,
                                     world.windowSize.height / 2);
            Stream<Lambda1<State, State>> sAdd = ◀── 6초마다 사람을 새로 만든다.
                periodicTimer(time, sTick, 6.0)
                .map(u ->
                    st -> {
                        BitableHomoSapiens h = new BitableHomoSapiens(
                            world, st.nextID, center, time, sTick,
                            sBite, scene);
                        return st.add(h.character, h.sBite,
                            fallDownHole(st.nextID, sTick, h.character,
                                world));
                    }
                );
            Stream<Lambda1<State, State>> sRemove ◀── 함수를 반환하는 함수
                    = sDestroy.map(ids -> st -> st.remove(ids));
상태 변경을 모두 합
쳐서 하나로 만든다. ──▶ Stream<Lambda1<State, State>> sChange = sAdd.merge(sRemove,
                (f1, f2) -> a -> f1.apply(f2.apply(a)));
상태 변경을 적용한다.──▶ state.loop(sChange.snapshot(state, (f, st) -> f.apply(st))
                    .hold(initState));
        ┌──▶ Cell<Cell<List<Character>>> cchars = state.map(st ->
        │                                 sequence(st.chars.values()));
        │   this.scene = Cell.switchC(cchars);
상태의 출력을 ├──▶ Cell<Stream<Set<Integer>>> csBite = state.map(st ->
뽑아낸다. │                 Helper.mergeToSet(st.sBites.values()));
        │   this.sBite = Cell.switchS(csBite);
        └──▶ Cell<Stream<Set<Integer>>> csDestroy = state.map(st ->
                        Helper.mergeToSet(st.sDestroys.values()));
            this.sDestroy = Cell.switchS(csDestroy);
        }
        final Cell<List<Character>> scene;
        final Stream<Set<Integer>> sBite;
        final Stream<Set<Integer>> sDestroy;
    }

    public static void main(String[] args)
    {
        ArrayList<Polygon> obstacles = new ArrayList<>();
        obstacles.add(...); ◀── 장애물 관련 좌표 등을 생략
        Animate.animate(
            "Zombicus dynamic",
            (Cell<Double> time, Stream<Unit> sTick,
```

```
                                    Dimension windowSize) -> {
                World world = new World(windowSize, obstacles);
                CellLoop<List<Character>> scene = new CellLoop<>();
                StreamLoop<Set<Integer>> sBite = new StreamLoop<>();
                StreamLoop<Set<Integer>> sDestroy = new StreamLoop<>();
                CreateCharacters cc = new CreateCharacters(
                    time, sTick, world, scene, sBite, sDestroy);
                scene.loop(cc.scene);
                sBite.loop(cc.sBite);
                sDestroy.loop(cc.sDestroy);
                return scene;
            },
            obstacles
        );
    }
}
```

이 예제를 실행해보자.

```
git clone https://github.com/SodiumFRP/sodium
cd sodium/book/zombicus/java
mvn test -Pdynamic 또는 ant dynamic
```

NOTE_ 이 예제에서 우리는 FRP 프로그래머들이 탐내는 '코드의 벽' 효과를 달성했다. 우하하!

7.5.1 그다지 참조 투명하지 않은 예

앞에서 sample이 참조 투명하지 않다고 말했다. sample이 반환하는 값이 실행되는 환경에 따라 달라지기 때문이다. [리스트 7-8]의 코드로부터 몇 부분을 자세히 살펴봄으로써 sample이 참조 투명하지 않은 이유를 더 명확히 설명하고자 한다.

앞에서 본 코드에는 다음 함수가 들어 있다.

```
public static Stream<Unit> periodicTimer(
        Cell<Double> time, Stream<Unit> sTick, double period) {
    CellLoop<Double> tAlarm = new CellLoop<>();
    Stream<Double> sAlarm = Stream.filterOptional(
```

```
        sTick.snapshot(tAlarm,
            (u, alarm) -> time.sample() >= alarm ←—— 경보 시간에 도달했는가?
                ? Optional.of(time.sample() + period) ←—— 다음 경보
                : Optional.<Double>empty())
    );
    double t0 = time.sample() + period; ←—— 첫 번째 경보 시간
    tAlarm.loop(sAlarm.hold(t0)); ←—— 장애물 관련 좌표 등을 생략
    return sAlarm.map(u -> Unit.UNIT);
}
```

이것은 sample이 상황에 따라 다른 답을 돌려주는 예다. 따라서 sample은 참조 투명하지 않다. sTick.snapshot 안의 sample은 sTick이 발생한 시간을 돌려준다. periodicTimer()의 본몬에서 t0에 사용한 sample은 periodicTimer() FRP 로직이 구성된 시간을 돌려준다.[1]

다음은 같은 코드 리스트에서 뽑은 다른 예제다.

```
Stream<Lambda1<State, State>> sAdd =
    periodicTimer(time, sTick, 6.0)
    .map(u ->
        st -> {
            BitableHomoSapiens h = new BitableHomoSapiens(
                world, st.nextID, center, time, sTick,
                sBite, scene);
            return st.add(h.character, h.sBite,
                fallDownHole(st.nextID, sTick, h.character,
                    world));
    }
);
```

BitableHomoSapiens의 생성자는 HomoSapiens를 만든다. 그리고 HomoSapiens의 코드를 다시 살펴보면 그 안의 최상위 수준에서 다시 time.sample()을 호출하는 것을 볼 수 있다(강조한 부분 참조).

1 옮긴이_ snapshot 안에 있는 sample은 람다 식의 일부로 쓰인 코드이기 때문에 periodicTimer()가 호출되는 시점이 아니라 스냅샷이 해당 람다를 호출하는 시점에 비로소 실행된다. 하지만 t0를 설정할 때 쓴 sample은 periodicTimer()가 호출되는 시점에 실행된다. 실행 시점을 이해하면 자연스럽게 이 둘의 차이를 알 수 있다.

```
traj.loop(
    sChange.snapshot(traj, (u, traj_) ->
        new Trajectory(rng, time.sample(),
            traj_.positionAt(time.sample()))
    ).hold(new Trajectory(rng, time.sample(), posInit))
);
```

이 호출이 반환한 시간을 사용해 사람의 초기 궤적을 설정한다. 여기서도 그 값은 실행된 트랜잭션 컨텍스트에 따라 달라진다. 여기서 강조한 time.sample()은 사람을 만들 때 sAdd에 있던 시간이다. 다른 두 가지 time.sample() 호출은 snapshot 안에서 이뤄졌기 때문에 나중에 일어난다.[2]

7.5.2 또 다른 "대체 뭘 하고 있는 거지?"의 순간

FRP는 (여러분이 문제를 해결하기 위해 선택한 다른 모든 방법과 마찬가지로) 비용이 든다. FRP는 다른 방식에 비해 좀 더 제약이 많다. 그런 제약은 어느 정도 관료적인 모습을 야기한다. 즉, 정해진 규칙을 따르지 않으면 FRP 코드가 작동하지 않는 경우가 생긴다. 따라서 그에 대한 반대 급부로 우리가 얻을 수 있는 게 무엇인지 물어보는 것이 중요하다.

FRP는 제약적인가?

FRP가 꼭 '제약적'인 것만은 아니다. 관점에 따라 다를 수 있다.

FRP는 상태를 직접 변경할 수 없게 막기 때문에 제약적인 것처럼 보인다. 하지만 이것이 의미하는 바가 무엇일까? 그것은 밑바닥에 있는 기계가 폰 노이만 기계라는 가정을 하지 못하게 막는다는 뜻이다. 여러분이 이 가정에 너무 익숙해서 그런 가정을 하지 못하게 막는 일이 마치 '제약'을 가하는 것처럼 느껴지는 것뿐이다. 그렇다면 그 가정은 정말로 좋은 가정일까?

여러분이 코드를 작성하는 데 이미 익숙해진 방법은 FRP와는 다른 측면에서 제약적이다. 예를 들어 명령형 프로그래밍에서는 모든 요소를 특정한 순서대로 지정해야 한다는 제약이 있다. 어려

2 옮긴이_ 바로 앞에서도 설명했지만 new Trajectory() 호출하는 시점과 람다 식이 불리는 시점의 차이에 착안한다면 이를 쉽게 이해할 수 있다.

운 부분은 이미 여러분이 익숙한 제약과 자유를 새로운 제약과 자유로 바꾸는 데 있다. FRP는 여러분에게 필요한 것을 제공하지만 여러분이 원한다고 생각하는 것을 그대로 제공하지는 않는다.

FRP 코드는 추론하기 쉽고 문제와 가깝다는 이야기를 하고 있다. 우리가 그런 FRP의 특성을 실제로 보여줄 수 있다면 좋을 것이다. 언제나 그렇듯이 약간 복잡한 코드를 보여주고 "이게 얼마나 (상대적으로) 간단한가 한번 보시오"라고 말할 수 있다면 좋을 것이다. 하지만 그렇게 하면 이 책이 거의 읽을 수 없을 정도로 어려워질 것이다.

대신에 캐릭터 전환 애니메이션을 이 코드에 추가하는 경우를 가정하고 설명할 것이다. 어떤 캐릭터가 생기고 물리고 소멸될 때 멋진 애니메이션을 보여주고, 그 애니메이션이 실행되는 도중에는 입력 이벤트 중 일부를 블록시키고 싶다고 하자. 이런 기능은 책에 있는 예제와 실전에서 사용하는 코드 사이의 차이를 만들어내는 복잡한 요소에 속한다.

모든 부분이 아주 잘 격리되고 캡슐화되어 있어서 그런 변경을 별도의 모듈에 깔끔하게 담아낼 수 있다는 사실을 보기를 원한다. 또한, 그 세 가지 상황에서 상당한 코드를 재활용할 수 있다는 사실을 알 수 있을 것이다.

FRP와 정적 타입 지정

FRP는 타입 시스템을 한계까지 밀어붙인다. 자바에서라면 자바스크립트와 같은 동적인 언어에서는 볼 수 없는 아주 긴 타입 이름을 발견하게 될 것이다. 정적 타입 지정은 아무것도 하지 않으며, 자바에서 각괄호(〈〉 사이)에 들어간 모든 타입 정보는 코드를 컴파일하는 동안에 사라진다. 하지만 정적 타입은 소스 코드에 더 많은 정보를 추가하며 그런 정보는 여러분이 오류를 일찍 잡아내는 데 도움이 될 수 있다.

그러한 모든 타입 정보를 제외하고 보더라도 코드는 정보로 꽉 차 있다. 코드가 단순할지는 몰라도 몇 줄 안 되는 코드에 상당히 많은 내용이 담겨 있어서 읽기 어려울 수 있다. 타입 정보를 공백의 일종인 것처럼 간주할 수도 있다. 로직을 명확히 보기 위해서 에디터에서 타입을 표시하는 색을 더 연하게 만들면 도움이 될 수도 있다.

많은 경우 우리는 코드를 읽기 쉽게 만들기 위해 중간에 변수를 추가했다. 여러분의 팀이 FRP를 즐기기 시작하면 그런 중간 변수 중 상당수를 인라이닝해도 충분하다는 사실을 알게 될 것이다.

특히 모든 타입을 보여줄 수 있는 강력한 IDE를 사용한다면 더욱 더 그렇다.

15장에서는 FRP를 개선하기 위한 방법의 하나로 타입 추론type inference에 대해 논의할 것이다. 타입 추론을 사용하면 타입 안전성을 잃지 않으면서도 타입 지정으로 인한 잡음을 줄일 수 있다.

7.5.3 연습문제

원한다면 여기서 본 코드를 플레이 가능한 게임으로 바꿔보기 바란다. 마우스 커서가 작은 새 역할을 하게 해서 새가 근처에 있으면 스마트폰에 빠져 있던 사람이 깨어나서 새를 쫓아가도록 만들면 될 것이다. 게임의 목표는 사람을 움직임으로써 좀비를 도로에 난 구멍에 빠지도록 유인해서 세계를 구하는 것이다.

7.6 큰 merge의 효율

캐릭터가 생기거나 없어질 때마다 새로운 출력을 만들어내기 위해 sequence() 함수와 소듐의 컬렉션 버전 Stream.merge()가 호출된다. 그 둘 모두 전체 리스트를 순회한다. 다음은 merge()의 컬렉션 버전을 큰 고민 없이 구현한 것이다.

```
static <A> Stream<A> merge(Collection<Stream<A>> in, Lambda2<A,A,A> f) {
    Stream<A> sOut = new Stream<>();
    for (Stream<A> c : in)
        sOut = sOut.merge(c, f);
    return sOut;
}
```

[그림 7-7]에서 이 결과로 생기는 구조가 아주 긴 선형임을 볼 수 있다. 따라서 리스트의 맨 끝에 있는 노드가 갱신되는 경우에는 출력에 도달하기 위해 N-1개의 노드를 지나가야 한다. 당연히 이런 구조는 규모 확장성이 없다.

그림 7-7 여섯 가지 요소를 비효율적인 방법으로 하나로 병합하기

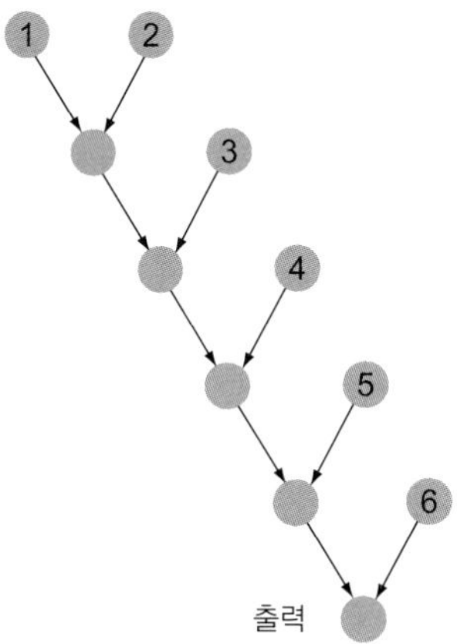

FRP와 참조 투명성에 대한 요구사항으로 인해 이런 식의 처리가 불가피하다. 따라서 이런 경우를 잘 해결할 방법이 필요하다. 긴 선형 구조 대신 균형잡힌 트리balanced tree를 구축하면 만들어진 데이터 구조의 효율을 쉽게 향상시킬 수 있다. 그렇게 하고 나면 메시지를 전달하는 시간 복잡도가 O(N)에서 O(lg(N))으로 바뀐다. 재귀적인 merge()는 다음과 같을 것이다.

```
static <A> Stream<A> merge(Collection<Stream<A>> in, Lambda2<A,A,A> f) {
    if (in.isEmpty()) return new Stream<A>();
    if (in.size() == 1) return in.iterator().next();
    List<Stream<A>> l = new ArrayList<>();
    List<Stream<A>> h = new ArrayList<>();
    int i = 0;
    for (Stream<A> s : in) {
        if (i < in.size() / 2) l.add(s); else h.add(s);
        ++i;
    }
    return merge(l,f).merge(merge(h,f),f);
}
```

하지만 이 트리를 자주 갱신한다면 매번 전체를 재구축하므로 비효율적이다.

제대로 된 해법은 트리 안에 스위치를 넣어서 각 갱신이 트리 중 일부만 재구축하도록 하는 방법일 것이다. 그런 트리는 앞에서 설명한 불변 데이터 구조가 아니라, 변경 가능한 데이터

구조라는 점을 기억하라. 갱신에는 O(lg(N))이 걸려야 할 것이다. 8.6절에서 이에 대해 자세히 설명하고 구체적인 예를 보일 것이다.

> **NOTE_** 라이언 트링클Ryan Trinkle은 자신의 리플렉스Reflex FRP 시스템에서 이 로그 시간을 더 좋게 만드는 작업을 해왔다(https://github.com/reflex-frp/reflex 참조).

7.6.1 이 방식의 효율

이 책의 리뷰어 중 한 사람이 이번 장에 대해 다음과 같은 말을 했다.

> *게임 캐릭터는 항상 위치를 바꾸며, 그로 인해 수천 개의 캐릭터가 만들어질 수 있다. 게임 루프의 매 틱마다 장면에 있는 모든 캐릭터를 다시 생성해야만 한다. 그렇게 하는 것은 GC에 큰 짐이 된다.*

이에 대해 우리가 하고 싶은 답변은 다음과 같다.

- 함수형 언어는 이와 비슷한 코드를 항상 실행하면서도 최근 인상적인 성능 향상을 달성해왔다. 함수형 언어는 코드를 최적화하고, 쓰레기 수집기는 잠깐 존재했다 소멸하는short-lived 객체들을 효율적으로 처리한다. 또한 메모리 할당이 꼭 일어난다고 가정할 수는 없다. 혹시나 메모리 할당이 벌어진다고 하더라도 비용이 많이 들 것이라고 가정할 수는 없다.
- 메모리의 그 자리에서 값을 변경하는 것이 복사보다 더 비용이 적다고 한다면 여러분의 기계가 폰 노이만 기계라고 가정하는 것이다. 비록 정확한 성능 특성을 알지는 못하지만 5장에서 그런 가정이 요즘 기계에서는 더 이상 유효하지 않고, 미래에는 확실히 그렇지 않을 것이라는 사실을 설득하려고 노력했다.
- FRP는 공격적으로 최적화할 수 있는 잠재력이 있다. 안타깝게도 이 책을 쓰는 시점에서 미래의 이야기이기는 하다.

우리가 여기서 증명할 수 있는 것은 아무것도 없지만 우리가 가진 직관은 FRP가 아주 빨라질 수 있다고 알려준다.

7.7 게임 캐릭터와 RxJS의 효율

이제 좀비 게임과 같은 기본적인 구조를 가진 RxJS 예제를 보면서 성능상 고려할 점을 살펴볼 것이다(그림 7-8). 여러분은 미친 교수 삼촌이 운영하는 오스트리아 골프장을 관리하는 담당자다. 두더지 문제를 해결하기 위해 미친 교수 삼촌은 큰 나무로 된 망치를 당신에게 줬다. 당신은 그 망치를 사용하는 것이 샤를마뉴 대제 이래의 모든 동물보호법을 위반한다는 사실을 확신하고 있지만, 모로코 랜턴에 부과되는 세금을 회피한 전과가 있기 때문에 당신이 정직하게 일할 수도 있음을 삼촌에게 확신시켜야만 한다. 그렇지 않으면 상속을 받지 못할 것이다. 비록 그 '상속'이 두더지로 가득찬 골프장에 불과할지라도 말이다. 아직 주사위는 던져지지 않았다.

그림 7-8 '두더지 잡기' 게임

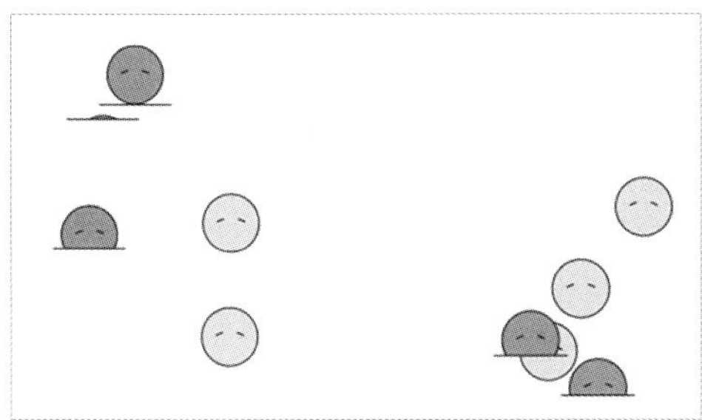

여기서 살펴볼 첫 번째 예제는 두더지다(리스트 7-9). 이 예제는 앞 예제의 사람이나 좀비와 기본적으로 같은 아이디어다. 다만 두더지들은 볼 수 없기 때문에 주변에 대한 뷰를 제공할 필요가 없다는 점이 다르다. 다음은 입력이다.

- 두더지에 대한 유일한 ID
- 상수 x, y 위치
- 애니메이션 시간 clock. 스트림인 동시에 셀인 것으로 이를 생성한다. 이렇게 하는 것은 FRP의 정신에는 위배되지만 애니메이션 시간을 변수 하나로 표현할 수 있다는 장점이 있다(물론 이것이 장점인가에 대해서는 논쟁의 여지가 있다).
- 사용자가 두더지를 클릭했는지 여부를 보여주는 sClick 스트림

다음은 출력이다.

- id – 입력에서 받은 id
- drawable – 두더지 캐릭터를 그리는 함수

- sDestroy – 두더지가 자기 자신의 소멸을 요청할 때 쓰는 스트림
- dispose – 조금 뒤 설명

두더지는 **올라오는 중**rising, **올라옴**up, **헤롱헤롱**whacked의 세 가지 상태가 있다. 사용자는 **올라오는 중**인 두더지만 때릴 수 있다. 얻어 맞는 일 없이 올라오는 중 상태를 지난 두더지는 **올라옴** 상태가 되며 그 두더지는 승리한다. 승리한 두더지는 10초간 당신을 비웃을 것이다. 이것이 우리가 자바스크립트로 만든 첫 번째 게임이지만 여기 사용한 FRP 개념은 모두 우리가 알고 있던 것과 동일하다.

dispose 함수를 반환하는 이유는 다음과 같다. RxJS의 Rx.BehaviorSubject/subscribe 숙어는 subscribe를 사용하고 subscription 객체를 반환받는 것이다. 그 로직을 RxJS에서 switch에 해당하는 flatMapLatest()에서 사용할 때(조금 뒤 보겠지만) 명시적으로 정리해주지 않으면 메모리 누수가 생긴다.

이 책을 쓰는 시점에서는 이것이 사실이다. 물론 소듐에서처럼 자동으로 관련 객체와 메모리를 정리하는 것이 더 바람직하다. Rx.BehaviorSubject/subscribe 숙어 대신 scan()을 쓰면 그런 문제가 생기지 않을 것이다. 그렇게 할 수도 있지만 Rx.BehaviorSubject를 사용하는 게 더 나은 이유가 두 가지 있다.

- 상태 값을 셀과 비슷한 의미로 다룰 수 있다. scan()이 반환하는 Observable은 구독 즉시 현재의 상태를 알려주지 않는다. 나중에 withLatestFrom()을 사용할 때 그것이 중요한 문제가 될 수도 있다.
- 여러분은 서로 다른 두 입력에서 들어온 sUp와 sWhack을 조합하고 있다. 우리는 Rx.BehaviorSubject/subscribe 숙어가 이런 경우 문제를 더 자연스럽게 기술한다고 생각한다.

리스트 7-9 두더지의 로직

```
function mkMole(id, x, y, clock, sClick)
{
    var tRise = 100,  ←—— 구멍에서 나올 시간
        tWhack = 15,  ←—— 한 대 맞은 경우 내려갈 시간
        tUp = 500;  ←—— 위로 올라간 경우 자신을 뽑낼 시간
    function drawMole(ctx, x, y, up, fracVisible) {
        ...  ←—— 그래픽 처리 코드 생략
    }
    var state = new Rx.BehaviorSubject({ phase : 'rising',
                                         t0 : clock.getValue() }),
```

```
sUp = clock.withLatestFrom(state,  ←—— tRise 후 up 상태로 상태 변경
        function (t, state) {
            return state.phase == 'rising' &&
                       t - state.t0 >= tRise
                ? { phase : 'up', t0 : t }
                : null;
        })
    .filter(function (state) { return state !== null; }),
sWhack = sClick.withLatestFrom(clock, state,  ←—— rising인 동안 클릭이 있었다면
        function (_, t, state) {                       whacked 상태로 변경
            var dt = t - state.t0;
            return state.phase == 'rising'
                ? { phase : 'whacked',
                    t0 : t - (1 - dt / tRise) * tWhack }
                : null;
        })
    .filter(function (state) { return state !== null; }),
subscr1 = sUp.merge(sWhack).subscribe(state),  ←—— 두 상태 변경을 상태에 합침
drawable = clock.withLatestFrom(state, function (t, state) {  ←—— 두더지를 그리는
    return state.phase == 'rising' ? function (ctx) {               함수로 클럭 틱마
               var dt = t - state.t0;                                 다 갱신함
               drawMole(ctx, x, y, false, dt / tRise); } :
            state.phase == 'up' ? function (ctx) {
                drawMole(ctx, x, y, true, 1); } :
            function (ctx) {
                var dt = t - state.t0;
                if (dt < tWhack)
                    drawMole(ctx, x, y, false,
                        1 - dt / tWhack); };
}),
sDestroy = clock  ←—— whacked이나 up 상태가 끝나면 종료를 요청
    .withLatestFrom(state,
        function (t, st) {
            var dur = t - st.t0;
            return (st.phase == 'up' && dur >= tUp)
                || (st.phase == 'whacked' && dur >= tWhack)
                        ? id : null;
        })
    .filter(function (id) { return id != null; });
return {
    id : id,
    drawable : drawable,
    sDestroy : sDestroy,
```

```
        dispose : function () { subscr1.dispose(); }
    };
}
```

[리스트 7-10]은 성능에 그리 신경을 쓰지 않고 작성한 메인 프로그램을 보여준다. 좀비의 경우와 마찬가지로 게임 상태의 현재 두더지 목록으로부터 RxJS의 switch 연산을 사용한 sDestroy와 drawable을 추출한다. 여기서 flatMapLatest()는 소듐에서 map과 hold를 한 다음에 switch를 한 것과 동일하다.

앞에서 말한 것처럼 두더지를 없애고 나면 메모리 누수를 방지하기 위해 그 두더지를 명시적으로 해제하는 함수를 반환한다. 지연시간을 0으로 설정한 setTimeout을 사용해서 그 해제 함수를 호출하면 현재의 RxJS 처리가 완료된 다음에 해제 함수가 안전하게 호출되도록 할 수 있다.[3]

앞에서 말한 것처럼 참조 투명성을 요구하는 '제약적인' FRP 스타일은 쓰레기 수집기에 큰 부담을 준다. 이 코드의 규모 확장성은 다음과 같이 최악이다.

- 두더지는 매 프레임 새로운 drawable을 내놓는다. 그것을 매 프레임 모두 조합해야 한다.
- 각 두더지를 갱신할 때마다 drawable을 조합하는 알고리즘의 복잡도는 O(N)이다. 프레임마다 모든 두더지가 한 번씩 갱신되므로 전체 시간 복잡도는 프레임당 $O(N^2)$이다.
- 배열의 크기가 큰 경우 그것을 복사하면서 뒤에 다른 내용을 덧붙이는 것은 비효율적이다.

나중에 FRP 패러다임을 벗어나지 않으면서 이런 문제를 개선하는 방법을 보게 될 것이다.

리스트 7-10 두더지 잡기 메인 프로그램

```
function init() {
    var canvas = document.getElementById("myCanvas"),
        getXY = function(e) {
            return { x : e.pageX - canvas.offsetLeft,
                     y : e.pageY - canvas.offsetTop }; },
        sMouseDown = Rx.Observable.fromEvent(canvas, 'mousedown')
                                  .map(getXY),
        clock = new Rx.BehaviorSubject(0);
```

3 옮긴이_ 타임아웃 시간이 0인 타이머를 설정하는 방식은 단일 스레드 구조인 자바스크립트에서 지금 진행 중인 작업을 다 마친 다음 처리할 일을 시스템에 등록해두는 표준적인 기법이다.

```
Rx.Observable.interval(20).subscribe(clock);  ← 50 fps 애니메이션 클럭
var state = new Rx.BehaviorSubject({ nextID : 0, moles : []}),
    sAddMole = clock
        .filter(function (_) { return Math.random() < 0.02; })  ← 임의의 시간에...
        .withLatestFrom(state, clock,
            function (_, state, t0) {  ← ... 새로운 두더지 만듦
                var x = 25+(canvas.width-50) * Math.random();
                var y = 25+(canvas.height-50) * Math.random();
                var sClick = sMouseDown.filter(function (pt) {  ← 두더지의 위치를 클릭하면 클릭 이벤트가 두더지에게 전달됨
                    return pt.x >= x - 20 && pt.x <= x + 20 &&
                           pt.y >= y - 20 && pt.y <= y + 30;
                });
                var newMoles = state.moles.slice();  ← 참조 투명성을 위해 리스트를 복사
                newMoles.push(mkMole(state.nextID, x, y,
                                     clock, sClick));
                state = { nextID : state.nextID+1,
                          moles : newMoles };
                console.log("add mole "+state.nextID+
                    " ("+state.moles.length+")");
                return state;
            }),
    sDestroy = state.flatMapLatest(  ← 모든 두더지의 sDestroy를 하나로 합침
        function (state) {
            var sDestroy = Rx.Observable.of();
            for (var i = 0; i < state.moles.length; i++)
                sDestroy = sDestroy.merge(state.moles[i].sDestroy);
            return sDestroy;
        });
    sRemoveMole = sDestroy.withLatestFrom(state,  ← sDestroy를 상태 변경으로 모음
        function (id, state) {
            var newMoles = [];
            for (var i = 0; i < state.moles.length; i++)
                if (state.moles[i].id != id)  ← 없어지지 않은 두더지를 복사
                    newMoles.push(state.moles[i]);
                else
                    setTimeout(state.moles[i].dispose, 0);  ← 없어진 두더지를 명시적으로 제거
            console.log("remove mole "+id+" ("+newMoles.length+")");
            return { nextID : state.nextID, moles : newMoles };
        });
sAddMole.merge(sRemoveMole).subscribe(state);  ← 상태 변경을 state에 모음
var drawables = new Rx.BehaviorSubject([]);
state.flatMapLatest(  ← drawable을 하나의 BehaviorSubject에 조합
    function (state) {
        var drawables = new Rx.BehaviorSubject([]);
```

```
            for (var i = 0; i < state.moles.length; i++) {
                var thiz = state.moles[i].drawable.map(
                    function(draw) {
                        return [draw];
                    });
                drawables = i == 0
                    ? thiz
                    : drawables.combineLatest(thiz,
                        function (d1, d2) { return d1.concat(d2); });
            }
            return drawables;
        }).subscribe(drawables);
    clock.subscribe(function(t) { ←—— 화면을 매 프레임마다 다시 그림
        var ctx = canvas.getContext("2d");
        ctx.fillStyle = '#00af00';
        ctx.fillRect(0, 0, canvas.width, canvas.height);
        var ds = drawables.getValue();
        for (var i = 0; i < ds.length; i++)
            ds[i](ctx);
    });
}
```

이 코드를 실행하려면 깃을 체크아웃하고 브라우저에서 sodium/book/web/whack1.html을 열면 된다. 소스 코드는 whack1.js에 있다.

이제 성능을 개선하자. 먼저, 매 프레임마다 그리기 함수를 갱신하는 대신에 그 함수를 시간에 대한 함수로 만들어서 두더지가 상태를 변경한 경우에만 갱신할 것이다. 이런 변경은 아주 쉽다. 다음 부분을

```
var drawable = clock.withLatestFrom(state, function (t, state) {
    ...
```

다음과 같이 바꿔서, 매 클릭 프레임이 아니라 두더지의 상태가 바뀐 경우에만 drawable을 변경하면 된다. 이제 t는 반환된 함수의 인자가 된다.

```
var drawable = state.map(function (state) {
    return state.phase == 'rising' ? function (ctx, t) {
        var dt = t - state.t0;
        drawMole(ctx, x, y, false, dt / tRise); } :
```

```
        state.phase == 'up' ? function (ctx, _) {
            drawMole(ctx, x, y, true, 1); } :
        state.phase == 'up' ? function (ctx, _) {
            drawMole(ctx, x, y, true, 1); } :
        function (ctx, t) {
            var dt = t - state.t0;
            if (dt < tWhack)
                drawMole(ctx, x, y, false,
                    1 - dt / tWhack); };
});
```

다음으로 주 루프를 다음과 같이 변경해서 현재 시간을 넘긴다.

```
var ds = drawables.getValue();
for (var i = 0; i < ds.length; i++)
    ds[i](ctx, t);
```

두 번째 개선은 7.6절에서 설명한 것처럼 선형 구조가 아닌 이진 트리 구조를 사용해 drawables를 생성하는 것이다.

```
var drawables = new Rx.BehaviorSubject([]);
state.flatMapLatest(
    function (state) {
        var drawables = [];
        for (var i = 0; i < state.moles.length; i++)
            drawables.push(state.moles[i].drawable);
        return sequence(drawables);
    }).subscribe(drawables);
```

자바에서 사용했던 것처럼 일반화한 sequence() 함수를 사용한다. 다만, 약간 개선한 부분이 있다. sequence()는 값의 셀의 리스트(자바라면 List〈Cell〈A〉〉 타입일 것이다)를 값의 리스트에 대한 셀인 Cell〈List〈A〉〉 타입으로 바꾼다.

리스트를 여럿으로 나눠서 재귀적으로 처리할 수 있다. 그렇게 하면 입력 셀과 내보내는 출력 셀 사이의 combineLatest 회수가 lg(N) 이하가 된다. 따라서 이 알고리즘의 경우 단일 화면 갱신의 복잡도가 O(lg(N))이 된다.

```
function sequence(xs)
{
    if (xs.length == 0)
        return new Rx.BehaviorSubject([]);
    else
    if (xs.length == 1)
        return xs[0].map(function(x) { return [x]; });
    else {
        var mid = Math.floor(xs.length/2),
            left = xs.slice(0, mid),
            right = xs.slice(mid);
        return sequence(left).combineLatest(sequence(right),
                function (x1, x2) { return x1.concat(x2); });
    }
}
```

세 번째로, 배열이 크면 그것을 복사하면서 뒤에 다른 배열을 덧붙이는 비용이 비싸다. 참조 투명성을 보장하기 위해서는 값이 불변이어야 한다는 사실을 기억하라. 따라서 배열을 복사해야만 한다. 하지만 불변성을 사용하는 세계와 가변성을 사용하는 세계에서 좋은 것만을 취할 수 있다. 2–3 핑거 트리finger tree라는 불변 데이터 구조가 있는데, 2–3 핑거 트리는 배열과 같은 방식으로 동작하면서 뒤에 다른 배열을 덧붙이는 복잡도가 $O(\lg(\min(N_1,N_2)))$이다. 그에 대한 자바스크립트 구현도 있다.

우리는 이 개선 중 두 가지를 적용했다. 새로운 버전을 살펴보려면 브라우저에서 combine Latest를 열자. 코드는 whack2.js에 있다.

7.8 switch의 용례 3: 잘못된 상태 제거하기

6장의 자바스크립트 예제를 확장해서 고양이와 개 폴리곤 주변을 드래그drag할 수 있게 하자. 드래그 앤 드롭에는 버튼 눌림down, 움직임move, 버튼 들림up 이렇게 세 가지 마우스 이벤트가 연관된다(그림 7-9).

그림 7-9 드래그 앤 드롭 로직의 입력 마우스 이벤트 모델링

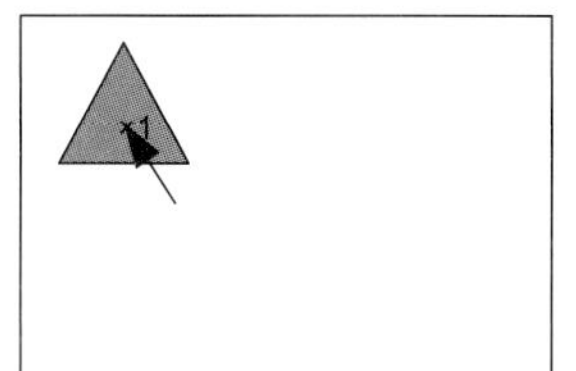

이벤트 1: 마우스 버튼 눌림

마우스 버튼이 눌리고 드래깅을 시작한다.

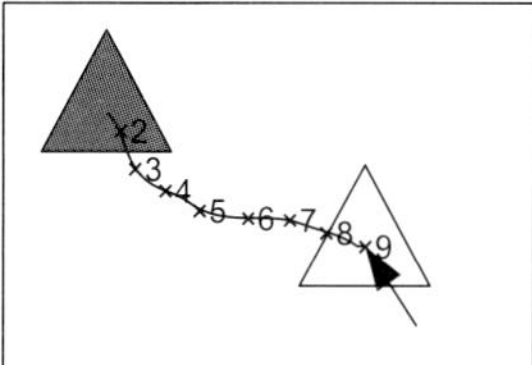

이벤트 2~9: 마우스 움직임

마우스 버튼이 눌린 채로 마우스가 움직임에 따라 move 이벤트 스트림에 이벤트가 발생한다. 문서상의 대상 객체는 그것이 드래그되고 있다는 것을 보이기 위해 이동하는 상태로 그려진다.

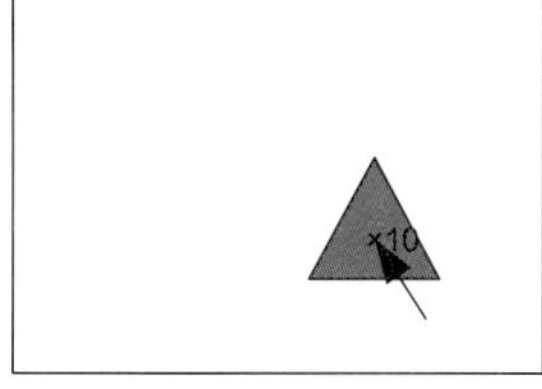

이벤트 10: 마우스 버튼 들림

마우스 버튼을 놓았다. 대상 원소의 새 위치에 맞춰 문서가 갱신된다.

[리스트 7-11]은 dragging 상태를 위한 BehaviorSubject를 정의한다. BehaviorSubject는 드래깅을 하고 있지 않다면 null이다. 이렇게 해도 작동은 하지만 버그가 발생할 가능성이 있다. 드래그 로직을 시작하기 전에 dragging이 null이 아니라는 것을 확실히 해야 한다. 조금 뒤 이 부분을 개선할 것이다. 또한, 마지막의 subscribe()가 I/O이기 때문에 가능하면 전체 로직에서 멀리 떨어뜨려야 한다는 것을 명심하라(그래서 여기서는 파일의 맨 아래 위치시켰다).

리스트 7-11 고양이와 개 폴리곤을 flatMapLatest 없이 드래그하기

```
function insidePolygon(pos, poly) { ←—— 코드 생략
}
function find(doc, pos) {
  for (var i = 0; i < doc.length; i++)
    if (insidePolygon(pos, doc[i])) return doc[i];
  return null;
}
function insert(doc, shape) {
  doc = doc.slice();
  for (var i = 0; i < doc.length; i++)
```

```
      if (doc[i].id == shape.id) doc[i] = shape;
    return doc;
}
function shiftBy(shape, dx, dy) {
    var neu = { id: shape.id, coords : [] };
    for (var i = 0; i < shape.coords.length; i++) {
      var pt = shape.coords[i];
      neu.coords.push( { x : pt.x + dx, y : pt.y + dy } );
    }
    return neu;
}

function init() {
    var canvas = document.getElementById("myCanvas");
    var getXY = function(e) { return { x : e.pageX - canvas.offsetLeft,
                                       y : e.pageY - canvas.offsetTop }; };
    var sMouseDown = Rx.Observable.fromEvent(canvas, 'mousedown')
                                 .map(getXY);
    var sMouseMove = Rx.Observable.fromEvent(canvas, 'mousemove')
                                 .map(getXY);
    var sMouseUp = Rx.Observable.fromEvent(canvas, 'mouseup').map(getXY);
    var dragging = new Rx.BehaviorSubject(null);
    var doc = new Rx.BehaviorSubject([
        { id: "cat", coords: ... },   ← 자세한 숫자들 생략
        { id: "dog", coords: ... }
      ]);
    sMouseDown.withLatestFrom(doc, function(pos, doc) {   ← mouseDown이 어떤 모양을 클릭했다면 dragging 상태로 설정한다.
            var shape = find(doc, pos);
            if (shape === null) return null;
            else                return { shape : shape, startPos : pos };
      }).merge(   ← mouseUp 발생 시 dragging 상태를 해제한다.
          sMouseUp.map(function(pos) { return null; })
      ).subscribe(dragging);
    sMouseMove.withLatestFrom(dragging, doc, function(pos, dragging, doc) {
        if (dragging === null) return null;   ← 조심해야 한다! dragging 상태인지 확인하라.
        else {
            var dx = pos.x - dragging.startPos.x;
            var dy = pos.y - dragging.startPos.y;
            return insert(doc, shiftBy(dragging.shape, dx, dy));
        }
    }).filter(function(doc) { return doc !== null; })
      .subscribe(doc);
    doc.subscribe(function(doc) {   ← I/O 부분을 로직과 멀리 떨어뜨려 놓아라.
        var ctx=canvas.getContext("2d");
```

```
        ctx.clearRect(0, 0, canvas.width, canvas.height);
        for (var i = 0; i < doc.length; i++) {
            var coords = doc[i].coords;
            ctx.beginPath();
            ctx.moveTo(coords[0].x, coords[0].y);
            for (var j = 0; j < coords.length; j++)
                ctx.lineTo(coords[j].x, coords[j].y);
            ctx.closePath();
            ctx.fillStyle = '#4090ff';
            ctx.fill();
        }
    });
}
```

이 예제를 실행하려면 git clone https://github.com/SodiumFRP/sodium으로 체크아웃한 다음 sodium/book/web/drag1.html을 브라우저로 열면 된다.

7.8.1 flatMapLatest로 개선한 버전

함수형 프로그래밍에서는 잘못된 상태를 표현하지 않기 위해 노력해야 한다. 우리가 원하는 것은 실제 드래깅이 시작되기 전까지 드래깅 로직이 존재하지 않도록 하는 것이다.

앞의 코드에서 굵게 표시한 부분을 [리스트 7-12]에 있는 코드로 변경할 수 있다. 다음 코드는 올바른 모양 위에서 마우스 버튼을 누른 경우 어떤 일을 해야 할지를 표현해주는 Observable을 출력으로 내놓는다.

takeUntil()은 인자로 받은 sMouseUp에 이벤트가 도착하면 Observable을 종료시키는 RxJS 연산이다. takeUntil()과 일치하는 것은 소듐에 없지만 직접 작성할 수는 있다. 이렇게 takeUntil()을 사용하는 코드는 여러분이 원하는 일을 해준다. 즉, 여러분이 드래깅을 시작하면 드래그 로직을 초기화해주고, 드래깅을 멈추면 드래깅 로직을 제거해준다. 드래그 로직은 자신이 드래깅 상태인 경우만 존재할 수 있다는 것을 알 수 있다. 마우스 버튼이 들렸는데 드래깅을 없애지 않는 잘못된 드래깅 상태를 바로잡고 그와 관련된 잠재적인 모든 버그도 함께 해결한다.

리스트 7-12 고양이와 강아지 폴리곤 드래그하기: flatMapLatest로 개선한 버전

```
var dragging = ... ;
var doc = ... ;
sMouseDown.withLatestFrom(doc, function(pos, doc) {
    return { startPos : pos, shape : find(doc, pos) };
}).filter(function(x) { return x.shape !== null; })
  .flatMapLatest(function(x) {
      var startPos = x.startPos;
      var shape = x.shape;
      return sMouseMove.withLatestFrom(doc, function(pos, doc) {
          var dx = pos.x - startPos.x;
          var dy = pos.y - startPos.y;
          return insert(doc, shiftBy(shape, dx, dy));
      }).takeUntil(sMouseUp);
}).subscribe(doc);
```

이 예제를 실행하려면 git clone https://github.com/SodiumFRP/sodium을 체크아웃하고 브라우저로 sodium/book/web/drag2.html을 열면 된다.

7.9 switch의 용례 4: 장면 전환

실제 게임은 여러 장면으로 구성된다(그림 7-10). 비디오 게임에서는 보통 매 프레임 전체 화면을 다시 그린다. 그래서 보통은 (그려야 하는 모든 그래픽 요소로 구성된) 전체 장면을 단일 셀로 모델링하곤 한다. 몇몇 기반 기술(웹GL WebGL, 오픈GL OpenGL, HTML5 캔버스 canvas)은 이런 방식으로 잘 작동한다. 일부 기술(DOM이나 SVG)은 그렇지 않지만 그에 맞출 수는 있다.

그림 7-10 실제 게임의 화면 예

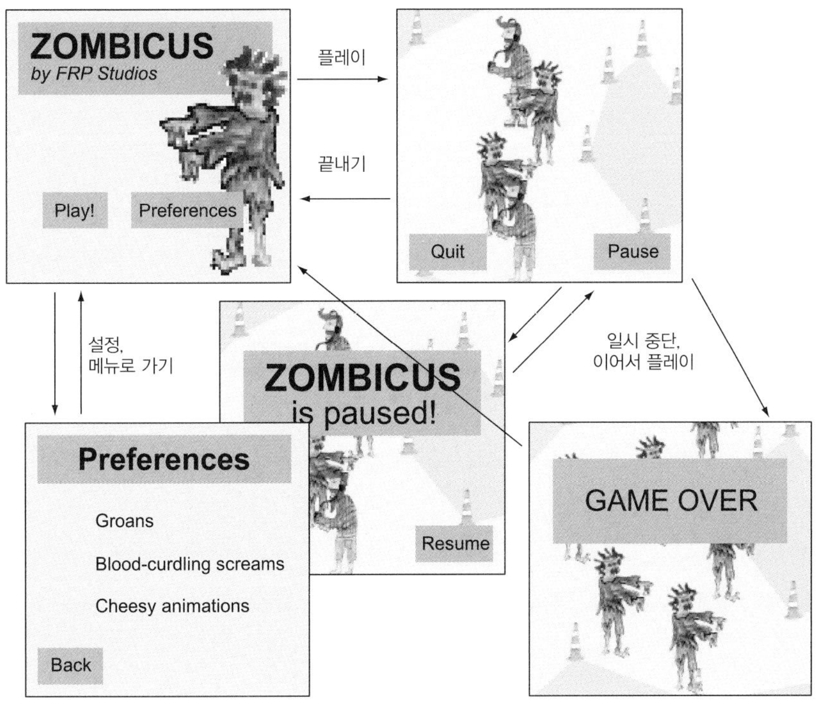

다음은 이를 FRP에서 switch를 사용해 구현하는 방법을 보여준다. 각 화면의 로직은 sChange 스트림을 내놓는다. sChange는 전환할 대상 화면을 이벤트로 발생시킨다. 주 게임 루프는 그런 상태 변경을 처리한다(그림 7-11).

그림 7-11 게임에서 화면을 전환하는 방식

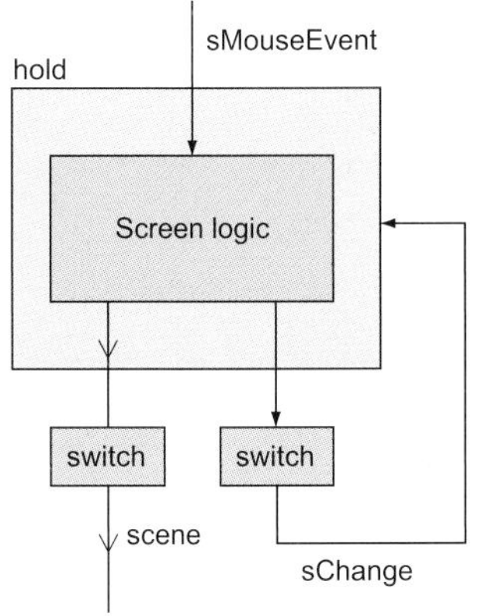

이런 설정 아래서는 장면 사이에 교묘하게 장면 전환 애니메이션을 집어넣는 것이 쉽다. 전환하는 동안 보여줄 장면은 세 가지 요소의 함수다.

- 예전 화면의 장면
- 새로운 화면의 장면
- 애니메이션의 클럭 시간

이를 직접 FRP로 나타낼 수 있다. 깔끔하게 작동하게 만들려면 전환이 일어나는 동안 마우스 입력을 새로운 화면에서만 받을 수 있게 하거나, 어느 화면으로도 마우스 입력이 들어가지 못하게 막아야 할 것이다. 그렇게 하지 않으면 전환이 일어나는 중간에 발생한 마우스 이벤트로 인해 화면이 다 바뀌는 이상한 상황을 볼 수 있다.

때로는 화면이 비활성화된 상태라도 계속 상태를 유지하기를 원할 수 있다. 반대로 그것이 바람직하지 않을 때도 있다. 예를 들어 새로 게임을 시작하면 완전히 새로운 상태를 원할 것이다. 게임을 일시 정지한다면 매번 새로운 일시 정지 화면을 만들기를 원할 것이다. 일시 정지 화면에는 보존할 만한 유용한 상태가 없기 때문이다. 하지만 그 화면에서 다시 게임 플레이 화면으로 돌아간다면 일시 정지 이전의 화면 상태가 그대로 유지되기를 바랄 것이다.

이를 달성하기란 생각보다 간단하다. 다음과 같이 하자.

- 화면이 새로운 상태로 바뀐다면(새 게임이나 일시 정지 화면), 새로운 FRP 로직을 구성하는 FRP 명령을 실행하라.
- 화면의 상태를 보존하고 싶다면(예를 들어, 게임 중에 일시 정지하는 경우) 게임 화면의 장면 셀을 일시 정지 화면에 보내서 보존하게 만들라. 그리고 일시 정지가 끝나면 sChange에 hold해두었던 장면을 전달하라. 일시 정지 화면에 게임 장면을 나타내는 셀에 대한 참조를 유지하기 때문에 게임 로직이 메모리에 유지될 것이다.

화면의 장면에 대한 모든 참조가 사라지면 그 장면은 정리된다. 여러분이 게임 종료 화면에 들어가면 게임 화면의 장면을 버리게 된다. 그 장면에 대한 참조가 다른 곳에 전혀 없기 때문에 게임 상태가 쓰레기 수집기에 의해 수집될 것이다.

이런 방식이 제대로 작동하려면 추가 메커니즘이 필요하다는 것에 유의하라. 입력 이벤트를 막아서 현재 활성화된 화면만 그것을 받을 수 있게 만들어야 한다. 그렇게 하지 않으면 일시 정지 화면에서 한 마우스 클릭이 게임 화면의 사용자 입력처럼 받아들여지는 경우가 생길 것이다.

NOTE_ 게임이 일시 정지된 경우 게임 로직의 상태를 변경하고 싶지 않을 것이다. 전형적으로 몬스터들이 주변을 이동하게 만드는 게임 클럭이 있을 것이다. 일시 정지 동안 몬스터의 이동이나 재생regen을 막는 방법으로 일시 정지 화면에 게임 클럭을 정지시키는 메커니즘을 추가하는 것을 추천한다. 일시 정지 화면에서 애니메이션이 필요하다면 별도의 클럭을 사용하라.

요약하면 게임에서 화면 전환을 구현하기 위해 다음과 같이 할 수 있다.

- 출력 셀들이나 스트림들을 스위치한다.
- 출력 중 하나는 sChange라는 스트림으로 (필요한 경우) 현재 화면을 hold해서 출력한다. 해당 화면을 다시 복구하려면 저장해둔 화면을 다시 출력에 넘겨서 마치 새 화면을 sChange의 이벤트를 통해 받은 것처럼 처리한다.
- 모든 입력을 막아서 눈에 보이지 않는 화면으로 입력 이벤트가 전달되는 일이 없게 하라.
- 마음이 가는 대로 장면 전환 애니메이션을 추가하라.

7.10 요약

- sample 기본 연산을 사용하면 셀을 직접 표본 추출할 수 있다. 여러분은 FRP 로직을 구성하거나, 이벤트에 대해 작동하는 FRP 기본 연산(Stream.map, snapshot, filter, merge, Stream.accum)에 전달되는 함수 안에서 sample을 사용할 수 있다. 또는 sample을 I/O 코드로부터 아무 때나 직접 호출해서 셀의 현재 값을 가져올 수 있다.
- switch가 없다면 FRP 로직을 구현하는 데이터 흐름 그래프는 정적이다.
- switch를 사용하면 FRP를 사용해 FRP 로직을 구성할 수 있다. 따라서 FRP 데이터 흐름 그래프를 동적으로 변경할 수 있다.
- 길이가 긴 셀이나 스트림의 리스트를 merge하는 것은 성능상 문제가 될 수 있다. 하지만 이를 규모 확장성 있게 만드는 방법이 여럿 있다.
- 버그가 일어날 가능성을 줄이기 위해 표현할 수 없는 잘못된 상태를 만들지 않는 것이 바람직하다. switch가 도움이 될 수 있다.

CHAPTER 8

조작적인 기본 연산

- FRP 코드를 프로그램의 나머지 부분과 연결하기
- 지연 값Lazy Values
- 셀에서 스트림 얻기
- 규모 확장 가능한 대상 지정 문제
- 트랜잭션
- 새로운 트랜잭션 컨텍스트 만들기

FRP의 핵심 개념에서 나온 10가지 기본 연산인 map, merge, hold, snapshot, filter, lift, never, constant, sample, switch에 대한 기초를 잘 다진 기념으로 부드러운 음악을 하나 틀고 시작하자. 이 10가지 연산을 함께 사용하면 모든 것이 멋지고 조화로운 완벽한 세상이 탄생한다.

지지지지직!(레코드판이 튀는 소리) FRP 설계 공간의 가장자리에 몇 가지 문제가 남아 있고, 그 문제는 FRP의 핵심 개념과 잘 들어맞지 않는다. 이번 장은 그런 문제에 대해 설명하고 소듐에서 어떻게 처리하는지 보여준다. 각 FRP 시스템마다 이런 문제를 해결하기 위한 자체적인 방법이 있다. 여기서는 그 방법으로 조작적인 기본 연산을 소개할 것이다.

8.1 FRP 코드와 프로그램의 나머지 부분 연결하기

지금까지 오면서 여러분은 FRP에 대해 빨리 알려달라고 말해왔고, 우리는 마치 스타워즈의 요다처럼 "안 돼 있지, 준비가! 흠."하고 답해왔다.[1] 이제 우리는 여러분의 마음이 충분히 정화돼서 데이터를 FRP 로직으로 보내는 방법이나 FRP에서 데이터를 꺼내오는 방법에 대해 배워도 여러분의 FRP 프로그래밍이 조작적인 사고방식으로부터 영향을 받지 않는다고

1 옮긴이_ 마스터 요다의 언어 습관은 우리 같은 범상한 인간과는 다르다. 요다를 따라서 변수와 상수를 비교하는 조건식을 if (42 == $value) { /* ... */ } 처럼 작성하는 것을 요다 조건문이라고 부르기도 한다.

판단한다. 이제부터 필요하지만 써야할 필요가 있을 때만 사용해야 하는 내용을 가르칠 것이다.

> **NOTE_** 이제부터 설명하는 것은 소듐의 해결 방법이다. 이 방법이 상당히 전형적이기는 하지만 다른 FRP 시스템에서는 또 다른 변형이 있을 것이다. RxJS에서 어떻게 하는지에 대한 정보는 6.5절에 있다.

8.1.1 스트림에 데이터 보내고 리슨하기

FRP 코드를 프로그램의 나머지 부분과 연결하는 일은 두 부분으로 이뤄진다.

1 이벤트를 스트림이나 셀에 집어넣기
2 스트림이나 셀의 이벤트를 리슨하기

[리스트 8-1]은 이 모두를 보여준다. 먼저 StreamSink를 만든다. StreamSink는 Stream의 하위 클래스로 send()라는 메서드가 있어서 스트림에 값을 보내거나 밀어 넣을 수 있게 해준다.

> **NOTE_** 리스너와 그에 대한 분명한 규칙을 조금 있다 논의할 것이다. 어떤 경우라도 send()를 호출하는 것은 스레드 안전하고, 여러 다른 관점에서도 안전하다. send() 호출은 또한 I/O 때문에 블록되지도 않는다.

프로그램의 다른 부분이 스트림을 소비하도록 만들기 위해 어떤 모듈이 StreamSink를 익스포트export하는 경우, StreamSink를 Stream으로 업캐스트upcast(상위 타입으로의 형변환)해야 한다. 그래야 스트림에 이벤트를 밀어 넣는 기능이 외부에 노출되지 않는다.

> **NOTE_** 코드에서 send()를 호출하기 전에 모든 I/O와 상태 변경을 수행할 수 있다. 우리는 이제 참조 투명성이 적용되지 않는 무법천지에 있는 것이다.

이벤트를 리슨하기 위해서는 스트림의 listen() 메서드를 사용해 리스너를 등록할 수 있다. listen() 메서드는 unlisten() 메서드가 들어 있는 Listener 객체를 반환한다. 이 unlisten()을 사용해 스트림에서 값을 관찰하는 것을 중단할 수 있다.

```
Listener l = ev.listen(value -> { ... do something ... ; });
...
l.unlisten();
```

또한 append()를 사용해서 여러 리스너를 하나로 합칠 수 있다. 따라서 리슨하던 여러 스트림을 해제하는 일반적인 방법은 다음과 같다.

```
Listener l = new Listener();
l = l.append(sX.listen(...));
l = l.append(sY.listen(...));
...
l.unlisten(); ←—— 모든 콜백의 등록을 해제한다.
```

다음은 소듐에만 해당되는 내용이다.

- 소듐이 보이지 않는 곳에서 수행하는 작업은 모두 자동이지만, 방금 본 리스너를 명시적으로 해제하는 것은 자동이 아니다. 여러분이 해제하는 것을 잊어버리면 FRP 로직이 메모리에 유지되며 메모리 누수가 발생할 수 있다. 하지만 FRP 프로그램은 보통 그리 많은 리스너를 사용하지 않는다. 그리고 사용되는 리스너는 프로그램이 실행되는 동안 계속 존재해야 하는 경우가 많다.
- 여러분이 listen()으로 무언가를 리슨한 경우, 명시적으로 unlisten()을 호출하기 전까지는 그 리스너와 관련된 FRP 로직이 메모리에 유지되며 쓰레기 수집기에 의해 해제되지 않는다. 소듐은 Listener 객체가 쓰레기 수집기에 의해 수집되면 관련 핸들러를 자동으로 해제해주는 listenWeak()라는 listen()의 변종을 제공한다.

리스트 8-1 데이터를 스트림에 보내고 리슨하기

```
import nz.sodium.*;
public class stream {
    public static void main(String[] args) {
        StreamSink<Integer> sX = new StreamSink<>();
        Stream<Integer> sXPlus1 = sX.map(x -> x + 1);
        Listener l = sXPlus1.listen(x -> { System.out.println(x); });
        sX.send(1);
        sX.send(2);
        sX.send(3);
        l.unlisten();
    }
}
```

```
------ Output ------
stream:
    [java] 2
    [java] 3
    [java] 4
```

이 코드는 다음과 같이 실행하라.

```
git clone https://github.com/SodiumFRP/sodium
cd sodium/book/operational/java
mvn test -Pstream 또는 ant stream
```

8.1.2 단일 트랜잭션 안에서 여러 번 send()하기

NOTE_ 이번 절은 트랜잭션이 없는 Rx나 다른 시스템에는 해당하지 않는다.

send()를 보내서 이벤트를 만들면 자동으로 트랜잭션을 시작한다. 그로 인해 여러분의 FRP 로직에 발생하는 모든 상태 변경은 그 트랜잭션 안에서 이뤄진다. 앞에서 이미 언급했고 조금 뒤 자세히 다룰 내용이지만 트랜잭션을 명시적으로 시작할 수도 있다. 한 트랜잭션 안에서 하나 이상의 StreamSink에 대해 send()를 호출해서 생기는 이벤트들은 모두 동시에 발생한다.

하지만 같은 StreamSink에 대해 여러 번 send()를 하면 어떻게 될까? 소듐은 한 트랜잭션 안에서 스트림당 하나의 이벤트만을 허용한다. 그렇다면 소듐이 방금 말한 상황을 어떻게 처리할까? 기본적으로 소듐은 가장 마지막 send()한 이벤트 외의 모든 이벤트를 버린다.

다른 동작을 원한다면 이벤트 조합을 위한 함수를 인자로 받는 StreamSink의 보조 생성자를 호출해야 한다. 예를 들어 StreamSink〈Integer〉 타입을 사용하고, 수를 send()에 넘긴다고 하자. 만약 두 이벤트 조합 시 두 수를 서로 더한 결과를 최종 이벤트로 만들고 싶다면 다음과 같이 하면 된다.

```
StreamSink<Integer> s = new StreamSink<>((a, b) -> a + b);
...
s.send(1);
Transaction.runVoid(() -> {   ←——— 한 트랜잭션 안에서 두 send()를 모아서 실행함
```

```
        s.send(5);
        s.send(7);
    });
    s.send(100);
```

이 명시적인 트랜잭션 안에서는 생성자에 지정한 함수에 의해 두 수가 서로 더해져서 12라는 하나의 값을 만들어낸다. s에서 볼 수 있는 이벤트는 다음과 같다.

```
1
12
100
```

8.1.3 셀에 데이터 보내고 리슨하기

[리스트 8-2]는 CellSink를 만든다. 셀에는 항상 값이 있어야 하기 때문에 초깃값을 지정해야만 한다. Cell.listen()은 스트림에 있는 것과 동일하다. 다만 리스너를 등록하자마자 셀의 현재 값을 콜백으로 통지받는다는 점만 다를 뿐이다. 출력에서 초깃값인 0을 볼 수 있다.

리스트 8-2 데이터를 셀로 보내고 리슨하기

```
import nz.sodium.*;
public class cell {
    public static void main(String[] args) {
        CellSink<Integer> x = new CellSink<>(0);
        Listener l = x.listen(x_ -> { System.out.println(x_); });
        x.send(10);
        x.send(20);
        x.send(30);
        l.unlisten();
    }
}
------ Output ------
cell:
    [java] 0
    [java] 10
    [java] 20
    [java] 30
```

이 코드를 실행하려면 깃에서 체크아웃을 하고 나서 다음과 같이 실행하라.

```
cd sodium/book/operational/java
mvn test -Pcell 또는 ant cell
```

8.1.4 스레딩 모델과 콜백 요구사항

모든 것이 일관성 있게 작동하기 위해서 listen() 콜백에서 할 수 있는 것과 해서는 안 될 것에 대한 구체적인 규칙이 있다. 이런 규칙을 소듐의 요구사항으로 간주해야 한다. 또한 그 규칙은 모든 FRP 시스템에 적용할 수 있는 좋은 충고이기도 하다.

소듐은 현재 다음과 같은 방식으로 작동한다. 하지만 성능상의 이유로 이런 방식은 언제든지 변경될 수 있다.

- 소듐에서는 send()가 FRP 처리를 위해 시작한 스레드에서 콜백을 호출한다.

다른 시스템은 다른 방식으로 작동할 수도 있다. 하지만 어떤 FRP 시스템을 사용하든 콜백이 어떤 스레드에서 호출될지에 대한 가정을 하지 않으면 많은 문제를 피할 수 있을 것이다. 이번 장에서 제공하는 규칙은 그런 생각을 전제로 한다.

예제에서 사용한 SWidgets 라이브러리를 자세히 살펴본 독자라면 그 라이브러리 안에서 구체적인 동작을 얻기 위해서 우리가 그런 전제를 사용하고 있다는 사실을 발견했을 것이다. 우리는 스윙이 FRP와 비슷한 가정을 지키게 만들려고 노력했다. 예를 들어 상태 변경이 언제 일어날지 등이 그런 가정에 속한다(그렇게 하는 것이 올바른 일인 경우가 많다). 이는 FRP가 아닌 로직을 FRP 인터페이스로 감싸는 경우에 적용할 수 있는 규칙이다. 바로 SWidgets가 그런 경우다.

잔소리는 그만하자. 다음은 listen() 콜백에서 지켜야만 하는 규칙이다.

- 콜백 안에서 send()를 사용하지 말라(소듐에서 사용하면 예외가 발생한다). send()를 콜백에서 막는 이유가 두 가지 있다. 첫째, 우리는 그런 스타일의 코딩을 권장하지 않는다. 둘째, 처리 순서를 올바르게 유지할 수가 없다. 여러분이 직접 기본 연산을 작성해야 한다면 이는 소듐을 더 개선할 필요가 있다는 뜻이다.
- 콜백 안에서 스레드를 블록해서는 안 된다.
- 논블로킹 I/O를 사용하는 것은 가능하다.

블로킹 I/O를 수행하는 방법은 작업자 스레드에게 처리를 위임하는 것이다. I/O가 끝나고 나면 send()를 통해 결과를 FRP 로직으로 보낼 수 있다. 작업자 스레드는 콜백을 블록시키지 않기 때문에 이렇게 하는 것은 유효하다.

소듐에서 FRP와 다른 부분을 연결하는 규칙

I/O 코드와 FRP를 연결하는 규칙을 다음과 같이 정리할 수 있다.

- FRP 리스너 내부가 아니라면 send()를 호출해도 안전하다. send()는 결코 블록되지 않는다.
- FRP 로직에 넘기는 함수는 참조 투명성을 만족하는 한 무엇이든 할 수 있다. 또한 스트림 이벤트를 처리하는 함수는 FRP 로직을 만들어내거나 sample을 사용할 수도 있다. 하지만 I/O는 금지된다.
- 리스너는 블록되거나 send()를 호출해서는 안 된다. 하지만 다른 스레드에게 작업을 위임하는 일을 포함하는 논블로킹 I/O를 할 수는 있다.

이런 규칙을 지키는 한 스레드 관련 문제는 결코 없을 것이다. 이런 규칙은 소듐에서는 참이며 다른 FRP 시스템에서도 참일 것이다.

8.2 지연 연산으로 루프 문제 해결하기

이 충고는 소듐에만 해당된다. 여러분이 FRP 로직을 만드는 과정에서 sample()을 호출하는 코드를 작성하는 경우가 가끔 있다(7장의 periodicTimer()에서 그런 예를 이미 봤다).

```
public static Stream<Unit> periodicTimer(
        Cell<Double> time, Stream<Unit> sTick, double period) {
    CellLoop<Double> tAlarm = new CellLoop<>();
    Stream<Double> sAlarm = Stream.filterOptional(
        sTick.snapshot(tAlarm,
            (u, alarm) -> time.sample() >= alarm
                ? Optional.of(time.sample() + period)
                : Optional.<Double>empty())
    );
    double t0 = time.sample() + period;
    tAlarm.loop(sAlarm.hold(t0));
    return sAlarm.map(u -> Unit.UNIT);
}
```

하지만 여기 전달된 시간이 루프에 들어간다면 어떤 일이 벌어질까? 예를 들어 다음과 같이 호출했다고 가정하자.

```
CellLoop<Double> time = new CellLoop<>();
Stream<Unit> eAlarm = periodicTimer(time, sTick, 2.0);
time.loop(...);
```

sample()을 호출하는 시점에서 time 변수는 아직 루프에 들어가지 않았다. 그렇다면 time의 값을 알 방법을 모르는데 어떻게 자바가 time 값을 반환할 수 있을까? 다음 코드는 예외를 던진다.

소듐은 이런 문제를 해결할 수 있는 방법을 제공한다.

```
Lazy<double> t0 = time.sampleLazy().map(p -> p + period);
tAlarm.loop(sAlarm.holdLazy(t0));
```

sampleLazy()는 아직 사용할 수 없는 값에 대한 프록시proxy를 반환한다. holdLazy()는 어떻게 프록시에서 값을 얻을 수 있는지 알고 있다. 그런 프록시가 가리키는 값을 변경할 수 있는 map() 함수도 있고, 여러 지연 계산lazy 값을 조합할 수 있는 lift() 함수도 있다.

NOTE_ 하스켈은 모든 값을 지연 계산하기 때문에 이런 문제가 없는 유일한 언어다.

8.3 트랜잭션

listen은 지금까지 우리가 피해왔던 조작적인 방식으로 사물을 바라보게 만든다. 이제 우리는 트랜잭션에 대해 이야기하고 조작적인 관점에서 설명할 것이다.

NOTE_ 반응형 확장Rx 계열의 시스템이나 그에 기반한 여러 시스템에는 트랜잭션이라는 개념이 없다.

일부 FRP 시스템에서는 트랜잭션을 **모멘트**moment(시점, 한때)라고 부른다. 개념적이고 조작적이지 않다는 면에서 모멘트라는 표현이 더 낫다. 다른 좋은 표현으로는 인스턴트instant(순간)가 있다. 이 책에서는 여러분이 이미 알고 있는 트랜잭션이라는 용어를 계속 사용할 것이다.

트랜잭션을 어떻게 시작할까? 첫째로, 소듐에서는 여러분이 트랜잭션을 시작하지 않으면 자동으로 트랜잭션이 만들어진다. 예를 들어 다음에서 각각의 send()는 새로운 트랜잭션 안에서 실행된다.

```
sSnk.send(5);  ←—— 트랜잭션 1
eSnk.send(6);  ←—— 트랜잭션 2
eSnk.send(7);  ←—— 트랜잭션 3
```

소듐에서는 다음과 같이 명시적으로 트랜잭션을 만들 수도 있다.

```
Transaction.runVoid(() -> {
    ... 트랜잭션 안에서 실행되는 코드 ...
}
```

이 패턴은 빌려쓰기 패턴loan pattern을 사용한다. 트랜잭션 컨텍스트 안에서 실행하고 싶은 코드가 들어 있는 람다를 runVoid()에 넘겼다.

빌려쓰기 패턴

빌려쓰기 패턴은 어떤 자원을 관리하는 함수에게 람다 형태로 실행할 코드 조각을 넘기는 방식의 디자인 패턴이다. 람다 함수는 자원 관리 함수가 빌려주는 자원을 사용해 필요한 작업을 수행한다. 여기서 중요한 것은 자원 관리 함수에서 자원 해제를 담당하고, 람다에서 그 자원을 사용한 처리를 담당하기 때문에, 자원의 해제를 잊어버려서 생기는 자원 누수의 가능성을 줄일 수 있다는 점이다.

빌려쓰기 패턴의 가장 잘 알려진 용례는 파일을 열고 닫는 일이다. 파일의 내용을 바이트 배열로 읽어오고 싶다고 하자. 직접 파일을 열고 닫는 대신 그런 일을 해주는 빌려쓰기 패턴의 메서드인 readFile()이 있다고 하자. readFile()은 다음과 같이 사용할 수 있다.

```
byte[] text = readFile(filename, is -> {
    int size = is.available();
    byte[] text = new byte[size];
    h.read(text);
```

```
        return text;
    });
```

readFile()의 역할은 여러분 대신 파일을 열고 닫음으로써 파일을 잘못 여닫는 일이 없도록 하는 것이다. readFile()은 요청받은 파일을 열고, 그 결과로 얻은 InputStream을 호출자가 제공한 람다 함수에게 넘긴 다음, 모든 자원이 잘 정리되고 발생한 예외가 제대로 처리되도록 보장해준다.

소듐에서는 여러분의 코드를 트랜잭션으로 둘러쌀 때 이 패턴을 사용하도록 만들었다. 그러면 실수로 트랜잭션을 계속 열어두는 것을 방지할 수 있다.

트랜잭션 블록이 반환한 값을 사용하고 싶다면 run()이라는 변종을 사용하면 된다.

```
Stream<Integer> s = Transaction.run(() -> {
    ...
    Stream<Integer> s = ...;
    ...
    return s;
});
```

트랜잭션은 코드가 실행되고 있는 스레드와 연결된다. 따라서 별도의 트랜잭션 핸들은 없다. 소듐은 필요할 때 사용자가 보지 못하는 곳에서 트랜잭션 컨텍스트를 꺼내는 방법을 알고 있다.

소듐은 트랜잭션을 두 단계로 실행한다.

1 모든 스트림 이벤트를 동시에 처리하기
2 모든 셀 값을 원자적으로 갱신하기

1단계를 진행하는 동안 셀의 상태는 변하지 않는다. 따라서 이벤트 처리는 트랜잭션을 시작하기 직전의 상태를 표현하는 한 '순간'을 보게 된다. 2장에서 설명한 것처럼 단일 트랜잭션 안에서 처리된 모든 이벤트는 서로 정말로 동시적이라고 생각할 수 있다.

2단계에서는 1단계에서 쌓아둔 변경을 원자적으로 적용한다. 여기서 **원자적**atomic이라는 말은 일부가 변경되고 일부는 변경되지 않은 상황을 관찰할 수 없다는 뜻임을 기억하라.

8.3.1 명시적 트랜잭션 안에서 FRP 로직 만들기

이에 대해 이미 언급했지만 여기서는 더 엄밀하게 다룰 것이다.

- 명시적인 트랜잭션 안에서 FRP 로직을 구성하는 것은 일반적인 일이다.
- 모든 프로그램의 초기화를 하나의 큰 트랜잭션으로 감싸는 것이 타당한 경우가 자주 있다. 이에 대해서는 14장에서 다시 설명할 것이다.
- StreamLoop와 CellLoop를 사용하려면 명시적으로 트랜잭션을 지정해야 한다.

I/O와 FRP 구성 혼합하기

프로그램이 크면 초기화해야 할 것도 많다. 우리는 초기화 로직을 큰 트랜잭션 하나로 감싸는 방식을 권장한다. 그렇게 하면 그 트랜잭션 안에서 I/O가 일어날 수 있다는 것을 암시한다. 일반적으로는 I/O와 FRP를 분명히 구분해야 하지만 프로그램을 시작하는 과정에서 FRP 구성과 I/O를 혼합하는 것은 실제로는 문제가 되지 않는다.

초기화 시 스레드를 새로 시작하지는 않는지 생각해보라. 그리고 그 스레드가 StreamSink나 CellSink에 대해 send()를 호출하지는 않는지 염두에 둬야 한다. 그런 경우 초기화 트랜잭션이 초기화 스레드상에서 닫힐 때까지 send()가 블록될 것이다. 아마 여러분이 정말로 원하는 것이 그런 동작일 테지만 우리는 그 사실을 명확히 하려 한다. 이 부분은 FRP 시스템에 따라 달라질 수 있다.

같은 트랜잭션 안에서 listen()과 send()를 함께 사용하는 경우

소듐에서는 한 트랜잭션 안에서 한 스트림에 대해 listen()과 send()를 호출하는 경우(리스트 8-3), 두 연산이 발생한 순서와 관계없이 send()로 보낸 값이 보이는 것을 보장한다. 이 특성을 프로그램 초기화 시의 '커다란 하나의 트랜잭션'과 조합하면 최초의 이벤트를 잃어버리는 재앙을 제거할 수 있다(부록 B 참조).

리스트 8-3 같은 트랜잭션 안에서 send()와 listen()을 함께 사용하기

```
import nz.sodium.*;
public class sametrans {
    public static void main(String[] args) {
        StreamSink<Integer> sX = new StreamSink<>();
```

```
        Stream<Integer> sXPlus1 = sX.map(x -> x + 1);
        Listener l = Transaction.run(() -> {
            sX.send(1);
            Listener l_ = sXPlus1.listen(x -> { System.out.println(x); });
            return l_;
        });
        sX.send(2);
        sX.send(3);
        l.unlisten();
    }
}
------ Output ------
sametrans:
    [java] 2
    [java] 3
    [java] 4
```

이 예제를 실행하려면 다음과 같이 하라.

```
git clone https://github.com/SodiumFRP/sodium
cd sodium/book/operational/java
mvn test -Psametrans 또는 ant sametrans
```

8.4 셀에서 updates나 value를 사용해 스트림 얻기

FRP 시스템에서 시간을 보는 관점은 두 가지다.

- 이산적인 시간
- 연속적인 시간

이 차이는 셀에만 해당된다. 스트림은 두 모델에서 모두 같다. 소듐은 대부분 이산적인 시간에 초점을 맞춘다. 하지만 소듐에서 연속적인 시간을 표현할 수도 있다. 그에 대해서는 9장에서 자세히 설명할 것이다.

이산적인 시간을 사용하는 시스템에서 상태(셀)는 이벤트에 대한 반응으로 변경되거나 다음 단계로 넘어간다. 따라서 각 단계는 이산적이다. 연속적인 시간을 쓰는 시스템에서도 그렇게 이산적인 처리가 가능하지만 시간이 지남에 따라 셀의 값이 연속적으로 변하는 것도 가능하다. 이런 기능이 유용한 예로는 비디오 게임처럼 물리적인 시뮬레이션의 경우일 것이다.

연속적으로 변화하는 셀이라는 개념을 보호하기 위해 진정한 FRP 시스템은 셀 값의 변화를 관찰할 수 없도록 보장해야 한다. 우리가 나열한 10가지 핵심 기본 연산은 셀을 스트림으로 바꾸는 방법을 제공하지 않기 때문에 이런 조건에 부합한다. listen()은 조작적인 외부 인터페이스이며 FRP의 일부분으로 간주되지 않는다.

우리는 이 멋진 특성을 깨는 두 가지 기본 연산을 소개하려고 한다. 조작적인 상황에서 가끔 이 두 요소가 필요할 것이다.

NOTE_ Rx에서 우리는 FRP 셀의 역할을 BehaviorSubject를 사용해서 수행하라고 충고했다. 하지만 Rx에서 BehaviorSubject는 별도의 데이터 타입이 아니다. BehaviorSubject를 직접 Observable(소듐의 Stream에 해당)로 취급할 수 있다. 불행히도 이는 셀의 변화를 감춘다는 바람직한 특성을 달성하는 직접적인 방법이 없다는 뜻이다.

8.4.1 updates와 value

소듐에만 있는 기본 연산인 updates와 value는 모두 셀을 받아서 스트림을 내어준다. 다음은 두 가지 용례를 보여준다(다른 예 몇 가지를 이 책의 뒤에서 볼 수 있다).

- 셀을 네트워크를 통해 보내고 싶다. 그런 경우 셀의 현재 값과 셀의 변경에 대한 스트림으로 셀을 분해해야 한다. 그리고 네트워크의 다른 쪽에서는 결과를 hold해야 한다.
- 12장에서 calm()이라는 함수를 다룰 것이다. calm()은 성능 향상을 위해 셀에서 일어나는 단계 중에 불필요한 것, 즉 직전에 발생한 값과 동일한 값이 반복되는 경우를 제거해준다. Operational.updates()를 사용해 calm()을 구현할 수도 있다. 하지만 calm()은 우리가 제시한 규칙을 따르며, 호출자 쪽에 값이 변화하는 단계를 노출시키지 않는다.

우리는 이 둘을 사용하면 셀의 단계를 감지하지 못해야 한다는 규칙을 깰 수도 있다는 사실을 보여주기 위해서 일부러 당황스러운 이름을 부여했다.

- Operational.updates()
- Operational.value()

> **NOTE_** 앞에서 이야기한 것처럼 Rx의 BehaviorSubject(셀)과 Observable(스트림)은 별도의 타입이 아니다. 따라서 서로를 변환하기 위해 updates나 value 같은 것이 필요하지 않다.

updates는 셀의 이산적인 변화를 돌려준다. value는 updates와 달리 자신이 호출된 현재 트랜잭션 안에서 셀의 현재 값을 이벤트로 발사한다. updates는 결과적으로 hold의 역이다. 셀 단계의 비 관찰성을 보존하기 위한 일반적인 규칙은 다음과 같다.

Operational.updates()를 사용하는 함수는 호출자에게 셀의 단계를 노출해서는 안 된다.

> **NOTE_** 일부 시스템은 updates 대신 **changes**라는 이름을 사용한다. 하지만 changes는 값이 동일하지 않은 경우에만 이벤트를 발생시킨다. 반면, 소듐은 이전 값과 같은 값을 걸러내지 않고 이벤트로 발사한다. changes와 같은 기능이 필요하다면 여러분이 직접 FRP 기본 연산을 작성해야 한다.

updates 예제

[리스트 8-4]는 셀의 updates를 리슨한다. 여기서 알아야 할 중요한 내용은 앞의 예제에서 listen() 메서드를 호출했던 경우와 달리 updates를 호출하는 경우에는 최초의 콜백으로 현재 값을 돌려주지 않는다는 점이다. 예제에서 리슨을 할 때 x의 현재 값은 1이다. 하지만 출력에서는 1을 볼 수 없었다. 왜냐하면 updates는 오직 여러분이 리슨하기 시작한 트랜잭션이나 그 이후에 발생한 변화만을 돌려주기 때문이다.

리스트 8-4 셀의 updates를 리슨하기

```
import nz.sodium.*;
public class updates {
    public static void main(String[] args) {
        CellSink<Integer> x = new CellSink<>(0);
        x.send(1);
        Listener l = Operational.updates(x).listen(x_ -> {
            System.out.println(x_);
        });
        x.send(2);
```

```
        x.send(3);
        l.unlisten();
    }
}
------ Output ------
updates:
    [java] 2
    [java] 3
```

이 예제를 실행하려면 다음과 같이 하면 된다.

```
cd sodium/book/operational/java
mvn test -Pupdates 또는 ant updates
```

value 예제

[리스트 8-5]는 여러분이 바라는 효과를 발생시키지 않는다. 이유는 트랜잭션을 명시하지 않았기 때문이다. 이미 존재하는 트랜잭션이 없다면 소듐의 기본 연산들은 짧게 지속되는 트랜잭션을 자동으로 만든다. 따라서 value()와 listen()이 각각 다른 트랜잭션에서 실행된다. 여러분이 리슨하는 시점은 value()가 내놓은 (직전 트랜잭션의) 현재 값이 사라진 다음이다.

리스트 8-5 value가 예상대로 작동하지 않는 경우

```
import nz.sodium.*;
public class value1 {
    public static void main(String[] args) {
        CellSink<Integer> x = new CellSink<>(0);
        x.send(1);
        Listener l = Operational.value(x).listen(x_ -> {
            System.out.println(x_);
        });
        x.send(2);
        x.send(3);
        l.unlisten();
    }
}
```

```
------ Output ------
value1: ◀────── 어? 현재 값은 어디로 갔지?
    [java] 2
    [java] 3
```

이 예제를 다음과 같이 실행할 수 있다.

```
cd sodium/book/operational/java
mvn test -Pvalue1 또는 ant value1
```

이 문제를 해결하려면 다음과 같이 한 줄을 트랜잭션으로 감싸면 된다. 이를 value2.java에서 볼 수 있다.

```
x.send(1);
Listener l = Transaction.run(() -> {
    return Operational.value(x).listen(x_ -> {
        System.out.println(x_);
    });
});
x.send(2);
x.send(3);
```

이제 예상과 같은 출력을 볼 수 있다.

```
value2:
    [java] 1
    [java] 2
    [java] 3
```

이 예제를 다음처럼 실행할 수 있다.

```
cd sodium/book/operational/java
mvn test -Pvalue2 또는 ant value2
```

Cell에 있는 listen()은 트랜잭션 안에서 value().listen()을 하는 것과 같다. 그렇게 하는 것이 방금 본 것보다 더 짧다. 앞에서 본 예제를 다음과 같이 다시 쓸 수 있다.

```
Listener l = x.listen(x_ -> { System.out.println(x_); });
```

8.5 split 기본 연산으로 새로운 트랜잭션 컨텍스트 만들기

NOTE_ Rx에는 트랜잭션이 없으므로 이번 절은 Rx에 적용할 수 없다.

여러 명령이 들어간 데이터 패킷이 있고, 그 패킷을 FRP 로직 안으로 넣고 싶다고 하자(그림 8-1). 각 패킷을 별도의 트랜잭션에서 처리하기 때문에 이 그림에는 2개의 트랜잭션이 있다.

그림 8-1 여러 명령이 들어 있는 패킷들이 시스템에 도착함

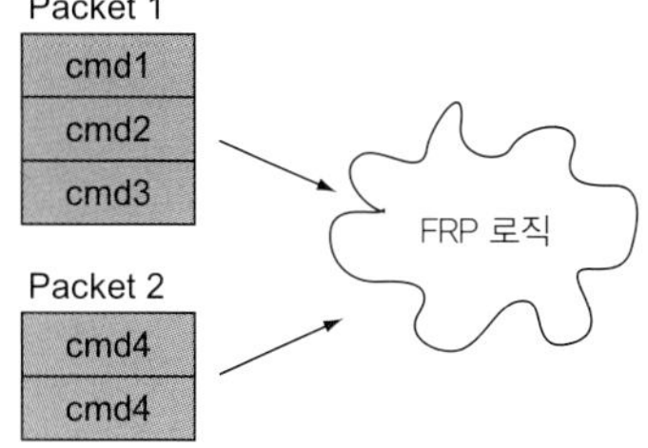

이 코드를 작성할 때 FRP 로직은 명령의 리스트를 처리해야 하는데 약간 성가실 것이다. 여러분은 각 명령을 서로 분리해서 트랜잭션당 한 명령씩 처리하는 방식을 더 원할 것이다. [그림 8-2]는 그런 모습을 보여준다.

그림 8-2 패킷을 개별 명령으로 나누기

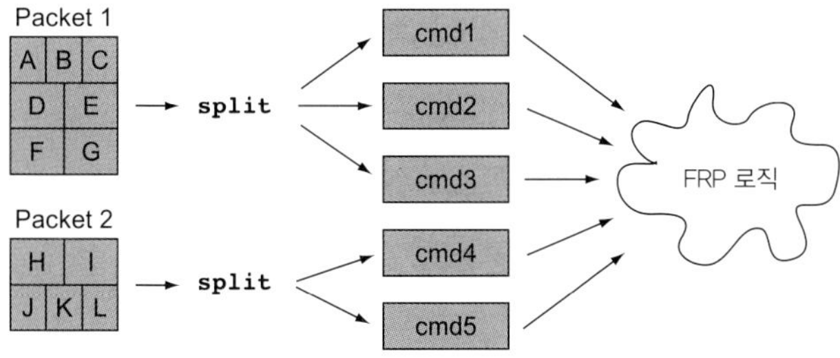

입력 쪽에서는 2개의 트랜잭션이 있다. 하지만 split을 하면 5개의 트랜잭션으로 나눌 수 있다. 원래의 트랜잭션은 계속 그대로 존재한다. 따라서 다음과 같이 모두 7개의 트랜잭션이 생긴다.

1 Packet 1
2 cmd1
3 cmd2
4 cmd3
5 Packet 2
6 cmd4
7 cmd5

[리스트 8-6]은 이런 기능을 보여주는 코드다. 명령을 실행하는 대신 여기서는 두 수를 더했다.

> **NOTE_** accum()이 누적기를 돌려주는 도우미 함수라는 사실을 기억하라. accum()은 간단한 hold-snapshot 루프를 짧게 쓴 것이다.

리스트 8-6 리스트 원소를 개별 트랜잭션에 나눠 담기

```
import nz.sodium.*;
import java.util.List;
import java.util.Arrays;
public class split {
    public static void main(String[] args) {
        StreamSink<List<Integer>> as = new StreamSink<>();
        Listener l = Operational.updates(
                Operational.split(as)
                    .<Integer>accum(0, (a, b) -> a + b)
            ).listen(total -> { System.out.println(total); });
        as.send(Arrays.asList(100, 15, 60));
        as.send(Arrays.asList(1, 5));
        l.unlisten();
    }
}
------ Output ------
split:
    [java] 100
    [java] 115
```

```
     [java] 175
     [java] 176
     [java] 181
```

다음과 같이 이 예제를 실행할 수 있다.

```
git clone https://github.com/SodiumFRP/sodium
cd sodium/book/operational/java
mvn test -Psplit 또는 ant split
```

split 안에서 split을 할 수도 있다. 리스트의 리스트가 있고, split을 두 번 하면 각 하위 원소가 모두 각각의 트랜잭션 안에 들어간다(그림 8-3).

그림 8-3 리스트의 리스트를 펼치기 위해 split을 2번 하기

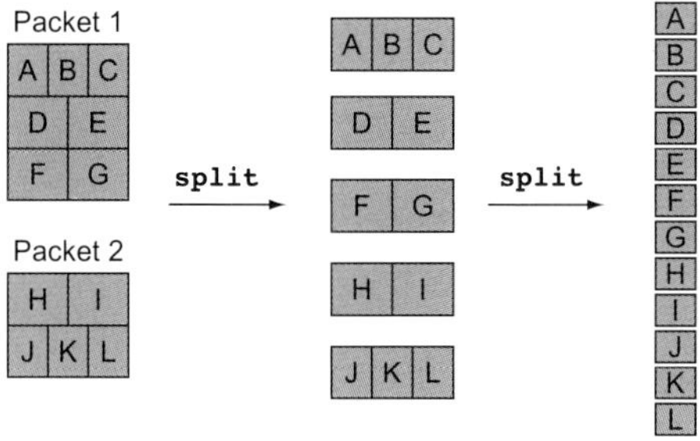

8.5.1 한 이벤트를 새로운 트랜잭션으로 미루기

어떤 이벤트 하나를 새로운 트랜잭션에 넣는 것을 '이벤트를 **미룬다**deferring'고 말한다. 이벤트를 미루는 것은 리스트 대신 단일 이벤트에 대해 사용할 수 있는 split의 변종으로 구현되어 있다. 소듐의 자바 버전에서는 Operational.defer()가 그런 기능을 제공한다. 그 기본 연산은 셀 상태의 새로운 버전을 읽을 수 있는 방법을 제공한다.

다음은 defer의 용례다. 통신 프로토콜 로직을 작성한다고 생각해보자. 그리고 일종의 타임아웃 이벤트를 받아야 한다. 여러분은 타임아웃 이벤트를 재시도 이벤트로 바꾸고 싶다. 이제 타임아웃이 idle이라는 플래그를 true로 설정한다고 하자. 이 플래그가 참이라는 것은 메시지를 보내도 좋다는 뜻이다. 재시도하기 위해서는 플래그가 설정된 **다음**에 idle 값을 볼 수 있기를

원할 것이다. defer를 사용하면 그렇게 할 수 있다.[2]

다음은 간략하게 코드를 보여준다. 4장에서 gate()에 대해 간단히 설명한 적이 있다. gate()는 snapshot과 filter에 기반한 도우미 메서드로 그것에 넘긴 Boolean 셀이 true인 경우에만 이벤트를 통과시킨다.

```
Cell<Message> msg = ...;
Stream<Unit> sInitiate = ...;
StreamLoop<Unit> sRetry = new StreamLoop<>();
CellLoop<Boolean> idle = new CellLoop<>();
Stream<Message> sSend = sInitiate.merge(sRetry).snapshot(msg)
                                 .gate(idle); ←—— idle이 참이 아닌 경우에는 송신을 막음
Stream<Unit> sTimeout = ...;
idle.loop(sSend.map(u -> false).merge(
          sTimeout.map(u -> true)).hold(true));  | 재시도 이벤트를 미뤄서 새로운 트랜잭션
sRetry.loop(Operational.defer(sTimeout)); ←——    | 안에서 idle이 true가 되고, 그에 따라 gate가
                                                 | 재시도를 통과시키도록 만든다.
```

이 코드는 약간 비현실적이다. 하지만 이 코드는 이 주제를 야기한, 실제로 발행했던 경우를 바탕에 두고 있다.

소듐에는 암시적인 지연이 있다

이 예제의 문제는 소듐이 트랜잭션이 완료될 때까지 상태의 갱신을 지연시킨다는 사실로 인해 생겨난 부산물이다. 2장에서 우리는 이런 지연을 별도의 기본 연산처럼 생각할 수 있다고 말한 적이 있다. 그런 관점에서 보면 소듐은 암시적으로 hold를 지연시킨다고 할 수 있다. (얌파Yampa와 같은) 일부 시스템은 실제로 별도의 시간 지연 기본 연산을 제공하기도 한다(dHold는 hold 다음에 시간 지연 기본 연산인 iPre를 실행한 것과 같다). 이상한 방식으로 그렇게 되긴 했지만, 그렇기 때문에 defer는 delay의 역에 해당한다고 할 수 있다.

2 옮긴이_ defer라는 영어 단어는 연기한다는 뜻이 있다. 소듐의 defer는 새로운 트랜잭션에서 이벤트가 발행하도록 한다. 어떤 트랜잭션 안에서 defer의 입력 스트림에 이벤트가 발사됐다면, defer의 출력 스트림은 새로운 트랜잭션에서 이벤트를 발생시킨다. 여기서 defer가 없었다면 입력 스트림에서 발생한 이벤트는 현재 트랜잭션 안에서는 안 보이고 다음 트랜잭션에서 관찰 가능하므로, 입력 스트림에서 발생한 이벤트를 다음 외부 트랜잭션에서 관찰할 수 있을 것이다. 하지만 defer가 있으면 새로 생긴 내부 트랜잭션 안에서 이벤트를 관찰할 수 있다. 따라서 실제로는 이벤트의 출력 시점을 뒤로 미루는 것이 아니라, 다음 외부 트랜잭션이 시작하기 전에 삽입되는 내부 트랜잭션으로 이벤트 발생 시점을 당기는 효과가 있다.
다른 말로 하자면 defer는 트랜잭션 측면에서 보면 다음 트랜잭션으로 이벤트를 미루는 메서드이지만, 시간적인 측면에서 보자면 다음 외부 트랜잭션보다 더 빨리 이벤트가 발생하게 만드는 효과가 있다. 본문의 상자글 '소듐에는 암시적인 지연이 있다'에서 저자들이 설명한 것도 바로 이 내용이다.

앞의 코드 조각은 FRP로 시퀀스를 기술하는 것이 영 어색하게 느껴지는 이유를 잘 보여준다. 시퀀스를 FRP로 기술할 수 있기는 하지만 아래 의사코드와 같이 흐름을 기술하는 절차적인 스타일이 더 자연스럽다.

```
while (retryCount < 3) {
    send(msg);
    reply = timeout(1000, recv());
    if (reply != TIMEOUT)
        break;
    retryCount++;
}
```

FRP는 훌륭한 망치다. 하지만 모든 문제가 못은 아니다.

8.5.2 같은 트랜잭션에서 만남

defer나 split을 프로그램에서 여러 곳에 사용하면 출력 이벤트가 같은 트랜잭션에서 만난다.

```
StreamSink<String> in = new StreamSink<>();
Stream<String> lower = in.map(x -> x.toLowerCase());
Stream<String> both = Operational.defer(in)
                      .orElse(Operational.defer(lower));
List<String> out = new ArrayList();
both.listen(x -> out.add(x));
sink.send("A");
sink.send("B");
sink.send("C");
System.out.println(out);
```

이 코드는 [A, B, C]를 출력한다. 왜냐하면 두 개의 defer가 이벤트를 동일한 새 트랜잭션으로 미루고, orElse()가 우선순위(대문자가 소문자보다 우선)를 제공하기 때문이다. 우리가 소듐에서 이들을 별도의 새로운 트랜잭션에 넣지 않은 이유가 무엇일까? 표시적 의미론을 사용하면 그럴 수밖에 없다. 여러 트랜잭션으로 만들려면 어떤 순서가 되어야 할지를 결정해야 하는데 합성성을 살리면서 순서를 정할 방법이 없다.

그래서 우리는 defer()와 split()을 Operational이라는 주홍글씨가 박힌 통에 담아두었다. defer()와 split()은 유용한 경우도 있지만 프로그램에서 한 번 이상 사용하면 동시에 이벤트를 발생시키므로 사용할 때 조심해야 한다.

8.6 규모 확장 가능한 대상 지정

7장의 좀비 예제에서 유일한 ID를 사용해 좀비가 사람을 물도록 유도했다. 물렸다는 내용을 모두 합쳤고, 각 BitableHomoSapiens는 그중에서 자신에게 해당하지 않는 정보를 무시했다. [리스트 7-7]에서 가져온 다음 코드를 보자.

```
Stream<Set<Integer>> sBiteMe = sBite.filter(ids ->
    ids.contains(self));
```

물론 이렇게 해도 잘 작동했다. 한 가지 문제는 이 방식은 규모 확장성이 없다는 것이다. 좀비가 누군가를 물어서 그 이벤트가 전달될 때마다 N명의 사람이 있다면 N번 비교를 해야 한다. N명의 사람이 N번 물리는 경우 복잡도는 $O(N^2)$이 된다. 어떤 집배원이 N개의 편지를 N개의 집에 배달하는데 모든 편지를 집집마다 가서 물어본다고 생각해보자.

> **NOTE_** 1970년대에 뉴질랜드 우체국은 실제로 이런 방식으로 일했다.

그림 8-4 편지를 배달하는 나쁜 방법: 집집마다 방문해서 각 편지에 대해 물어보면 $O(N^2)$이 걸림

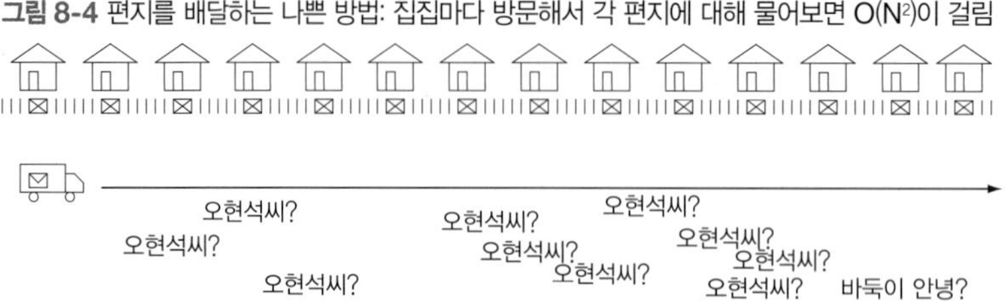

NOTE_ 병렬성이 아주 좋은 가상의 기계에서는 이런 확장성이 문제가 되지 않을 수도 있다. 그렇게 생각하는 독자에게는 이 문제가 여러분이 사용하는 FRP 패러다임과 여러분이 사용하는 기계의 구조가 서로 결합되어 생기는 문제라고 말하고 싶다.

소듐에서 여러분에게 listen()의 핸들러 안에서 send()를 하지 못하도록 유별나게 굴지 않았다면, 이런 식으로 코드를 작성해도 가능했을 것이다. Rx에서는 이런 방식을 허용하도록 설계되었기 때문에 이렇게 접근하는 것도 타당하다. 하지만 주의를 기울여 코드를 짜지 않으면 합성성을 깨기 쉽다.

어쨌든, 이 문제를 합성성을 보장하는 방식으로 해결할 수 있다면 좋을 것이다. 이를 위한 전용 기본 연산을 작성할 수도 있다. 그 또한 나쁘지 않은 생각이다.

다른 접근 방법은 7.6절에서 이야기한 해법과 조합하는 것이다. 아이디어는 스위치가 들어 있는 특별한 트리를 만들어서 게임 캐릭터를 추가하거나 제거할 때마다 트리 중 일부만을 갱신하는 것이다. 이런 설계를 사용하면 메시지당 O(N)이 아니라 O(lg(N))의 비교만 있으면 된다.

이런 경우는 '이런 일을 할 때면 스스로가 함수형 프로그래머임을 깨닫는 순간' 중 하나다. 여기서는 함수형으로 처리하기 위해서 작성해야 할 프로그램이 상당히 길어진다. 이런 일은 함수형 프로그래머들이 함수형 프로그래밍의 강력함을 알기 때문에 해야 하는 일 중 하나다. 물론 그렇게 할 만한 가치가 없는 경우도 있다. 하지만 잊지 않아야 할 것은 이런 문제는 한 번만 풀면 되고, 대부분의 경우 해법이 이미 있다는 사실이다.

트리를 사용한 효율적인 비교가 가능하다는 사실을 보이기 위해 우리는 7장의 두더지 예제를 이 방식으로 작성한 세 번째 버전을 만들었다. 브라우저에서 sodium/book/web/whack3.html을 열면 그 결과를 볼 수 있다. 게임 로직은 whack3.js에 있으며, 복잡한 트리 구조는 addressing.js에서 볼 수 있다.

addressing 함수는 세 스트림을 입력으로 받는다.

```
var sCreated = addressing(sAdd, sRemove, sIn);
```

sAdd는 ID를 키로 하는 새로운 대상을 등록시키게 만드는 스트림이다. sRemove는 반대로 대상을 해제하게 만드는 스트림이다. 메시지가 특정 대상을 지정하려면 sIn으로 받은 이벤트가 ID와 짝지어져야 한다. sAdd에 대한 응답으로 출력 스트림 sCreated에 이벤트가 발생한다. 그 이벤트 안에는 sIn을 통해 지정했던 ID를 이벤트로 출력해주는 sAddressee라는 스트림이 있다.

addressing은 간단한 이진 트리를 기반으로 하며 알고리즘 복잡도는 보통 O(lg(N))이다. 하지만 트리가 균형 잡힌 트리가 아닐 수도 있다. 이를 제대로 처리하기 위해서는 적-흑red-black 트리나 2-3 트리 같은 균형 유지 트리 알고리즘을 구현해야 한다.

여기서 보여주고 싶은 것은 우리가 제시한 FRP 의미론으로도 이 같은 문제를 효율적으로 풀 수 있다는 사실이다. 여러분이 FRP의 의미를 깨지 않고 무언가를 구현할 수 있다면 그 합성성에 대한 수학적 증명을 공짜로 얻을 수 있다. 여러분이 같은 인터페이스를 사용하는 기본 연산을 새로 구현할 수 있다면 O(lg(N))보다 더 나은 복잡도를 달성할 수도 있고, 그렇게 새로 만든 기본 연산에 합성성이 있다는 사실을 알 수 있다.

8.7 요약

- listen()과 send()는 FRP와 다른 외부 세계 사이의 인터페이스를 제공한다.
- Operational.updates()와 Operational.value() 기본 연산은 셀을 그 상태의 변경을 표현하는 스트림으로 변환해준다. 그 둘은 셀 값의 변화를 감지할 수 없어야 한다는 FRP의 중요한 특성을 깰 수도 있기 때문에 조작적인 이유에서만 사용해야 한다. 그런 제약을 표현하기 위해 당황스러운 이름을 붙였다.
- split과 defer를 사용하면 새로운 트랜잭션을 시작할 수 있다.

CHAPTER 9

연속적인 시간

- 연속적으로 변하는 셀
- 연속적인 시간 모델의 표본 추출하기
- 시간 측정하기

지금까지 본 비디오 게임들은 프레임(1초에 화면을 몇 번 갱신하는지를 프레임레이트framerate라고 하며, 초당 60회라면 1프레임은 1/60초라 할 수 있다)을 기본 시간 단위로 사용했다. 이 장에서는 연속적인 시간 개념을 통해 프레임이라는 개념을 없애는 방법을 보여준다. 그리고 선언적인 방법으로 애니메이션을 깔끔하고 자연스러우며 기저의 개념에 좀 더 가깝게 모델링하는 방법을 설명할 것이다. 이 모델은 물리적인 현상을 거의 직접적으로 표현할 수 있다.

9.1 시간을 래스터화하기

시간을 이산적으로 (또는 프레임을 기반으로) 표현하는 것과 연속적으로 표현하는 것의 차이는 이미지상의 공간을 표현하는 방법의 차이와 유사하다. 이미지에는 두 가지 기본 모델이 있다.

- **래스터 그래픽스**raster graphics – 픽셀pixel을 공간의 기본 단위로 하는 비트맵으로 이미지를 표현한다. 이미지의 해상도resolution는 이미지 데이터에 녹아들며, 해상도를 변경하면 대개 이미지 품질이 낮아진다. JPEG나 PNG 이미지 등의 형식이 이런 방식으로 작동한다.
- **벡터 그래픽스**vector graphics – 이미지를 표시하는 화면의 해상도와는 무관한 선과 곡선으로 표현한다. 공간을 연속적으로 처리한다. VRML, X3D, PDF 등이 이런 표현을 사용한다.

벡터 이미지를 **래스터화**할 수 있다. 그렇게 하면 벡터 이미지를 어떤 주어진 해상도에 맞는 래스터 이미지로 변환한다. 이미지 품질은 오직 출력 해상도에만 영향받는다.

이와 비슷한 방식으로, FRP에서는 독립적인 애니메이션을 정의하고 여러분이 원하는 프레임 비율로 표본 추출할 수 있다. 그 과정은 래스터화와 같다. 다만, 공간이 아니라 시간 영역에서 래스터화가 이루어진다는 점이 다를 뿐이다.

9.2 시간 함수로 위치 표현하기

먼저 간단한 애니메이션 프레임워크를 도입하자. 여러분은 [그림 9-1]에 표시된 좌표 시스템을 사용하게 될 것이다.

그림 9-1 extents는 좌표 시스템의 크기를 결정한다. 원점은 중앙에 있다.

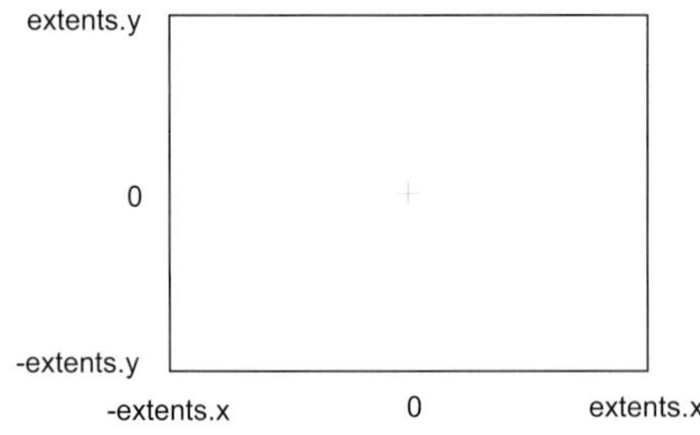

움직이는 장면을 [리스트 9-1]에 있는 인터페이스로 표현할 것이다. TimerSystem은 소듐에서 시간을 처리하기 위해 제공하는 클래스다(이는 뒤에서 자세히 설명할 것이다). Point는 기본적인 점/벡터 수학(덧셈, 뺄셈, 곱셈)을 제공하는 (X, Y) 위치를 담는 간단한 컨테이너 클래스다. 다음은 Drawable을 보여줄 것이다. 애니메이션을 만들 때 애니메이션 엔진은 타이머 시스템과 좌표 공간의 크기[extent]를 전달받고 움직이는 장면을 표현하는 Cell〈Drawable〉을 반환한다.

리스트 9-1 애니메이션에 대한 표현

```
import nz.sodium.*;
import nz.sodium.time.*;
public interface Animation {
    public Cell<Drawable> create(TimerSystem<Double> sys, Point extents);
}
```

[리스트 9-2]는 그릴 수 있는 장면을 표현하는 방법을 보여준다. 이 예제에서는 1990년대의 객체지향 프로그래밍 책에서 흔히 보던 그리기 작업을 담당하는 다형적인polymorphic draw() 메서드가 있는 객체를 볼 수 있다.

지금 여러분이 무슨 생각을 하고 있는지 맞출 수 있을 것 같다. FRP는 오직 참조 투명성을 만족하는 대상만 처리할 수 있다. 하지만 Drawable은 I/O를 표현한다. 그래도 좋다. 왜냐하면 Drawable은 I/O를 표현하지 실제 I/O를 수행하지는 않기 때문이다. 실제로는 최종 Drawable이 애니메이션 엔진에 전달되고 여러분이 draw() 메서드를 호출할 때 I/O가 이뤄진다. 이것을 명확히 구분하는 한, 즉 Drawable 객체를 조작하는 것이 참조 투명한 이상 문제가 없다. append()는 두 Drawable을 하나로 합쳐준다. 따라서 전체 장면을 한 Drawable로 표현할 수 있다.

리스트 9-2 그릴 수 있는 장면을 표현하는 Drawable

```
import java.awt.Graphics;
public class Drawable {
    public void draw(Graphics g, Point orig, double scale) {}
    public final Drawable append(Drawable second) { ←—— 두 Drawable을 하나로 합친다.
        Drawable first = this;
        return new Drawable() {
            public void draw(Graphics g, Point orig, double scale) {
                first.draw(g, orig, scale);
                second.draw(g, orig, scale);
            }
        };
    }
}
```

[리스트 9-3]은 장면을 구성하는 기본 요소들을 보여준다. 여러분은 다음과 같은 네 가지 일을 할 수 있다.

- 원점에 반지름 1.0인 원을 만든다.
- Drawable의 크기를 변경한다.
- Drawable을 수평 이동한다.
- 한 Drawable을 다른 Drawable 위에 겹쳐놓는다.

여러 원이 장면에서 돌아다니게 하기 위해서 매 프레임 전체 장면을 다시 그릴 것이다. 이는 합성 가능한 애니메이션을 함수형 프로그래밍 스타일로 구현한 뼈대를 보여준다.

예전에 이런 종류를 본 적이 없는 독자들은 코드를 가지고 이런저런 장난을 쳐볼 것을 권한다. 이는 함수형 프로그래밍의 힘을 경험할 수 있는 아주 좋은 방법이다. 이런 종류의 그래픽스 코드는 밑바닥의 그래픽스 백엔드가 이동, 크기 변환, 좌표 시스템의 회전을 지원하는 경우 아주 쉽게 구현 가능하다. 오픈GL은 좋지만, 자바의 Graphics는 이런 방식으로 작동하지 않는다.[1] 따라서 draw() 메서드에 수를 넘겨서 이를 시뮬레이션해야 한다.

리스트 9-3 Drawable을 다루기 위한 기본 요소

```
import java.awt.Color;
import java.awt.Graphics;
import nz.sodium.*;

public class Shapes {
    public static Cell<Drawable> circle(Color color) {
        return new Cell<Drawable>(new Drawable() {
            public void draw(Graphics g, int ht, Point offset, double sc) {
                int rad = (int)sc;
                int x = (int)offset.x;
                int y = (int)offset.y;
                g.setColor(color);
                g.fillOval(x-rad, (ht-1-y)-rad, rad*2, rad*2);
                g.setColor(Color.black);
                g.drawOval(x-rad, (ht-1-y)-rad, rad*2, rad*2);
            }
        });
    }

    public static Cell<Drawable> scale(Cell<Drawable> drawable,
                                       Cell<Double> scale) {
        return drawable.lift(scale, (dr, newSc) -> new Drawable() {
            public void draw(Graphics g, int ht, Point offset, double sc) {
                dr.draw(g, ht, offset, sc * newSc);
            }
```

1 옮긴이_ 저자들이 착각한 것 같다. java.awt.Graphics 클래스에는 간단한 좌표 이동 함수인 translate()가 있으며, 자바 1.2부터 추가된 java.awt.Graphics2D에는 더 많은 변환 기능이 들어 있다. 특히, AffineTransform을 사용하면 평행 이동, 크기 변환, 회전 등이 모두 가능하다(다만, Graphics2D 객체의 상태를 변경하면서 변환을 적용해야 하기 때문에, 실제 구현할 때는 각 모양마다 다른 변환을 사용해야 하는 경우 생기는 변환 상태의 누적 등을 해결할 방법을 잘 고안해야 한다). 자바독에서 Graphics2D에 있는 scale(), translate() 메서드에 대한 설명과 AffineTransform에 대한 설명을 살펴보라. 게임에 필요한 간단한 변환 예제(영문)로는 https://goo.gl/ANRDGq이 그나마 쓸 만한 것 같다.

```
        });
    }

    public static Cell<Drawable> translate(Cell<Drawable> drawable,
                                           Cell<Point> offset) {
        return drawable.lift(offset, (dr, o) -> new Drawable() {
            public void draw(Graphics g, int ht, Point offset, double sc) {
                dr.draw(g, ht, offset.add(o.multiply(sc)), sc);
            }
        });
    }

    public static Cell<Drawable> over(Cell<Drawable> a, Cell<Drawable> b) {
        return a.lift(b, (dra, drb) -> new Drawable() {
            public void draw(Graphics g, int ht, Point offset, double sc) {
                drb.draw(g, ht, offset, sc);
                dra.draw(g, ht, offset, sc);
            }
        });
    }
}
```

[그림 9-2]는 **품~**fwoomph[2]이라는 간단한 애니메이션을 보여준다. '품~'은 원을 만든 다음 시간이 지남에 따라 반지름을 변화시켜서 원이 커졌다 작아졌다 하면서 마치 스피커가 울리는 듯한 느낌(품~ 품~)을 갖게 한다.

그림 9-2 시간이 지남에 따라 반지름이 변하는 원

2 옮긴이_ 품프보다는 품이라는 의성어가 더 적당할 것 같다. 영어에서도 마지막 '프(ph)' 발음은 거의 안 들릴 것이다.

이를 위한 코드는 [리스트 9-4]에 있다. 개념적으로 time은 초를 나타내는 연속적인 수이다. 현재 시간(초)의 소수 부분의 크기에 따라 원의 크기를 키우거나 줄인다. 여기서는 두 번째 예제를 보여준 다음에 작동 원리를 설명할 것이다.

리스트 9-4 '품~' 예제: 반지름이 변하는 원

```
import java.awt.Color;
import nz.sodium.*;

public class fwoomph extends Shapes {  ◀── Shapes 클래스에서 정적 메서드를 임포트한다.
    public static void main(String[] args) {
        Animate.animate("fwoomph", (sys, extents) -> {
            Cell<Double> time = sys.time;
            double maxSize = 200.0;
            return scale(
                circle(Color.green),
                time.map(t -> {
                    double frac = t - Math.floor(t);
                    return (frac < 0.5 ? frac : 1.0 - frac) * maxSize;
                })
            );
        });
    }
}
```

이 예제를 실행하려면 체크아웃을 한 다음에 다음을 실행하라.

```
cd sodium/book/continuous-time/java
mvn test -Pfwoomph 또는 ant fwoomph
```

[그림 9-3]은 원이 두 개인 더 복잡한 예제를 보여준다. 두 원은 크기가 일정하게 유지되지만, 한 원은 좌우로 움직이고 다른 원은 위아래로 움직인다. 둘은 중앙에서 서로 교차한다.

그림 9-3 크로스 예제: 두 원이 서로 교차한다.

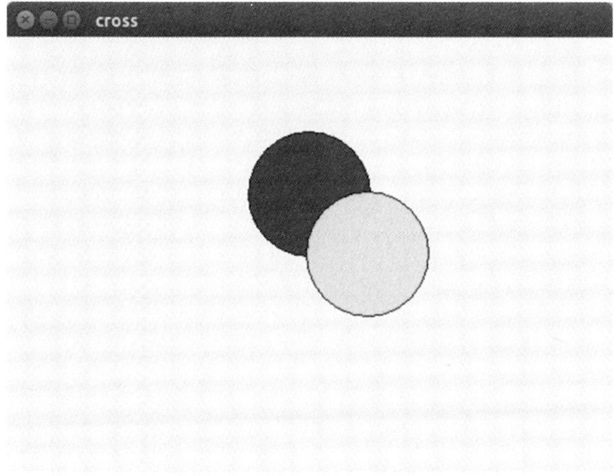

다음 리스트는 그 코드를 보여준다. 기본적인 아이디어는 [리스트 9-4]와 같지만 좀 더 많은 원소를 합성했다. 이 예제에서는 반지름 대신 위치를 연속적으로 변경한다.

리스트 9-5 크로스 예제: 두 원이 서로 교차하면서 상하/좌우로 이동한다.

```
import java.awt.Color;
import nz.sodium.*;

public class cross extends Shapes {
    public static void main(String[] args) {
        Animate.animate("cross", (sys, extents) -> {
            Cell<Double> time = sys.time;
            double maxSize = 120;
            Cell<Double> offset = time.map(t -> {
                double frac = t - Math.floor(t);
                return (frac < 0.5 ? frac - 0.25 : 0.75 - frac)
                    * 4.0 * maxSize;
            });
            Cell<Double> fifty = new Cell<>(50.0);
            Cell<Drawable> greenBall = translate(
                scale(circle(Color.green), fifty),
                offset.map(x -> new Point(x, 0.0)));
            Cell<Drawable> blueBall = translate(
                scale(circle(Color.blue), fifty),
                offset.map(y -> new Point(0.0, y)));
            return over(greenBall, blueBall);
```

```
        });
    }
}
```

이 예제를 실행하려면 다음과 같이 하면 된다.

```
cd sodium/book/continuous-time/java
mvn test  -Pcross 또는 ant cross
```

9.3 애니메이션 루프

여기서 본 예제는 개념상 연속적인 시간을 취하며, map과 lift를 사용해 개념적으로 연속적인 애니메이션을 만들어낸다. 하지만 이를 근본적으로 이산적인 컴퓨터에서 실행해야 하기 때문에 실제로 연속적일 수는 없다. 여기서 해야 할 일은 연속적인 세계를 표현하는 애니메이션 루프를 작성하되, 이산적인 시간 단위로 표본 추출하는 것이다. 즉, '시간을 래스터화'하는 것이다.

[리스트 9-6]은 애니메이션 루프를 보여준다. 그 안에는 그리 많은 내용이 들어 있지는 않다. 하지만 설명이 필요한 약간의 마법이 있다. SecondsTimerSystem 클래스는 생성 시 소듐의 트랜잭션 시스템에 자신을 후킹hooking해서 트랜잭션이 생길 때마다 호출되도록 만든다. 트랜잭션이 생겼다는 통지를 받으면 SecondsTimerSystem은 먼저 현재의 실제 시간을 sys.time에 넣는다. 여러분이 시작한 트랜잭션은 그 자체로는 아무 일도 하지 않는다. 단지 타이머 시스템의 '새로운 시간 설정하기' 훅을 실행하게 만들 뿐이다. 그 결과 애니메이션이 표현하는 시간이 약간 나중으로 바뀌면서 애니메이션이 움직이고 JPanel을 다시 그리도록 요청한다. 그러면 paint 메서드가 가장 최근의 Drawable을 추출해서 그 자신을 그리도록 요청한다.

여기서 어떤 일이 벌어지는지 알 수 있겠는가? 여기에는 연속적인 애니메이션에 대한 서술과 그 애니메이션상의 시간을 처음부터 순차적으로 움직여가면서 표본을 추출하는 애니메이션 루프라는 두 가지 세계가 있다. 벡터 그래픽이 자신이 최종적으로 렌더링될 픽셀의 위치를 모르는 것처럼 연속적인 애니메이션에서도 정확한 프레임을 알지 못한다.

리스트 9-6 연속적인 애니메이션을 프레임으로 렌더링하는 애니메이션 루프

```
import java.awt.Color;
import java.awt.Dimension;
import java.awt.Graphics;
import java.awt.Toolkit;
import javax.swing.JFrame;
import javax.swing.JPanel;
import nz.sodium.*;
import nz.sodium.time.*;

public class Animate extends JPanel {
    public Animate(Animation anim, Dimension windowSize) {
        Point extents = new Point(windowSize.width/2, windowSize.height/2);
        this.drawable = Transaction.run(() ->
            Shapes.translate(   <- 창의 중앙이 원점이 되도록 위치를 변환한다.
                anim.create(new SecondsTimerSystem(), extents),
                new Cell<>(extents)));
        this.windowSize = windowSize;
    }
    private final Cell<Drawable> drawable;
    private final Dimension windowSize;

    public Dimension getPreferredSize() { return windowSize; }

    public void paintComponent(Graphics g) {
        super.paintComponent(g);
        drawable.sample()   <- drawable을 샘플링하고 그린다.
                .draw(g, windowSize.height, new Point(0,0), 1.0);
        Toolkit.getDefaultToolkit().sync();   <- 부드러운 애니메이션을 위한 자바의 주술
    }

    public static void animate(String title, Animation anim) {
        JFrame frame = new JFrame(title);
        frame.setDefaultCloseOperation(JFrame.EXIT_ON_CLOSE);
        CellSink<Double> clock = new CellSink<>(0.0);
        StreamSink<Unit> sAlarm = new StreamSink<>();
        JPanel view = new Animate(anim, new Dimension(500, 350));
        frame.setContentPane(view);
        frame.pack();
        frame.setVisible(true);
        long t0 = System.currentTimeMillis();
        long tLast = t0;
        while (true) {
            long t = System.currentTimeMillis();   <- 한 프레임을 화면에 표시한다.
```

```
            long tIdeal = tLast + 15;
            long toWait = tIdeal - t;
            if (toWait > 0)
                try { Thread.sleep(toWait); }
                catch (InterruptedException e) {}
            Transaction.runVoid(() -> {});
            view.repaint(0);
            tLast = tIdeal;
        }
    }
}
```

sys.time을 갱신하는 타이머 시스템의 훅이 호출되게 만든다. 그렇게 되면 장면이 sys.time에 대한 함수로 정의되기 때문에 drawable이 갱신될 것이다.

JPanel이 다시 그려지게 만든다.

9.4 시간 측정하기

앞의 예제는 연속적인 시간 안에서 애니메이션이 이뤄진다. 하지만 그 애니메이션은 이벤트에 대한 응답으로 상태가 바뀌지 않았기 때문에 반응형은 아니었다. 이제 튀어 오르는 공을 모델링하자. 이 공은 가상의 실내 스쿼시 경기장의 벽과 바닥에 도달하면 그 이벤트에 반응할 것이다(그림 9-4).

그림 9-4 튀어 오르는 공

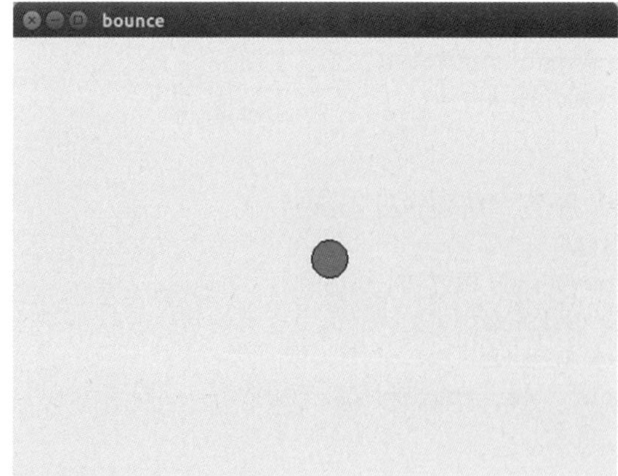

TimerSystem은 현재 시간을 표현하는 Cell⟨T⟩ 타입의 time을 제공한다. 하지만 연속적인 시간을 완전히 활용하기 위해서는 시간을 측정할 수 있어야 하는데 TimerSystem의 두 번째

특징인 at()을 통해 가능하다. at()으로 알람 설정이 가능하다. 아래는 그 시그니처다.

```
public Stream<T> at(Cell<Optional<T>> tAlarm);
```

tAlarm의 Optional에 아무 값이 없다면 알람이 설정되지 않고 스트림은 결코 발사되지 않는다. 그렇지 않다면 (값이 있다면) 지정한 시간에 스트림이 발사된다.

[리스트 9-7]은 at()의 동작을 보여주는 간단한 예제다. at()을 사용할 때 중요한 규칙은 호출하는 쪽에서 at()이 반환하는 Stream〈T〉가 발사될 때 tAlarm을 꼭 갱신할 수 있도록 모든 준비를 마쳐야 한다는 점이다. 그렇게 하지 않으면 알람이 계속 설정된 상태로 남아서 애플리케이션이 무한 루프를 돈다. 그 경우 periodic()이 하는 일과 완전히 같아진다.

at() 타이머는 요청한 시간과 가장 정확하게 일치하는 이상적인 시간에 발사된다. 하지만 외부에서 제공되는 이벤트 역할을 하는 sMain은 운영체제가 제공하는 실제 시간과 관련이 있다. sMain을 사용하는 것은 시간이 절대 감소하지 않는다는 것을 확인하기 위해서다.

> **NOTE_** TimerSystem은 시간이 절대 감소하지 않는 것을 보장한다.

리스트 9-7 at()으로 시간을 측정하는 간단한 예제

```
import nz.sodium.*;
import nz.sodium.time.*;
import java.util.Optional;

public class timers {
    static Stream<Long> periodic(TimerSystem sys, long period) {
        Cell<Long> time = sys.time;
        CellLoop<Optional<Long>> oAlarm = new CellLoop<>();
        Stream<Long> sAlarm = sys.at(oAlarm);
        oAlarm.loop(
            sAlarm.map(t -> Optional.of(t + period))
                  .hold(Optional.<Long>of(time.sample() + period)));
        return sAlarm;
    }

    public static void main(String[] args) {
        TimerSystem sys = new MillisecondsTimerSystem();
        Cell<Long> time = sys.time;
```

```
        StreamSink<Unit> sMain = new StreamSink<Unit>();
        Listener l = Transaction.run(() -> {
            long t0 = time.sample();
            Listener l1 = periodic(sys, 1000).listen(t -> {
                System.out.println((t - t0)+" timer"); });
            Listener l2 = sMain.snapshot(time).listen(t -> {
                System.out.println((t - t0)+" main");
            });
            return l1.append(l2);
        });
        for (int i = 0; i < 5; i++) {
            sMain.send(Unit.UNIT);
            try { Thread.sleep(990); } catch (InterruptedException e) {}
        }
        l.unlisten();
    }
}

------ Output ------
timers:
     [java] 22 main
     [java] 1000 timer
     [java] 1013 main
     [java] 2000 timer
     [java] 2003 main
     [java] 2994 main
     [java] 3000 timer
     [java] 3984 main
     [java] 4000 timer
```

이 예제를 실행하기 위해서는 체크아웃한 다음에 아래와 같이 한다.

```
cd sodium/book/continuous-time/java
mvn test -Ptimers 또는 ant timers
```

9.4.1 뉴튼 물리 입문

뉴튼 물리(고전물리)를 잘 아는 독자는 이번 절을 생략해도 좋다. 유명한 물리학자 아이작 뉴튼은 어느 날 나무 아래 앉아서 생각에 잠겨 있었다. 갑자기 그의 머리에 사과가 떨어졌고, 그로 인해 뉴튼의 머리에는 수학 공식이 떠올랐다. 그 순간 미적분학과 물리학 법칙이 태어났다.

뉴튼은 어떤 물체의 움직임을 세 가지 다른 수량으로 표시할 수 있다고 생각했다.

- **위치**
- **속도**(위치의 변화량)
- **가속도**(속도의 변화량)

또한 중력이 지면에 대해 수직 방향(또는 연직 방향)으로 작용하는 고정적인 가속도임을 깨달았다(지나치게 엄격한 독자로부터 이메일을 받는 것을 방지하기 위해 말하자면, 여기서 말하는 것은 지구에서만 참이며 다른 행성 중에는 물체가 위로 떨어지는 곳이 있을지도 모른다). 지구상의 중력 가속도를 시간에 대한 함수로 표현할 수 있다. 양수를 위 방향, 음수를 아래 방향으로 가정하면 그 함수는 다음과 같다.

$$a(t) = -9.8\ \mathrm{m/s^2}$$

우리는 **다항식**polynomial이라고 부르는 일반적인 식의 형태를 사용할 것이다. 다항식은 차수degree를 가지며, t에 의존적인 항term의 수를 뜻한다.[3] **항**은 다항식에서 서로 더한 각 항목을 표현하는 수학 용어다. 우리는 세 가지 다항식을 사용할 것이다.

- **상수**constant(차수: 0) 식은 시간이 지나도 변하지 않는다. 따라서 상수는 t 인자를 무시한다. 상수 다항식에는 $x(t) = c$ 처럼 상수 항만 있다.
- **선형**linear(차수: 1) 식은 상수에 t에 대한 항을 더한 것이다. 예를 들면 $x(t) = bt + c$ 같은 식이다.
- **이차**quadratic(차수: 2) 식은 t^2 항이 더 들어 있는 것이다. 예를 들면 $x(t) = at^2 + bt + c$ 같은 식이다.

수학자들은 보통 t라는 인자를 (t)처럼 표기하지 않는다. 하지만 우리는 함수형 프로그래머의 표기법을 계속 사용할 것이다.

앞에서 본 세 가지 수량은 각각 자기 이전 수량의 **변화량**rate of change이다. **적분**을 하면 반대 방향으로 갈 수 있다. 즉, **속도**는 **가속도**의 적분이고, **위치**는 **속도**의 적분이다. 다항식을 적분하는 일반 공식이 있다. 다음은 **선형 함수**에 대한 적분을 보여준다.

$$x(t) = bt + c$$

3 옮긴이_ 정확히 말하자면 각 항의 t를 거듭제곱한 지수 중에서 가장 큰 값이 t에 대한 다항식의 차수다. 여기서 t가 아닌 다른 변수를 아무리 많이 거듭제곱해도 t에 대한 차수에는 영향을 끼치지 못한다.

라면, $x(t)$를 t에 대해 적분한 결과는 $0.5bt^2 + ct$ 다.

뉴튼의 운동 공식equations of motion은 이 일반 공식에서 바로 튀어나온다. 이 공식이 왜 잘 작동하는지 이해할 필요는 없다. 여러분이 이해해야 하는 것은 **적분**이 **가속도를 속도로** 바꿔주고, **속도를 위치로** 바꿔준다는 것뿐이다.

여기서 본 적분에는 상수 항이 없다는 것에 유의하라. 예를 들어 실제 속도를 위치로 변환할 때에는 $t = 0$ 시점에 시작 위치를 표현하는 추가 상수 항을 다항식에 더해야 한다. 코드에서는 이를 위해 integrate 함수가 initial이라는 인자를 받는다.

2차방정식 풀기

t를 알면 2차 다항식으로부터 $x(t)$의 값을 알 수 있다.

$$x(t) = at^2 + bt + c$$

$x(t)$를 안다면 이 과정을 거꾸로 뒤집어서 t를 찾아낼 수 있다. 이를 통해 공이 언제 벽이나 바닥에 닿을지를 알 수 있다. w가 벽의 위치를 표현하는 경우 공이 벽에 부딪치는 t 값을 알고 싶다고 하자. 이 문제를 풀기 위해서는 방정식을 풀어야 한다. 이는 $w = at^2 + bt + c$와 같은 공식을, $t = \cdots$ 어떤 식 $\cdots$ 으로 다시 쓸 수 있어야 한다는 것이다.

이를 해결하는 일반적인 공식이 있다.[4] 하지만 그 공식에서는 2차 다항식의 값이 0과 같아야 한다. 따라서 앞의 식을 다음과 같이 고쳐 써야 한다.

$$at^2 + bt + (c - w) = 0$$

이제는 일반 공식을 적용해 이차식을 풀 수 있다. 튀어 오르는 공의 궤적이 포물선이기 때문에 이 공식에는 최대 두 가지 해가 있을 수 있다. 하지만 "과거 시점이 아닌 해 중에서 가장 빠른 시간 t를 고르자"라는 단순한 규칙을 사용해 이를 해결할 수 있다.

---

4 옮긴이_ 중등교육을 받은 독자라면 기억하겠지만 중학교에서 배우는 2차방정식의 근의 공식이 바로 이 공식이다. $ax^2 + bx + c = 0$ 이라는 방정식(이 식이 2차식이 되려면 a는 0이 아니어야 한다)의 근은 $x = \frac{-b \pm \sqrt{b^2 - 4ac}}{2a}$ 이다. 근과 해는 같은 말이다. 근은 방정식이 성립하게 만들어주는 뿌리와 같은 값이라는 뜻(영어에서도 root라고 부른다), 해는 방정식을 해결한 결과 나온 값이라는 뜻이다.

9.4.2 포물선 운동을 위한 시그널

Signal이라는 클래스를 만들어서 세 가지 수량인 위치, 속도, 가속도에 대해 사용하자. 그 클래스에는 운동을 기술하는 2차 다항식이 들어 있으며 시작 시간은 t0이다. 2차식에 t − t0를 적용하면 주어진 시간 t에 해당하는 값을 얻을 수 있다.

공의 Y 축상의 위치를 Cell〈Signal〉이라는 타입의 값으로 표현할 것이다. Signal 값은 공이 매번 튕길 때마다 그 연속적인 움직임을 표현한다. 어딘가에 공이 튕길 때마다, 새로운 Signal이 만들어진다.

[그림 9-5]는 시간이 지남에 따른 Y 축상의 위치를 보여준다. t_0는 애니메이션의 시작 시간이고 $\{t_1, t_2, t_3, \cdots\}$는 공이 튕긴 시간이다. Cell〈Signal〉로 표현되는 위치는 s_0에서 시작하며 t_1에 공이 튕기면 새로운 s_1 시그널이 생긴다. 그 이후로도 공이 튕길 때마다 새로운 시그널이 생긴다.

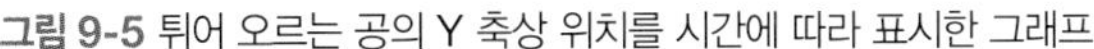

그림 9-5 튀어 오르는 공의 Y 축상 위치를 시간에 따라 표시한 그래프

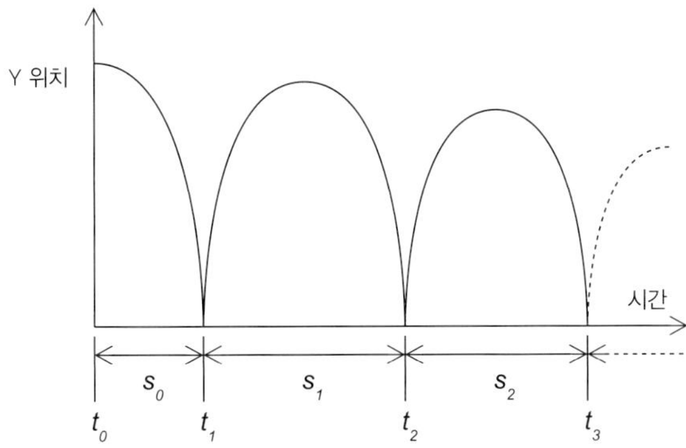

[그림 9-5]는 공의 위치를 시그널의 시퀀스로 표현한다. [리스트 9-8]은 Signal의 코드를 보여준다. t0는 그 시그널이 표현하는 주기의 시작 시간을 뜻한다. 끝 시간이 없기 때문에 시그널을 포함하는 셀이 갱신될 때까지는 시그널의 값이 현재 값이다. 이 시그널을 가지고 몇 가지 재주를 부릴 수 있다.

- valueAt()은 어떤 구체적인 시간에 해당하는 시그널의 값을 추출해준다.
- when(double x)는 2차방정식을 풀어서 t0 이후에 x라는 값을 내놓는 시간을 돌려준다. 그런 시간이 없다면(즉, 2차방정식의 근이 없거나 있어도 모두 t0보다 작다면) Optional.empty()를 내놓는다.

- integrate(double initial)을 사용하면 시그널을 수학적으로 적분한 값을 얻을 수 있다. 이때 오프셋으로 initial을 지정한다.
- static integrate() 메서드는 Cell<Signal>을 적분하기 위한 정적 메서드이다. 이를 사용하면 튀어 오르는 공의 속도를 적분해서 위치를 구할 수 있다.

integrate()가 Operational.updates()를 사용해 셀을 내부 시그널의 단계로 분해한다는 것에 유의하라. 이 책에서 셀이 변하는 과정을 관찰할 수 없어야 하는 게 FRP에서 중요한 특성이라고 강조해왔다. 시간이 연속적인 경우 그런 특성이 더욱 중요하다. 여기서는 integrate()가 셀의 변화를 호출자에게 노출시키지 않기 때문에 Operational.updates()를 허용할 수 있다.

리스트 9-8 연속적인 운동의 한 주기를 표현하는 Signal

```
import nz.sodium.*;
import java.util.Optional;

public class Signal {
    public Signal(double t0, double a, double b, double c) {
        this.t0 = t0;
        this.a = a;
        this.b = b;
        this.c = c;
    }
    public final double t0, a, b, c;
    public double valueAt(double t) {     ←── 지정한 시간에 대한 시그널을 추출한다.
        double x = t - t0;
        return a*x*x + b*x + c;
    }
    public final static double quantum = 0.000001;
    public Optional<Double> when(double x) {  ←── 시그널이 x 축과 만나는 시간을
        double c = this.c - x;                    방정식을 풀어서 계산한다.
        if (a == 0) {
            double t = (-c) / b;
            return t >= quantum ? Optional.of(t + t0)
                                : Optional.empty();
        }
        else {
            double b24ac = Math.sqrt(b*b - 4*a*c);
            double t1 = ((-b) + b24ac) / (2*a);
            double t2 = ((-b) - b24ac) / (2*a);
            return t1 >= quantum
                ? t2 >= quantum ? Optional.of((t1 < t2 ? t1 : t2) + t0)
```

```java
                          : Optional.of(t1 + t0)
             : t2 >= quantum ? Optional.of(t2 + t0)
                          : Optional.empty();
        }
    }
    public Signal integrate(double initial) { ←── 시그널의 시간에 따른 변화를 적분한다.
        if (a != 0.0) throw new InternalError("Signal can't handle x^3");
        return new Signal(t0, b/2, c, initial);
    }
    public static Cell<Signal> integrate( ←── 시그널 변화의 시퀀스를 적분한다.
                                Cell<Signal> sig, double initial) {
        Stream<Signal> sSig = Operational.updates(sig);
        return sSig.accum(sig.sample().integrate(initial),
            (neu, old) -> neu.integrate(old.valueAt(neu.t0)));
    }
}
```

9.4.3 튀어 오르는 공을 자연스럽게 표현하는 방법

여러분은 이제 FRP의 마법을 풀었다. [리스트 9-9]는 여러분이 준비한 도구를 사용하여 튀어 오르는 공을 자연스럽게 표현한 것이다. 이 표현은 선언적이다. 즉, 공이 어떤 것인지를 표현하지 공이 무슨 일을 하는지를 표현하지 않았다. 이는 다음과 같은 말을 FRP로 번역한 것이다.

- 속도의 X 성분은 튀어 오르는 것의 시퀀스로 초기 시그널은 상숫값 350을 갖는다(양수는 오른쪽 방향을 의미한다).
- 중력은 −1,200이라는 상숫값이다(음수는 아래 방향을 의미한다).
- 속도의 Y 성분은 튀어 오르는 것의 시퀀스로 중력 가속도를 시간에 대해서 적분한 것을 초기 시그널 값으로 한다.
- 위치의 X 성분은 속도의 X 성분을 적분한 것으로, 왼쪽 벽에서부터 시작한다.
- 위치의 Y 성분은 속도의 Y 성분을 적분한 것으로, 지붕에서부터 시작한다.
- 속도의 X 성분이 튕기려면 왼쪽이나 오른쪽 벽에 부딪쳐야 한다.
- 속도의 Y 성분이 튕기려면 바닥에 부딪쳐야 한다.
- 튕기는 것은 지정한 위치에서 바닥이나 벽에 부딪치면서 속도 컴포넌트가 반전되는 것을 의미한다. 이때 가속도 부분은 그대로 유지되며, 반전시킨 속도에 보상 계수restitution coefficient를 곱해서 에너지 손실을 표현할 수 있다. 따라서 공은 튕길 때마다 점점 더 낮은 위치까지 올라가게 된다.

FRP에서는 FRP 로직이 지정하는 제약에 맞게 모든 값이 최신 상태로 유지된다. 공이 튕기는 이벤트와 공의 위치 사이에 서로 순환적인 의존관계가 있기 때문에 공이 튕겨지면 다음에 공이 튕길 위치도 자동으로 계산된다.

리스트 9-9 튕기는 공 모델링하기

```
import java.awt.Color;
import nz.sodium.*;
import nz.sodium.time.*;

public class bounce extends Shapes {
    public static void main(String[] args) {
        Animate.animate("bounce", (sys, extents) -> {
            Cell<Double> time = sys.time;
            double t0 = time.sample();
            double ballRadius = 15;
            double leftWall = -extents.x + ballRadius;
            double rightWall = extents.x - ballRadius;
            double floor = -extents.y + ballRadius;
            double roof = extents.y - ballRadius;
            Signal gravity = new Signal(t0, 0, 0, -1200);
            StreamLoop<Signal> sBounceX = new StreamLoop<>();
            StreamLoop<Signal> sBounceY = new StreamLoop<>();
            Cell<Signal> velx = sBounceX.hold(new Signal(t0, 0, 0, 350));
            Cell<Signal> vely = sBounceY.hold(gravity.integrate(0));
            Cell<Signal> posx = Signal.integrate(velx, leftWall);
            Cell<Signal> posy = Signal.integrate(vely, roof);
            sBounceX.loop(bounceAt(sys, velx, posx, leftWall)
                    .orElse(bounceAt(sys, velx, posx, rightWall)));
            sBounceY.loop(bounceAt(sys, vely, posy, floor));
            return translate(
                scale(circle(Color.red), new Cell<Double>(ballRadius)),
                time.lift(posx, posy, (t, x, y) ->
                        new Point(x.valueAt(t), y.valueAt(t)))
            );
        });
    }
    static double restitution = 0.95;
    public static Stream<Signal> bounceAt(TimerSystem<Double> sys,
                Cell<Signal> vel, Cell<Signal> pos, double target) {
        return sys.at(pos.map(p -> p.when(target)))
                .snapshot(vel, (t, v) ->
```

X는 상수 속도이다. (→ velx)

Y는 중력 가속도의 적분이다. (→ vely)

튕기면 속도 값의 부호를 뒤집는다. 하지만 가속도 성분은 그대로 유지한다. (→ return sys.at(...))

```
타깃에 부딪친 경
우 알람이 발생하 ──▶ new Signal(t, v.a, v.b,
게 한다.                    -v.valueAt(t)*restitution));
        }
    }
```

이 예제를 다음과 같이 실행할 수 있다.

```
cd sodium/book/continuous-time/java
mvn test -Pbounce 또는 ant bounce
```

9.5 요약

- 연속적인 시간을 사용하는 FRP를 벡터 그래픽스로 비유하고, 애니메이션 프레임을 래스터 그래픽스로 비유했다. 하지만 공간이 아닌 시간의 영역에서 래스터화가 이뤄진다.
- 연속적인 시간의 메커니즘은 외부에서 발생한 이벤트를 FRP 시스템으로 전달하기 전에 시간을 표현하는 셀을 갱신하는 것이다. 외부적으로는 "t 시점의 모델을 추출해줘"라고 말할 수 있지만, 이 모델에서는 time이 연속적으로 변하고 있는 것으로 이해해야 한다. 다른 시스템들은 이런 기법을 서로 다른 방법으로 추상화한다.
- lift나 map을 연속적으로 변하는 time 변수에 적용하면 결과 값도 연속적이다.
- 연속적인 시간을 사용하려면 시간을 측정할 수 있어야 한다. 소듐에서는 그런 경우 TimerSystem.at()을 사용한다.
- 연속적인 시간의 FRP를 사용하면 물리학을 자연스럽게 시뮬레이션할 수 있다.

CHAPTER 10

패러다임 간의 전투

- 세 패러다임으로 작성한 예제(드래그 앤 드롭)
- 전통적인 상태 기계, FRP, 액터 모델의 장단점 비교
- 새로운 특징을 추가할 경우 접근 방식별 대처 방법

여러분도 이제는 FRP의 방법론에 놀랐을 것이다. 하지만 일부 작업의 경우 그런 놀라움의 정도가 제한되어 있고 다른 패러다임이 더 효과적일 때가 있다.

드래그 앤 드롭은 FRP가 아주 잘 들어맞는 일반적인 작업이다. 하지만 다른 두 패러다임인 전통적인 상태 기계나 액터 모델도 드래그 앤 드롭을 잘 처리할 수 있다. 다만 각각이 그 작업을 잘 처리할 수 있는 이유는 다르다. 이 장을 통해 이해하고, 코드를 작성할 때 어떤 패러다임을 사용할지 올바른 선택을 할 수 있기를 바란다.

10.1 전통적인 상태 기계 vs. FRP vs. 액터 모델

[그림 10-1]은 동일한 드래그 앤 드롭 예제를 세 가지 다른 패러다임(전통적인 상태 기계, FRP, 액터 모델)으로 작성한 것을 보여준다. FRP와 액터는 모두 불변 데이터 구조를 필요로 한다. 물론 불변 데이터가 필수가 아닌 경우에도 불변성을 활용하는 것이 항상 바람직하다고 할 수 있다. 다각형은 Element라 하고, Element가 들어 있는 문서를 Document라고 한다.

그림 10-1 세 패러다임으로 같은 로직 처리하기. 우아하고 무심하게 가만 있지 못하고 FRP의 육각형을 드래그했다.

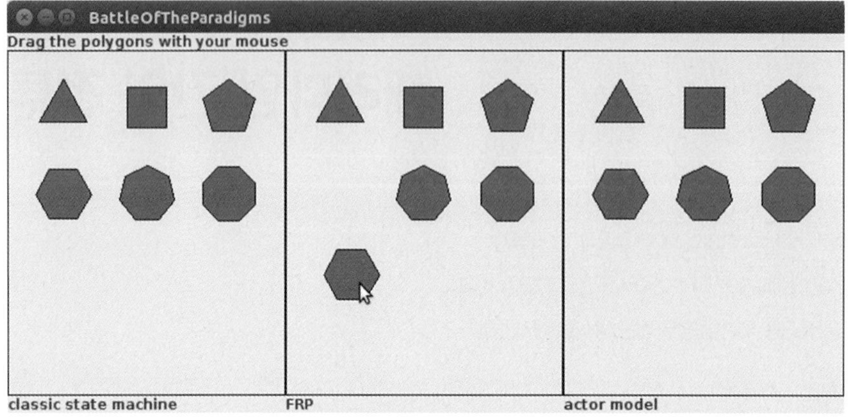

[리스트 10-1]은 Document의 외부 인터페이스를 보여준다. 여기서 구현을 제시하지는 않지만 코드는 sodium/book/battle/java/battle/에서 볼 수 있다. getByPoint()를 사용하면 주어진 (x, y) 마우스 위치에 있는 원소(Element) 객체를 얻을 수 있다. 문서(Document)에 있는 원소를 문자열 id로 식별한다. 문서에 이미 존재하는 id와 같은 id의 원소를 넣으면 원래 들어 있던 원소를 대치한다. insert()는 불변적으로 작동한다. 따라서 원소를 대치한 새로운 문서 복사본을 내놓는다.

리스트 10-1 폴리곤으로 이뤄진 Document의 외부 인터페이스

```
class Entry {
    public final String id;
    public final Element element;
}
class Document {
    public Optional<Entry> getByPoint(Point pt);
    public Document insert(String id, Element polygon);
    public void draw(Graphics g);
}
```

다음 [리스트 10-2]는 Element의 인터페이스를 보여준다. 주어진 점이 폴리곤 안에 있는지 여부를 contains()로 알 수 있다. 폴리곤을 마우스의 드래그를 따라서 원래의 orig에서 pt로 (여기서도 불변적으로) translate()할 수 있다. 마지막으로, Document나 Element 모두

draw()로 그려진다.

리스트 10-2 다각형을 표현하는 Element

```
class Element {
    public boolean contains(Point pt);
    public Element translate(Point orig, Point pt);
    public void draw(Graphics g);
}
```

[리스트 10-3]은 각 패러다임의 구현이 반드시 지켜야 하는 Paradigm이라는 인터페이스를 보여준다. 각 패러다임 구현은 mouseEvent() 메서드를 통해 입력 마우스 이벤트를 받고, 갱신한 문서를 관찰자 패턴을 통해 출력한다. 여기 있는 공통 인터페이스에서는 FRP가 아닌 일반 자바 방식을 사용했다.

리스트 10-3 세 패러다임을 위한 공통 인터페이스

```
interface Paradigm {
    interface DocumentListener {
        void documentUpdated(Document doc);
    }
    interface Factory {
        Paradigm create(Document initDoc, DocumentListener dl);
    }
    void mouseEvent(MouseEvt me);
    void dispose();
}
```

이제 본격적으로 각 구현을 살펴보자.

10.1.1 전통적인 상태 기계

[리스트 10-4]는 전통적인 상태 기계 구현이다. 외부 인터페이스는 동일한 전통적인 관찰자 패러다임으로 되어 있다. 따라서 그 둘 사이를 연결할 때 어떠한 임피던스 불일치impedance mismatch

도 없다.[1] 따라서 코드가 더 간결하다. 그렇다 하더라도 FRP 코드가 전통적인 버전보다두 줄 짧다.

MOVE를 처리할 때 명시적으로 드래깅을 진행 중인지 검사해야만 한다는 사실을 보라. 이 경우 실수로 그런 검사를 하지 않을 수도 있다. FRP나 액터에서는 이런 잠재적인 버그의 근원을 없앨 수 있다.

리스트 10-4 드래그 앤 드롭: 전통적인 상태 기계 버전

```
class Classic implements Paradigm {
    public Classic(Document initDoc, DocumentListener dl) {
        this.doc = initDoc;
        this.dl = dl;
    }
    private final DocumentListener dl;

    private static class Dragging {
        Dragging(MouseEvt me1, Entry ent) {
            this.me1 = me1;
            this.ent = ent;
        }
        final MouseEvt me1;
        final Entry ent;
    }
    private Document doc;                                          | 내부 상태를 필드에 저장한다.
    private Optional<Dragging> oDragging = Optional.empty();      |

    public void mouseEvent(MouseEvt me) {
        switch (me.type) {
        case DOWN:
            Optional<Entry> oe = doc.getByPoint(me.pt);
            if (oe.isPresent()) {  <---- 사용자가 원소를 클릭하면...
                System.out.println("classic dragging " + oe.get().id);
... 드래깅을 시작한다. --> oDragging = Optional.of(new Dragging(me, oe.get()));
            }
            break;
        case MOVE:
```

1 옮긴이_ 임피던스는 오디오 등의 각종 교류 회로의 저항이라 할 수 있으며, 회로를 전원에 연결하거나 회로끼리 연결할 때 임피던스가 맞지 않으면 회로 손상이나 신호 품질 저하가 일어날 수 있다. 이 개념을 모델과 구현, 또는 두 모듈 사이의 개념적인 차이에까지 확대한 것이 '임피던스 불일치'라는 용어다. 처음에는 관계형 DBMS와 객체지향 모델(특히 ORM) 사이의 불일치로 인한 문제를 '객체지향과 관계형 DB 간의 임피던스 불일치(Object-relational impedance mismatch)'라는 말로 표현하면서 널리 쓰이기 시작했다.

```
            if (oDragging.isPresent()) {  ←── 잠재적인 버그의 근원: 명시적으로 상
                Dragging dr = oDragging.get();   태를 검사해야 한다.
                doc = doc.insert(dr.ent.id,  ←── 내부 상태를 갱신한다.
                    dr.ent.element.translate(dr.me1.pt, me.pt));
                dl.documentUpdated(doc);
            }
            break;
        case UP:
            oDragging = Optional.empty();  ←── 드래깅을 끝낸다.
            break;
        }
    }
    public void dispose() {}
}
```

10.1.2 FRP

다음은 같은 로직을 FRP로 작성한 것이다. 이 코드는 7.8.1절의 RxJS 드래그 앤 드롭 예제와 같은 일을 한다.

리스트 10-5 드래그 앤 드롭: FRP 버전

```
class FRP implements Paradigm {
    public FRP(Document initDoc, DocumentListener dl) {
        l = Transaction.run(() -> {
            CellLoop<Document> doc = new CellLoop<>();
            Stream<Stream<Document>> sStartDrag = Stream.filterOptional(  ←── 선택적으로 새 문서 스트림으로
                sMouse.snapshot(doc, (me1, doc1) -> {                         switch할 수 있다.
                    if (me1.type == Type.DOWN) {
                        Optional<Entry> oe = doc1.getByPoint(me1.pt);
    사용자가 원소를 ──→ if (oe.isPresent()) {
    클릭하면...             String id = oe.get().id;
                            Element elt = oe.get().element;
                            System.out.println("FRP dragging " + id);
MOVE 이벤트가 발생하면 문서 ──→ Stream<Document> sMoves =
업데이트를 스트림에 넣는다.          sMouse.filter(me -> me.type == Type.MOVE)
                                        .snapshot(doc, (me2, doc2) ->
                                            doc2.insert(id,
                                                elt.translate(me1.pt, me2.pt)));
       드래깅 상태로 전환한다. ──→ return Optional.of(sMoves);
                        }
```

```
                }
아무것도 반환 ──▶ return Optional.empty();
하지 않는다.      }));
        Stream<Document> sIdle = new Stream<>(); ◀── '드래깅 아님' 상태
문서 스트림 ──▶ Stream<Stream<Document>> sEndDrag =
을 'never'로       sMouse.filter(me -> me.type == Type.UP)
전환한다.              .map(me -> sIdle);
        Stream<Document> sDocUpdate = Cell.switchS( ◀── 실제 switch
            sStartDrag.orElse(sEndDrag).hold(sIdle)
        );
        doc.loop(sDocUpdate.hold(initDoc));
        return sDocUpdate.listen(doc_ -> dl.documentUpdated(doc_));
    });
외부 세계 }
와의 인터 private final Listener l;
페이스   private final StreamSink<MouseEvt> sMouse = new StreamSink<>();
    public void mouseEvent(MouseEvt me) { sMouse.send(me); }
    public void dispose() { l.unlisten(); }
}
```

이제 FRP에 익숙해졌음에도 이 코드는 전통적인 코드보다 덜 분명해 보일 것이다. 이 코드를 이해하기 위한 핵심은 Stream〈Document〉라는 타입을 가지는 문서 갱신의 스트림을 switch 하는 것이다. 마우스 DOWN이 문서의 원소 중 하나 위에서 일어나면, MOVE 이벤트에 대한 반응으로 갱신을 이벤트로 내보내는 스트림으로 switch해서 드래깅 상태로 바꾼다. 마우스 UP 이벤트를 받으면 never 스트림으로 switch해서 '드래깅 아님' 상태로 바꾼다. never는 (당연히) 문서 갱신 이벤트를 내보내지 않는다.

7장에서 switch를 사용하면 잘못된 상태를 없앨 수 있다고 말했던 것을 기억하자. '어떤 것을 드래깅하고 있는가'에 대한 상태는 드래깅을 하고 있지 않은 경우에는 쓸모가 없다. 전통적인 로직은 이 두 상태를 Optional 타입으로 조합하며 그것이 그 패러다임에서 할 수 있는 최선이다. 하지만 MOVE를 처리하려면 드래깅을 처리 중인지를 명시적으로 검사해야만 한다. FRP와 switch를 사용하면 드래깅 상태가 존재하는 경우에만 이동을 처리하는 로직이 존재하게 만드는 이상적인 목표를 달성할 수 있다.

> **NOTE_** 머피의 법칙에 따르면 '잘못될 수 있는 일은 반드시 잘못된다.' 잘못된 상태는 잘못될 수 있는 어떤 것이며 잠재적인 버그의 근원이다. 함수형 프로그래밍과 FRP의 철학은 잘못될 수 있는 것을 가능한 많이 없애는 것이다.

10.1.3 액터 모델

[리스트 10-6]은 **액터 모델** 구현을 보여준다. 세 가지 중에서 이 구현이 가장 자연스럽다. 우리의 주장은 액터가 가장 자연스러운 이유는 이와 같은 문제 유형에 액터가 가장 잘 들어맞기 때문에 그렇다는 것이다.

액터 모델이란?

그림에서 볼 수 있는 것처럼 액터actor, 배우가 모델model과 결혼하는 일이 자주 있다. 하지만 연예계에 대한 분석은 다음으로 미뤄두자.

액터는 동시성 모델로 1970년대에 처음 개발됐다. 얼랭Erlang 프로그래밍 언어와 최근의 아카Akka와 같은 반응형 프레임워크는 액터 모델을 광범위하게 사용한다. 액터 모델은 실행 시점의 내고장성이 강하고, 프로그램 구성요소를 핫스왑hot-swap(프로그램 실행에 영향을 끼치지 않으면서 서비스 중에 구성요소를 바꾸는 것)할 수 있기 때문에 분산 컴퓨팅에 특히 적합하다. 또한 대규모의 상업적인 애플리케이션에서 그 유효성이 증명된 모델이기도 하다.

액터는 단일 비동기 입력 대기열queue을 통해서 들어오는 메시지를 처리하는 임무를 가지는 프로세스다. 각 액터마다 공개된 주소가 있으며, 특정 액터의 주소를 알면 그 액터에게 메시지를 보낼 수 있다. 액터는 보통 입력 메시지를 보냈던 원래의 액터에게 응답을 보내는 메커니즘을 사용한다. 액터는 다른 액터에게 메시지를 통해 임의의 액터 주소를 전송할 수 있다.

액터는 주로 스레드와 같은 제어 흐름을 사용해 구현된다. 우리는 FRP와 액터를 함께 사용하면 상당한 잠재력이 있으리라 생각한다. 예를 들어, 잘 확립된 액터 기반의 프레임워크 안에서 FRP를 사용해 액터의 로직을 구현할 수 있을 것이다.

액터 모델

리스트 10-6 드래그 앤 드롭: 액터 모델 버전

```
class Actor implements Paradigm {
    public Actor(Document initDoc, DocumentListener dl) {
        ArrayBlockingQueue<Document> out = new ArrayBlockingQueue<>(1);
        t1 = new Thread(() -> {
            try {
                Document doc = initDoc;
                while (true) {
                    MouseEvt me1 = null;
                    Entry ent = null;
                    while (true) {
                        MouseEvt me = in.take();
                        if (me.type == Type.DOWN) {
                            Optional<Entry> oe = doc.getByPoint(me.pt);
                            if (oe.isPresent()) {
                                me1 = me;
                                ent = oe.get();
                                break;
                            }
                        }
                    }
                    System.out.println("actor dragging " + ent.id);
                    while (true) {
                        MouseEvt me = in.take();
                        if (me.type == Type.MOVE) {
                            doc = doc.insert(ent.id,
                                ent.element.translate(me1.pt, me.pt));
                            out.put(doc);
                        }
                        else
                        if (me.type == Type.UP)
                            break;
                    }
                }
            } catch (InterruptedException e) {}
        });
        t1.start();
        t2 = new Thread(() -> {
            try {
                while (true)
                    dl.documentUpdated(out.take());
            } catch (InterruptedException e) {}
        });
```

메시지 대기열

현재 드래깅 중인 대상

이 루프는 '드래깅하지 않음' 상태에 해당한다.

입력 메시지를 기다리면서 블록됨

'드래깅' 상태로 전환

이 루프는 '드래깅' 상태에 해당된다.

변경된 문서를 내보낸다.

UP 이벤트가 들어오면 '드래깅' 상태에서 나간다.

패러다임 사이의 다리다. 출력 대기열을 외부의 관찰자 인터페이스로 연결한다.

```
        t2.start();
    }
    private final Thread t1, t2;
    private final ArrayBlockingQueue<MouseEvt> in =
                                        new ArrayBlockingQueue<>(1);
    public void mouseEvent(MouseEvt me) {
        try {
            in.put(me);
        } catch (InterruptedException e) {}
    }
    public void dispose() { t1.interrupt(); t2.interrupt(); }
}
```

이 코드를 다음과 같이 실행할 수 있다.

```
git clone https://github.com/SodiumFRP/sodium
cd sodium/book/battle/java
mvn test -Pbattle 또는 ant battle
```

액터에는 **흐름 제어**가 있다. 전통적 모델이나 FRP는 그것을 복제할 수 없다. 이 문제의 경우 상태는 두 가지 변수로 이뤄진다.

- 현재의 문서
- 드래깅을 하고 있는가 여부, 그리고 드래깅할 경우 드래깅의 대상

전통적 모델에서는 이들을 변수로 직접 표현한다(객체 필드에 저장). FRP에서는 이들을 셀에 직접 매핑한다.

액터의 큰 장점은 그 이름처럼 **암시적 상태 기계**를 허용한다는 것이다. 그래서 두 번째 변수(드래깅 관련)를 흐름 제어 안에 암시적으로 넣을 수 있다. 그것은 FRP가 잘못된 상태를 없애는 것과 마찬가지의 장점을 제공한다. FRP처럼 액터에서도 상태가 존재하는 동안에만 그와 관련된 로직이 존재한다.

10.1.4 오늘의 승자는...

액터가 이번 라운드를 이겼다. 액터는 잘못된 상태를 자연스럽고 이해하기 쉬운 방법으로 해결해준다.

하지만 이 책은 FRP에 대한 책이다. 따라서 우리의 자존심이 FRP가 질 수는 없다고 말한다. 우리가 그동안 이론적이든, 이런저런 이야기든 FRP가 더 낫다고 주장해온 것은 FRP가 모든 면에서 다른 패러다임을 능가한다는 것이 아니다. 하지만 FRP가 제공하는 해법의 복잡도(또는 코드의 복잡도)는 문제가 어려울수록 다른 패러다임에 비해 선형에 더 가깝게 증가한다(그림 10-2).

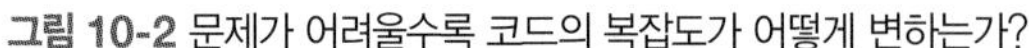

그림 10-2 문제가 어려울수록 코드의 복잡도가 어떻게 변하는가?

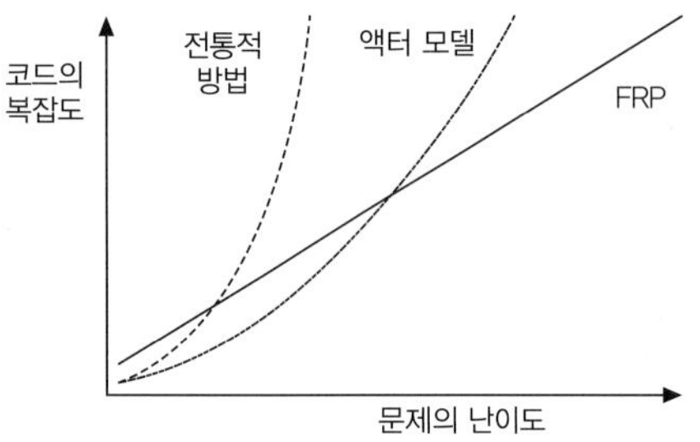

애자일 소프트웨어 개발 방법론도 이같은 장점을 주장한다. 하지만 FRP는 그것과는 다른 방법(간단한 수학적 원칙을 코드에 적용하는 것)으로 이를 달성한다. FRP가 다룰 수 있는 복잡도에는 아마도 상한이 있는 것 같다. 하지만 아직 그런 한계에 부딪쳐본 적이 없기 때문에 그 한계가 어디고 그 한계에 이르게 하는 특성이 무엇인지에 대해서는 정확히 모른다.

액터가 가지고 있는 장점은 드래깅 상태를 제어 흐름 안에 펼쳐놓을 수 있다는 것이다. 다른 상태 변수인 document도 드래깅과 함께 같은 구조 안에 깔끔하게 녹아 들어간다.

10.2 시프트 키를 눌러서 축을 고정하는 특징 추가하기

그렇다면 액터에게 변화구를 던져보면 어떨까? 이제 드래깅과 잘 들어맞지 않는 두 번째 상태 변수를 추가해보자.

- 시프트shift 키를 누르고 있으면 원소의 이동 방향이 X 축과 Y 축으로 고정된다.

다이어그램을 처리하는 소프트웨어에는 이런 기능이 대부분 들어 있다. 따라서 이런 상황이 낯설지는 않을 것이다.

[리스트 10-7]은 액터 버전이다. 변경된 부분을 진하게 표시했다. 문제가 되는 부분이 두 군데 있다.

- axisLock 상태를 변경하는 코드가 중복된다. 물론 이를 메서드에 넣을 수 있지만, 그렇게 해도 두 루프 안에서 따로 처리해야 한다는 사실은 변하지 않는다.
- 액터에서는 입력 메시지에 동적인 타입을 사용하는 것이 일반적이다. 그래서 여기서도 마찬가지 처리를 했다. 그런 방법의 단점은 실수로 수신 액터가 이해할 수 없는 메시지를 보낼 수 있다는 것이다. 또는, 액터의 메시지 처리 로직에서 어떤 타입의 메시지를 처리하는 부분을 빠뜨릴 수도 있다. 예를 들어, 실수로 예제에 있는 두 Type(시프트 키) 메시지 처리 부분 중 하나를 빼먹을 수 있다.

액터는 상태 변수를 제어 흐름에 펼쳐 넣을 수 있다. 그리고 그것이 강력한 기법임을 이미 살펴봤다. 하지만 이것은 상태 변수가 하나인 경우에만 가능하다. 우리는 드래깅 상태를 제어 흐름에 녹여 넣었고, Document는 그 흐름 안에서 부드럽게 처리될 수 있었다. 그러나 axisLock은 그 흐름과 잘 맞지 않는다. 따라서 코드 중복이 일어난다.

리스트 10-7 이동 방향 고정을 사용한 드래그 앤 드롭: 액터 모델 버전

```
class Actor implements Paradigm {
    public Actor(Document initDoc, DocumentListener dl) {
        ArrayBlockingQueue<Document> out = new ArrayBlockingQueue<>(1);
        t1 = new Thread(() -> {
            try {
                Document doc = initDoc;
                boolean axisLock = false;
                while (true) {
                    MouseEvt me1 = null;
                    Entry ent = null;
                    while (true) {
                        Object o = in.take(); <-- 이제는 입력값이 동적으로 타입 지정된다.
                        if (o instanceof MouseEvt) {
                            MouseEvt me = (MouseEvt) o;
                            if (me.type == Type.DOWN) {
                                Optional<Entry> oe = doc.getByPoint(me.pt);
                                if (oe.isPresent()) {
                                    me1 = me;
                                    ent = oe.get();
                                    break;
                                }
                            }
```

```
                }
                if (o instanceof Type) {
                    Type t = (Type) o;
                    axisLock = t == Type.DOWN;
                }
            }
            System.out.println("actor dragging " + ent.id);
            while (true) {
                Object o = in.take();
                if (o instanceof MouseEvt) {
                    MouseEvt me = (MouseEvt) o;
                    if (me.type == Type.MOVE) {
                        doc = doc.insert(ent.id,
                            ent.element.translate(me1.pt, me.pt,
                                axisLock));
                        out.put(doc);
                    }
                    else
                    if (me.type == Type.UP)
                        break;
                }
                if (o instanceof Type) {
                    Type t = (Type) o;
                    axisLock = t == Type.DOWN;
                }
            }
        }
    } catch (InterruptedException e) {}
});
...      ← 일부 코드 생략
}
private final Thread t1, t2;
private final ArrayBlockingQueue<Object> in =
                                    new ArrayBlockingQueue<>(1);
public void mouseEvent(MouseEvt me) {
    try {
        in.put(me);
    } catch (InterruptedException e) {}
}
public void shiftEvent(Type t) {
    try {
        in.put(t);
    } catch (InterruptedException e) {}
}
```

시프트 키 처리가 중복된다.

```
    public void dispose() { t1.interrupt(); t2.interrupt(); }
}
```

[리스트 10-8]은 같은 로직을 FRP로 구현한 것이다. 변경한 부분이 상당히 간단하다는 것을 쉽게 알 수 있을 것이다.

리스트 10-8 이동 방향 고정을 사용한 드래그 앤 드롭: 액터 모델 버전

```
class FRP implements Paradigm {
    public FRP(Document initDoc, DocumentListener dl) {
        l = Transaction.run(() -> {
            CellLoop<Document> doc = new CellLoop<>();
            Cell<Boolean> axisLock = sShift.map(t -> t == Type.DOWN)
                                           .hold(false);
            Stream<Stream<Document>> sStartDrag = Stream.filterOptional(
                sMouse.snapshot(doc, (me1, doc1) -> {
                    if (me1.type == Type.DOWN) {
                        Optional<Entry> oe = doc1.getByPoint(me1.pt);
                        if (oe.isPresent()) {
                            String id = oe.get().id;
                            Element elt = oe.get().element;
                            System.out.println("FRP dragging " + id);
                            Stream<Document> sMoves = sMouse
                                .filter(me -> me.type == Type.MOVE)
                                .snapshot(doc, (me2, doc2) ->
                                    doc2.insert(id,
                                        elt.translate(me1.pt, me2.pt,
                                            axisLock.sample())));
                            return Optional.of(sMoves);
                        }
                    }
                    return Optional.empty();
                }));
            Stream<Document> sIdle = new Stream<>();
            Stream<Stream<Document>> sEndDrag =
                sMouse.filter(me -> me.type == Type.UP)
                      .map(me -> sIdle);
            Stream<Document> sDocUpdate = Cell.switchS(
                sStartDrag.orElse(sEndDrag).hold(sIdle)
            );
            doc.loop(sDocUpdate.hold(initDoc));
```

```
            return sDocUpdate.listen(doc_ -> dl.documentUpdated(doc_));
        });
    }
    private final Listener l;
    private final StreamSink<MouseEvt> sMouse = new StreamSink<>();
    public void mouseEvent(MouseEvt me) { sMouse.send(me); }
    private final StreamSink<Type> sShift = new StreamSink<>();
    public void shiftEvent(Type t) { sShift.send(t); }
    public void dispose() { l.unlisten(); }
}
```

이 코드를 다음과 같이 실행할 수 있다.

```
git clone https://github.com/SodiumFRP/sodium
cd sodium/book/battle/java
mvn test -Pshift 또는 ant shift
```

아주 단순한 변경만으로 전통적인 방식의 구현도 가능하지만 따로 리스트로 보여주지는 않겠다. 우리는 FRP가 잘못된 상태를 없앨 수 있기 때문에 여기서도 전통적인 방식보다 더 낫다고 생각한다. 이번 절에서 설명한 코드는 sodium/book/battle/java/shift/에서 볼 수 있다.

10.3 개선: 시프트 키로 문서 갱신하기

앞에서 본 시프트 키/이동 방향 고정 예제에서는 시프트 키의 상태 변화가 드래깅 대상 원소를 다시 그려지게 만들지는 않았다. 원소가 다시 그려지게 하려면 마우스를 아주 작게 움직여야만 하는데, 이것은 그리 좋은 사용자 경험이 아니다. 각 패러다임의 구현을 바꿔서 shiftEvent()가 원소의 위치를 갱신하도록 만들면 좋을 것이다.

이를 위해 코드의 세 번째 버전을 만들었다. 우리는 변경해야 하는 부분만을 보여줄 것이다. 전체 코드는 sodium/book/battle/java/shift2/에 있다.

이 버전을 실행하려면 다음과 같이 할 수 있다.

```
git clone https://github.com/SodiumFRP/sodium
cd sodium/book/battle/java
mvn test -Pshift2 또는 ant shift2
```

10.3.1 전통적 패러다임에서 변경할 부분

최근의 이동 위치를 기억하기 위해 move 필드를 새로 추가해야 한다. 그리고 move의 값을 UP이 일어난 위치로 초기화하고 MOVE할 때마다 갱신해야 한다. 그리고 갱신된 문서를 출력하는 부분을 새로운 updateMove() 메서드로 옮기자.

```
private Point move;
...
    case DOWN:
        ...
        if (...) {
            move = me.pt;
        }
        break;
    case MOVE:
        move = me.pt;
        updateMove();
        break;
```

shiftEvent()를 바꿔서 updateMove()를 호출하게 하자.

```
public void shiftEvent(Type t) {
    axisLock = t == Type.DOWN;
    updateMove();
}
```

추가한 상태 변수 move가 왠지 거북하다. 드래그 관련 위치 정보를 Dragging 데이터 구조 안에 넣는 것이 더 깔끔하지만 Optional이 불변 데이터로 설계된 것(Optional에 저장되는 값은 final 필드로 구현된다)이라서 위치 관련 값을 변경하는 것이 불가능하다. move를 Dragging 안에 넣는 경우 어떻게 깔끔하게 코드를 수정할 수 있을지 한번 생각해보기 바란다.

10.3.2 FRP에서 변경할 부분

FRP에서도 가장 최근의 이동 위치를 유지하는 새로운 상태가 필요할 것이다. 이를 위한 가장 좋은 방법은 move와 axisLock을 스트림 대신 셀로 만드는 것이다. 두 가지 모두 상태가 있기 때문에 그렇게 하는 게 좋다. 최상위 수준에서 axisLock을 다음과 같이 정의할 수 있다.

```
Cell<Boolean> axisLock = sShift.map(t -> t == Type.DOWN)
                               .hold(false);
```

드래깅 상태를 시작할 때, 가장 최근의 마우스 이동 위치를 나타내는 move를 다음과 같이 정의한다.

```
Cell<Point> move =
    sMouse.filter(me -> me.type == Type.MOVE)
          .map(me -> me.pt)
          .hold(me1.pt);
```

NOTE_ 이전에 switch를 사용하면 hold를 실행하는 트랜잭션 컨텍스트가 무엇인지가 중요하다는 말을 했다. axisLock은 드래그의 시작이나 끝과는 무관하기 때문에 모든 로직의 트랜잭션 컨텍스트 안에 있어야 한다. 하지만 move는 드래깅 상태인 경우에만 존재해야 하기 때문에 마우스 DOWN을 처리하는 트랜잭션 컨텍스트 안에서 정의되어야만 한다. move의 초깃값은 DOWN 이벤트의 위치에서 온다. 실제로 DOWN을 처리하는 컨텍스트 안에서 사용 가능한 마우스 위치는 move뿐이다.

이제 lift를 사용해서 드래깅된 원소가 어디로 가야 하는지를 계산하는 것은 간단하다.

```
Stream<Document> sMoves = Operational.updates(
        move.lift(axisLock, (mv, lck) ->
            elt.translate(me1.pt, mv, lck))
    )
    .snapshot(doc, (newElt, doc2) ->
        doc2.insert(id, newElt));
```

마지막으로, 셀의 변화 단계를 관찰할 수 없어야 한다는 규칙을 깬다(8.4절 참조). 그리고 Operation.updates()를 사용해서 셀을 문서 안에서 변경해야 하는 새로운 원소들을 나타내는 스트림으로 만든다. 이것이 문제를 푸는 깔끔한 방법이기 때문에 (셀의 변화를 관찰할 수 있어야 하는지에 대한) 철학적인 문제를 심사숙고하는 것은 여러분의 몫으로 하고 우리는 updates()를 활용할 것이다. 하지만 FRP 시스템에 따라서는 이를 허용하지 않을 수도 있음을 염두에 두기 바란다.

이런 방식을 피하고 싶다면 snapshot을 2개 사용하는 방법으로 조금 덜 깔끔하지만 동등한 처리가 가능하다. move와 axisLock의 경우 스트림과 셀이 모두 필요하기 때문에 move, sMove, axisLock, sAxisLock이 필요하다. sMove가 발사되면 가장 최근의 axisLock을 포획하고 싶다. 그리고 반대로 sAxisLock이 발사되면 move를 포획해야 한다. 따라서 sMove.snapshot(axisLock)과 sAxisLock.snapshot(move)를 합치면 된다. 다음은 FRP 패러다임을 사용해 그렇게 구현한 FRP2를 보여준다.

```
class Pair {
    Pair(Point move, boolean lock) {
        this.move = move;
        this.lock = lock;
    }
    Point move;
    boolean lock;
}
Stream<Point> sMove =
    sMouse.filter(me -> me.type == Type.MOVE)
          .map(me -> me.pt);
Cell<Point> move = sMove.hold(me1.pt);
Stream<Pair> sPair = sMove.snapshot(axisLock,
        (m, l) -> new Pair(m, l))
    .orElse(sAxisLock.snapshot(move,
        (l, m) -> new Pair(m, l)));
Stream<Document> sMoves = sPair.snapshot(doc,
    (p, doc2) -> doc2.insert(id,
      elt.translate(me1.pt, p.move, p.lock)));
```

10.3.3 액터 모델에서 변경할 부분

액터 코드에서 바꿔야 할 부분은 상당히 뻔하다. 문서 업데이트는 두 가지 다른 이벤트로부터 발생할 수 있다. 따라서 toUpdate라는 임시 변수를 사용하면 된다.

```
Point move = me1.pt;
while (true) {
    Object o = in.take();
    boolean toUpdate = false;
    if (o instanceof MouseEvt) {
        MouseEvt me = (MouseEvt) o;
        if (me.type == Type.MOVE) {
            move = me.pt;
            toUpdate = true;
        }
        else
        if (me.type == Type.UP)
            break;
    }
    if (o instanceof Type) {
        Type t = (Type) o;
        axisLock = t == Type.DOWN;
        toUpdate = true;
    }
    if (toUpdate) {
        doc = doc.insert(ent.id,
            ent.element.translate(me1.pt, move,
                axisLock));
        out.put(doc);
    }
}
```

10.3.4 여러 패러다임이 어떻게 작용하나?

요구사항을 각 패러다임이 어떻게 처리하고 있는지 다시 살펴보자.

- **전통적인 상태 기계** – 드래깅 상태에 있는지 확실히 검사해야만 한다. 또한 의도하지 않고 updateMove() 호출을 잊어버릴 수도 있다. 전통적 패러다임에서는 최신 상태를 유지하고 출력을 만들어내기 위해 하나 이상의 update() 메서드를 사용해야 하는 경우가 자주 있다. 그런 update() 중 하나를 호출하는 것을 무심코 잊어버리는 것은 FRP에서는 있을 수 없는 버그의 근원이다.
- **FRP** – 모든 요구사항을 잘 처리한다. Operational.updates()라는 조작적인 방식을 피하려고 노력하면 코드가 약간 번잡스러워지는 경우도 있었다. 하지만 코드의 의미는 항상 깔끔하다.
- **액터** – 가장 큰 문제는 Type(시프트 키 UP/DOWN) 메시지를 두 곳에서 처리하고, 로직 중 일부가 중복된다는 것이다. 이런 문제를 해결하는 간단한 방법은 없다. 액터를 사용하면 수많은 지역변수가 들어 있는 아주

긴 메서드가 만들어지는 경우가 자주 있는데 예제에서도 그런 면을 볼 수 있었다. 아마 그런 경우 액터를 둘 이상으로 나눌 수 있겠지만 어떻게 나눌 수 있는지는 명확하지 않다. 액터 코드는 또한 전통적인 코드와 어느 정도 마찬가지로 update들을 다뤄야 했다. 따라서 toUpdate를 호출하는 것을 무심코 잊어버리기 쉽다. FRP에서는 셀 추상화를 통해 실질적으로 그런 문제를 없앨 수 있다.

10.3.5 시퀀스가 긴 상태 기계

앞에서 말한 것을 다시 한 번 반복할 것이다. FRP는 상태가 변하는 시퀀스가 길게 계속되는 경우(즉, 한 상태 변수가 길고 복잡하며, 가지를 치거나 가지들이 합쳐지는 루프의 시퀀스를 따라 변해가는 경우)에는 잘 들어맞지 않는다. 그런 경우의 예를 들면, SMTP 서버가 일련의 이메일을 보내면서 각 단계마다 오류를 처리하는 작업이 있다. 액터나 스레드가 그런 종류의 로직에 더 잘 들어맞는 추상화다.

FRP는 다차원의 상태 변화가 있는 경우에 더 잘 들어맞는다. 즉, 수많은 상태 변수가 복잡하게 서로 상호작용하는 경우에 잘 맞는다. 이 책에서는 FRP를 사용하는 것이 타당한 다양한 예제를 제시해왔다.

따라서 FRP를 통해 여기서 보여준 예제를 잘 처리할 수 있었음에도 불구하고, FRP보다 액터에 더 잘 들어맞는 단순하지 않은 문제들이 실제로 존재한다. 이러한 특성 때문에 우리는 일부 애플리케이션에서 FRP와 액터를 조합한다는 아이디어를 좋아한다.

10.4 요약

- 전통적인 콜백/리스너 방식의 코드는 종종 update()와 같은 상태 갱신 메서드를 호출하는 부분을 필요로 한다. 이때 그런 상태 갱신 메서드를 호출 하는 것을 잊어버리거나, 잘못된 순서로 호출하는 경우가 발생한다.
- 액터 모델은 한 상태 변수를 제어 흐름 속에 펼칠 수 있고, 그에 따라 구현이 아주 간단해지는 경우도 자주 있다. 하지만 문제가 둘 이상의 독립적인 상태 변수를 요구하는 경우를 제대로 처리하지 못하는 경향이 있다.
- FRP는 독립적인 상태 변수가 여럿 있는 경우를 잘 처리한다. 전통적인 상태 기계를 사용하는 방법도 그런 경우를 잘 처리하기는 하지만 항상 복잡성이 끼어들 여지가 많다.
- 액터는 문제가 깔끔한 선형 제어 흐름인 경우에 가장 잘 들어맞는다.

CHAPTER 11

실전 프로그래밍

- I/O 다루기
- 프라미스와 퓨처 사용하기
- 분산 처리
- 단위 테스트

함수형 프로그래밍은 일반적으로 여러분이 문제 자체에 집중할 수 있도록 이상적인 프로그래밍 모델을 제공한다. FRP도 그렇다. 9장에서는 시간이 연속적으로 흐르는 이상적인 세계에서 공을 튕겼다. 그 세계는 마치 영화 〈매트릭스〉에 나오는 가상의 스쿼시장 같은 곳이었다. 8장에서는 그전에 다루지 않았던 FRP 설계에서 더 조작적인 분야를 일부 살펴봤다. 하지만 언젠가 여러분은 더 무시무시한 대상을 다뤄야만 한다. 그것은 바로 현실 세계다.

I/O는 계산하기 힘든 어려움과 복잡도로 악명이 높다. I/O와 로직은 서로를 복잡하게 만드는 상승 작용을 일으키는 경향이 있다. 따라서 FRP에서 (그리고 함수형 언어에서) 택한 접근 방식은 그 둘을 서로 분리하는 것이다. FRP는 복잡한 로직을 잘 처리할 수 있고, 그런 로직을 제외하고 나면 I/O가 더 간단해진다.

11.1 I/O 다루기

FRP에서 I/O를 모델링하는 간단한 방법은 아래와 같은 타입의 함수를 사용하는 것이다.

```
Stream<B> myIO(Stream<A> sIn)
```

입력 스트림이 발사되면 I/O가 시작된다. 그리고 I/O의 결과가 준비되면 출력 스트림에 그

I/O 결과를 표현하는 이벤트가 나타난다. 연산이 비동기적이기 때문에 출력은 I/O를 시작한 이벤트와는 다른 트랜잭션 컨텍스트 안에 들어간다.

소듐이 자바로 작성되었기 때문에 여러분은 그 타입을 다음처럼 구체적인 함수로 작성해야 한다. 물론 언어마다 함수 타입을 표현하는 방식은 다를 것이다.

```
Lambda1<Stream<A>, Stream<B>>
```

> **DEFINITION_ I/O 액션** Stream⟨B⟩ myIO(Stream⟨A⟩ sIn)라는 타입은 I/O를 표현한다.

이런 형태의 I/O 액션을 만들고 나면 그것을 FRP와 잘 버무릴 수 있다. 이를 사용해 사전 검색 클라이언트를 만들 수 있다(그림 11-1).

그림 11-1 사전 검색 클라이언트: 검색(look up) 버튼을 클릭하면 여러분이 입력한 단어의 정의를 서버에서 가져온다.

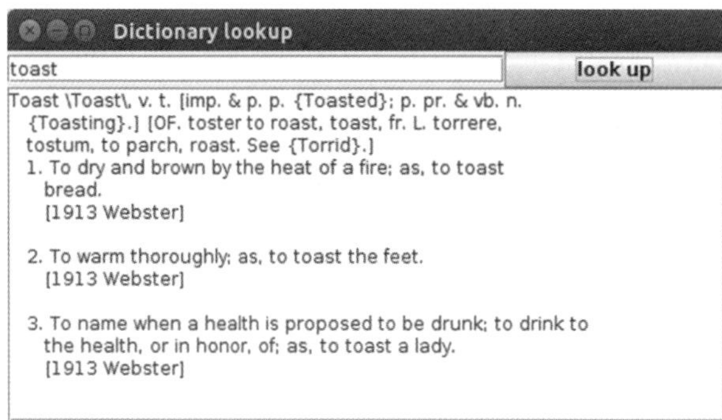

I/O는 사전 서버에 연결해서 정의를 가져오는 작업으로 이뤄진다. 그런 과정은 일반적인 방식으로 만들어져 있다. 이를 우리가 원하는 형태로 감싸는 코드의 뼈대는 [리스트 11-1]에 있다. 이 예제에서 입력은 검색할 단어가 들어 있는 String이며, 출력값은 서버에서 정의를 가져올 수 있었는지 아니면 정의가 없어서 오류인지를 나타내기 위해서 Optional⟨String⟩을 사용한다.

> **NOTE_** 핵심 아이디어는 외부에서 볼 때는 I/O 액션이 FRP의 엄격한 규칙을 지켜야 한다는 것이다. 하지만 그 내부에서는 I/O라는 무법천지를 활보해도 관계없다.

리스트 11-1 I/O 액션의 뼈대

```
public static final
Lambda1<Stream<String>, Stream<Optional<String>>> lookup = sWord -> {
    StreamSink<Optional<String>> sDefinition = new StreamSink<>();
    Listener l = sWord.listenWeak(wrd -> {
        new Thread() { ◀── 작업자 스레드를 시작한다.
            public void run() {
                Optional<String> def = Optional.empty();
                try {
                    ...
                    def = Optional.of(...);
                }
                finally {
                    sDefinition.send(def); ◀── I/O 결과는 새 트랜잭션 안에서 제출된다.
                }
            }
        }.start();
    });
    return sDefinition.addCleanup(l);
};
```

여기서 I/O 코드는 생략했지만 sodium/book/real-world/java/lookup/Lookup.java에서 확인할 수 있다. 이 리스트는 새로운 소듐 API 메서드인 Stream.addCleanup()을 소개한다. 이 메서드는 리스너를 받는다. 이 방식은 스트림이 살아 있는 동안에만 지정한 리스너를 살려두기 위해 사용한다. 소듐 API에서는 addCleanup()에 전달할 리스너를 반드시 listenWeak()를 사용해 만들어야 한다.

이 예제에서 출력 스트림인 sDefinition을 다른 곳에서 참조하고 있거나, 어떤 방식으로든 sDefinition이 쓰이는 동안에는 리스너가 등록된 상태가 유지된다. 그리고 sDefinition의 참조가 없어져서 쓰레기 수집되면 리스너도 자동으로 정리된다. 이를 통해 여러분은 I/O를 발사 후 망각fire-and-forget 방식으로 작성할 수 있다. 8장에서 봤던 리스너 안에서 허용되는 행위에 대한 규칙을 다시 기억해보자.

- send()를 사용할 수 없다.
- 블로킹 I/O를 사용할 수 없다.
- 논블로킹 I/O는 사용해도 좋다.

여기서는 I/O가 listen()(또는 listenWeak())에 넘긴 핸들러를 블록시키지 않도록 보장하기 위해 별도의 스레드를 시작했다. 여기서 send()를 호출해도 별도의 스레드 안에서 실행되기 때문에 첫 번째 규칙을 깨지 않는다는 것을 알아두자.

11.1.1 FRP에서의 오류 처리

대부분의 언어에서 I/O 오류는 예외exception 메커니즘을 통해 처리된다. FRP는 예외를 다룰 수 없고, 일반적인 FRP 코드는 결코 예외를 던지지 않는다. FRP는 오직 값만 다룰 수 있기 때문에 여러분의 I/O 코드는 예외를 잡아내서 값으로 변환해야 한다.

Rx나 Rx를 기반으로 하는 시스템에는 오류 처리 기능이 내장되어 있다. 이는 일반적인 예외와는 다르다. 내부적으로 그런 오류들은 실제로 그냥 값일 뿐이고, Rx는 자동으로 예외와 비슷한 방식으로 그런 값을 전파시켜준다.

오류 처리가 없는 소듐과 같은 시스템에서 오류를 모델링하려면 옵션이나 가변 타입variant type[1]을 사용해야 한다. 대부분의 언어에는 자바의 Optional과 같은 타입이 있다. 값이 존재하지 않는다면 오류로 처리해야 한다.

> **NOTE_** Rx는 처리의 연쇄를 통해 자동으로 오류를 전파한다. 소듐에서는 오류 상태를 직접 전달해야 한다. 하지만 그런 과정을 쉽게 해주는 코드를 작성할 수는 있다.

가변 타입을 사용하면 오류 값에 의미를 더 부여할 수 있다. 가변 타입의 값은 오류 메시지를 나타내는 값이거나 정상적인 값일 수 있다. 함수형 프로그래밍 언어에서는 그런 타입을 쉽게 처리할 수 있지만 함수형이 아닌 언어에서는 약간 성가실 수도 있다. 가변 타입에 딱 들어맞는 것이 자바에 없기 때문에 직접 만들어야 한다. 여러분에게 필요한 것은 Optional과 비슷하지만 아무 값이 없는 것을 표현하는 대신 오류를 표현하는 내용(예를 들어, 문자열)을 제공하는 타입이다. C++라면 부스트boost 라이브러리의 boost::variant 타입을 사용할 수 있다. Rx를

---

1 옮긴이_ 자바의 Optional과 같은 옵션 타입은 값의 존재나 부재를 표현하는 방식이다. 스위프트나 코틀린 같은 요즘 언어에 있는 널이 될 수 있는(Nullable) 타입도 근본적으로 마찬가지 방식이다(옵션 타입에 대해서는 위키피디아 https://goo.gl/uYVPd1를 보라). 하지만 값이 존재하지 않게 된 이유(즉, 값을 생성하는 과정에서 발생한 오류)를 알아야 하는 경우 값을 만드는 과정에서 생긴 오류 정보가 사라져버리기 때문에 옵션 타입은 사용하기 적합하지 않다. 반면 가변 타입에는 정상적인 경우의 값이나 비정상적인 경우를 표현하는 값(발생한 예외 자체나, 문제를 표현하는 메시지나 코드 등이 그런 값이 될 수 있다)을 모두 넣을 수 있기 때문에 오류 정보를 잃지 않고 처리할 수 있다.

설계한 사람들이 오류 처리를 내장시킨 이유 중에는 대부분의 유명한 언어에서 가변 타입이 일반적이지 않다는 점도 있을 것이다.

앞에서 말한 것처럼 예외 사용은 허용되지 않는다. 따라서 I/O 코드는 항상 어떤 값을 출력해야 하며, 그런 값 중에 오류를 표현하는 값이 들어 있을 수는 있다. 우리는 [리스트 11-1]에서 try/finally 블록을 사용했다. 따라서 무엇인가 출력을 만들어내는 것을 보장할 수 있다. 여러분은 여러분에게 필요한 오류 처리에 적당한 방식을 원하는 대로 선택하면 된다.

11.1.2 I/O 액션 실행하기

I/O 액션을 다음과 같이 시작할 수 있다.

```
Stream<Stream> sWord = ...;
Stream<Optional<String>> sOut = lookup.apply(sWord);
```

I/O가 실행되면 두 가지 FRP 트랜잭션이 연관된다. I/O가 일어나도록 시작시키는 것이 한 트랜잭션 안에 있고, 발생한 I/O 결과를 받는 것이 나중에 생기는 다른 트랜잭션이다(그림 11-2). I/O 처리를 위해 새 스레드를 만들었기 때문에 send() 메서드가 별도의 명시적인 트랜잭션 컨텍스트 안에 있지 않다는 사실을 알아둬야 한다. 대신 send()는 자동으로 새로운 트랜잭션을 시작할 것이다.

그림 11-2 I/O는 트랜잭션 2(t_2)에 의해 시작된다. 응답은 트랜잭션 4(t_4)에서 도착한다.

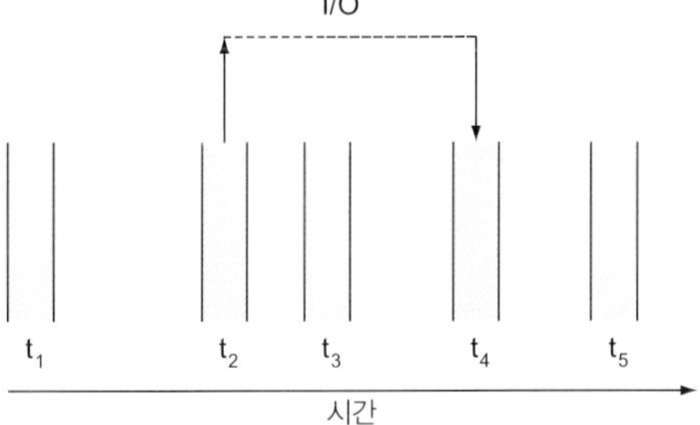

> **NOTE_** I/O 액션의 정의에 I/O를 수행한 결과가 I/O를 시작한 트랜잭션과는 다른 새로운 트랜잭션을 통해 전달된다는 것을 추가해야 한다. 그렇게 하면 I/O 액션을 다룰 때 언제나 결과가 다른 트랜잭션으로 도착한다는 사실을 가정할 수 있을 것이다.

I/O 액션이 비동기로 실행되기 때문에 [그림 11-3]처럼 같은 I/O 액션 인스턴스 여러 개를 병렬로 실행하는 것도 가능하다. 또한, 응답이 I/O를 시작한 순서와 동일한 순서로 돌아온다는 보장이 없다는 것을 염두에 둬야 한다. I/O의 실행이 서로 겹칠 경우를 어떻게 처리할지에 대해 일종의 정책을 세워놓아야 한다.

그림 11-3 여러 I/O를 병렬로 실행할 수 있다.

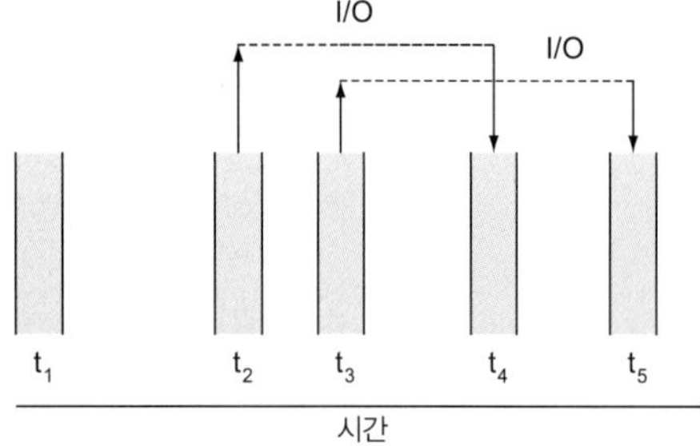

현재의 예제는 단순한 정책을 사용할 것이다. busy라는 상태를 두고 그 상태가 false인 경우에만 I/O가 시작될 수 있도록 만들어서 I/O가 겹쳐서 실행되는 것을 막을 수 있다. 이런 방법을 사용하도록 도와주는 일반적인 도구 클래스를 만들 수 있다(리스트 11-2).

이 도구 클래스는 여러분이 전달한 I/O 액션에 있는 액션 함수를 실행함으로써 I/O 액션을 시작한다. [리스트 11-2]는 그 I/O 액션의 출력을 포함하는 스트림을 내놓으면서 busy 플래그도 함께 내놓는다. busy에 따라 액션을 사용하지 않고 기다리는 것은 호출하는 쪽에서 책임져야 할 일이다.

리스트 11-2 I/O 액션이 진행 중인지를 추적하게 해주는 일반적인 도구 클래스

```
class IsBusy<A,B> {
    public IsBusy(Lambda1<Stream<A>, Stream<B>> action, Stream<A> sIn) {
        sOut = action.apply(sIn);
        busy = sIn.map(i -> true)
                  .orElse(sOut.map(i -> false))
```

```
                .hold(false);
    }
    public Stream<B> sOut;
    public Cell<Boolean> busy;
}
```

11.1.3 애플리케이션 하나로 모으기

[리스트 11-3]은 검색 애플리케이션을 하나로 모은 것이다. 다만 자바 레이아웃 관련 코드는 생략했다. 세 군데에서 busy 플래그를 사용한다.

- enabled는 busy의 논리 부정(NOT)이다. 이 플래그를 SButton에 넘기면 I/O가 실행 중이지 않을 때만 버튼을 활성화할 수 있다. 이렇게 해서 이미 I/O가 실행 중인 경우 새로운 I/O를 시작하지 못하도록 막을 수 있다.
- 또한 enabled를 출력 TextArea에도 전달한다. 그에 따라 I/O 요청이 실행되는 동안에는 TextArea가 회색으로 흐려진다.
- I/O가 진행 중인 경우 출력 TextArea에 단어의 정의가 아니라 'Looking up...'이라는 메시지를 표시한다.

리스트 11-3 사전 검색 애플리케이션

```
Transaction.runVoid(() -> {
    STextField word = new STextField("", 25);
    CellLoop<Boolean> enabled = new CellLoop<>();
    SButton button = new SButton("look up", enabled);
    Stream<String> sWord = button.sClicked.snapshot(word.text);
    IsBusy<String, Optional<String>> ib =
                            new IsBusy<>(lookup, sWord);
    Stream<String> sDefinition = ib.sOut
        .map(o -> o.isPresent() ? o.get() : "ERROR!");
    Cell<String> definition = sDefinition.hold("");
    Cell<String> output = definition.lift(ib.busy, (def, bsy) ->
        bsy ? "Looking up..." : def);
    enabled.loop(ib.busy.map(b -> !b));
    STextArea outputArea = new STextArea(output, enabled);
    view.add(word, c);
    view.add(button, c);
    view.add(new JScrollPane(outputArea), c);
});
```

항상 그렇지만, 체크아웃하지 않은 독자는 다음과 같이 프로젝트를 복제하라.

```
git clone https://github.com/SodiumFRP/sodium
```

메이븐을 사용하는 경우에는 한 단계가 더 필요하다. SWidgets 라이브러리를 로컬 메이븐 저장소에 설치해야 한다.

```
cd sodium/book/swidgets/java/swidgets
mvn install
cd ../../../../..
```

그런 다음 프로그램을 실행하라.

```
cd sodium/book/real-world/java
mvn test -Plookup 또는 ant lookup
```

11.2 프라미스/퓨처

앞 절에서 비동기 I/O를 처리한 방식은 간단한 경우 잘 작동한다. 하지만 I/O 요청마다 별도의 상태를 추적하고 싶을 때도 있다. **프라미스**Promise는 최근 유명해진 추상화로 FRP에서 아주 요긴하게 쓰인다.

> **NOTE_** 프라미스와 퓨처라는 용어에 대해 여러 가지 다른 의견이 있다. 우리는 그 둘을 하나인 것처럼 다루고, 프라미스에 대해서만 이야기할 것이다.

프라미스는 현재 사용할 수 있거나 미래에 사용할 수 있는 값을 모델링한다. 현재 사용할 수 없는 값이라면 그 값을 사용할 수 있는 상황이 되면 통지받을 수 있다. [리스트 11-4]와 같이 프라미스를 구현할 수 있다.

> **NOTE_** 소듐에는 listen()의 변종인 listenOnce()가 있다. listenOnce()는 이벤트를 하나만 처리한 다음, 자동으로 리스너를 등록 해제하고 정리한다. 따라서 listenOnce()는 오직 한 번만 이벤트를 발사한다.

리스트 11-4 FRP 기반의 프라미스 구현

```
import nz.sodium.*;
import java.util.Optional;
public class Promise<A> {
    public Promise(Stream<A> sDeliver) {
        this.sDeliver = sDeliver.once();
        this.oValue = this.sDeliver.map(a -> Optional.of(a))
                                   .hold(Optional.empty());
    }
    public final Stream<A> sDeliver;  ← 값을 전달한다. 이미 전달이 이뤄졌을 수도 있다.
    public final Cell<Optional<A>> oValue;  ← 현재 값이다. 현재 그 값이 있을 수도 있고, 없을 수도 있다.
    public final Stream<A> then() {  ← 값을 요청한다. 값이 사용 가능해지면 단 한 번만 발사되는 것을 보장하는 스트림을 반환한다.
        return Stream.filterOptional(Operational.value(oValue))
            .orElse(sDeliver).once();
    }
    public final void thenDo(Handler<A> h) {  ← then()에 대한 명령형 인터페이스이다.
        Transaction.runVoid(() ->
            then().listenOnce(h)
        );
    }
}
```

[리스트 11-5]는 [리스트 11-4]를 테스트한다.

리스트 11-5 프라미스 테스트하기

```
import nz.sodium.*;
import java.util.ArrayList;
public class promise1 {
    public static void main(String[] args) {
        System.out.println("*** test 1");
        {
            ArrayList<String> out = new ArrayList<>();
            StreamSink<String> s1 = new StreamSink<>();
            Promise<String> p1 = new Promise<>(s1);
            s1.send("Early");
            p1.thenDo(t -> System.out.println(t));
        }
        System.out.println("*** test 2");
        {
            ArrayList<String> out = new ArrayList<>();
```

```
            StreamSink<String> s1 = new StreamSink<>();
            Promise<String> p1 = new Promise<>(s1);
            p1.thenDo(t -> System.out.println(t));
            s1.send("Late");
        }
    }
}
------ Output ------
*** test 1
Early
*** test 2
Late
```

다음과 같이 이 예제를 실행할 수 있다.

```
git clone https://github.com/SodiumFRP/sodium
cd sodium/book/real-world/java
mvn test -Ppromise1 또는 ant promise1
```

[리스트 11-6]은 프라미스에 추가할 수 있는 유용한 특징 하나를 더 보여준다. 셀에서와 마찬가지로 함수를 프라미스에 끌어올릴lift 수 있다. 그렇게 조합된 프라미스의 값은 함수의 모든 입력이 사용 가능해지면 만들어진다. Operational.updates()를 사용해서 준비를 해둔 상태라면, 셀을 끌어올리는 것만으로 모든 것이 가능할 것이다. Promise.lift()는 Operational.updates() 없이 구현 가능하지만 코드가 더 길다. 관심 있는 독자는 PromiseWithoutUpdates.java를 참고하라.

리스트 11-6 함수를 프라미스에 끌어올리기

```
private Promise(Cell<Optional<A>> oValue) {
    this.sDeliver = Stream.filterOptional(Operational.updates(oValue));
    this.oValue = oValue;
}
public <B,C> Promise<C> lift(Promise<B> pb,
                             final Lambda2<A, B, C> f) {
    return Transaction.run(() -> new Promise<C>(
        this.oValue.lift(pb.oValue,
            (oa, ob) ->
                oa.isPresent() && ob.isPresent()
                    ? Optional.of(f.apply(oa.get(), ob.get()))
```

```
                    : Optional.empty()
        )));
}
```

다음 [리스트 11-7]로 앞에서 본 끌어올리기를 테스트해보자.

리스트 11-7 함수를 프라미스에 끌어올리기 테스트

```
import nz.sodium.*;
import java.util.ArrayList;
public class promise2 {
    public static void main(String[] args) {
        System.out.println("*** Simple test");
        {
            ArrayList<String> out = new ArrayList<>();
            StreamSink<String> sa = new StreamSink<>();
            Promise<String> pa = new Promise<>(sa);
            StreamSink<String> sb = new StreamSink<>();
            Promise<String> pb = new Promise<>(sb);
            Promise<String> p = pa.lift(pb, (a, b) -> a + " " + b);
            sa.send("Hello");
            p.thenDo(t -> System.out.println(t));
            sb.send("World");
        }
        System.out.println("*** Simultaneous case");
        {
            ArrayList<String> out = new ArrayList<>();
            StreamSink<String> sa = new StreamSink<>();
            Promise<String> pa = new Promise<>(sa);
            StreamSink<String> sb = new StreamSink<>();
            Promise<String> pb = new Promise<>(sb);
            Promise<String> p = pa.lift(pb, (a, b) -> a + " " + b);
            p.thenDo(t -> System.out.println(t));
            Transaction.runVoid(() -> {
                sa.send("Hello");
                sb.send("World");
            });
        }
    }
}
------ Output ------
*** Simple test
```

```
Hello World
*** Simultaneous case
Hello World
```

다음과 같이 이 예제를 실행할 수 있다.

```
git clone https://github.com/SodiumFRP/sodium
cd sodium/book/real-world/java
mvn test -Ppromise2 또는 ant promise2
```

11.2.1 프라미스를 사용하는 지도 뷰어

지도 서버에서 가져온 지도를 그리는 애플리케이션을 개발한다고 하자(그림 11-4). 사용자가 지도를 스크롤하거나 줌zoom하면 지도의 영역이 바뀐다. 여기서 영역이란 눈에 보이는 창에 대응하는 이 세계의 영역을 말한다(그림에서는 검은 직선의 사각형으로 표현했다). 지도 영역은 항상 창을 채우기 위해 서버로부터 읽어와서 표시해야 하는 여러 세그먼트로 이루어진다. 이 예제에는 6개의 세그먼트가 있다.

그림 11-4 창을 채우기 위해서는 6개의 세그먼트를 가져와야 한다

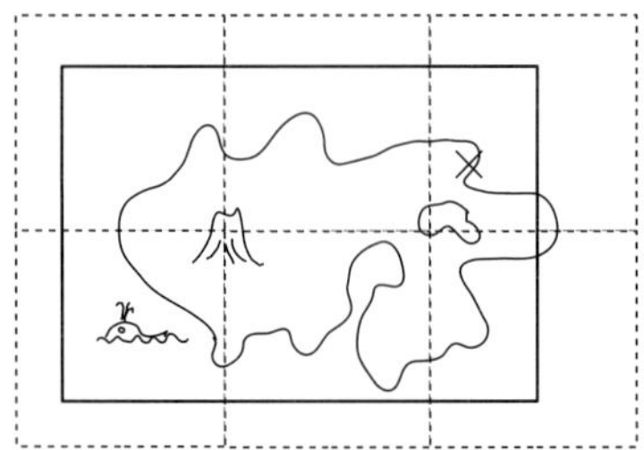

지도 뷰어의 상태는 세그먼트 좌표를 이미지에 대한 프라미스로 연결해주는 키/값 매핑으로 이뤄진다. 이미지 프라미스는 Promise〈Image〉 타입이며, 매핑의 타입은 다음과 같다.

```
Cell<Map<SegmentID, Promise<Image>>>
```

우리는 이 예제를 RxJS로 코딩했다. 브라우저에서 sodium/book/web/map.html을 열고

예제를 실행하라. 지도를 드래그하면 필요에 따라 서버로부터 지도의 정사각형 영역을 가져오는 것을 볼 수 있다.

다음은 URL을 이미지 프라미스로 바꿔주는 코드다.

```
function imagePromise(url)
{
    var sLoaded = Rx.Observable.create(function (observer) {
        var img = new Image();
        img.onload = function() { observer.onNext(img); };
        img.src = url;
    }).publish();
    sLoaded.connect();
    var image = new Rx.BehaviorSubject(null),
        subscr1 = sLoaded.subscribe(image);
    return { image : image,
             dispose : function() { subscr1.dispose(); } };
}
```

프라미스를 초깃값이 null인 BehaviorSubject로 표현하고, 이미지가 적재되고 나면 그 값을 이미지로 바꿀 것이다.

[리스트 11-8]은 그런 코드의 중심이 되는 부분을 보여준다. 7장의 두더지 예제에서 정의했던 sequence()와 마우스 드래그 이벤트에 따라 스크롤 원점을 이동시키는 dragging(), 그리고 장면을 보여주는 draw()에 대해서는 생략한다.

리스트 11-8 필요에 따라 지도 세그먼트를 가져오는 지도 뷰어

```
var baseURL = 'http://reactiveprogramming.org/~blackh/frp-map/',
    xTiles = 44, yTiles = 34,
    tileWidth = 200, tileHeight = 200,
    noOfTiles = xTiles * yTiles;
function tileX(tile) { return (tile % xTiles) * tileWidth; }
function tileY(tile) { return Math.floor(tile / xTiles) * tileHeight; }

function init() {
    var canvas = document.getElementById("myCanvas"),
        scrollOrigin = dragging(canvas),
        sTilesNeeded = scrollOrigin.map(function (so) {   ← 주어진 스크롤 원점에 대해 어떤 타일을 다시 그려야 하는지를 결정한다.
            var tiles = [],
```

```
            x0 = Math.floor(so.x / tileWidth),
            y0 = Math.floor(so.y / tileHeight),
            wid = canvas.width,
            ht = canvas.height;
        for (var x = x0; ((x) * tileWidth - so.x <= wid); x++)
            for (var y = y0; ((y) * tileHeight - so.y <= ht); y++) {
                var tile = x + y * xTiles;
                if (tile >= 0 && tile < noOfTiles)
                    tiles.push(tile);
            }
        return tiles;
    }),
    tilePromises = new Rx.BehaviorSubject([]);
sTilesNeeded.withLatestFrom(tilePromises,
    function (needed, promises) {
        var newPromises = [],
            promises = promises.slice();
        for (var i = 0; i < needed.length; i++) {
            var tile = needed[i];
            var found = false;
            for (var j = 0; j < promises.length; j++) {
                if (promises[j].tile == tile) {
                    newPromises.push(promises.splice(j, 1)[0]);
                    found = true;
                    break;
                }
            }
            if (!found)
                newPromises.push({
                    tile : tile,
                    promise : imagePromise(
                        baseURL+"tile_"+tile+".png")
                });
        }
        for (var j = 0; j < promises.length; j++)
            setTimeout(promises[j].promise.dispose, 0);
        return newPromises;
    }).subscribe(tilePromises);
var scene = tilePromises.flatMapLatest(function (promises) {
    var outImages = [];
    for (var i = 0; i < promises.length; i++) {
        outImages.push(function (tile, image) {
                return image.map(
                    function (img) {
```

필요한 타일의 목록을 받아서, 필요에 따라 프라미스를 인스턴스화하거나 제거한다.

더 이상 필요가 없으면 프라미스를 제거한다.

프라미스 이미지들을 한 장면에 펼쳐 넣는다.

```
                    return { tile : tile, image : img };
                });
            } (promises[i].tile, promises[i].promise.image));
        }
        return sequence(outImages); ◀── 7장에서 정의한 sequence() 도우미 함수
    });
    var sTileLoaded = tilePromises.flatMapLatest(function (promises) { ◀── 타일을 읽고 나면 발사되는 스트림
        var sLoaded = Rx.Observable.of();
        for (var i = 0; i < promises.length; i++)
            sLoaded = sLoaded.merge(
                promises[i].promise.image.filter(function (img) {
                    return img !== null; }));
        return sLoaded;
    });

    function draw(toDraw) {
        var so = toDraw.so;
        var scene = toDraw.scene;
        var ctx = canvas.getContext("2d");
        ctx.fillStyle = '#dfafef';
        ctx.fillRect(0, 0, canvas.width, canvas.height);
        for (var i = 0; i < scene.length; i++)
            if (scene[i].image !== null) {
                var tile = scene[i].tile,
                    x = tileX(tile)-so.x,
                    y = tileY(tile)-so.y;
                ctx.drawImage(scene[i].image, x, y);
                ctx.beginPath();
                ctx.rect(x, y, tileWidth, tileHeight);
                ctx.stroke();
            }
    }

    sTileLoaded.withLatestFrom(scrollOrigin, scene, ◀── 스크롤 원점이 바뀌면 전체를 다시 그린다.
        function (_, so, scene) {
            return { so : so, scene : scene };
        }
    ).subscribe(draw);
    scrollOrigin.withLatestFrom(scene, ◀── 타일을 읽고 나면 전체를 다시 그린다.
        function (so, scene) {
            return { so : so, scene : scene };
        }
    ).subscribe(draw);
}
```

11.2.2 스파크 숙어를 사용해 I/O 시작하기

지도 예제는 RxJS에서 잘 작동한다. 하지만 우리는 의미적으로 지름길을 택했다. imagePromise()는 I/O를 수행하기 때문에 참조 투명하지 않다. 따라서 withLastest From()에 넘기는 함수 안에서 imagePromise()를 사용하면 안 된다. 하지만 그 코드는 아무 문제가 없는 것처럼 보인다.

FRP의 규칙은 버그를 예방하기 위함이다. 따라서 앞의 로직을 어떻게 FRP 규칙을 위배하지 않고 구현할 수 있을지 생각해보자. 이런 경우 I/O를 시작하는 바람직한 방법은 무엇일까? 이제 소듐으로 돌아가서 이 문제를 살펴보자(이런 규칙에 대해서는 소듐이 더 명확하다).

이번 장의 시작 부분에서 살펴본 사전 검색 예제와 같은 방식으로 지도의 타일을 가져오는 I/O 액션을 이미 정의했다고 가정하자. 그 액션의 타입은 다음과 같을 것이다.

```
Stream<Image> fetchTile(Stream<TileID> tileID)
```

이 타입은 자바/소듐의 람다를 사용하면 다음과 같이 표현할 수 있다.

```
Lambda1<Stream<TileID>,Stream<Image>> fetchTile
```

단순화를 위해 오류가 발생하지는 않는다고 가정할 것이다.

이런 I/O 액션 람다가 있다면 I/O 액션을 프라미스를 만들어내는 그 무엇으로 변환해주는 일반적인 promisize() 함수를 작성할 수 있다. 조금 뒤 promisize()의 코드를 보여줄 것이다. promisize()가 있으면 다음과 같이 자바/소듐 버전의 지도 애플리케이션을 작성할 수 있을 것이다.

```
Stream<Set<TileID>> sTilesNeeded = Operational.value(scrollOrigin).map(
    ... );
CellLoop<Map<TileID, Promise<Image>> tilePromises;
tilePromises.loop(sTilesNeeded.snapshot(tilePromises, (needed, prs) -> {
    ...
    for (TileID tileID : needed) {
        ...
        if (!found) {
            Promise<Image> img = promisize(fetchTile, tileID);
            ...
```

```
        }
    }
    ...
}).hold(new HashMap<TileID, Promise<Image>()));
```

상수를 스트림으로 변환하기

promisize()를 어떻게 만들 수 있을까? fetchTile은 Stream〈TileID〉를 원한다. 하지만 여러분은 TileID만을 가지고 있다. 그렇다면 Stream〈TileID〉 타입의 스트림을 어떻게 구성할 수 있을까? 어떻게 상수가 I/O 연산을 시작할 수 있을까?

이 코드 안에서는 snapshot에 전달한 람다 안에서 FRP 로직을 만들고 있다. 여러분은 이 코드가 스트림 이벤트에 대한 응답으로 실행될 것을 알고 있다. fetchTile이 입력받고 싶어 하는 스트림을 얻기 위해서는 snapshot에 전달된 스트림과 같은 것을 사용할 수 있을 것이다. 왜냐하면 그 스트림이 여러분이 I/O를 시작하고 싶은 트랜잭션과 같은 트랜잭션에서 발사될 것이라고 추론할 수 있기 때문이다.

sTilesNeeded가 의문의 대상인 스트림이다. 하지만 타일마다 I/O를 한 번씩만 시작하고 싶다. I/O를 시작하는 스트림은 다음과 같이 만들 수 있을 것이다.

```
Stream<TileID> sInitiateIO = sTilesNeeded.once().map(tn -> tileID);
```

그런 다음 sInitiateIO를 명시적으로 promisize()의 새로운 세 번째 인자로 넣는다. 이제는 잘 작동할 것이다.

```
tilePromises.loop(sTilesNeeded.snapshot(tilePromises, (needed, prs) -> {
    ...
    for (TileID tileID : needed) {
        ...
        if (!found) {
            Stream<TileID> sInitiateIO = sTilesNeeded.once()
                                                 .map(tn -> tileID);
            Promise<Image> img = promisize(fetchTile, tileID, sInitiateIO);
            ...
        }
    }
```

```
    ...
}).hold(new HashMap<TileID, Promise<Image>>()));
```

스파크 숙어

하지만 더 편한 방법이 있다. 다음과 같이 A 타입의 상수를 Stream⟨A⟩로 변환하는 것이 가능하다.

```
Operational.value(new Cell<A>(a))
```

Operational.value()가 반환하는 스트림은 맨 처음에 여러분이 제공한 셀의 현재 값을 한 번 발사시킨다는 사실을 기억하라. 따라서 Operational.value()에 상수 셀을 전달하면 여러분이 원하는 값을 한 번만 발사하는 스트림을 얻을 수 있다. 결과적으로 여러분은 거의 아무것도 없는 데서 스트림을 만든 셈이다. 우리는 이를 **스파크**spark, 불꽃라고 부른다.

이런 **스파크**를 사용하면 I/O를 더 편리하게 시작할 수 있다. snapshot을 처리하기 위해서는 어떤 이벤트가 반드시 존재해야 한다는 사실을 이미 알고 있다. 그런 이벤트의 존재를 추론한다면 그 추론에 힘입어서 이벤트를 하나 재구성할 수 있다(다만 그 이벤트의 내용은 추론할 수 없으므로 여기서 내용을 구성할 수는 없다).

우리는 FRP의 깊은 의미로 들어가야 한다. 하지만 질문은 그다지 어렵지 않다. switch와 sample을 떠올려보자. 거기서 우리는 FRP 기본 요소에 전달할 함수에서 허용할 수 있는 것에 대한 규칙을 정했다(7.3.3절). 그 규칙은 다음과 같았다.

- 이벤트를 다루는 FRP 기본 요소(Stream.map, snapshot, filter, merge, Stream.accum)에는 트랜잭션 컨텍스트와 연결된 코드를 사용할 수 있다. sample이나 여러분이 직접 구성한 FRP 로직(hold나 다른 기본 요소를 활용해 작성한 것)이 그런 코드라 할 수 있다. sample을 lift나 Cell.map과 같이 cell을 반환하는 기본 요소 안에 사용하면 안 된다는 사실도 기억하라.

그 이유는 Operational.value()와 같이 트랜잭션 컨텍스트와 연결된다. 이벤트를 다루는 FRP 기본 요소가 속한 트랜잭션 컨텍스트 안에는 이벤트를 발생시키는 스트림이 있다는 사실을 추론할 수 있다. 이벤트가 없었다면 트랜잭션 컨텍스트가 생길 일도 없으므로, 현재 컨텍스트 안에서는 이벤트가 이미 발생했음을 추론할 수 있다. 그런 경우, 현재 트랜잭션 컨텍스트 안에서 sample은 의미적으로 snapshot과 동등하다.[2] 이제 그런 이벤트를 새로운 스트림으로 (내용은 없이) 재구성해도 적절하다고 말할 수 있고, 그것이 바로 스파크 숙어가 하는 일이다. promisize()에 대한 코드는 다음 리스트에 있다.

리스트 11-9 프라미스를 사용해 I/O 액션의 출력 표현하기

```
<A,B> Promise<B> promisize(Lambda1<Stream<A>, Stream<B>> action,
                           A a) {
    Stream<A> sSpark = Operational.value(new Cell<A>(a));
    return new Promise<>(action.apply(sSpark));
}
```

11.3 분산 처리

FRP는 분산 시스템을 구현할 때 유용하다. 하지만 FRP는 기본적인 인프라이며 그 자체가 해법을 일괄 제공하지는 않는다. 분산 시스템은 복잡한 주제이므로 여기서는 몇 가지 기본적인 아이디어만을 간략히 다룰 것이다.

지금까지 FRP에서 I/O를 모델링하는 방법을 살펴봤다. 분산 시스템에서도 지금까지 살펴본 방법이 유용하다. 예를 들어 원격 프로시저 호출remote procedure call, RPC과 비슷한 성격의 것을 모델링하고 싶은 경우 이 방법이 잘 통할 것이다. 하지만 분산 시스템이 항상 그런 방식으로 작동하는 것은 아니다. 우리는 한 걸음 물러서서 살펴볼 필요가 있다.

11.3.1 일관성 희생하기

분산 시스템은 에릭 브루어Eric Brewer의 CAP 이론[3]의 제약을 따른다. CAP의 각 문자는 시스템의 세 가지 바람직한 속성을 말한다.

---

2 옮긴이_ sample은 셀의 현재 값을 현재 트랜잭션에서 볼 수 있게 해주고, snapshot은 현재 트랜잭션에서 이벤트가 발생한 경우에 한해 셀의 현재 값을 이벤트로 발생시킨다.

3 옮긴이_ 우리글로 쓰인 것 중에는 https://goo.gl/TvMc9c가 이에 대해 잘 설명하고 있다.

- **Consistency(일관성)** – 시스템 안에서 데이터를 읽으면 그 읽기 이전에 완료된 모든 쓰기의 결과를 볼 수 있다.
- **Availability(가용성)** – 언제나 읽기와 쓰기에 성공한다.
- **Partition Tolerence(분할내성)** – 노드 사이의 메시지 결함(부분 결함)이 있더라도 시스템이 제대로 작동한다.

이 이론은 결국 네트워크로 분할된 분산 시스템은 **가용성**이나 **일관성** 중 하나를 선택할 수밖에 없다는 뜻이다. 분할partition은 분산 시스템에서는 기정사실이기 때문에 분할내성을 포기할 수는 없다. 보통은 **가용성**이 그 둘 중에 더 중요하다(항상 그런 것은 아니다). 따라서 가용성을 달성하기 위해 분산 시스템에서는 일관성을 포기할 수밖에 없다.

11.3.2 네트워크 연결을 통해 전달되는 스트림

기본적으로 FRP는 일관성을 아주 잘 보장해준다. 어떤 직렬화 가능한 값의 스트림으로 네트워크를 통해 그 값을 보내고, 그 스트림이 원격 노드상에 나타나게 하는 것은 쉽다. 하지만 FRP 트랜잭션이나 그것이 제공하는 일관성은 지역적인 것에 국한된다. 메시지의 도착 시간을 보장하거나 메시지가 모두 다 도착하도록 보장할 방법이 없다. 이로 인해 많은 문제가 발생할 것이며, 이러한 문제는 액터 기반의 분산 시스템에서 경험했던 것과 동일한 문제일 것이다.

여러분은 이런 문제를 로직을 사용해서 처리해야 한다. FRP는 그런 종류의 복잡한 로직을 다루기에 이상적이다. 우리는 FRP가 분산 시스템의 훌륭한 토대가 될 수 있다고 생각한다. 그리고 FRP 기반의 분산 프레임워크가 나타나기를 기대한다.

하지만 분산 시스템에서 돌아가는 FRP와 비슷한 일관성을 제공하는 완벽한 해법이 존재한다고 기대하지는 말기 바란다. CAP 이론은 그런 것이 불가능하다는 사실을 알려준다.

11.4 단위 테스트

실전에서는 품질 요구사항이 있기 마련이다. 단위 테스트는 그런 요구를 만족시키기 위한 강력한 도구다. 단위 테스트 부분에서 FRP는 몇 가지 흥미로운 특성을 지닌다.

11.4.1 FRP 코드를 단위 테스트하기

4장의 Keypad 클래스를 단위 테스트한다고 할 때 외부 인터페이스는 다음과 같다.

```
public class Keypad {
    public final Cell<Integer> value;
    public final Stream<Unit> sBeep;
    public Keypad(Stream<Key> sKeypad, Stream<Unit> sClear) {
    }
}
```

FRP에서는 암시적인 상태가 존재할 수 없다. 따라서 모든 코드는 자동적으로 테스트 가능해진다. 다음은 이 클래스를 테스트하는 코드의 모습을 보여준다.

```
StreamSink<Key> sKeypad = new StreamSink<>();
StreamSink<Unit> sClear = new StreamSink<>();
Keypad keypad = new Keypad(sKeypad, sClear);
sKeypad.send(Key.ONE);
sKeypad.send(Key.SEVEN);
assertEquals(17, keypad.value.sample());
```

셀의 값을 검사하는 것은 sample()을 사용하면 간단하다. 하지만 비프음이 났는지 등의 스트림 이벤트를 검사하려면, hold()나 accum()을 사용해 스트림 이벤트를 셀에 담을 것을 권장한다. 그렇게 하지 않으려면 listen()을 사용해 리스너를 붙여야 한다. 다음 코드는 그런 방법을 보여준다.

```
{
    Cell<Optional<Unit>> beeped = keypad.sBeep.map(u -> Optional.of(u))
                                              .hold(Optional<Unit>());
    sKeypad.send(Key.ONE);
    assertEquals(Optional.of(Unit.UNIT), beeped.sample());
}
{
    Cell<Optional<Unit>> beeped = keypad.sBeep.map(u -> Optional.of(u))
```

```
                                      .hold(Optional<Unit>());
    sKeypad.send(Key.SEVEN);
    assertEquals(Optional.of(Unit.UNIT), beeped.sample());
}
```

도우미 메서드를 작성하면 코드를 더 짧게 만들 수 있을 것이다.

11.4.2 테스트 주도 개발

단위 테스트를 여러분의 프로젝트에 적용하는 방법에는 두 가지가 있다. 첫 번째 방법은 코드를 작성한 뒤, 여러분이 생각하기에 테스트하는 것이 이로운 부분에 대한 테스트만을 선택적으로 작성하는 것이다.

두 번째 방법은 테스트 주도 개발test-driven development, TDD이다. TDD는 코드를 작성하는 급진적인 방법이다. TDD에서는 한 번에 하나의 기능을 코드에 추가한다. 각 기능에 대해 다음 세 가지 단계를 밟는다.

- **빨간불**red – 만들려는 기능이 제대로 작동하는지를 검사할 테스트를 작성한다. 아직 기능을 코드로 구현하지 않았기 때문에 테스트는 실패하는 것이 당연하다. 테스트 도구에서 이는 빨간불로 나타난다.
- **녹색불**green – 테스트를 통과하기 위해 필요한 최소한의 코드를 작성한다. 테스트 도구에서는 녹색불을 볼 수 있을 것이다.
- **리팩터링**refactor – 코드를 깔끔하게 정리하고, 반복적인 코드를 따로 뽑아내 정리한다. 기존의 테스트를 활용하면 잘못된 코드를 만드는 것이 거의 불가능하기 때문에 리팩터링을 많이 해도 안전하다.

TDD에서 더 나아가 짝 프로그래밍pair programming을 할 수도 있다. 두 프로그래머가 한 컴퓨터를 공유한다. 한 사람이 테스트를 작성하고, 다른 사람은 코드를 작성한다. 사악한 코더는 테스트를 통과하기 위한 최소한의 코드만을 작성할 것이다. 따라서 테스트를 작성하는 사람은 코드의 모든 측면을 검사하도록 테스트를 작성해야만 한다.

우리는 이 과정의 모든 의미를 잘 알 수 있다. 하지만 일반적으로 FRP에서 TDD를 권장하지 않는다. 그 이유를 다음에 설명할 것이다.

11.4.3 FRP는 타입 주도 개발이다

정적 타입 지정 언어로 작성된 FRP 코드에서는 수많은 검사를 공짜로 할 수 있다. 그래서 버그 중 중요한 몇 가지 유형이 자동으로 사라진다.

정적 타입 지정의 이점은 일반적인 코드나 명령형 코드에 비해 FRP에서 훨씬 크다. 여러분은 이 책에서 우리가 사용하고 있는 데이터의 타입에 대해 말하는 것을 수없이 들었을 것이다. FRP(그리고 일반적인 함수형 프로그래밍)는 **타입 주도 개발**type driven development이라 할 수 있다. FRP에서 데이터 타입은 문제를 제한하고 여러분이 실수를 저지를 가능성을 낮춰준다. FRP에서 타입의 역할은 TDD에서 테스트의 역할과 비슷하다. 하지만 TDD에 비해 노력은 더 적게 든다.

TDD는 명령형 프로그래밍에서 근본적으로 코드에 대한 검사가 부족한 것을 보완하기 위해 존재한다. 동적 타입 지정 언어에서는 그런 검사가 더욱 적다. 따라서 TDD가 더욱 더 중요해진다.

11.4.4 FRP 코드는 리팩터링해도 안전하다

TDD의 주 목적은 코드를 테스트 안에 가둬서 안전하게 리팩터링하는 것이다. 정적 타입 지정 언어로 된 FRP는 리팩터링해도 안전하기 때문에 TDD의 장점이 먹히지 않는다. 이에 대해 13장에서 더 자세히 설명할 것이다.

11.4.5 FRP 코드는 근본적으로 테스트 가능하다

코드를 테스트 가능하도록 만들어주는 것이 TDD의 장점이다. FRP에서는 코드의 한 부분이 프로그램의 나머지나 테스트 모두와 연결돼야 한다. 그래서 FRP는 코드를 더 바람직하게 서로 느슨하게 결합된 스타일로 모듈화하고, 리팩터링하기 더 쉬운 유연한 코드를 작성하게 만든다. FRP는 강제로 코드가 느슨하게 결합되도록 만든다. 반면, TDD는 그런 부분에서 하는 일이 거의 없다.

11.4.6 로직 테스트하기

우리가 주장해온 것처럼 FRP를 사용하면 TDD의 장점 대부분을 자동으로 할 수 있다. FRP 코드를 작성하기 위해 TDD를 추가한다면 FRP가 공짜로 주는 수많은 작업을 이중으로 해야 한다. 일반적인 경우 이는 그리 생산적이지 않다고 생각한다. 하지만 여러분의 프로젝트가 요구하는 보장 수준이 아주 높다면 TDD 사용을 정당화할 수도 있을 것이다.

또한 FRP가 제공하지 못하는 TDD만의 장점도 한 가지 있다. FRP는 여러분이 로직에서 실수를 저지르는 것을 방지하지 못한다. 우리는 여러분이 FRP 코드를 작성하고, FRP 코드를 작성하기 이전이나 이후에 로직이 올바른지 검사하기 위한 테스트 코드를 작성할 것을 권장한다.

11.5 요약

- FRP에서 여러분은 I/O 액션을 Stream〈A〉를 받고 Stream〈B〉를 내놓는 함수로 모델링할 수 있다.
- FRP를 기반으로 하는 프라미스의 구현을 살펴봤다.
- 상태와 I/O의 실행을 연관시키고 싶다면 switch를 사용하고, I/O의 결과를 프라미스로 모델링하는 것이 유용할 수 있다.
- 여러분의 로직이 올바르다는 것을 검증하기 위해 단위 테스트를 작성하는 것이 좋다. 하지만 FRP에 TDD를 적용하는 것을 일반적으로 권장하지는 않는다.

CHAPTER 12

도우미와 패턴

- 중복 값 제거하기
- 정션 또는 클라이언트 레지스트리
- 영속성
- FRP 기반의 GUI 시스템
- 게임 일시 중단하기
- 쓸 수 있는 원격 값
- 고유 ID 생성하기

FRP는 고도로 추상화되었다는 특성이 있다. 그래서 FRP로 만든 해법은 아주 일반적일 수 있다. 그렇게 아주 일반적인 해법을 만들 수 있다는 사실은 프로그래밍 문제를 처리하는 새로운 방법으로 펼쳐진 미지의 바다로 여러분을 인도한다. 아직 우리는 커뮤니티가 발견해나갈 것과 비교하면 겨우 발을 적신 정도에 불과하다.

이번 장은 우리가 찾아낸 일반적인 문제 해결 방법을 설명한다. 그런 예제 중 일부는 복잡해서 자세히 설명해야 할 필요가 있다. 그런 예제를 구체적인 문제를 해결하는 참고 자료로 사용하거나, FRP를 얼마나 잘 이해했는지 스스로 테스트하는 용도로 사용하면 가장 좋다. 이번 장이 FRP로 할 수 있는 일이 얼마나 다양한지 대략적으로 보여줄 수 있기를 희망한다.

12.1 조용히 시키기: 중복 값 제거

우선 간단한 예부터 시작할 것이다. 때로 불필요한 갱신이 자주 일어나서 성능에 악영향을 끼치는 경우가 있다. 예를 들어 특정 연산의 처리 양이 두 배로 늘거나, 구조상 같은 연산이 여러 번 일어나는 경우가 있다. 좋은 소식은 일반적으로 그런 경우를 알아내기가 쉽다는 것이고, 나쁜 소식은 그런 비효율적 일이 생길 수 있다는 점이다. 7.6절에서 비효율성의 결과에 대해 몇 가지 설명했다. 이를 다루는 일반적인 방식은 직전의 값과 같은 값이 발생하지 못하도록 스트림이나 셀을 '조용히' 만드는 것이다.

셀의 단계를 노출하지 않는 조작적인 환경에서만 Operational.updates()를 사용해야 한다고 말했다. calm을 셀에 대해 적용한 것은 그 조건에 들어맞는다. calm은 Operational.updates()를 사용하지만 그 사실을 호출한 쪽에 노출시키지 않는다. 이 원칙을 일관성 있게 지킨다면, calm은 의미적으로는 FRP 시스템에 아무런 영향을 끼치지 못하고 그 성능에만 영향을 끼치게 된다.

셀을 자동으로 조용히 시키지 않는 이유는?

소듐에서 셀을 자동으로 조용히 시키도록 만들면 되지 않느냐는 질문을 많이 받는다. 그렇게 하지 않는 데는 두 가지 이유가 있다.

첫째로, 모든 값에 동등성이라는 개념이 존재하리라고 가정할 수가 없다. 예를 들어 셀이 의도적으로 함수를 저장할 수도 있다. 그런 경우 함수 간의 동등성을 테스트할 일반적인 방법은 없다.

둘째로, 자동으로 조용히 시키려면 셀을 갱신할 때마다 직전 값과 비교해야만 한다. 아주 큰 키/값 Map과 같은 일부 데이터 타입은 비교에 드는 CPU 시간이 너무 오래 걸릴 수도 있다.

[리스트 12-1]은 스트림과 셀 버전의 calm()을 보여준다. 이 예제는 앞에서 이미 다룬 내용을 일부 보여준다. 먼저 sampleLazy()와 holdLazy()에 대해 말한 적이 있다. sampleLazy()와 holdLazy()는 sample()과 hold()의 변종으로 CellLoop에서도 제대로 작동한다. 일반화한 코드의 경우 CellLoop에서도 잘 작동하는 것이 중요하다. 일반 sample()은 CellLoop.loop()가 호출되기 전에 사용되면, 실제 값이 아직 존재하기 전이기 때문에 예외를 던질 것이다. sampleLazy()를 사용하면 나중에 loop()가 호출된 다음에 값이 어떻게 변화될지를 표현하는 것을 얻을 수 있다. 일종의 프라미스라 할 수 있다.

두 번째로, 지금까지는 상태 누적기를 구현할 때 hold-snapshot을 사용해왔다. 소듐은 이를 돕는 메서드인 collect()를 통해 코드를 더 간결하게 해주고, 상태 갱신을 위한 람다를 바탕으로 상태 누적기를 작성할 수 있도록 해준다. collect()는 기본적인 상태 기계 또는 밀리Mealy 기계다. collect()는 새로운 입력값과 현재의 상태값을 받아서 출력값과 새 상태로 구성된 튜플을 반환한다. 이를 위해 소듐은 Tuple2라는 튜플을 제공한다. collectLazy()는 collect()의 변종으로 지연 초기화 값lazy initial value을 받는다.

리스트 12-1 중복 값 제거하기: 스트림과 셀 버전의 calm

```
import nz.sodium.*;
import java.util.Optional;

public class calm {
    public static <A> Stream<A> calm(Stream<A> sA,
                                      Lazy<Optional<A>> oInit) {
        return Stream.filterOptional(          ← 중복을 걸러낸다.
            sA.<Optional<A>,Optional<A>>collectLazy(   ← 무엇이 중복인지 결정한다.
초기 상태 →      oInit,
                (A a, Optional<A> oLastA) -> {
                    Optional<A> oa = Optional.of(a);
                    return oa.equals(oLastA)   ← 새 값이 마지막 값과 같은가?
                        ? new Tuple2<Optional<A>,Optional<A>>(   ← 그렇다 - 아무것도 출력하지 않고 상태를 바꾸지 않는다.
                              Optional.empty(), oLastA)
                        : new Tuple2<Optional<A>,Optional<A>>(oa, oa);   ← 아니다 - 새 값을 출력하고 상태를 그것으로 바꾼다.
                }
            ));
    }

    public static <A> Stream<A> calm(Stream<A> sA) {   ← 개별적인 값이 없는 일반적인 스트림의 경우
        return calm(sA, new Lazy<Optional<A>>(Optional.empty()));
    }

    public static <A> Cell<A> calm(Cell<A> a) {   ← 셀의 경우 초깃값을 처리해야 한다.
        Lazy<A> initA = a.sampleLazy();
        Lazy<Optional<A>> oInitA = initA.map(a_ -> Optional.of(a_));
        return calm(Operational.updates(a), oInitA).holdLazy(initA);
    }

    public static void main(String[] args) {
        CellSink<Integer> sa = new CellSink<>(1);
        Listener l = calm(sa).listen(i -> System.out.println(i));
        sa.send(1);
        sa.send(2);
        sa.send(2);
        sa.send(4);
        sa.send(4);
        sa.send(1);
        l.unlisten();
    }
}
```

```
------ Output ------
calm:
    [java] 1
    [java] 2
    [java] 4
    [java] 1
```

이 코드를 실행하려면 아래와 같이 하면 된다.

```
git clone https://github.com/SodiumFRP/sodium
cd sodium/book/patterns/java
mvn test -Pcalm 또는 ant calm
```

12.2 게임 일시 정지하기

게임은 다음과 같은 타입의 클럭을 사용하는 경우가 많다.

```
Cell<Double> time
```

게임을 일시 정지하려면 게임 클럭을 멈추는 방법이 유용하다. [리스트 12-2]는 그렇게 하는 코드를 약간 보여준다.

게임이 일시 정지된 동안이라도 사용자 UI에 있는 애니메이션은 계속 작동하기를 원할 것이다. 어떻게 그렇게 할 수 있을까? 간단하다. 사용자 인터페이스를 위해서는 mainClock을 사용하고, 게임 자체를 위해서는 gameClock을 사용하면 된다. 게임 로직에 mainClock을 넘기지 않으면 게임에서 실수로 잘못된 클럭을 사용하는 것을 막을 수 있다.

우리는 이런 해법이 우아하다고 생각한다. 이런 방법은 FRP가 영역을 제한함으로써 각 단위를 강하게 격리시킴에 따라 생기는 힘을 잘 보여준다. 그런 격리가 FRP에만 해당하는 것은 아니다. FRP 밑에 있는 함수형 프로그래밍 개념에서는 자연스러운 일이다.

리스트 12-2 게임 클럭 일시 정지하기

```
import nz.sodium.*;
import java.util.Optional;

public class pause {
    public static Cell<Double> pausableClock(Stream<Unit> sPause,
            Stream<Unit> sResume, Cell<Double> clock) {
        Cell<Optional<Double>> pauseTime =
            sPause.snapshot(clock, (u, t) -> Optional.<Double>of(t))
                .orElse(sResume.map(u -> Optional.<Double>empty()))
                .hold(Optional.<Double>empty());
        Cell<Double> lostTime = sResume.<Double>accum(
            0.0,
            (u, total) -> {
                double tPause = pauseTime.sample().get();
                double now    = clock.sample();
                return total + (now - tPause);
            });
        return pauseTime.lift(clock, lostTime,
            (otPause, tClk, tLost) ->
                (otPause.isPresent() ? otPause.get()
                                     : tClk)
                - tLost);
    }

    public static void main(String[] args) {
        CellSink<Double> mainClock = new CellSink<>(0.0);
        StreamSink<Unit> sPause = new StreamSink<>();
        StreamSink<Unit> sResume = new StreamSink<>();
        Cell<Double> gameClock = pausableClock(sPause, sResume, mainClock);
        Listener l = mainClock.lift(gameClock,
                                  (m, g) -> "main="+m+" game="+g)
                          .listen(txt -> System.out.println(txt));
        mainClock.send(1.0);
        mainClock.send(2.0);
        mainClock.send(3.0);
        sPause.send(Unit.UNIT);
        mainClock.send(4.0);
        mainClock.send(5.0);
        mainClock.send(6.0);
        sResume.send(Unit.UNIT);
        mainClock.send(7.0);
        l.unlisten();
```

일시 정지를 시작하면서 클럭의 시간을 포획해둔다.

일시 정지를 풀면서 일시정지 상태에서 보낸 시간을 누적시킨다.

일시 정지 상태라면 일시 정지한 시간을 얻는다.

일시 정지 상태가 아니라면 클럭을 취한다.

전체 잃어버린 시간을 뺀다.

```
    }
}

------ Output ------
pause:
    [java] main=0.0 game=0.0
    [java] main=1.0 game=1.0
    [java] main=2.0 game=2.0
    [java] main=3.0 game=3.0
    [java] main=3.0 game=3.0
    [java] main=4.0 game=3.0
    [java] main=5.0 game=3.0
    [java] main=6.0 game=3.0
    [java] main=6.0 game=3.0
    [java] main=7.0 game=4.0
```

이를 다음과 같이 실행할 수 있다.

```
git clone https://github.com/SodiumFRP/sodium
cd sodium/book/patterns/java
mvn test -Ppause 또는 ant pause
```

12.3 정션 또는 클라이언트 레지스트리

핸드폰에는 여러 다른 곳에서 들어오는 통지를 보여주는 통지notification 영역이 있다. 내 통지 영역의 내용은 다음과 같다.

- 1개의 사용 가능 업데이트
- 재생 중: 총 맞은 것처럼
- 수신한 메시지: 자기야 비와! 빨래 걷어줘.

일반적으로 핸드폰이 단일 프로그램으로 설계되지는 않는다. 하지만 핸드폰 전체를 단일 FRP 애플리케이션으로 설계한다고 가정하면 다음과 같이 해야만 할 것이다.

```
UpdateManager umgr = new UpdateManager(...);
MediaPlayer mediaPlyr = new MediaPlayer(...);
```

```
Messenger messenger = new Messenger(...);
Cell<List<Message>> notifications = umgr.notifications.lift(
    mediaPlyr.notifications, messenger.notifications,
    (ms1, ms2, ms2) -> appendList(ms1, appendList(ms2, ms3))
);
NotificationArea notArea = new NotificationArea(notifications);
```

초기화 시 어떤 애플리케이션에서 통지를 받을지 결정해야만 한다. 이것은 함수형으로 일을 처리하는 전형적인 방식이다. 이러한 방식은 확장성이 없다. 왜냐하면 나중에 새로 시작하는 모듈이나 애플리케이션이 자신을 notArea에 등록할 수 없기 때문이다.

이 설계에서 여러분은 애플리케이션을 추가하거나 삭제하는 자유를 조금 더 원할 것이다. 그리고 그런 삭제나 추가는 프로그램을 실행하면서 여러 다른 시점에 일어날 수 있다. 애플리케이션이 자신을 통지 목록의 새로운 클라이언트로 등록하고, 자신의 통지를 목록에 밀어 넣을 수 있게 만들 확장성 있는 방법이 필요하다.

여러분은 다음과 같은 일을 하고 싶다.

```
CellJunction<List<Message>> notifications = new CellJunction<>(
    new List<Message>(), appendList);
NotificationArea notArea = new NotificationArea(notifications.out);
UpdateManager umgr = new UpdateManager(notifications, ...);
MediaPlayer mediaPlyr = new MediaPlayer(notifications, ...);
Messenger messenger = new Messenger(notifications, ...);
```

appendList는 CellJunction에게 메시지 리스트를 조합하는 방법을 알려준다.

여기서 볼 수 있듯이 각 애플리케이션의 생성은 프로그램 초기화 시점에 일어나지 않을 수도 있다.

이 접근 방법은 명령형이지 함수형이 아니라는 것을 알아두자. 그 이유는 클라이언트를 등록하는 행위가 상태를 변화시키기 때문이다. 이 코드는 함수형 프로그래밍의 의미적인 깔끔함을 확장성과 맞바꿨다. 그 방식은 등록이 일어나는 순서에도 영향을 받으며 기타 다른 문제도 있을 수 있다. 명령형 방식 자체가 나쁜 것은 아니지만 명령형과 함수형의 차이와 각각의 장단점을 염두에 두는 것이 중요하다.

여기서는 CellJunction과 StreamJunction의 코드를 보여줄 것이다. 그리고 다음 절에서는 구체적인 예제를 통해 정션junction을 사용할 것이다. 먼저 여러분은 Junction을 정의해야 하는 데 그것은 셀 정션과 스트림 정션을 위한 상위 클래스다(리스트 12-3).

리스트 12-3 CallJunction과 StreamJunction을 위한 상위 클래스

```
import nz.sodium.*;
import java.util.Collection;
import java.util.HashMap;
import java.util.Map;

public abstract class Junction<ContainerA, A> {
    private int nextID;
    private StreamSink<Lambda1<Map<Integer, ContainerA>,      ← 하나 이상의 트랜잭션이 있다면 갱신 함수를 모두 하나로 합친다.
                          Map<Integer, ContainerA>>> sUpdate
        = new StreamSink<>((f1, f2) -> a -> f1.apply(f2.apply(a)));   ← 변경 함수의 스트림을 시작한다.
    protected Cell<Collection<ContainerA>> clients;
    public Junction() {
        clients = sUpdate
            .<Map<Integer, ContainerA>>accum(   ← 클라이언트 레지스트리에 갱신을 누적시킨다.
                new HashMap<Integer, ContainerA>(),
                (f, m) -> f.apply(m))   ← 갱신 함수를 적용한다.
            .map(m -> m.values());   ← 리스트로 변환한다.
    }
    public Listener add(ContainerA c) {   ← 새로운 클라이언트를 추가하는 메서드. ContainerA는 셀이나 스트림이다.
        int id;
        synchronized (this) {
            id = nextID++;   ← 각 클라이언트에게 유일한 ID를 부여한다.
        }
        sUpdate.send(m0 -> {   ← '레지스트리에 더하기' 이벤트를 발사한다.
            java.util.HashMap<Integer, ContainerA> m = new HashMap(m0);   ← 맵을 복사해서 참조 투명성을 유지한다.
            m.put(id, c);
            return m;
        });
        return new Listener() {   ← 나중에 호출하는 쪽에서 등록을 해제할 수 있도록 Listener를 반환한다.
            public void unlisten() {
                sUpdate.send(m0 -> {   ← '레지스트리에서 제거하기' 이벤트를 발사한다.
                    java.util.HashMap<Integer, ContainerA> m   ← 맵을 복사해서 참조 투명성을 유지한다.
                                                = new HashMap(m0);
                    m.remove(id);
                    return m;
                });
            }
        };
    }
}
```

이 코드는 7장의 좀비 게임 예제에서 본 FRP 숙어를 사용한다. Lambda1〈X, X〉 타입으로 표현한 상태 갱신의 스트림을 사용한다. 그리고 그 스트림을 클라이언트 레지스트리의 현재 상태에 누적시킨다.

StreamSink의 생성자 중 하나인 함수를 받는 버전을 사용한다. 이 함수는 한 트랜잭션 안에서 둘 이상의 값이 전달된 경우 값을 조합해준다. 이런 일은 실전에서도 자주 일어난다. 이 조합 함수는 두 람다를 순서대로 적용해 주는 하나의 람다로 바꿔준다.

[리스트 12-4]는 스트림 버전 정션을 보여준다. 현재의 클라이언트 목록을 병합해서 출력 스트림을 내놓는다.

리스트 12-4 StreamJunction

```
import nz.sodium.*;
import java.util.Collection;
public class StreamJunction<A> extends Junction<Stream<A>, A> {
    public StreamJunction(Lambda2<A,A,A> combine) {   ← 동시 이벤트가 발생한 경우 그런 이벤트를 서로 조합해주는 함수
        this.out = Cell.switchS(clients.map(cls ->
            Stream.merge(cls, combine)));
    }
    public Stream<A> out;   ← 현재 등록/추가된 클라이언트로부터 들어오는 모든 이벤트를 병합한다.
}
```

[리스트 12-5]는 셀 정션을 보여준다. 스트림 정션에서는 merge로 이벤트를 조합했다. 셀의 경우에는 lift를 사용한다. 하지만 아무 클라이언트도 추가되지 않은 경우를 대비해 호출하는 쪽에서 null 값을 제공할 필요가 있다.

리스트 12-5 CellJunction

```
import nz.sodium.*;
import java.util.Collection;
public class CellJunction<A> extends Junction<Cell<A>, A> {
    static <A> Cell<A> combines(Collection<Cell<A>> in,
                                A nullValue, Lambda2<A,A,A> combine) {
        Cell<A> cOut = new Cell<>(nullValue);
        for (Cell<A> c : in)
            cOut = cOut.lift(c, combine);
        return cOut;
```

```
    }
    public CellJunction(A nullValue, Lambda2<A,A,A> combine) {
        this.out = Cell.switchC(
            clients.map(cls -> combines(cls, nullValue, combine)));
    }
    public Cell<A> out;
}
```

출력의 기본/디폴트 값. 등록된/추가된 클라이언트에서 나오는 값을 조합하는 함수

모든 등록된/추가된 클라이언트에서 나오는 값을 조합한 값

소스 코드를 보기 위해서는 프로젝트를 체크아웃해야 한다.

```
git clone https://github.com/SodiumFRP/sodium
```

파일은 sodium/book/writable-remote/java/에 있다.

통지 영역 예제에서 각 모듈은 다음과 같은 방법으로 자신을 통지 메시지의 근원으로 등록할 수 있다.

```
MediaPlayer(CellJunction<List<Message>> notifications, ...) {
    Cell<List<Message>> playingMsgs = ...;
    this.l = notifications.add(playingMsgs);
}
Listener l;
```

MediaPlayer가 닫히면 정리돼야 한다. 그런 경우 통지를 더 이상 받고 싶지 않다.

12.4 변경할 수 있는 원격 값

FRP의 장점을 한 번 더 이야기하려 한다. 그 장점은 바로 이벤트 처리 로직을 함수형 방식으로 작성한 코드를 사용해 다룰 수 있다는 사실로, 관찰자 패턴이나 액터에서는 불가능하다.

FRP를 사용해야 하는 이유는 FRP의 셀이나 스트림이 불변 값이어서 합성성을 보장하기 때문이다. FRP는 정말 잘 작동하며 함수형 프로그래밍 기법을 여기에 적용할 수 있다. FRP는 많은 능력을 여러분에게 제공한다.

저자 중 한 명을 FRP 추종자로 만든 5년간의 상업적인 실전 프로젝트 경험을 바탕으로 하는 구체적인 예를 보자. 원격 데이터 저장소가 있고, GUI 폼form을 사용해 그 저장소에 있는 필드

를 살펴보거나 변경하고 싶다고 하자. 저장소는 서버이거나 데이터베이스일 수도 있고, 심지어 네트워크 장비일 수도 있다. 그리고 다음과 같은 요구사항이 존재한다.

- 항상 최신 상태를 유지하는 여러 클라이언트를 지원해야 한다.
- 데이터베이스의 구조가 아니라 사용자의 필요에 따라 만들어진 화면 표현을 사용하고 싶다. 그래서 데이터베이스 표현을 변환해서 사용자에게 적합한 구조로 만들고 싶다.

그림 12-1 데이터베이스와 사용자 뷰 사이의 변환: birthDate를 세 필드로 나누기

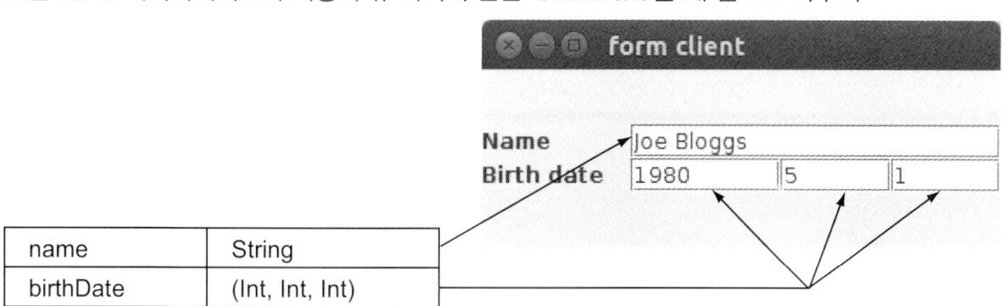

[그림 12-1]은 예제를 보여준다. 여러분은 birthDate를 데이터베이스 안의 단일 필드에서 사용자가 변경할 수 있는 세 가지 필드로 분할할 것이다.

[리스트 12-6]은 원격 서버에 있는 변경할 수 있는 값을 표현하는 Value 데이터 타입을 보여준다. Value는 construct() 메서드에 스트림을 넘겨서 초기화할 수 있다. 그 스트림에서 발생하는 이벤트는 로컬에서 만들어지며 원격 데이터베이스에 갱신 명령을 보낸다. construct()는 ValueOutput 구조에 다음과 같이 값의 쌍을 반환한다.

- Cell〈Optional〈A〉〉는 원격 저장소에 저장된 Value의 현재 값을 표현한다.
- Listener는 값을 다 사용한 경우 호출한 쪽에서 처리해야 하는 정리 작업을 표현한다.

리스트 12-6 변경할 수 있는 원격 값 데이터 타입

```
import nz.sodium.*;
import java.util.Optional;

public abstract class Value<A> {
    public abstract ValueOutput<A> construct(Stream<A> sWrite);
}

import nz.sodium.*;
import java.util.Optional;
```

```
public class ValueOutput<A> {
    public ValueOutput(Cell<Optional<A>> value, Listener cleanup) {
        this.value = value;
        this.cleanup = cleanup;
    }
    public final Cell<Optional<A>> value;   ← 값을 가져올 때까지 기다리고 있다면 아무 값도 없다.
    public final Listener cleanup;   ← 사용을 끝낼 때 호출한 쪽에서 수행해야 하는 정리 작업
}
```

[리스트 12-7]은 Value를 어떻게 초기화하고 사용하는지 보여주는 간단한 테스트 케이스다. BackEnd에서 네트워크 지연을 시뮬레이션하기 위해 delay를 사용한다. 먼저 값을 만들고, 그 값을 리슨한다. 원격 Value가 값을 돌려줄 때까지 기다린 다음에 5를 쓰고, 갱신한 결과가 메아리처럼 돌아오기를 기다린다. BackEnd는 몇 가지 상태 진단 메시지를 표시한다. 그런 메시지는 BackEnd:로 시작한다.

리스트 12-7 Value를 사용하는 간단한 예제

```
import nz.sodium.*;
import java.util.Optional;

public class simple {
    public static void main(String[] args) {
        BackEnd be = new BackEnd();   ← [리스트 12-8]을 보라.
        Value<Integer> vAge = be.allocate("age", 0);   ← 백엔드에 기본값을 지정한 새로운 Value를 만든다.
        StreamSink<Integer> sAge = new StreamSink<>();   ← 갱신 사항을 데이터베이스에 보내기 위한 스트림
        ValueOutput<Integer> out = vAge.construct(sAge);   ← Value를 만든다.
        Cell<Optional<Integer>> age = out.value;
        Listener l = age.listen(oa -> {   ← 현재 값을 콘솔에 찍는다.
            System.out.println("age = "+(
                oa.isPresent() ? Integer.toString(oa.get())
                               : "<empty>"));
        });
        try { Thread.sleep(1000); } catch (InterruptedException e) {}   ← 초깃값을 가져올 때까지 기다린다.
        System.out.println("SEND 5");
        sAge.send(5);   ← 값을 변경하는 것을 서버에게 보낸다.
        try { Thread.sleep(1000); } catch (InterruptedException e) {}   ← 갱신한 값이 메아리되기를 기다린다.
        l.unlisten();
    }
}
```

```
------ Output ------
simple:
    [java] age = <empty>
    [java] BackEnd: age -> 0
    [java] age = 0
    [java] SEND 5
    [java] BackEnd: age <- 5
    [java] BackEnd: age -> 5
    [java] age = 5
```

언제나처럼, 아직 체크아웃하지 않았다면 다음과 같이 가져와야 한다.

```
git clone https://github.com/SodiumFRP/sodium
```

이 프로젝트를 실행하기 위해서는 추가로 해야 할 일이 있다. 메이븐을 사용한다면 예제 중 하나가 SWidgets 라이브러리에 의존하기 때문에 로컬 메이븐 저장소에 SWidgets를 설치해야 한다.

```
cd sodium/book/swidgets/java/swidgets
mvn install
cd ../../../../..
```

그 후 다음과 같이 예제를 실행하라.

```
cd sodium/book/writeable-remote/java
mvn test -Psimple 또는 ant simple
```

다음 리스트는 시뮬레이션한 원격 데이터베이스 백엔드를 보여준다. 이 코드는 앞 절에서 본 StreamJunction를 사용해서 많은 작업을 수행한다. 몇 페이지 앞을 보면 그에 대한 코드를 볼 수 있다.

리스트 12-8 데이터베이스 벡엔드 시뮬레이션

```
import nz.sodium.*;
import java.util.Optional;

public class BackEnd {
```

```
    public BackEnd() {}
    public final <A> Value<A> allocate(String name, A initA) {
        StreamJunction<A> j = new StreamJunction<>((l, r) -> l);   ← 클라이언트가 쓴 모든 내용을 합친다.
        StreamSink<A> s0 = new StreamSink<>();
        Listener l = j.out.listenWeak(a -> {   ← 클라이언트가 값을 쓰면 네트워크 전송을 시뮬레이션한다.
            new Thread(() -> {
                try { Thread.sleep(50); }
                        catch (InterruptedException e) {}
                System.out.println("BackEnd: "+name+" <- " +a);
                s0.send(a);   ← ... 그리고 상태를 갱신한다.
            }).start();
        });
        Cell<A> c = s0.addCleanup(l).hold(initA);   ← '서버'상의 Value의 상태
        return new Value<A>() {
            public ValueOutput<A> construct(Stream<A> sWrite) {   ← 이 Value에 대한 새로운 클라이언트를 만든다.
                CellSink<Optional<A>> recvd =
                                new CellSink<>(Optional.empty());
                Listener l =
                    j.add(sWrite)   ← 클라이언트의 'sWrite'를 합친다.
                    .append(   ← 두 리스너를 하나로 합친다.
                        c.listen(a -> {   ← 서버 상태가 바뀌면 네트워크 송신을 테스트한다...
                            new Thread(() -> {
                                try { Thread.sleep(50); }
                                        catch (InterruptedException e) {}
                                System.out.println("BackEnd: "
                                                        +name+" -> " +a);
                                recvd.send(Optional.of(a));   ← ... 그 후 클라이언트에 값을 보낸다.
                            }).start();
                        })
                    );
                return new ValueOutput<A>(recvd, l);
            }
        };
    }
}
```

[그림 12-2]는 GUI 예제 클라이언트를 다시 보여준다.

[리스트 12-9]는 [그림 12-2]의 클라이언트를 구현할 때 중요한 부분을 보여준다. 전체 프로그램을 보고 싶다면 sodium/book/writeable-remote/java/form.java를 내려받아 살펴보고 같은 디렉터리에 있는 다른 관련 파일들도 확인해보자.

그림 12-2 GUI 클라이언트 예제

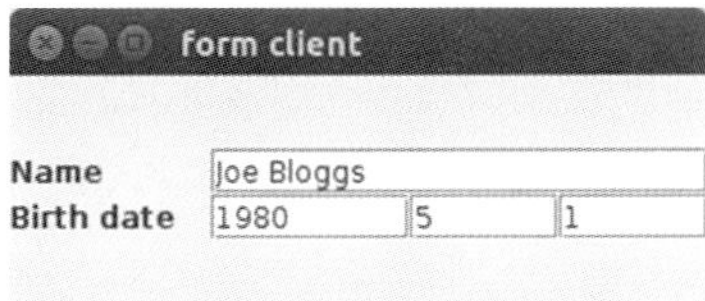

이 코드는 세 컴포넌트를 사용한다. 각각은 다음과 같다.

- Value의 lens() 메서드는 데이터를 필드로 나눠서 각 필드에 게터getter와 세터setter 함수를 사용할 수 있게 해준다.
- Value의 map() 메서드는 값을 변환할 수 있게 해준다. 여기서는 Integer를 String으로 바꾼다. 여기서는 양방향으로 변환해야 하기 때문에(클라이언트에서 서버로, 서버에서 클라이언트로), 여러분이 넘기는 함수는 역함수가 존재해야 한다. Bijection은 함수와 그 역함수의 쌍을 표현하는 간단한 컨테이너 클래스다.
- 각 필드를 위한 VTextField가 있다. 이것은 GUI 부분을 담당한다.

Value의 변환 중 몇 가지만을 보여줬다. 어디까지 변환이 가능할지는 여러분의 상상에 달렸다. 또한 상당히 많은 부분의 자세한 설명을 생략했다. 이를테면, 일관성을 유지하기 위해서 어떤 노력을 해야 하는지는 언급하지도 않았다.

하지만 Value를 조작하는 것이 깔끔하고 높은 수준에서 가능하다는 사실을 확인했기를 바란다. 이런 접근 방법은 이 예제의 기반이 된 실제 프로젝트를 거의 새로운 프로젝트로 탈바꿈시켰다. 그리고 이 방식을 채택함으로써 그 프로젝트의 유지보수성이 수십 배 좋아졌다.

리스트 12-9 원격 서버 값을 위한 GUI 클라이언트

```
class Date {
    public Date(int year, int month, int day) {
        this.year = year; this.month = month; this.day = day; }
    public final int year, month, day;
    public final Date setYear(int year_) {
                            return new Date(year_, month,  day); }
    public final Date setMonth(int month_) {
                            return new Date(year,  month_, day); }
    public final Date setDay(int day_) {
                            return new Date(year,  month,  day_); }
    public String toString() { return year+"."+month+"."+day; }
}
...
```

```
BackEnd be = new BackEnd();
Value<String> vName    = be.allocate("name", "Joe Bloggs");  ← 데이터베이스 필드를 구성한다.
Value<Date> vBirthDate = be.allocate("birthDate",
    new Date(1980, 5, 1));

Value<Integer> vYear = vBirthDate.lens(  ← 렌즈를 사용해서 생일을 연, 월, 일로 분리한다.
    d -> d.year,
    (dt, y) -> dt.setYear(y)
);
Value<Integer> vMonth = vBirthDate.lens(
    d -> d.month,
    (dt, y) -> dt.setMonth(y)
);
Value<Integer> vDay = vBirthDate.lens(
    d -> d.day,
    (dt, y) -> dt.setDay(y)
);
Bijection<Integer,String> toString = new Bijection<>(
        i -> Integer.toString(i),  ← 정방향 함수: 정수를 문자열로 바꾼다.
        s -> {  ← 역방향 함수: 문자열을 분석해서 정수로 바꾼다.
            try { return Integer.parseInt(s); }
            catch (NumberFormatException e) {
                return 0;
            }
        });
Value<String> vYearStr = vYear.map(toString);  ← 문자열 값을 VTextField로 변환한다.
Value<String> vMonthStr = vMonth.map(toString);
Value<String> vDayStr = vDay.map(toString);
...
            client.add(new JLabel("Name"), c);  ← 필드를 화면에 내려놓는다.
            client.add(new VTextField(vName, 15), c);
            client.add(new JLabel("Birth date"), c);
            client.add(new VTextField(vYearStr, 4), c);
            client.add(new VTextField(vMonthStr, 2), c);
            client.add(new VTextField(vDayStr, 2), c);

            client.setSize(300,100);
            client.setVisible(true);
```

이제 이 클라이언트를 만들기 위해 사용한 여러 컴포넌트들을 살펴보자. 먼저 [리스트 12-10]은 VTextField를 보여준다. 우리는 세 가지 생성자를 만들었다. 이는 여러 가지 정보를 상위 클래스에 넘기면서 나중에 참조할 수 있도록 만들고 싶을 때 자바에서 사용하는 표준적인 방법이다.

이 클래스는 STextField를 얇게 감싸는 래퍼wrapper일 뿐이다. STextField는 이 책에서 계속 사용해온 FRP로 개선한 위젯이다. 기본적으로 이 코드가 하고 있는 일은 값을 생성하고 그것을 STextField에 연결한 다음, 자바 GUI 원소가 제거될 때 모든 것을 잘 정리하기 위해 자바 GUI에 제공해야 하는 removeNotify() 메서드를 실행해주는 것이 전부다.

sUserChange는 STextField가 노출하는 것으로, 앞에서 본 적이 없다. sUserChange는 사용자가 변경한 내용만을 전달해주며 외부에서 위젯에 가해진 변경을 무시하도록 해준다. 모든 변경을 취한다면 변경된 내용이 서버와 위젯 사이를 무한정 오가게 될 것이다.

리스트 12-10 VTextField: Value를 변경하는 위젯

```
class VTextField extends STextField {
    public VTextField(Value<String> v, int width) {
        this(new StreamLoop<String>(), v, width);
    }
    private VTextField(StreamLoop<String> sRemoteWrite, Value<String> v,
                                                    int width) {
        this(sRemoteWrite, v.construct(sRemoteWrite), width);
    }
    private VTextField(StreamLoop<String> sRemoteWrite,
                ValueOutput<String> outRemote, int width) {
        super(
            Stream.filterOptional(outRemote.value.value()),  ← Value 출력에 의해 변경된 위젯 텍스트
            "",  ← 빈 문자열로 위젯을 시작한다.
            width,  ← 스크린상의 위젯 크기
            outRemote.value.map(oV -> oV.isPresent())  ← 위젯을 원격 Value가 있는 경우에만 변경 가능하게 만든다.
        );
        sRemoteWrite.loop(sUserChanges);  ← 사용자에게 원격 값을 보낸다.
        this.cleanup = outRemote.cleanup;
    }
    public void removeNotify() {  ← Value 자원을 위젯 제거 시 해제한다.
        cleanup.unlisten();
        super.removeNotify();
    }
    private Listener cleanup;
}
```

다음 리스트는 Value.map() 메서드와 Bijection을 보여준다. Bijection은 두 함수(어떤 함수와 그 역함수)를 저장하는 간단한 컨테이너다.

리스트 12-11 역함수가 존재하는 함수를 사용해 Value 매핑하기

```
public abstract class Value<A> {
    ...
    public final <B> Value<B> map(Bijection<A,B> bij) {
        Value<A> va = this;
        return new Value<B>() {
            public ValueOutput<B> construct(Stream<B> sWriteB) {
                ValueOutput<A> out = va.construct(sWriteB.map(bij.fInv));   ← 역함수를 클라이언트에서 서버로 가는 변경에 적용한다.
                return new ValueOutput<B>(
                    out.value.map(oa ->   ← 함수(정방향)를 서버에서 클라이언트로 오는 변경에 적용한다.
                        oa.isPresent() ? Optional.of(bij.f.apply(oa.get()))
                                       : Optional.empty()),
                    out.cleanup);   ← 정리(cleanup)를 전달한다.
            }
        };
    }
}
...
import nz.sodium.Lambda1;

public class Bijection<A,B> {   ← 역함수가 존재하는 함수를 표현한다.
    public Bijection(Lambda1<A,B> f, Lambda1<B,A> fInv) {
        this.f = f;
        this.fInv = fInv;
    }
    public final Lambda1<A,B> f;   ← 정방향 함수
    public final Lambda1<B,A> fInv;   ← 역함수
}
```

[리스트 12-12]는 Value.lens()를 보여준다. Value.lens()는 Value.map()과 같은 아이디어를 따르지만 조금 더 복잡하다. 예를 들어 lens()를 사용해서 날짜에서 연도만을 확대해 조정하는 것이 가능하다. getter는 연도 부분을 추출하고 날짜를 이루는 나머지 부분은 그대로 둔다. 이 부분은 렌즈를 어떻게 사용하는지를 보여준다는 것을 기억하라.

```java
Value<Integer> vYear = vBirthDate.lens(
        d -> d.year,  ◀──── 게터 함수
        (dt, y) -> dt.setYear(y)  ◀──── 세터 함수
    );
```

리스트 12-12 Lens: 다른 Value 내부의 필드를 표현하는 Value

```java
public abstract class Value<A> {
    ...
    public final <B> Value<B> lens(
        Lambda1<A, B> getter,
        Lambda2<A, B, A> setter)
    {
        Value<A> va = this;
        return new Value<B>() {
            public ValueOutput<B> construct(Stream<B> sWriteB) {
                return Transaction.run(() -> {
                    StreamLoop<A> sWriteA = new StreamLoop<>();
                    ValueOutput<A> out = va.construct(sWriteA);
                    Cell<Optional<A>> oa = out.value;
                    sWriteA.loop(Stream.filterOptional(
                        sWriteB.snapshot(oa, (wb, oa_) ->
                            oa_.isPresent()
                                ? Optional.of(setter.apply(oa_.get(), wb))
                                : Optional.empty()
                        )
                    ));
                    return new ValueOutput<B>(
                        oa.map(oa_ ->
                            oa_.isPresent()
                                ? Optional.of(getter.apply(oa_.get()))
                                : Optional.empty()),
                        out.cleanup
                    );
                });
            }
        };
    }
}
```

- loop를 사용하므로 안전을 위해 트랜잭션을 명시적으로 시작한다. (→ `return Transaction.run(() -> {`)
- 필드를 갱신하기 위해 세터를 사용한다. (→ `sWriteA.loop(Stream.filterOptional(`)
- 필드 값을 가져오기 위해 게터를 사용한다. (→ `return new ValueOutput<B>(`)

이 예제를 다음과 같이 실행할 수 있다.

```
git clone https://github.com/SodiumFRP/sodium
cd sodium/book/writeable-remote/java
mvn test -Pform 또는 ant form
```

이 코드는 한 방향으로 가는 스트림과 반대 방향으로 가는 셀로부터 추상화한 Value를 어떻게 발명할 수 있는지를 보여준다. 그리고 그 추상화를 사용하면 얼마나 단순한 방법으로 원격으로 오가는 값을 조작할 수 있는지도 보여준다. 보이지 않는 내부에서는 많은 FRP 로직이 만들어진다. 다만, VTextField의 construct()가 호출되어야만 각 필드에 대해 그 로직이 단 한 번씩만 만들어진다. 이때 Value를 모든 필요한 작업을 수행하는 실제 코드로 **구체화한다**(1.17절). 이는 메타 프로그래밍의 일종이라 말할 수 있다.

이런 종류의 접근 방법은 함수형 프로그래밍에서는 흔하며, 매우 강력하다. FRP는 이런 함수형 접근 방법을 이벤트 기반의 로직에 적용하도록 해준다. 그렇게 적용할 수 있다는 사실은 액터나 관찰자 또는 그냥 일반적인 함수형 프로그래밍은 제공할 수 없는 중요한 점이다. 나중에 이 원칙을 더 대담하게 강화한 FRP로 GUI 라이브러리를 구현하는 방법에 대해 설명할 것이다.

12.5 영속성

모든 FRP 상태는 셀에 저장된다. 어떤 복잡한 로직의 전체 상태를 디스크에 저장하고 싶은 때가 종종 있다. FRP에서 영속성persistence에 대한 기본적인 접근 방법은 다음과 같다.

- 영속화하고 싶은 모든 상태를 포함하는 컨테이너 클래스를 작성하고, 그 클래스에 대한 영속화 함수를 작성하라. 이를 State라고 부르자.
- 여러분의 FRP 로직을 초기화하기 전에 디스크에서 시스템의 초기 상태를 읽어온다. 그 후, FRP를 구성하는 로직 중에서 상태를 필요로 하는 모든 코드에 State state0(0은 **초기** 상태를 의미한다) 또는 그 일부분을 전달한다. FRP를 구성하는 로직은 state0에서 올바른 값을 가져다가 hold()나 accum() 메서드를 통해 상태를 보관할 셀을 만들고 값을 설정한다.

- 또한 로직의 현재 상태에 대한 스냅샷을 잡아야 한다. 시스템의 전체적인 영속적 상태를 표현하는 Cell<GlobalState> state에 대해 lift 기본 요소를 적용하고, 필요에 따라 그 결과(또는 그 결과의 일부)를 FRP 로직을 구성하는 코드에 넘기면 그렇게 할 수 있다. 일반적으로 코드 조각에 들어가는 state0는 A 타입이며, A라는 타입에서 나오는 state는 Cell<A>다.

일반적인 패턴은 다음과 같다.

```
public class SomeLogic {
    public static class State {
        public State(A a, B b, C c) {
            this.a = a;
            this.b = b;
            this.c = c;
        }
        public final A a;
        public final B b;
        public final C c;
    }
    public final Cell<State> state;
    public SomeLogic(State state0, ...) {
        Cell<A> a = <something>.hold(state0.a);
        Cell<B> b = <something>.hold(state0.b);
        Cell<C> c = <something>.hold(state0.c);
        state = a.lift(b, c, (a_, b_, c_) -> new State(a_, b_, c_));
    }
}
```

상태의 스냅샷을 떠서 디스크에 저장하려면 다음과 같이 한다.

```
Stream<Unit> sSave = ...; ←—— 디스크 저장을 시작한다.
Listener l = sSave.snapshot(state).listen(st -> {
    ...디스크에 쓰기...
});
```

이 패턴은 깔끔하고 구현하기 쉽다. 그리고 FRP가 여러분에게 질서가 잡힌 상태 관리를 제공함으로 인해 생기는 능력을 보여준다.

12.6 고유 ID 생성하기

함수형 프로그래밍(그리고 FRP)은 모든 것이 참조 투명할 것을 요구한다. 때때로 한 프로그램 안에서 유일한 고유 ID를 만들어야 하는 경우가 있다. [리스트 12-13]은 이를 참조 투명한 방법으로 수행하기 위한 특별한 트릭을 보여준다.

이 코드는 내부적으로는 명령형이며 상태가 있지만, 외부적으로는 참조 투명하다. 이제 악마를 깔끔한 작은 상자에 가뒀다. 제우스, 헤르메스, 판도라가 행복해 할 것이다.

리스트 12-13 참조 투명한 방법으로 고유 ID 만들기

```
package fridgets;

import java.util.Optional;

public class Supply {
    private static class Impl {
        private long nextID = 0;
        public final synchronized long alloc() { return ++nextID; }
    }
    public Supply() { this.impl = new Impl(); }
    private Supply(Impl impl) { this.impl = impl; }
    private final Impl impl;
    private Optional<Long> oID = Optional.empty();
    private Optional<Supply> oChild1 = Optional.empty();
    private Optional<Supply> oChild2 = Optional.empty();
    public final synchronized long get() {
        if (!oID.isPresent())
            oID = Optional.of(impl.alloc());
        return oID.get();
    }
    public final synchronized Supply child1() {
        if (!oChild1.isPresent())
            oChild1 = Optional.of(new Supply(impl));
        return oChild1.get();
    }
    public final synchronized Supply child2() {
        if (!oChild2.isPresent())
            oChild2 = Optional.of(new Supply(impl));
        return oChild2.get();
    }
}
```

Supply는 get()으로 얻을 수 있는 고유 ID를 표현한다. Supply는 2개의 자식을 만들 수 있다. 그 둘을 상상하여 child1()과 child2()라 하자. 두 자식은 부모나 상대방과 다른 ID 값을 만들어내는 것을 보장한다.[1] 참조 투명성은 get(), child1(), child2()가 호출된 횟수와는 관계없이 항상 같은 값을 내놓음을 보장하는 것으로부터 생겨난다.

이런 방식으로 여러분은 Supply를 프로그램 여기저기에서 사용할 수 있고, child1()과 child2()를 올바른 곳에서 호출해야 한다는 점만 조심하면 ID의 유일성도 보장된다. 불행히도, 같은 Supply 객체를 두 가지 서로 다른 장소에 전달하는 실수를 저지를 수 있다. 항상 그런 실수를 저지르지 않도록 조심하라.

NOTE_ 난수도 이와 비슷한 방법으로 함수적으로 생성할 수 있다. 하지만 그에 대해서는 다루지 않을 것이다.

다음 절에서 이 클래스를 많이 사용하게 될 것이다.

12.7 FRP 기반의 GUI 시스템

그래픽 사용자 인터페이스GUI 시스템의 구현은 객체지향 프로그래밍의 초기 용례 중 하나였다. 현재 거의 대부분의 GUI 시스템은 기본적으로 그때와 동일한 설계를 따른다. 그래서 사람들이 GUI를 처리하는 다른 방식을 상상하는 것이 힘들 정도다.

우리는 이 특정 문제에 대해 FRP가 탁월한 패러다임이라고 생각한다. 그리고 그 주장을 증명하려 한다. FRP로 구현한 완전한 GUI 시스템을 보여줄 것이다. 그래서 모두 다 FRP로 구현된 작은 GUI 시스템인 프리짓츠Fridgets를 소개한다. 프리짓츠는 위젯 그리기, 입력 처리, 포커스, 폼 레이아웃을 처리해준다.

---

1 옮긴이_ Impl 안에 synchronized로 동시 진입이 금지된 ID 할당 메서드 alloc()이 있다. get()에서 oID가 없으면 alloc()을 할당하므로 항상 고유한 ID를 부여하는 것을 보장할 수 있다.

12.7.1 Drawable

프리짓츠는 2D 그래픽스를 사용해 위젯을 직접 그린다. 화면에 그려야 하는 것은 9장과 마찬가지로 Drawable로 표현된다. [리스트 12-14]에서 다형적인 draw() 메서드가 있는 기반 클래스를 볼 수 있다. 또한 Drawable들을 서로 연결할 수도 있다.

리스트 12-14 화면에 그려져야 하는 대상

```
package fridgets;

import java.awt.Graphics;

public class Drawable {
    public void draw(Graphics g) {}
    public final Drawable append(Drawable second) {
        Drawable first = this;
        return new Drawable() {
            public void draw(Graphics g) {
                first.draw(g);
                second.draw(g);
            }
        };
    }
}
```

12.7.2 프리짓

프리짓Fridget은 'FRP 위젯widget'을 줄인 말이며 모든 프리짓의 기반 클래스다. [그림 12-3]은 뚱뚱한 FrButton 프리짓을 보여준다.

그림 12-3 FrButton 위젯

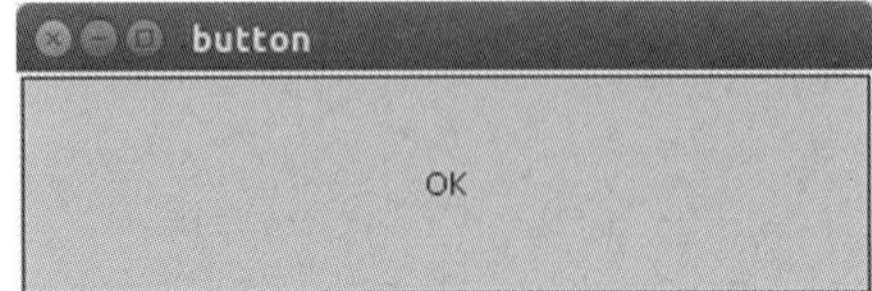

프리짓은 5개의 입력과 3개의 출력을 가지는 함수를 저장하는 컨테이너다(리스트 12-15). 입력은 다음과 같다.

- Cell<Optional<Dimension>> size — 레이아웃을 조정한 다음에 결정되는 실제 프리짓의 크기로, 아직 크기가 정해지지 않은 경우에는 Optional.empty()이다.
- Stream<MouseEvent> sMouse — 마우스 입력 이벤트
- Stream<KeyEvent> sKey — 키보드 입력 이벤트
- Cell<Long> focus — 현재 포커스가 위치한 프리짓의 ID
- Supply idSupply — 유일한 ID를 만들어내는 Supply

출력은 다음과 같다.

- Cell<Drawable> drawable — 프리짓을 화면에 그리는 방법
- Cell<Dimension> desiredSize — 프리짓이 바라는 크기로, 레이아웃 조정 알고리즘의 입력
- Stream<Long> sChangeFocus — 지정한 ID로 키보드 입력 포커스를 변경 요청

리스트 12-15 프리짓 인터페이스

```
package fridgets;

import java.awt.Dimension;
import java.awt.event.KeyEvent;
import java.awt.event.MouseEvent;
import java.util.Optional;
import nz.sodium.*;

public abstract class Fridget {
    public static class Output {
        public Output(
                Cell<Drawable> drawable,
                Cell<Dimension> desiredSize,
                Stream<Long> sChangeFocus) {
            this.drawable = drawable;
            this.desiredSize = desiredSize;
            this.sChangeFocus = sChangeFocus;
        }
        public Cell<Drawable> drawable;
        public Cell<Dimension> desiredSize;
        public Stream<Long> sChangeFocus;
    }
```

```
    public Fridget(Lambda5<
            Cell<Optional<Dimension>>, Stream<MouseEvent>,
            Stream<KeyEvent>, Cell<Long>, Supply, Output> reify_) {
        this.reify_ = reify_;
    }
    private final Lambda5<
            Cell<Optional<Dimension>>, Stream<MouseEvent>,
            Stream<KeyEvent>, Cell<Long>, Supply, Output> reify_;
    public final Output reify(
            Cell<Optional<Dimension>> size,
            Stream<MouseEvent> sMouse, Stream<KeyEvent> sKey,
            Cell<Long> focus, Supply idSupply) {
        return reify_.apply(size, sMouse, sKey, focus, idSupply);
    }
}
```

12.7.3 첫 번째 프리짓: FrButton

[리스트 12-16]은 버튼 프리짓을 보여준다. 버튼 프리짓은 내부에 있는 레이블 텍스트를 기반으로 자신의 바람직한 크기를 계산하지만 자신을 그릴 때는 입력으로 받은 size를 따른다. 추가로, Fridget 인터페이스의 요구사항을 만족시키기 위해 sClicked라는 스트림을 외부로 내보낸다. 그 스트림은 버튼이 클릭되면 발사된다. 버튼 위에서 마우스가 눌린 경우에는 버튼을 약간 다르게 그려야 한다.

리스트 12-16 FrButton 버튼 프리짓

```
package fridgets;

import java.awt.*;
import java.awt.event.MouseEvent;
import java.util.Optional;
import nz.sodium.*;

public class FrButton extends Fridget {
    public FrButton(Cell<String> label) {
        this(label, new StreamLoop<Unit>());
    }
    private FrButton(Cell<String> label, StreamLoop<Unit> sClicked) {
```

```
super((size, sMouse, sKey, focus, idSupply) -> {
    Stream<Unit> sPressed = Stream.filterOptional(
        sMouse.snapshot(size, (e, osz) ->
            osz.isPresent() &&
            e.getID() == MouseEvent.MOUSE_PRESSED
                && e.getX() >= 2 && e.getX() < osz.get().width-2
                && e.getY() >= 2 && e.getY() < osz.get().height-2
            ? Optional.of(Unit.UNIT)
            : Optional.empty()
        )
    );
    Stream<Unit> sReleased = Stream.filterOptional(
        sMouse.map(e -> e.getID() == MouseEvent.MOUSE_RELEASED
            ? Optional.of(Unit.UNIT)
            : Optional.empty()));
    Cell<Boolean> pressed =
        sPressed.map(u -> true)
                .orElse(sReleased.map(u -> false))
                .hold(false);
    sClicked.loop(sReleased.gate(pressed));
    Font font = new Font("Helvetica", Font.PLAIN, 13);
    Canvas c = new Canvas();
    FontMetrics fm = c.getFontMetrics(font);
    Cell<Dimension> desiredSize = label.map(label_ ->
        new Dimension(
            fm.stringWidth(label_) + 14,
            fm.getHeight() + 10));
    return new Output(
        label.lift(size, pressed,
            (label_, osz, pressed_) -> new Drawable() {
                public void draw(Graphics g) {
                    if (osz.isPresent()) {
                        Dimension sz = osz.get();
                        int w = fm.stringWidth(label_);
                        g.setColor(pressed_ ? Color.darkGray
                                            : Color.lightGray);
                        g.fillRect(3, 3, sz.width-6, sz.height-6);
                        g.setColor(Color.black);
                        g.drawRect(2, 2, sz.width-5, sz.height-5);
                        int centerX = sz.width / 2;
                        g.setFont(font);
                        g.drawString(label_,
                            (sz.width - w)/2,
                            (sz.height - fm.getHeight())/2
```

```
                                                + fm.getAscent());
                            }
                        } }
                    ),
                    desiredSize,
                    new Stream<Long>()
                );
            });
            this.sClicked = sClicked;
        }
        public final Stream<Unit> sClicked;
    }
```

각 프리짓이 보는 세계는 좌상단이 원점 (0,0)이라는 사실을 기억하라. 그런 환상을 만들어내기 위해 마우스 입력 이벤트와 Drawable을 적절히 조정해야 한다. 이렇게 하면 각 프리짓이 화면상 자신의 위치를 신경 쓸 필요가 없다는 장점이 있다.

[리스트 12-17]은 이런 위젯들을 만드는 방법을 보여준다. 그 방법은 1장이나 2장에서 SWidget에 했던 것과 비슷하다. FrView는 Fridget를 스윙 컴포넌트로 변환해주기 때문에 애플리케이션의 스윙 프레임의 content로 프리짓을 붙일 수 있다. 그를 위한 코드를 잠시 후에 보게 될 것이다.

리스트 12-17 버튼 프리짓 예제

```
import fridgets.*;
import javax.swing.*;
import nz.sodium.*;

public class button {
    public static void main(String[] args) {
        JFrame frame = new JFrame("button");
        frame.setDefaultCloseOperation(JFrame.EXIT_ON_CLOSE);
        frame.setContentPane(Transaction.run(() -> {
            FrButton b = new FrButton(new Cell<>("OK"));
            Listener l = b.sClicked.listen(
                u -> System.out.println("clicked!"));
            return new FrView(frame, b) {
                public void removeNotify() {   ← 컴포넌트를 해제할 때 리슨을
                    super.removeNotify();         그만두게 하는 자바 관습
                    l.unlisten();
```

```
                }
            };
        }));
        frame.setSize(360,120);
        frame.setVisible(true);
    }
}
```

이를 실행하려면 체크아웃 후 다음과 같이 해야 한다.

```
git clone https://github.com/SodiumFRP/sodium
cd sodium/book/fridgets/java
mvn test -Pbutton 또는 ant button
```

12.7.4 FrView를 사용해 프리짓 실제화하기

[리스트 12-18]은 프리짓과 자바 스윙을 연결하는 방법을 보여준다. 이 코드는 기본적으로 마우스, 키보드, 창 크기 변경resize 이벤트를 프리짓에 보내고 Fridget이 전체 창을 차지하도록 만든다. 여기서는 레이아웃을 처리하지 않는다.

현재 포커스를 처리하는 일은 아주 단순하다. 프리짓이 설정한 포커스 대상을 hold()하고 그것을 다시 프리짓에게 공급해주면 된다.

리스트 12-18 Fridget을 스윙 컴포넌트로 취급하기

```
package fridgets;

import java.awt.event.ComponentAdapter;
import java.awt.event.ComponentEvent;
import java.awt.event.KeyAdapter;
import java.awt.event.KeyEvent;
import java.awt.event.MouseAdapter;
import java.awt.event.MouseMotionListener;
import java.awt.event.MouseEvent;
import java.awt.*;
import javax.swing.*;
import java.util.Optional;
import nz.sodium.*;
```

```java
public class FrView extends JPanel {
    public FrView(JFrame frame, Fridget fr) {
        StreamSink<MouseEvent> sMouse = new StreamSink<>();
        StreamSink<KeyEvent> sKey = new StreamSink<>();
        addMouseListener(new MouseAdapter() {
            public void mousePressed(MouseEvent e) {
                sMouse.send(e);
            }
            public void mouseReleased(MouseEvent e) {
                sMouse.send(e);
            }
        });
        addMouseMotionListener(new MouseMotionListener() {
            public void mouseDragged(MouseEvent e) {
                sMouse.send(e);
            }
            public void mouseMoved(MouseEvent e) {
                sMouse.send(e);
            }
        });
        size = new CellSink<Optional<Dimension>>(Optional.empty());
        addComponentListener(new ComponentAdapter() {
            public void componentResized(ComponentEvent e) {
                if (e.getID() == ComponentEvent.COMPONENT_RESIZED)
                    size.send(Optional.of(getSize()));
            }
        });
        frame.addKeyListener(new KeyAdapter() {
            public void keyTyped(KeyEvent e) {
                sKey.send(e);
            }
        });
        CellLoop<Long> focus = new CellLoop<>();
        Fridget.Output fo = fr.reify(size, sMouse, sKey, focus,
            new Supply());
        focus.loop(fo.sChangeFocus.hold(-1l));
        this.drawable = fo.drawable;
        l = l.append(Operational.updates(drawable).listen(d -> {
            repaint();
        }));
    }

    private Listener l = new Listener();
    private final CellSink<Optional<Dimension>> size;
```

```
    private final Cell<Drawable> drawable;

    public void paintComponent(Graphics g) {
        super.paintComponent(g);
        drawable.sample().draw(g);
    }
    public void removeNotify() {
        l.unlisten();
        super.removeNotify();
    }
    public void handleKeys(JFrame frame) {
    }
}
```

12.7.5 레이아웃

위젯 배치는 FrFlow 프리짓이 담당한다. FrFlow는 방향을 HORIZONTAL(수평)이나 VERTICAL(수직)로 입력받고, 배치할 자식 프리짓의 리스트를 인자로 받는다. FrFlow는 자식들을 각각이 요청한 크기에 맞춰서 수평 또는 수직으로 배치한다. [그림 12-4]는 FrFlow의 예를 보여준다. 코드는 [리스트 12-19]에 있다.

그림 12-4 두 버튼을 FrFlow를 사용해 수평으로 배치하기

리스트 12-19 FrFlow로 위젯 배치하기

```
package fridgets;
import java.awt.Dimension;
import java.util.Collection;
import java.util.Optional;
import nz.sodium.*;

public class FrFlow extends Fridget {
```

```
    public enum Direction { HORIZONTAL, VERTICAL };

    public FrFlow(Direction dir, Collection<Fridget> fridgets) {
        super((size, sMouse, sKey, focus, idSupply) -> {
            Cell<Dimension> desiredSize = new Cell<>(new Dimension(0,0));
            Cell<Drawable> drawable = new Cell<>(new Drawable());
            Stream<Long> sChangeFocus = new Stream<Long>();
            for (Fridget fridget : fridgets) {
                CellLoop<Optional<Dimension>> childSz = new CellLoop<>();
                Fridget.Output fo = new FrTranslate(fridget,   ← 자식의 좌표 공간을 변환 한다(리스트 12-20 참조)
                  dir == Direction.HORIZONTAL
                    ? desiredSize.map(dsz -> new Dimension(dsz.width, 0))
                    : desiredSize.map(dsz -> new Dimension(0, dsz.height)))
                    .reify(childSz, sMouse, sKey, focus,
                        idSupply.child1());   ← 자식 위젯의 고유 ID를 가져온다.
                idSupply = idSupply.child2();
                childSz.loop(
                    size.lift(fo.desiredSize, (osz, foDsz) ->
                        osz.isPresent()
                            ? Optional.of(dir == Direction.HORIZONTAL
                                ? new Dimension(foDsz.width,       ← 자식이 바라는 크기를 너비로 한다.
                                                osz.get().height)   ← 자식이 바라는 크기를 높이로 한다.
                                : new Dimension(osz.get().width,
                                                foDsz.height))
                            : Optional.empty()
                    )
                );
                desiredSize = desiredSize.lift(fo.desiredSize,
                    dir == Direction.HORIZONTAL
                        ? (dsz, foDsz) -> new Dimension(
                            dsz.width + foDsz.width,               ← 바라는 너비: 자식의 너비의 합
                            dsz.height > foDsz.height ? dsz.height ← 바라는 높이: 자식의 높이 중 최댓값
                                                      : foDsz.height)
                        : (dsz, foDsz) -> new Dimension(
                            dsz.width > foDsz.width ? dsz.width
                                                    : foDsz.width,
                            dsz.height + foDsz.height));
                drawable = drawable.lift(fo.drawable,   ← Drawable을 합친다.
                    (drA, drB) -> drA.append(drB));
                sChangeFocus = sChangeFocus.orElse(fo.sChangeFocus);   ← 포커스 요청을 합친다.
            }
            return new Fridget.Output(drawable, desiredSize, sChangeFocus);
        });
    }
}
```

NOTE_ FrFlow는 표시할 때 미리 정적으로 정해진 프리짓의 리스트를 받아서 처리한다. 하지만 Cell〈Collection〈Fridget〉〉을 넘겨서 동적으로 처리하도록 개선하는 것도 가능하다. 그런 개선은 독자 여러분에게 연습문제로 남겨둔다.

[리스트 12-20]은 FrTranslate를 사용한다. FrTranslate는 들어오는 마우스 이벤트나 나가는 Drawable을 가로채서 좌표 공간을 정해진 (x,y) 오프셋에 맞게 변환해준다.

리스트 12-20 FrTranslate: 프리짓의 좌표 공간 변환

```
package fridgets;

import java.awt.Dimension;
import java.awt.Graphics;
import java.awt.event.MouseEvent;
import nz.sodium.*;

public class FrTranslate extends Fridget {
    public FrTranslate(Fridget fr, Cell<Dimension> offset) {
        super((size, sMouse, sKey, focus, idSupply) -> {
            Stream<MouseEvent> sMouseNew =
                sMouse.snapshot(offset, (e, o) ->
                    new MouseEvent(e.getComponent(), e.getID(),
                        e.getWhen(), e.getModifiers(),
                        e.getX() - o.width, e.getY() - o.height,
                        e.getClickCount(), e.isPopupTrigger()));
            Fridget.Output fo = fr.reify(size, sMouseNew,
                sKey, focus, idSupply);
            Cell<Drawable> drawableNew = fo.drawable.lift(offset,
                (dr, o) -> new Drawable() {
                    public void draw(Graphics g) {
                        g.translate(o.width, o.height);
                        dr.draw(g);
                        g.translate(-o.width, -o.height);
                    } });
            return new Fridget.Output(drawableNew,
                fo.desiredSize, fo.sChangeFocus);
        });
    }
}
```

[리스트 12-21]은 FrFlow의 사용법을 보여주는 flow라는 메인 프로그램을 보여준다.

리스트 12-21 flow 예제 메인 프로그램

```
import fridgets.*;
import javax.swing.*;
import java.util.ArrayList;
import nz.sodium.*;

public class flow {
    public static void main(String[] args) {
        JFrame frame = new JFrame("flow");
        frame.setDefaultCloseOperation(JFrame.EXIT_ON_CLOSE);
        frame.setContentPane(Transaction.run(() -> {
            FrButton ok = new FrButton(new Cell<>("OK"));
            FrButton cancel = new FrButton(new Cell<>("Cancel"));
            ArrayList<Fridget> fridgets = new ArrayList<>();
            fridgets.add(ok);
            fridgets.add(cancel);
            Fridget dialog = new FrFlow(FrFlow.Direction.HORIZONTAL, fridgets);
            Listener l =
                ok.sClicked.listen( u -> System.out.println("OK"))
                  .append(
                      cancel.sClicked.listen(
                          u -> System.out.println("Cancel")
                      )
                  );
            return new FrView(frame, dialog) {
                public void removeNotify() {
                    super.removeNotify();
                    l.unlisten();
                }
            };
        }));
        frame.setSize(360,120);
        frame.setVisible(true);
    }
}
```

이 프로그램은 다음과 같이 실행할 수 있다.

```
git clone https://github.com/SodiumFRP/sodium
cd sodium/book/fridgets/java
mvn test -Pflow 또는 ant flow
```

12.7.6 텍스트 필드가 있는 폼

이제 좀 더 복잡한 예제로 2개의 텍스트 필드와 2개의 버튼이 있는 폼을 살펴보자.

그림 12-5 복잡한 예제: 2개의 텍스트 필드와 2개의 버튼

다음 리스트는 FrTextField를 보여준다. 코드가 길지만 얼마나 많은 일을 하는지 생각해보라. 그럼에도 불구하고 이 코드는 FrButton보다 복잡한 편은 아니다.

리스트 12-22 FrTextField 프리짓

```
package fridgets;

import java.awt.*;
import java.awt.event.MouseEvent;
import java.util.Optional;
import nz.sodium.*;

class TextUpdate {
    TextUpdate(String txt, int newX) {
        this.txt = txt;
        this.newX = newX;
    }
    String txt;
    int newX;
};

public class FrTextField extends Fridget {
    public FrTextField(String initText) {
```

```java
            this(initText, new CellLoop<String>());
        }
        private FrTextField(String initText, CellLoop<String> text) {
            super((size, sMouse, sKey, focus, idSupply) -> {
                Stream<Integer> sPressed = Stream.filterOptional(
                    sMouse.snapshot(size, (e, osz) ->
                        osz.isPresent() &&
                        e.getID() == MouseEvent.MOUSE_PRESSED
                            && e.getX() >= 2 && e.getX() < osz.get().width-2
                            && e.getY() >= 2 && e.getY() < osz.get().height-2
                        ? Optional.of(e.getX() - 2)
                        : Optional.empty()
                    )
                );
                CellLoop<Integer> x = new CellLoop<>();
                long myId = idSupply.get();
                Cell<Boolean> haveFocus = focus.map(f_id -> f_id == myId);
                Font font = new Font("Helvetica", Font.PLAIN, 13);
                Canvas c = new Canvas();
                FontMetrics fm = c.getFontMetrics(font);
                Stream<TextUpdate> sTextUpdate = Stream.filterOptional(
                    sKey.gate(haveFocus)
                        .snapshot(text, (key, txt) -> {
                            int x_ = x.sample();
                            if (key.getKeyChar() == (char)8) {
                                if (x_ > 0)
                                    return Optional.of(new TextUpdate(
                                        txt.substring(0,x_-1)+
                                        txt.substring(x_),
                                        x_-1));
                                else
                                    return Optional.empty();
                            }
                            else {
                                char[] keyChs = new char[1];
                                keyChs[0] = key.getKeyChar();
                                return Optional.of(new TextUpdate(
                                    txt.substring(0, x_)+
                                    new String(keyChs)+
                                    txt.substring(x_),
                                    x_ + 1));
                            }
                        })
                );
```

텍스트 필드 안에서 마우스가 클릭된 곳의 X 좌표

포커스가 이 텍스트 필드에 있는가?

포커스가 없다면 키 입력을 무시한다.

키 입력, 현재 텍스트, 커서 위치에 따라 텍스트 내용을 변경한다.

```
x.loop(sPressed.snapshot(text,   ← 마우스 클릭 시 커서를 움직인다.
    (xCoord, txt) -> {
        for (int x_ = 1; x_ <= txt.length(); x_++)
            if (xCoord < fm.stringWidth(txt.substring(0, x_)))
                return x_-1;
        return txt.length();
    })
    .orElse(sTextUpdate.map(tu -> tu.newX))   ← 키 입력을 받은 다음에 커서를 움직인다.
    .hold(0));
text.loop(sTextUpdate.map(tu -> tu.txt).hold(initText));   ← 텍스트의 변경을 hold한다.
Cell<Dimension> desiredSize = text.map(txt ->
    new Dimension(
        fm.stringWidth(txt) + 14,
        fm.getHeight() + 10));
return new Output(
    text.lift(x, haveFocus, size,
        (txt, x_, haveFocus_, osz) -> new Drawable() {
            public void draw(Graphics g) {
                if (osz.isPresent()) {
                    Dimension sz = osz.get();
                    g.setColor(Color.white);
                    g.fillRect(3, 3, sz.width-6, sz.height-6);
                    g.setColor(Color.black);
                    g.drawRect(2, 2, sz.width-5, sz.height-5);
                    int centerX = sz.width / 2;
                    g.setFont(font);
                    int cursorX = fm.stringWidth(
                        txt.substring(0, x_));
                    g.drawString(txt,
                        4,
                        (sz.height - fm.getHeight())/2
                              + fm.getAscent());
                    if (haveFocus_) {   ← 포커스가 이 텍스트 필드에 있는 경우에만 커서를 표시한다.
                        g.setColor(Color.red);
                        g.drawLine(4 + cursorX, 4,
                                   4 + cursorX, sz.height - 5);
                    }
                }
            }
        }
    ),
    desiredSize,
    sPressed.map(xCoord -> myId)
);
```

```
        });
        this.text = text;
    }
    public final Cell<String> text;
}
```

다음은 텍스트 필드를 위한 textfield라는 메인 프로그램이다.

리스트 12-23 textfield 예제 메인 프로그램

```
import fridgets.*;
import javax.swing.*;
import java.util.ArrayList;
import nz.sodium.*;

public class textfield {
    public static void main(String[] args) {
        JFrame frame = new JFrame("button");
        frame.setDefaultCloseOperation(JFrame.EXIT_ON_CLOSE);
        frame.setContentPane(Transaction.run(() -> {
            FrTextField firstName = new FrTextField("Joe");
            FrTextField lastName = new FrTextField("Bloggs");
            FrButton ok = new FrButton(new Cell<>("OK"));
            FrButton cancel = new FrButton(new Cell<>("Cancel"));
            ArrayList<Fridget> fridgets = new ArrayList<>();
            fridgets.add(ok);
            fridgets.add(cancel);
            Fridget buttons = new FrFlow(FrFlow.Direction.HORIZONTAL, fridgets);
            fridgets = new ArrayList<>();
            fridgets.add(firstName);
            fridgets.add(lastName);
            fridgets.add(buttons);
            Fridget dialog =
                new FrFlow(FrFlow.Direction.VERTICAL, fridgets);
            Listener l =
                ok.sClicked
                      .map(u -> firstName.text.sample()+" "+
                                lastName.text.sample())
                      .listen(name -> System.out.println("OK: "+name))
                  .append(
                      cancel.sClicked.listen(
                          u -> System.out.println("Cancel")
```

```
                    )
                );
                return new FrView(frame, dialog) {
                    public void removeNotify() {
                        super.removeNotify();
                        l.unlisten();
                    }
                };
            }));
            frame.setSize(360,120);
            frame.setVisible(true);
        }
    }
```

이 코드를 다음과 같이 실행할 수 있다.

```
git clone https://github.com/SodiumFRP/sodium
cd sodium/book/fridgets/java
mvn test -Ptextfield 또는 ant textfield
```

12.8 요약

- calm() 메서드로 셀의 중복 값을 제거하는 것이 유용할 수도 있다.
- Junction은 명령형 아이디어다. 하지만 Junction을 사용하면 자신의 데이터를 기존의 스트림이나 셀에 밀어 넣을 수 있는 모듈을 확장성 있게 인스턴스화할 수 있다.
- 변경할 수 있는 원격 값은 데이터 백엔드와 GUI 인터페이스 사이의 임피던스 불일치를 깔끔하게 해결할 수 있는 방법이다.
- FRP에서는 상태를 질서 있게 관리할 수 있기 때문에 복잡한 것의 현재 상태를 스냅샷으로 만들어서 영속적인 저장소에 쉽게 남길 수 있다.
- Supply는 호출하는 쪽에서 볼 때 참조 투명한 방식으로 유일한 ID를 생성할 수 있는 함수형 프로그래밍 기법이다.
- GUI 라이브러리를 FRP로 멋지게 구현할 수 있다. 그리고 그 코드는 일반적인 객체지향 접근 방법으로 작성한 코드보다 훨씬 낫다고 할 수 있다.

CHAPTER 13

리팩터링

- 드래그 앤 드롭 예제
- 기능 추가하기
- OOP와 FRP 코드의 리팩터링 비교하기

프로그래머라면 특징을 추가하거나 버그를 수정하기 위해서 클래스나 메서드에 코드를 추가하는 일이 자주 있을 것이다. 길이가 더 길어질수록 코드는 더 지저분해진다. 이번 장에서는 그런 과정을 예제를 통해 보여줄 것이다.

애자일 소프트웨어 개발 방법론이 강조하는 것처럼 깔끔하지 못한 코드에서 '코드 냄새'가 나기 시작한다면 코드를 더 작은 클래스나 메서드로 나누는 방식으로 리팩터링하는 것이 좋다. 리팩터링이 중요한 이유는 지저분한 코드는 복잡한 코드이고, 앞에서 주장했듯이 복잡성은 복리로 작용하기 때문이다. 또한 FRP가 합성성을 제공하기 때문에 다른 패러다임에 비해 리팩터링의 중요성이 더 작기는 하지만 그래도 리팩터링이 여전히 중요하다고 강조했다. 다행히도 FRP에서 리팩터링은 식은 죽 먹는 것처럼 쉽다.

13.1 리팩터링을 할까, 하지 말까?

기존의 클래스에 상태나 로직을 추가한다면 이 질문을 반드시 스스로에게 던져봐야 한다. 코드에 잠복해 있던 문제들이 보통 코드를 변경하는 과정에서 드러나기 때문이다. 때로 마음 깊은 곳에서 '리팩터링 해줘!'라고 말하는 작은 소리가 들릴 때가 있을 것이다. 그렇다면 그 음성을 들어야 하는 걸까?

여러분이 추가한 복잡도로 인해 속이 거북할 것이다. 이는 여러분이 어느 시점에는 모든 것을 분리해야만 한다는 것을 알고 있기 때문이다. 여러분은 단지 아주 조금만 바꿨을 뿐이라고 스스로에게 답한다. 하지만 리팩터링을 미뤄둔 기간이 길면 길어질수록 마지막에 처리해야 할 일은 더더욱 늘어날 뿐이다.[1]

그림 13-1 데일은 리팩터링을 미뤄둔 것을 후회하고 있다.

때로 깔끔한 리팩터링 방법을 찾기 힘들 때도 있다. 때로는 몇 시간 동안 테스트하고 나서 다른 사람이 리팩터링하면서 저지른 실수를 비난하게 될 것을 원치 않을 수도 있다. 변수를 추가하거나 몇 줄의 코드 로직을 추가하는 것이 무한대로 더 선호할 만한 일이다. 그렇다. 때로는 근시안적인 사고가 승리하곤 한다. 프랑켄슈타인 박사가 괴물을 만들었을 때 바로 그런 일이 벌어졌다.

1 옮긴이_ 이런 상황은 꼭 코딩에만 한정되지는 않는다. 기술적으로 처리해야 할 일을 미뤄두면 나중에 더 큰 비용을 지불해야만 하는데 이런 상황을 일컫는 '기술 부채(technical debt)'라는 용어도 있다. https://goo.gl/O41TYn을 참고하라.

13.2 드래그 앤 드롭 예제

FRP 리팩터링을 실제 적용하는 모습을 보기 위해 7장과 10장에서 개발한 드래그 앤 드롭 예제의 변형을 사용할 것이다. 7장에서 세 가지 유형의 마우스 이벤트가 있다고 말했던 것을 기억하라. 각 마우스 이벤트는 창 안의 (x, y) 위치와 연관되어 있다.

- **마우스 눌림**DOWN – 마우스 버튼을 눌렀다.
- **마우스 움직임**MOVE – 마우스의 위치가 바뀌었다. 그렇지만 버튼의 상태는 바뀌지 않았다.
- **마우스 들림**UP – 마우스 버튼에서 손가락을 뗐다.

아직 switch에 의해 발생하는 동적인 변화를 다이어그램으로 표현할 방법을 찾지 못했기 때문에 이 구현은 switch를 사용하지 않는다.

13.2.1 전통적인 방식으로 코딩하기

먼저 이를 전통적인 객체 지향/리스너/상태 기계 방식으로 어떻게 작성하는지 살펴보자. 일반적으로는 다음과 같은 일을 하는 DragAndDrop이라는 클래스를 만들 것이다.

- 입력 이벤트에 대한 리스너를 등록한다.
- 상태를 유지하기 위한 필드가 있다.

모든 것을 깔끔하게 유지하기 위해 두 가지 컨테이너 클래스를 사용할 것이다. Dragging에는 드래깅하는 동안 유지해야 하는 상태가 들어간다. 마우스 움직임 이벤트가 발생할 때마다 다이어그램을 갱신하는 대신 드래깅 대상인 원소를 별도로 그리고 드래깅이 끝날 때 단 한 번만 전체 문서를 갱신할 것이다. 이런 원소의 움직임을 표현하는 도우미 메서드를 두 번째 클래스인 FloatingElement에 추가할 것이다. 이 정보를 사용해서 드래깅 중인 원소를 paint 메서드에서 그린다.

```
class Dragging { ◀—— 드래깅 도중에 사용할 드래그 상태를 담는 컨테이너 클래스
    Dragging(Element elt, Point origMousePos) { ... } ◀—— 여러 가지 준비 코드 생략
    Element elt; ◀—— 드래깅 중인 원소
    Point origMousePos; ◀—— 드래깅이 처음 시작된 마우스 위치

    FloatingElement floatingElement(Point curMousePos) { ◀—— 드래깅 중인 (움직이는) 원소를 표현하는 도우미 메서드
        Vector moveBy = curMousePos.subtract(origMousePos);
```

```
        return new FloatingElement(elt.getPosition().add(moveBy), elt);
    }
}

class FloatingElement {
    FloatingElement(Point position, Element elt) { ... }
    Point position;
    Element elt;
}
```

새 위치 = 원래 위치 + 이동 거리

드래깅 중인 원소를 그리기 위해서 드래깅 대상 원소와 위치를 저장한다.

이 코드의 나머지 부분을 살펴보기 전에 2장에서 사용한 다이어그램 방식을 단순화한 것으로 우리의 로직을 전체적으로 설명할 것이다. 그것은 다음과 같은 요소를 사용한다.

- 꼭지점이 둥근 사각형은 출력 스트림을 표현한다.
- 꼭지점이 뾰족한 사각형은 상태(셀)를 표현한다.

다이어그램을 간단하게 유지하고 mouseMove 이벤트 처리 부분을 제외할 것이다. 따라서 현재로서는 드래그 중인 원소가 표시되지 않는다.

[그림 13-2]에서 맨 위의 둥근 모서리 상자(로직)는 mouseDown 이벤트가 들어와야 활성화된다. 이 로직은 문서의 스냅샷을 만들고(문서에서 들어오는 화살표를 보라) 마우스 위치에 어떤 원소가 있는지 물어본다. 그런 원소가 있다면 dragging의 값을 new Dragging(elt, pos)로 채워 넣는다. 따라서 이제는 elt를 드래깅하는 상태가 된다.

그림 13-2 최소한의 드래그 앤 드롭 로직

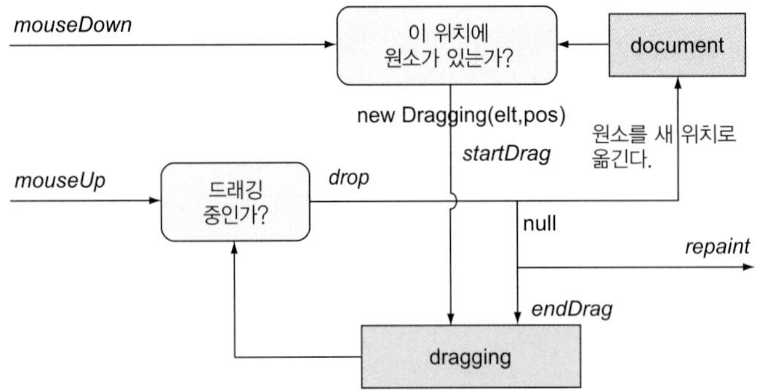

왼쪽의 둥근 모서리 상자는 mouseUp 이벤트로 활성화된다. 드래깅 중이었다면(즉, dragging 변수에 null이 아닌 값이 들어 있다면) 드래깅을 끝내야 한다. 이 로직은 drop이라는 이벤트를 만들 것이다. 그리고 화살표를 쫓아가 보면 이 이벤트로 인해 다음 세 가지 일이 벌어진다.

1 null을 dragging 변수에 쓴다. 따라서 드래깅 상태에서 유휴 상태(드래깅하지 않는 상태)가 된다.
2 원소의 새로운 위치를 가지고 문서를 갱신한다.
3 창을 새로 그린다.

자바 의사코드를 다음 리스트에 보였다. 잠시 후 똑같은 일을 하는 FRP 코드와 비교할 것이다.

리스트 13-1 전통적인 객체 지향 방식 드래그 앤 드롭 로직의 의사 자바 코드

```
class Dragging {  ← 드래깅 도중에 사용할 드래그 상태를 담는 컨테이너 클래스
    Dragging(Element elt, Point origMousePos) { ... }  ← 여러 가지 준비 코드 생략
    Element elt;  ← 드래깅 중인 원소
    Point origMousePos;  ← 드래깅이 처음 시작된 마우스 위치

    FloatingElement floatingElement(Point curMousePos) {  ← 드래깅 중인 (움직이는) 원소를 표현하는 도우미 메서드
        Vector moveBy = curMousePos.subtract(origMousePos);

        return new FloatingElement(elt.getPosition().add(moveBy), elt);  ← 새 위치 = 원래 위치 + 이동 거리
    }
}

class FloatingElement {  ← 드래깅 중인 원소를 그리기 위해서 드래깅 대상 원소와 위치를 저장한다.
    FloatingElement(Point position, Element elt) { ... }
    Point position;
    Element elt;
}

class DragAndDrop implements MouseListener
{
    Document doc;
    Window window;
    Dragging dragging = null;

    DragAndDrop(Document doc, Window window) {
        ...
        window.addMouseListener(this);  ← 창에게 마우스 이벤트 발생 시 콜백을 호출해달라고 부탁한다.
    }
```

```
    void mouseDown(Point mousePos) {  ← 문서의 원소에서 마우스 버튼을 누른 경우 드래깅을 시작한다.
        Element elt = doc.lookupByPosition(mousePos);
        if (elt != null)
            dragging = new Dragging(elt, mousePos);
    }
    void mouseMove(Point mousePos) {
    }
    void mouseUp(Point mousePos) {
        if (dragging != null) {  ← 드래깅 중이라면...
            FloatingElement flt = dragging.floatingElement(mousePos);
            doc.moveTo(flt.elt, flt.position);  ← ... 문서의 원소를 드래깅 중인 위치로 옮긴다.
            dragging = null;
            window.repaint();  ← 다시 그린다. paint() 메서드가 문서를 직접 읽어서 화면을 그린다고 가정한다.
        }
    }
}
```

13.2.2 FRP 방식: 다이어그램을 코드로 바꾸기

이 책을 시작하면서 이야기한 것과 같이 FRP 코드는 박스와 화살표 다이어그램을 그대로 반영한다. 우리가 그린 다이어그램을 코드로 만들어보자.

[그림 13-3]에서 다이어그램과 그와 동등한 FRP 의사코드를 나란히 놓고 비교했다. FRP 코드의 구조는 근본적으로 다이어그램의 구조와 같다.

다음을 자세히 관찰하라.

- 단순화를 위해 변수 대입에서 타입을 제외했다.
- 각 변수(각진 모서리 상자)와 화살표에 추가한 기울임 체로 표시한 레이블은 FRP 코드의 문장에 해당한다. 이런 문장은 변수 이름에 대한 대입으로 작성할 수 있다.
- 어떤 문장이 다른 곳에서 선언한 변수를 참조한다면 다이어그램에도 그에 해당하는 화살표가 있다.

그림 13-3 다이어그램과 밀접하게 연관된 FRP 코드의 구조

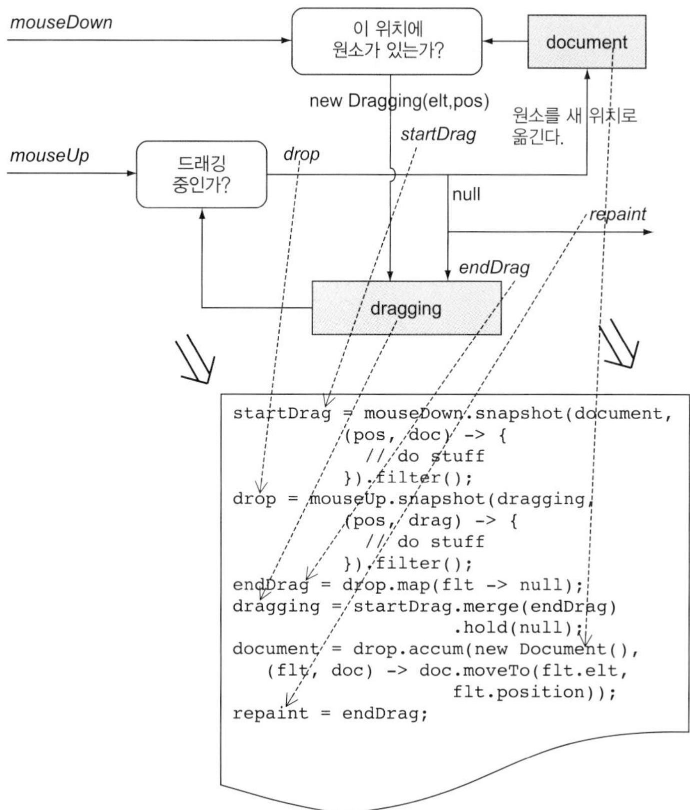

13.3 특징 추가하기: 드래깅 대상 원소 그리기

앞의 코드에서는 사용자가 원소를 드래깅하는 동안 아무런 시각적인 피드백을 받지 못한다. 우리는 사용자가 원소를 드래깅하는 동안에 드래깅으로 이동 중인 원소를 화면에 표시하고 싶다. 전통적인 방법은 드래깅 중이라면 mouseMove() 메서드에서 화면을 다시 그리게 만드는 것이다. Window 인스턴스의 paint() 메서드가 실제 필요한 모든 일을 담당한다. paint()는 document를 직접 읽어서 문서를 화면에 그릴 것이다. 그리고 Dragging 클래스의 floatElement()메서드를 호출해서 움직이는 원소를 어디에 어떻게 그려야 할지를 알아낼 것이다(paint()의 코드는 생략한다).

```
FloatingElement floatElt = null;

void mouseMove(Point mousePos) {
    if (dragging != null)   ←── 움직이는 원소의 정보를 기록한다.
        floatElt = dragging.floatingElement(mousePos);
    else
        floatElt = null;
    window.repaint();   ←── 창을 다시 그리도록 요청한다.
}
FloatingElement floatingElement() {  ←── Window의 paint() 메서드를 호출해서 움
    return floatElt;                      직이는 원소와 그 위치를 알아낸다.
}
```

이제 이 mouseMove 처리 부분을 다이어그램에 추가하자. 추가된 부분을 굵은 글씨로 표시했다(그림 13-4).

그림 13-4 mouseMove 발생 시 창을 다시 그려서 드래깅으로 이동 중인 원소를 표시함

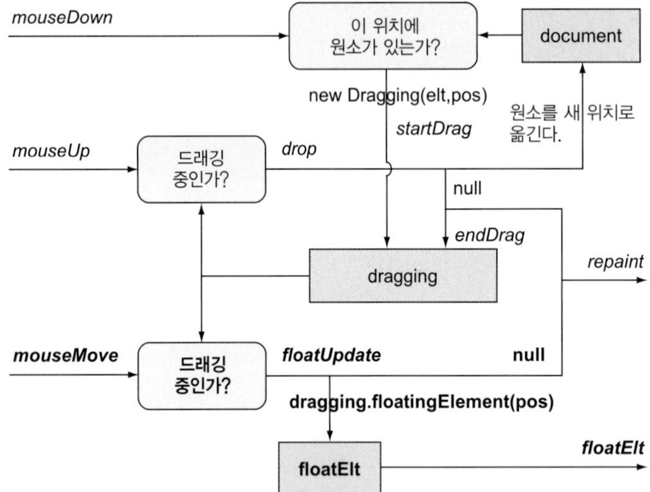

13.4 버그 수정하기: 클릭이 드래그로 취급됨

이 코드에는 사용자를 노엽게 만드는 문서화되지 않은 특징[2]이 있다. 바로 클릭이 드래그로 잘못 해석된다는 점이다. 따라서 사용자가 어떤 원소를 클릭하면 그 원소가 약간 움직이는 경우가 자주 발생한다. 이를 두 가지 단계를 통해 고쳐보자.

- **보류**pending – 마우스 버튼이 눌렸지만 아직 움직이지는 않았다.
- **드래깅** – 보류 상태에서 마우스의 움직임을 감지했다. 이런 경우 이제 원소가 실제로 드래깅되고 있다고 판단할 수 있다.

마우스 버튼이 처음 눌린 지점으로부터 5픽셀 이상 움직이는 경우를 감지할 것이다(그림 13-5). 드래그 상태로 들어가려면 처음에 마우스 버튼이 눌린 위치를 기준으로 하는 반지름 5픽셀짜리 원에서 마우스 포인터가 벗어나야만 한다(물론 버튼은 그대로 눌린 상태여야 한다).

[리스트 13-2]에서는 이런 보류 상태를 추가하기 위해 변경한 부분을 굵은 글씨체로 보여준다. 이제 적절한 곳에서 적절한 상태 변수를 사용해야만 한다.

그림 13-5 마우스 버튼을 누른 지점부터 (버튼을 떼지 않고) 5픽셀 이상 이동한 경우에만 드래그를 시작함

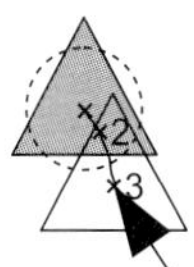

리스트 13-2 보류 단계를 드래깅 단계 이전에 추가한 코드(전통적인 방식 사용)

```
class DragAndDrop implements MouseListener
{
    Document doc;
    Window window;
    Dragging pending = null;
    Dragging dragging = null;
    FloatingElement floatElt = null;

    DragAndDrop(Document doc, Window window) {
        ...
        window.addMouseListener(this);
```

2 옮긴이_ 개발자 동료로서 하는 말이지만, '문서화되지 않은 특징'이란 것은 사실 '버그'나 '잘못된 설계'를 돌려 말하는 것에 지나지 않는다.

```
    }
    void mouseDown(Point mousePos) {
        Element elt = doc.lookupByPosition(mousePos);
        if (elt != null)
            pending = new Dragging(elt, mousePos);
    }
    void mouseMove(Point mousePos) {
        if (pending != null &&
                mousePos.distance(pending.origMousePos) >= 5)
            dragging = pending;
        if (dragging != null)
            floatElt = dragging.floatingElement(mousePos);
        else
            floatElt = null;
        window.repaint();
    }
    FloatingElement floatingElement() {
        return floatElt;
    }
    void mouseUp(Point mousePos) {
        if (dragging != null) {
            FloatingElement flt = dragging.floatingElement(mousePos);
            doc.moveTo(flt.elt, flt.position);
            dragging = null;
            window.repaint();
        }
        pending = null;
    }
}
```

[그림 13-6]은 이 로직을 앞에서 본 FRP 다이어그램(그림 13-4)에 추가한 것이다. 추가된 부분을 굵은 글씨로 표시했다.

그림 13-6 보류 상태를 드래그 상태 직전에 넣기(추가된 부분을 굵은 글씨로 표시)

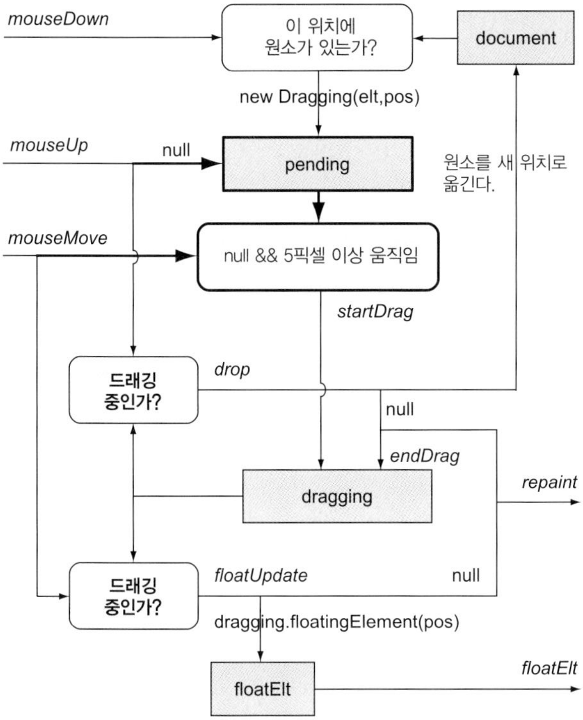

13.5 FRP: 봄바람 같은 리팩터링

앞의 예제에 있는 코드에는 한 가지 문제가 있다. 코드가 점점 지저분해지고 있다. 전통적인 방식의 코드에서는 실수를 저지르기가 쉽고 pending과 dragging을 잘못 사용하기도 쉽다.

각각의 변수를 별도의 클래스로 리팩터링해서 로직의 한 부분은 오직 pending과 관련 있는 부분만 볼 수 있고, 다른 부분은 오직 dragging과 관련 있는 부분만 보게 만들며, 클래스 간의 인터페이스를 깔끔하게 함으로써 코드를 개선할 수도 있다. 우선 전체 로직을 세 클래스로 분리할 것이다.

- DragPending – pending 상태를 관리
- Dragging – dragging 상태를 관리
- DrawFloating – floatElt 상태를 관리

[그림 13-7]은 전통적인 프로그래밍 방식에서 전형적인 리팩터링을 보여준다. 각각의 상태와 관련된 코드의 해당 부분을 자체 클래스에 나눠 담는다. 그런 다음 세 클래스 사이의 인터페이스를 깔끔하게 다듬는다. 예를 들어, DragPending은 Dragging에 있는 새로운 startDrag() 메서드를 호출해서 Dragging에 속한 dragging의 상태를 설정할 것이다.

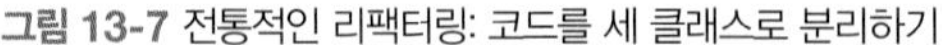
그림 13-7 전통적인 리팩터링: 코드를 세 클래스로 분리하기

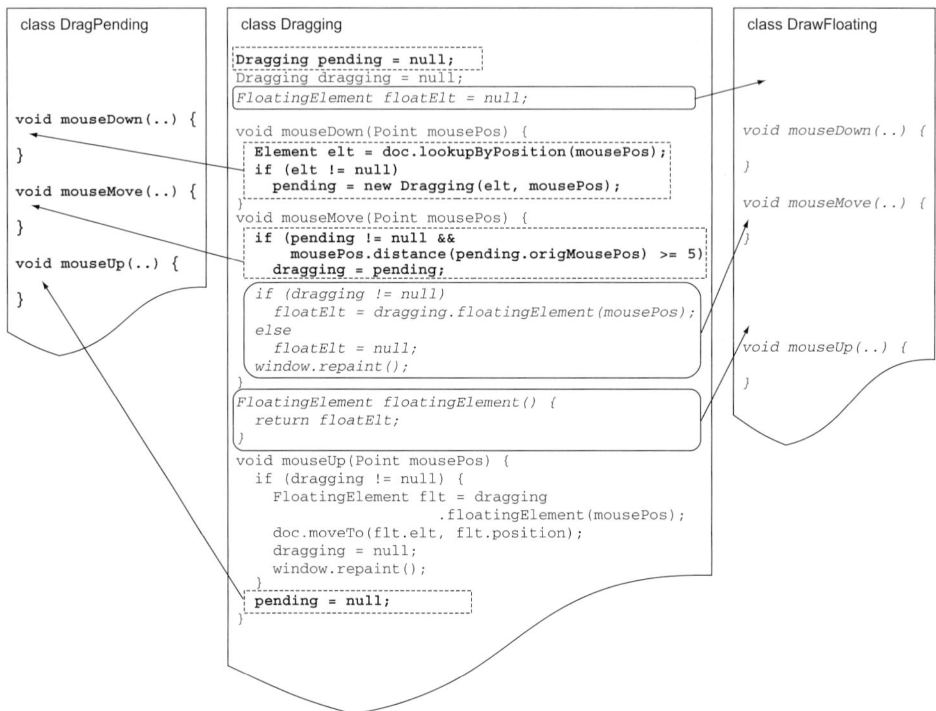

[그림 13-8]은 FRP에서 리팩터링을 하는 방법을 보여준다. 실제로는 직접 코드를 변경하겠지만 여기서는 개념의 변화를 보여주기 위해 다이어그램을 사용한다.

그림 13-8 FRP 리팩터링: 여러분이 원하는 모듈 주변에 원을 '그리고' 원마다 이름을 붙여라.

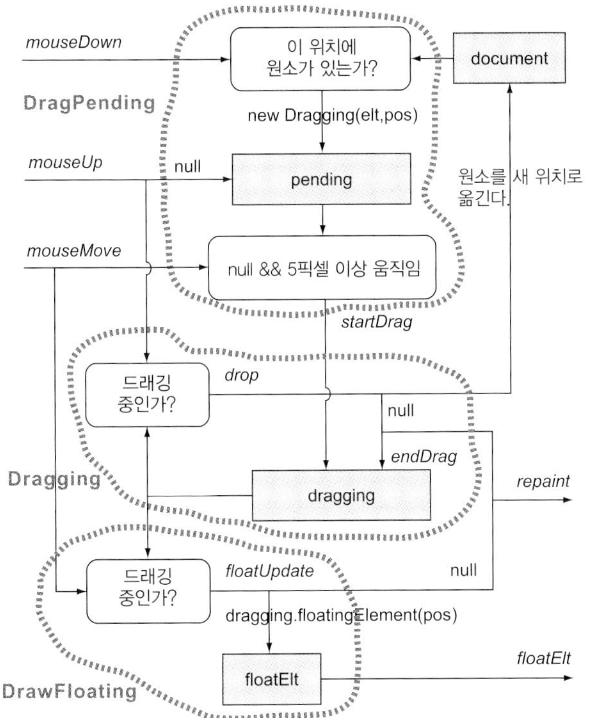

우리는 개념적으로 밀접한 상자의 그룹을 원으로 '둘러쌌다'. 그렇게 하면 들어오고 나가는 화살표의 개수를 줄일 수 있다. 그리고 각 원에 이름을 붙였다. 그림에서 각 상자는 FRP 코드의 한 문장에 해당한다. 여러분은 단지 그런 문장을 새로운 클래스로 옮기고, 변수에 대한 참조를 고치기만 하면 된다.

다음과 비슷한 구조를 만들 수 있을 것이다. 다이어그램에서 원을 따라가면 이런 모양을 얻을 수 있다. 각 원으로 들어오는 화살표는 생성자의 인자가 되고, 밖으로 나가는 화살표는 필드가 된다. 실제로는 코드를 이루는 각 문장과 각 문장 간의 의존관계를 살펴봐야 할 것이다.

```
class DragPending {
    DragPending(Stream<MouseEvent> sMouseDown, Stream<MouseEvent> sMouseUp,
                Stream<MouseEvent> sMouseMove, Cell<Document> document) {}
    Stream<Unit> sStartDrag;
}
class Dragging {
    Dragging(Stream<Unit> sStartDrag, Stream<MouseEvent> sMouseUp) {}
```

```
    Cell<Dragging> dragging;
    Stream<DocumentUpdate> sDrop;
    Stream<Unit> sRepaint;
}
class DrawFloating {
    DrawFloating(Stream<MouseEvent> sMouseMove, Cell<Dragging> dragging) {}
    Stream<Unit> sRepaint;
    Cell<Optional<FloatingElement>> floatElt;
}
```

그러고 나서 기존의 FRP 문장을 새로운 생성자 안으로 이동시킨다. 이제 다 됐다.

전통적인 코드에서 했던 것처럼 코드를 지분거릴 필요가 없다. 더 나아가 컴파일러가 여러분의 실수를 잘 검사해줄 것이다. 무엇인가가 영역의 바깥에 있거나 FRP 문장을 잘못된 생성자로 복사한 경우에는 코드를 컴파일할 수 없을 것이다. 인자의 순서가 틀렸다면 컴파일러가 타입 불일치 오류type mismatch를 낼 가능성이 높다.

우리는 11.4절에서 이야기했던 내용을 반복할 것이다. 단위 테스트는 보통 코드가 깨지는 것을 방지하기 위해 사용한다. FRP는 내재된 검사가 많이 있기 때문에 보통은 테스트를 사용해서 리팩터링으로 코드가 깨지는 것을 방지해야 할 필요가 없다. 물론 테스트를 한다고 나쁜 일이 벌어지지는 않는다. 지금까지 말한 내용으로 인해 FRP 프로그래머들이 "꼭 (리팩터링을) 해야 해, 말아야 해?"라고 묻는 딜레마에 빠지는 일이 없기를 바란다.

13.6 요약

- 리팩터링의 어려움과 위험으로 인해 (리팩터링을 미루는) 근시안적인 결정을 내리게 되는 경우가 자주 있다.
- FRP 코드는 쉽게 지저분해지지 않는다. FRP가 합성성을 보장하기 때문이다.
- FRP 코드에서는 리팩터링이 자동으로 안전하고 쉬워진다.
- FRP는 리팩터링으로 인해 코드가 깨지는 것을 막아준다. 따라서 그런 코드 깨짐을 막기 위해 단위 테스트를 사용해야 할 필요가 없다.
- FRP에서는 리팩터링을 하느냐 마느냐 하는 고민이 거의 사라진다.

CHAPTER 14

기존 프로젝트에 FRP 추가하기

- 불변 데이터 구조로 바꾸기
- 콜백을 스트림과 셀로 바꾸기
- 프로그램 초기화 기법
- 정션을 사용해 정보의 소스source를 확장성 있게 조합하기

프로젝트가 복잡도의 벽에 부딪친다는 슬픈 이야기를 했던 이 책의 앞부분을 다시 떠올려보자. 저자들은 모두 그런 어려움을 뚫고 살아왔다. 실제로 그런 일이 우리가 FRP에 관심을 갖게 된 근본적인 동기다.

우리는 소프트웨어의 품질과 양질의 소프트웨어를 달성하는 비용이 소프트웨어 업계에서 심각한 문제라고 생각한다. 소프트웨어로 복잡한 문제를 해결해달라는 요청이 계속 들어온다. 거기에는 많은 이유가 있지만 병렬화가 점점 더 중요한 요소가 되어 갈 것이다. 기존의 방법론은 점점 더 많은 위협을 받고 있다. 이렇게 커진 복잡도를 잘 다룰 수 있는 더 강력한 기법이 필요하다. 그래서 업계에서는 함수형 프로그래밍에 관심을 기울이고 있다. FRP도 그 일부다. 우리는 특정 유형의 프로젝트(수많은 이벤트를 처리해야 하는 프로젝트라면 어떤 것이든)의 경우 FRP가 아주 다루기 힘든 코드를 유지보수 가능한 코드로 바꾸도록 도움을 줘서 여러분이 복잡도의 벽을 뛰어넘게 해줄 것이라 생각한다.

14.1 FRP가 도움되는 분야는 어디인가?

다음은 기존 프로젝트에 FRP를 추가할 것을 고려해볼 만한 상황을 보여준다.

- 프로젝트에 FRP와 비슷한 문제를 해결하는 코드 중에서 깨지기 쉬운 부분이 있다. 아마도 그런 부분은 이 책의 예제 중 하나를 닮았을 것이다.

- 부록 B에서 여섯 가지 재앙이라고 묘사한 것과 같은 종류의 버그가 시스템에 있다. 그리고 그런 버그를 수정하려는 노력을 계속 반복해왔다.
- 코드의 일부가 다룰 수 없는 수준으로 복잡해졌거나, 다루기 어려운 방향으로 점차 바뀌고 있음을 볼 수 있다.

FRP는 전부 아니면 전무인 것이 아니다. FRP를 제한적으로만 사용해보고, 그 결과를 봐서 성공적인 경우에만 프로젝트를 계속 FRP로 진행할 수도 있다. 이제 우리는 그런 과정을 부드럽게 만들 수 있는 몇 가지 팁과 트릭을 알려줄 것이다.

14.2 불변 데이터 구조로 바꾸기

5.5.1절에서 말한 것처럼 FRP에서는 불변 값만을 사용해야 한다. 불변성은 FRP 로직이나 코드 조각이 어떤 데이터에 대한 참조를 가지고 있고, 그 참조가 가리키는 값이 프로그램의 다른 부분에 의해 변경되는 일이 절대로 없음을 확신할 수 있는 경우를 말한다. 그 데이터는 메모리의 그 자리에서 변경돼서는 안 된다.

코드에서 FRP가 유용할 것처럼 보이는 부분을 먼저 식별한 다음에, 첫 번째 단계로 모든 데이터를 불변 데이터 구조(다른 말로 함수형 데이터 구조나 영속적 데이터 구조라고도 부름)로 바꿀 것을 권한다. '영속성'이라는 말에는 영구적인 저장장치에 데이터를 기록한다는 뜻도 있지만, 여기서는 그런 의미가 아니고 데이터가 변하지 않고 유지된다는 뜻이다.

> **NOTE_** 불변 데이터 구조로 변경하는 것은 좋은 생각이다. 불변성 자체로도 스레드 안전성과 합성성이 주는 이점을 누릴 수 있다. 불변 데이터 구조는 함수형 프로그래밍의 정수 중 하나다.

자바 문자열과 같은 일부 데이터 타입은 그 자체로 이미 불변 데이터다. 하지만 변경 가능한 사전 데이터 구조인 집합, 맵, 큐, 배열 등을 사용하는 것이 일반적이다. 각각에는 변경 가능한 구조와 똑같이 효율적이거나 거의 비슷하게 효율적인 불변 데이터 구조가 존재한다.

예를 들어, 미디어 플레이어의 미디어 라이브러리에 있는 곡 목록을 노래 제목에 따라 나열하고 싶다고 하자. 변경 가능 데이터를 사용한 구현에서는 다음과 같이 할 것이다.

```
class MediaLibrary {
    public MediaLibrary() {}
    private Map<Title, Track> tracks = new HashMap<>();
    public void addTrack(Track t) { tracks.put(t.getTitle(), t); }
}
```

FRP를 도입하기 전에 이를 불변 데이터를 사용하도록 바꿔야 한다. 먼저 사전에 대한 불변성 구현을 찾자. ImmutableMap이 그런 구현이라고 가정한다면 코드를 다음과 같이 바꿀 수 있을 것이다.

```
class MediaLibrary {
    public MediaLibrary() { this(new ImmutableMap<Title, Track>()); }
    private MediaLibrary(ImmutableMap<Title, Track> tracks) {
        this.tracks = tracks;
    }
    private final ImmutableMap<Title, Track> tracks;
    public MediaLibrary addTrack(Track t) {
        return new MediaLibrary(tracks.insert(t.getTitle(), t));
    }
}
```

또한 addTrack()이 호출되는 부분을 변경해서 반환받은 MediaLibrary를 사용해 상태를 갱신하게 만들어야 한다.

이런 변경이 완료되고 나면, 이 미디어 라이브러리의 상태를 FRP 셀에 다음과 같이 저장하는 것이 가능하다.

```
Stream<Track> sAddTrack = ...;
Cell<MediaLibrary> mediaLibrary = sAddTrack.accum(initialTracks,
    (track, library) -> library.addTrack(track));
```

여기서 보여준 변경 가능한 MediaLibrary 구현을 사용하는 것이 FRP에서는 왜 금지되어 있는지에 대해 FRP의 원칙을 바탕으로 반드시 이해해야 한다.

14.3 콜백을 대체하는 스트림

여러 경우 소듐의 스트림을 리스너/콜백/관찰자 패턴을 대치하는 것으로 취급할 수 있다. 다음은 어떻게 콜백을 스트림으로 대치하는지를 보여주는 예제다.

미디어 플레이어를 위한 Player 컴포넌트를 작성한다고 하자. 이 컴포넌트는 재생을 위한 I/O를 처리해야 하며, 다음 세 가지를 발행한다.

- 현재 재생이 일시 중지됐는지 여부
- 트랙상에서 현재 위치(초)
- 트랙의 재생이 끝나는 시간(초)

이를 [리스트 14.1]에 나타냈다.

리스트 14.1 관찰자 인터페이스를 제공하는 미디어 플레이어 컴포넌트

```
public class Player {
    public interface Listener {
        public void paused(boolean isPaused);
        public void seconds(int seconds);
        public void ended();
    }
    private List<Listener> listeners = new ArrayList<>();
    public void addListener(Listener l) {
        listeners.add(l);
    }
    public void removeListener(Listener l) {
        listeners.remove(l);
    }
    public void play(Track t) { ... }
    public void pause() { ... }
    public void resume() { ... }
    public boolean isPaused() { ... }
    public int getSeconds() { ... }
    private void notifyPaused(boolean p) {
        for (l : listeners) l.paused(p); }
    private void notifySeconds(int s) {
        for (l : listeners) l.seconds(s); }
    private void notifyEnded() {
        for (l : listeners) l.ended(); }
}
```

이제 seconds와 paused를 셀로 바꾸고, ended를 스트림으로 바꾸자. 그러면 [리스트 14.2] 처럼 된다. 셀과 스트림의 싱크(데이터가 나가는 쪽)는 여전히 private임에 유의하라. 또한 seconds와 paused를 바꾼 것을 Cell이나 Stream 하위 클래스로 외부에 노출한다. 이 두 클래스에는 send() 메서드가 없으므로 노출시킨 셀이나 스트림을 소비하는 쪽에서는 데이터를 기록할 방법이 없다.

리스트 14.2 FRP화한 미디어 플레이어 컴포넌트

```
public class Player {
    public void play(Track t) { ... }
    public void pause() { ... }
    public void resume() { ... }
    private final CellSink<Boolean> pausedSnk = new CellSink<>(false);
    public final Cell<Boolean> paused = pausedSnk;
    private final CellSink<Integer> secondsSnk = new CellSink<>(0);
    public final Cell<Integer> seconds = secondsSnk;
    private final StreamSink<Unit> sEndedSnk = new StreamSink<Unit>();
    public final Stream<Unit> sEnded = sEndedSnk;
    private void notifyPaused(boolean p) { pausedSnk.send(p); }
    private void notifySeconds(int s) { secondsSnk.send(s); }
    private void notifyEnded() { endedSnk.send(Unit.UNIT); }
}
```

한 트랙이 끝나면 다음 트랙을 재생하는 컨트롤러를 정의할 수 있을 것이다(리스트 14.3).

리스트 14.3 관찰자 인터페이스를 사용해 다음 노래를 재생하는 컨트롤러

```
public class Controller implements Player.Listener {
    public Controller(Player player) {
        this.player = player;
        player.addListener(this);
        playNext();
    }
    private Player player;
    public void ended() {
        playNext();
    }
    public void playNext() { ... }
}
```

[리스트 14.4]는 이를 FRP 버전의 Player를 사용해 다시 작성한 것이다.

리스트 14.4 다음 노래를 재생하는 FRP화한 컨트롤러

```
public class Controller {
    public Controller(Player player) {
        this.player = player;
        player.sEnded.listen(() -> playNext());
        playNext();
    }
    private Player player;
    public void playNext() { ... }
}
```

14.3.1 함정: 리스너 안에서는 send()할 수 없다

이런 식으로 변경하는 것은 쉽다. 하지만 중요한 함정이 한 가지 있다. 소듐에는 리스너 안에서 StreamSink.send()나 CellSink.send()를 호출해서는 안 된다는 제약이 있다. 그렇게 할 경우 실행 시점에 예외가 발생할 수 있다. 이를 금지하는 이유는 두 가지다.

- 메시지가 의존관계를 엄격히 따라서 전달되도록 하기 위해서다. send()를 직접 사용할 수 있다면 소듐이 의존관계를 추적할 수가 없다.[1]
- 'FRP 코드'를 명령형 스타일로 쓰는 것을 방해하기 위해서다.

다른 FRP 시스템에는 이런 제한이 없을 수도 있다. 하지만 그런 시스템은 보통 엄격한 표시적 의미론이 없고 '진정한 FRP'가 아닌 경우가 많다. 이 문제의 중요성을 1.2.1절에서 설명했고, RxJS가 이 기준에 맞지 않는다는 이야기를 6장에서 했다.

앞에서 본 FRP화한 컨트롤러 예제에서는 다음과 같이 핸들러에서 호출되는 playNext()가 send()를 호출할 가능성이 있다.

```
player.sEnded.listen(() -> playNext());
```

1 옮긴이_ 아주 단순한 예로 어떤 스트림 싱크에서 비롯된 FRP 로직의 끝부분에 있는 스트림을 리슨하는 리스너에서 최초의 스트림 싱크에 데이터를 넣을 수 있다면 순환적인 의존관계가 발생한다. 그러면 트랜잭션 안에서 어떤 순서로 이벤트를 전파해야 할지 애매해진다.

playNext() 안에서 어쩌면 Player.play()를 호출할 수 있고, 그 play() 메서드는 다시 다음과 같은 일을 할 것이다.

```
secondsSnk.send(0);
```

앞에서 말한 제약을 깨기 때문에 이 호출을 허용할 수 없다. 이것을 다루는 방법이 두 가지 있다. 어떤 방식을 택하느냐는 여러분이 프로그램을 얼마나 많이 리팩터링하고 싶으냐에 달려 있다.

보수적인 방식: 다른 스레드에 위임하기

다음과 같이 하는 대신

```
player.sEnded.listen(() -> playNext());
```

처리를 다음과 같이 새로운 스레드로 보낼 수 있다.

```
player.sEnded.listen(() -> new Thread() {
    void run() { Player.this.playNext(); }
}.start());
```

NOTE_ 소듐에서는 listen() 핸들러가 어떤 스레드에서 실행될지에 대한 가정을 해서는 안 된다. FRP 시스템에 따라 이에 대한 규칙이 다를 수 있다.

이와 같이 새 스레드를 시작하려면 Player가 스레드 안전해야 한다. 더 나은 방법은 비동기 메시지 대기열을 사용하고 Player가 대기열로 들어오는 요청을 처리하기 위해 별도 스레드를 사용하는 것이다. 이런 방식은 액터 모델과 비슷하다고 할 수 있고, 동시성 문제를 깔끔하게 해결할 수 있다. I/O를 다루는 경우에는 일반적으로 메시지 대기열과 대기열을 처리하는 별도의 스레드를 사용하는 방식을 더 추천한다.

전체를 대기열과 스레드를 사용하는 방식으로 구성하면 play()를 상태 변경이라기보다는 I/O로 다루는 것이다. 이는 상태 변경이 그렇게 '밀접하게' 연관되어 있지 않다는 뜻이다. 좀 더 정확하게 설명하자면, 한 트랙이 끝나고 다른 트랙을 시작하는 상태 변경은 **원자적**이 아니다. 프로그램의 나머지 부분이 어떻게 작동하느냐에 따라서 두 트랙 사이에 아무것도 재생되지 않는 부분을 관찰할 수 있는 경우도 있다. 그것이 문제가 될 수도 있다. 예를 들어, 언제 플레이어가 유휴 상태idle였는지 감지하고 싶은 경우가 그렇다. 두 노래 사이에서 플레이어가 유휴 상태라고 판단을 내리는 것은 잘못된 것이다. 완전히 FRP적으로 접근하면 이런 문제를 없앨 수 있다.

급진적인 방법: play()를 스트림으로 바꾸기

다음 코드 대신

```
Player() { ... }
void play(Track t) {
    secondsSnk.send(0);
    ... I/O를 시작함 ...
}
```

다음과 같이 쓸 수 있다.

```
Player(Stream<Track> sPlay) {
    sPlay.listen(t -> { ... I/O를 시작함  ... });
    seconds = sPlay.map(t -> 0).merge( ... 다른 부분 ... ).hold(0);
}
```

여기서 '... 다른 부분 ...'은 두 번째 트랙으로 넘어가게 만드는 모든 메커니즘이 들어갈 장소다. 이것이 제대로 작동하려면 Controller가 모든 상태를 FRP를 사용하여 관리하도록 변경해야 한다. 이제 코드가 모두 완전한 FRP가 된다. 여러분은 상태 관리에 FRP라는 규율을 적용해서 모든 것을 스레드 안전하게 만들었다. 좋다.

하지만 큰 프로그램에서도 이런 접근법을 일관되게 유지하려면 한꺼번에 기존 코드를 너무 많이 바꿔야 한다. 가장 좋은 접근 방법은 단계적으로 코드를 FRP 세계에 속한 코드로 변환하면서 명령형과 FRP로 되어 있는 부분 사이에 다리를 항상 유지하는 것이다. 변환을 진행하면서 테스트를 원활하게 수행할 수 있도록 모든 작업을 작은 덩어리 단위로 나눠서 수행하는 것이 중요하다.

14.3.2 올바른 덩어리 크기 정하기

방금 말한 것처럼 프로젝트를 작은 덩어리로 나눠서 차근차근 FRP를 사용하도록 바꾸면 코드를 계속해서 테스트하고 실행할 수 있다. 가장 좋은 방법은 자기 완결성이 있는 모듈을 찾아서 처음과 같은 인터페이스를 외부에 계속 공개하는 것이다. 이를 위해서 다음과 같은 질문을 던져봐야 한다.

- 상태 중 얼마나 많은 것이 아직도 변경 가능한가? 그리고 그것을 불변 데이터 구조로 바꾸려면 얼마나 많은 작업이 필요할까?
- 외부 인터페이스를 그대로 유지하려 한다면 스레딩에 미치는 영향은 무엇이 있을까?

이런 질문에 대한 답을 찾아본 다음, 변환 작업을 진행하고, 테스트를 다시 해본다. 그래서 테스트에서 만족스러운 결과를 얻었다면 다음 덩어리를 변환하도록 옮겨갈 수 있다.

14.4 큰 트랜잭션 안에서 프로그램 초기화하기

많은 프로그램이 최상위 수준에서 보면 다음과 같은 구조를 지닌다. 모듈 간의 의존관계가 많기 때문에 때로 c.setD(d)와 같은 설정이 필요하다. 그런 설정이 최상위에 있기보다는 D의 생성자에 있어야 하겠지만, 어찌되었든 그런 경우가 생긴다.

```
public class Main {
    public static void main(String[] args) {
        ModuleA a = new ModuleA();
        ModuleB b = new ModuleB(a);
        ModuleC c = new ModuleC(a);
        ModuleD d = new ModuleD(b, c);
        c.setD(d);
        while (true) {
            ... main loop ...
        }
    }
}
```

큰 애플리케이션에서는 생성만으로 한 페이지가 넘어가고, 그 부분이 복잡하고 지저분하고 깨지기 쉬워질 수 있다. 모듈 사이의 관계를 바꿔야 하는 경우에는 프로그램이 망가진다.

그런 슬픔은 주로 대부분의 생성자 코드가 순서에 의존적이라는 데 있다. 앞의 예제에서 c.setD(d)라는 것이 암시하는 바는 c 안에 있는 d에 대한 참조가 처음에는 null이라는 것이다. c가 setD가 호출되기 전에 d에 접근하면 NullPointerException을 보게 될 것이다. 복잡한 프로그램에서는 이런 일이 벌어지지 않는다는 보장이 없다.

FRP에서는 코드를 어떤 순서로 배치해도 관계없고, 순서와 상관없이 (의존관계가 같은) 로직의 의미가 항상 똑같아서 이런 문제가 거의 사라지는 추세다. FRP의 참조는 결코 null일 수 없다. 대신에 순환 참조를 StreamLoop나 CellLoop로 표현하며 이들은 순환을 해결하기 전에 참조해도 아무 문제가 없다.

여러분의 코드를 FRP로 만들어가는 첫 단계에서 보통은 모듈을 구성하는 코드 주변을 큰 트랜잭션으로 감싸곤 한다. 그 후 초기화를 조금씩 정리하면서 소듐을 추가해나간다. 추가한 큰 트랜잭션은 두 가지 역할을 한다.

- CellLoop나 StreamLoop를 모듈 사이에 사용할 수 있게 해준다. 소듐에서는 CellLoop나 StreamLoop의 loop() 메서드가 그들을 만드는 생성자 호출과 같은 트랜잭션 안에 있어야 한다.
- 한 모듈이 자신이 노출한 스트림에 대해 초기화를 하는 중에 StreamSink.send()를 호출하면 다른 모듈들이 초기화 순서와 관계없이 그 값을 읽을 수 있게 보장해준다. 여섯 가지 재앙 중에서 이를 **첫 번째 이벤트 소실**이라고 불렀다.

다만, 소듐에만 존재하는 작은 문제가 하나 있다. 소듐은 명시적인 트랜잭션을 위해 빌려쓰기 패턴을 사용한다. 그래서 메인 루프 안에서 a, b, c, d 변수를 영역 안에 살아 있게 유지하는 것이 직접적이지는 않다. 하지만 애플리케이션의 생성을 클래스 안으로 옮기면 이를 해결할 수 있다. 새로운 클래스 Main을 만들자. 그리고 다른 곳에서는 사용하지 않는 생성자를 작성해서 다음과 같이 트랜잭션 안에서 그 클래스를 생성하자.

```
public class Main {
    Main() {
        a = new ModuleA();
        b = new ModuleB(a);
        c = new ModuleC(a);
```

```
        d = new ModuleD(b, c);
        c.setD(d);
    }
    final ModuleA a;
    final ModuleB b;
    final ModuleC c;
    final ModuleD d;
    public static void main(String[] args) {
        Main m = Transaction.run(() -> new Main());
        while (true) {
            ... main loop ...
        }
    }
}
```

c와 d 사이의 순환 참조는 이제 다음과 같이 더 나은 방식으로 표현된다.

```
StreamLoop<Something> sOutputD = new StreamLoop<>();
c = new ModuleC(a, sOutputD);
d = new ModuleD(b, c);
sOutputD.loop(d.sOutputD);
```

sOutputD.loop()를 호출하는 것을 잊으면 실행 시점에 그 사실을 알려주는 예외가 발생할 것이다. 하지만 이런 예외는 항상 발생하며 실행 순서와는 전혀 무관하다.

14.5 정션/클라이언트 레지스트리 사용으로 확장성 모듈 만들기

이번 장의 시작 부분에서 Player의 play()를 다음 생성자를 사용해 스트림으로 대치하자고 제안했다.

```
Player(Stream<Track> sPlay)
```

이런 패턴을 사용하면 미디어 플레이어의 프로그램 초기화 부분은 다음과 같을 것이다.

```
StreamLoop<Track> sPlay = new StreamLoop<>();
Player p = new Player(sPlay);
Controller c = new Controller(p);
sPlay.loop(c.sPlay);
```

하지만 프로그램에서 여러 컨트롤러가 노래를 시작하고 싶다면 어떻게 해야 할까? 각각이 sPlay를 노출시키고 그것들을 병합할 수 있을 것이다. 물론 다음과 같이 할 수도 있다.

```
sPlay.loop(c.sPlay.orElse(c2.sPlay)
                  .orElse(c3.sPlay)
                  .orElse(c4.sPlay));
```

하지만 여러 sPlay 중 하나를 잊고서 추가하지 않을 위험이 있다. 추가로, 이런 접근 방법은 확장성이 그리 좋지 않다.

이런 문제에 12.3절에서 본 StreamJunction과 CellJunction을 사용할 수 있다. 거기서 봤던 예제를 다시 살펴보자. 화면 맨 위에 통지 영역이 있는 휴대폰을 생각해보면 여러 다른 애플리케이션이 그리로 통지를 발행할 수 있다. 모든 것이 한 프로세스에서 돌아가는 가상의 휴대폰 운영체제에서 그런 기능을 만들었다. 코드는 다음과 같이 작동한다.

```
CellJunction<List<Message>> notifications = new CellJunction<>(
    new List<Message>(), appendList);
NotificationArea notArea = new NotificationArea(notifications.out);
UpdateManager umgr = new UpdateManager(notifications, ...);
MediaPlayer mediaPlyr = new MediaPlayer(notifications, ...);
Messenger messenger = new Messenger(notifications, ...);
```

각 생성자는 자신의 통지 소스를 정션에 등록한다.

```
Cell<List<Message>> myNotifications = ...;
Listener l = notifications.add(myNotifications);
```

이제 notifications.out은 모든 서로 다른 통지 소스를 서로 이어 붙인 것이 된다.

이것은 FRP를 기존 프로그램에 추가하는 경우 아주 유용한 기능이다. 관심이 있는 독자는 12.2절을 다시 한번 살펴보기 바란다.

14.6 셀이 변경 가능한 변수를 대치할 수 있다

여러분의 애플리케이션에 우편함 클래스가 있고, 그 안에 읽을 수 있는 '읽지 않은 메시지 개수'가 있다고 하자. 다만, 아무런 통지 관련 인프라가 없다.

```
class Mailbox {
    private int noOfMessages;
    public final getNoOfMessages() { return noOfMessage; }
}
```

이때 미디어 플레이어 예제에서와 마찬가지로 셀을 이에 대한 대안으로 사용할 수 있다. 값을 쓸 때는 noOfMessageSnk.send()를 사용하고, 읽을 때는 noOfMessages.sample()을 사용한다.

```
class Mailbox {
    private final CellSink<Integer> noOfMessageSnk
        = new CellSink<Integer>(0);
    public final Cell<Integer> noOfMessages = noOfMessagesSnk;
}
```

갑자기 이 변수가 스레드 안전해졌다. 게다가 셀이 제공하는 다른 특징까지 제공하게 됐다. 이제는 이 값의 변경을 리슨할 수 있다. 또한 모든 FRP 코드와 원활하게 작동되기까지 한다. 하지만 이제부터는 반드시 불변 데이터 타입의 값만을 셀에 저장해야 한다는 일반적인 규칙을 적용해야 한다.

14.7 요약

- 스트림과 셀을 각각 리스너와 변경 가능한 변수 대신 사용할 수 있다.
- FRP에서는 불변 값을 사용해야만 한다. 따라서 먼저 코드를 불변 변수를 사용하도록 리팩터링하는 것이 좋다. 그런 정책은 어떤 경우에라도 좋은 생각이다.
- FRP로 프로그램을 리팩터링하는 경우에는 외부와의 인터페이스를 그대로 유지할 수 있는 작은 단위로 나눠서 변경하는 것이 좋다. 그래야 기존 코드가 바뀐 부분을 활용할 수 있다.
- 프로그램의 초기화 부분 주변을 하나의 큰 트랜잭션으로 감쌀 것을 권장한다.
- 확장성이 필요하다면 12.3절에서 설명한 Junction 클래스가 유용할 것이다.

CHAPTER 15

앞으로의 방향

- 성능과 병렬성
- 표준화
- FRP 데이터베이스 애플리케이션
- 개발 도구
- 문법 개선
- 사전 컴파일

이 책을 쓰는 현재를 기준으로 보면 FRP는 그 가능성에 비해 아직도 초기 단계다. 미야자키 하야오[1] 감독의 애니메이션에 나온 캐릭터처럼 우리는 바람에 머릿결을 흩날리며 수평선에서 가만히 웅크려서 태양 빛에 반짝이는 고글을 쓰고 태양을 응시하고 있다. 이번 장에서는 앞으로 FRP가 나아갔으면 하는 방향에 대해 이야기할 것이다.

15.1 성능

FRP 시스템은 데이터의 의존관계를 알고 그 사용 패턴을 실행 시점에 측정할 수 있다. 따라서 실행 시점에 측정한 성능 특성을 바탕으로 적시just-in-time, JIT 컴파일이나 라이브live 최적화를 할 여지가 많다. 우리는 정말로 FRP가 빠르게 작동하도록 만들 수 있다고 생각한다.

또한 전통적이 아닌 컴퓨팅 아키텍처도 살펴봐야만 한다. FRP는 기계에 대한 추상을 없애버렸다. 하지만 FRP에 잘 들어맞는 기계가 있을 수도 있다.

1 옮긴이_ 미야자키 하야오(みやざき はやお, 宮崎 駿)는 일본 지브리 스튜디오의 설립자로 최고의 애니메이션 감독이며, 그의 작품에서 대표작을 따로 꼽는 게 불가능할 정도다. 작품으로는 〈바람 계곡의 나우시카(1984)〉, 〈천공의 섬 라퓨타(1986)〉, 〈이웃집 토토로(1988)〉, 〈모노노케 히메(1997)〉, 〈센과 치히로의 행방불명(2001)〉, 〈하울의 움직이는 성(2004)〉, 〈벼랑위의 포뇨(2008)〉, 〈바람이 분다(2013)〉 등이 있다.

15.2 성능 개선과 임베디드 시스템을 위한 FRP 사전 컴파일

사전 컴파일한 FRP가 성능 향상을 위한 한 가지 방법일 수 있다. 하지만 사전 컴파일은 자원이 한정된 환경에서도 유용할 것이다. switch가 없다면 FRP 코드를 정적으로 C로 컴파일하거나, FPGA field programmable gate array에 배포하는 것도 쉬울 것이다. 제어용 애플리케이션에 자주 쓰이는 임베디드 시스템의 경우 사전 컴파일이 유용하다. 그리고 제어용 애플리케이션은 바로 FRP가 가장 잘 들어맞는 분야 중 하나다. switch를 구현하는 것은 조금 더 어렵겠지만 분명히 가능할 것이다.

15.3 병렬성

FRP 코드를 자동으로 다중 코어 시스템에서 실행되도록 병렬화할 수 있을 것이다. 하지만 병렬화를 자동으로 하는 것은 보기보다 훨씬 어려울 수 있으니 그런 말을 할 때는 주의해야 한다.

우리에게는 병렬화의 출발점으로 삼기에 좋은 대상이 하나 있다. 바로 FRP 엔진이다. FRP 엔진은 FRP 로직의 모든 의존관계와 데이터 흐름을 알고 있다. 따라서 모든 경우에 올바른 답을 내주는 것을 보장할 수 있다. 또한, 답을 구하기 위해 각각을 배열하는 방법을 자유롭게 선택할 수 있다.

병렬화를 위한 가장 간단한 접근 방법은 셀을 구현하기 위해 소프트웨어 트랜잭션 메모리software transactional memory, STM를 사용하는 것이다. 병렬화를 위한 이런 접근 방법은 하스켈에서 멋지게 쓰일 수 있지만, 다른 언어에서는 문제에 부딪치는 경우가 많았다. STM을 통해 병렬화를 처리하는 방식은 하스켈과 같은 (함수형) 언어에서만 여러분이 중요한 규칙을 깨지 못한다는 것을 보장하기에 충분할 정도로 모든 요소를 제어할 수 있기 때문이다. FRP는 아주 제약이 심한 모델이기 때문에 비슷한 수준의 제어를 보장한다. 따라서 더 자유로운 언어로 만들어졌다고 해도 FRP 엔진에서는 STM이 잘 작동해야 한다.

STM 접근 방식은 다음과 같이 작동할 것이다.

- 두 FRP 트랜잭션을 병렬로 실행한다. 그리고 처음에는 각각의 논리적인 순서를 결정하지 않는다.
- 두 트랜잭션이 동일한 상태를 잠그려 한다면, 어떤 트랜잭션이 논리적으로 더 앞에 있는지를 결정해야 한다. 뒤

에 있는 트랜잭션은 롤백되고, 자동으로 재시작한다. 이는 많은 관계형 데이터베이스에서 이뤄지는 일과 비슷하다. 이런 방법의 효율은 롤백이 상대적으로 얼마나 드문 일인지에 달려 있다.

- 두 트랜잭션이 동일한 상태를 접근하지 않는다면 어떤 트랜잭션이 논리적으로 더 앞에 있는지를 결정할 필요가 전혀 없다. 따라서 두 트랜잭션은 병렬로 실행될 것이다.

실행 시점의 실행 패턴이나 처리 시간을 측정하는 JIT 컴파일러의 기법을 사용해서 여러 프로세서에 지능적으로 작업을 스케줄링하는 형태로 병렬성을 더 복잡한 방법으로 구현할 수도 있을 것이다.

FRP 코드를 GPU에서 실행하는 방식은 그리 타당하지 않을 것이다. GPU는 데이터 병렬성이라는 다른 종류의 병렬성에 더 적합한 기계이며, 한 번에 많은 데이터 집합에 같은 연산을 여러 번 적용할 때 더 좋다.

15.4 문법 개선

FRP의 문법은 대부분의 언어에서 약간 거칠지만 몇 가지 전처리를 통해 크게 개선할 수 있다. 우리가 할 수 있는 일이 몇 가지 있다.

15.4.1 자동 끌어올리기

한 가지 핵심 개념은 자동 끌어올리기다. 다음과 같은 코드를

```
Cell<Integer> c = a.lift(b, (a_, b_) -> a_ + b_);
```

아래와 같이 작성할 수 있어야 할 것이다.

```
c <- a + b
```

언어에서는 a와 b가 셀이고, 그것을 + 연산자로 '자동 끌어올리기'해야 함을 알 수 있을 것이다. 플랩잭스Flapjax FRP 시스템을 작성한 사람은 이런 분야에서 많은 연구를 해왔다.

15.4.2 암시적 전방 참조

소듐의 자바 버전에서는 누적기에 대한 전방 참조가 필요하면 loop를 사용해서 다음과 같이 해야만 했다.

```
CellLoop<Integer> count;
count.loop(sCount.snapshot(count, (u, total) -> total + 1))
                .hold(0));
```

전방 참조를 자동으로 만들고 싶다면 다음과 같이 쓸 수 있을 것이다.

```
count <- sCount.snapshot(count, (u, total) -> total + 1)
              .hold(0)
```

하스켈에는 이런 기능이 이미 존재한다. RecursiveDo 언어 확장langauge extension을 켜고 rec 키워드를 사용하면 그렇게 할 수 있다.

15.4.3 중위 연산자

리액티브-바나나Reactive Banana FRP 시스템은 snapshot을 위한 중위 연산자로 '<@>'와 '<@'를 쓴다. 소듐에서 연산자 정의가 가능하다고 가정한다면 다음 코드는

```
count <- sCount.snapshot(count, (u, total) -> total + 1)
              .hold(0)
```

다음과 같이 바뀔 것이다.

```
count <- ((count + 1) <@ sCount).hold(0)
```

이런 식으로 연산자를 활용하는 것은 문법을 더 간결하게 만드는 데 유용하다. 하지만 그렇게 하고 나면 FRP를 처음 접하는 사람들이 겁에 질려 도망갈 위험은 감수해야 할 것이다.

15.4.4 타입 추론

많은 언어에서는 타입을 명시해야 한다. 자바의 람다 구문은 이런 관점에서 볼 때 훌륭하다.

```
Stream<Integer> sTotal = eExtra.snapshot(total, (ex, to) -> ex + to);
```

하지만 C++11은 람다 인자에 타입 시그니처를 명시해야만 하기 때문에 상당히 불편하다.

```
stream<int> sTotal = sExtra.snapshot<int,int>(total,
    [] (int ex, int to) { return ex + to; });
```

우리는 이 코드를 다음과 같이 쓰고 싶다.

```
sTotal <- sExtra.snapshot(total, (ex, to) -> ex + to);
```

FRP에서는 대부분의 타입을 추론할 수 있다. 별것 아닌 일로 느낄 수 있지만 실제로는 FRP 코드의 가독성에 큰 차이가 생긴다. 특히 맵이나 튜플 같은 복잡한 타입을 사용할 때 그 차이가 확연히 드러난다.

하스켈은 이미 이런 기능을 제공한다. 하스켈은 정적 타입 지정 언어지만 값이나 함수 등의 타입을 지정하는 관료적이고 귀찮은 사항이 코드에서 대부분 감춰져 있기 때문에 코드의 가독성이 아주 좋다.

15.5 표준화와 코드 재사용

우리는 FRP가 스레딩이나 네트워킹과 같이 기본적인 인프라가 되어야 한다고 생각한다. 물론 표준화를 하려면 어떻게 FRP를 할지에 대한 폭넓은 합의가 필요할 것이다. FRP는 재사용 가능한 컴포넌트를 개발할 수 있는 강력한 인프라다. 동일한 일을 하지만 품질이 다른 다양한 FRP 시스템이 존재하는 것은 이 영역의 혁신에 그리 도움이 되지 않는다.

우리는 이미 큰 문제가 풀렸다고 생각한다. 하지만 너무 빨리 표준화가 되기를 바라지도 않는다. 표준화가 된다면 FRP 시스템의 혁신이 억눌릴 것이 확실하기 때문이다. 이 책의 목표 중 하나는 표준화를 향해 더 나아가는 것이다. FRP의 표준을 직접 제시하고 싶지는 않지만 개념이나 용어에 대한 공통된 기준점은 마련하고 싶다. 사람들이 실제 애플리케이션에서 사용할 수 있는 내용을 설명해서 그들이 복잡하게 생각하는 부분이나 함정에 대해서 배울 수 있기를 바란다. 이 책이 FRP 표준이 떠오르는 기초를 다지는 작업 중 하나가 되었으면 한다.

그 표준은 반드시 표시적 의미론을 기반으로 해야 한다. 현재 깨진 형태의 FRP가 표준화될 수 있는 위험이 존재한다. 그렇게 된다면 엄청나게 애석한 일일 것이다. 합성성은 우리가 달성할 수 없는 곳에 있는 개념이 아니다. 합성성을 충분히 달성할 수 있으며, 소프트웨어 복잡도가 점점 증가하는 현재의 프로그래밍 상황에 있어서 합성성을 지키는 것은 FRP 표준에 있어 가장 중요한 부분이다. 5장에서 설명한 이론을 통해 여러분이 합성성의 중요성을 더 잘 이해했기를 바란다. 합성성을 왜 포기해야 할까? 그럴 필요가 없다.

15.5.1 코드 재활용과 FRP 추상화

FRP 엔진을 개선할 방법에 대해 많은 이야기를 했다. 하지만 FRP 로직의 혁신 가능성은 어떨까? FRP 인프라 위에 만들 수 있으리라고는 꿈도 꾸지 못한 많은 라이브러리, 추상화, 패러다임의 가능성이 있다.

표준화의 결여는 그런 혁신을 막는 중요한 장애물이다. 예를 들어, 많은 FRP 시스템에는 그 자신만의 애니메이션 라이브러리와 GUI 위젯 라이브러리가 있다. FRP가 어떤 형태여야 할지 합의할 수 있다면 이런 노력의 중복을 피할 수 있을 것이다.

15.5.2 FRP 엔진 성능

표준화는 FRP 엔진의 혁신과 FRP 기반 추상화의 혁신을 서로 분리하게 될 것이다. 표준이 제대로 확립되고 엔진과 추상화를 서로 분리함에 따라 오히려 다음과 같은 파편화에 노력을 낭비하게 될 심각한 위험이 존재한다.

- FRP 추상화를 혁신적으로 설계했으나 엔진에 대한 지원이 나쁜 경우
- 여러 FRP 엔진에서 똑같은 엔진 최적화를 하는 경우

15.5.3 언어 간의 공통 문법

우리가 많은 프로그래밍 언어를 다뤄야 한다는 사실로 인해 파편화가 더 심해진다. 언어와 관계없이 사용할 수 있는 공통의 FRP 문법이 있다면 언어의 차이로 인해 파편화가 심해지는 상황이 엄청나게 개선될 것이다.

15.6 FRP 데이터베이스 애플리케이션

이 책에서 우리가 설명한 영속성 모델은 상태의 스냅샷을 구해서 결과 데이터 구조를 디스크에 쓰는 아주 기본적인 것이었다. 하지만 각 셀이 자동으로 데이터베이스 키와 연관되고, 값을 자동으로 영속화시키는 FRP 시스템을 구성하는 것이 가능할 것이다. FRP 트랜잭션은 아마도 데이터베이스 트랜잭션에 해당될 것이다.

웹 애플리케이션은 다음과 같이 모델링될 수 있을 것이다.

```
Stream<Response> application(Stream<Request> sReq);
```

새로운 사용자가 들어오면 switch로 새로운 셀을 동적으로 할당해서 그 사용자의 상태를 유지할 수 있다.

15.7 시각화와 디버깅 도구

시각화와 디버깅 도구는 시간에 따른 FRP 상태의 변화를 그래픽으로 보여줄 수 있다. 시각화와 디버깅 도구를 사용하면 FRP 엔진 구현 내부를 한 단계씩 실행하지 않아도 FRP 로직을 디버깅할 수 있다. 또한 그런 도구가 있다면 시간을 앞이나 뒤로 이동하면서 FRP 처리를 살펴볼 수 있는 리플레이 디버깅replay debugging을 구현하기도 쉬워질 것이다.

15.8 시각적 프로그래밍

우리는 FRP가 텍스트가 아닌 그래픽 형식으로 코드를 수정하는 시각적 프로그래밍에 적합하다고 생각한다. 그런 예를 하나 들면, mattermahchine.com이란 기업은 웹 기반의 FRP와 비슷한 형식의 시각적 프로그래밍을 사용해서 제품 생산에 필요한 여러 조건을 기술하도록 해준다.

15.9 리팩터링 도구

이미 FRP에서는 리팩터링이 쉽다. 하지만 리팩터링을 자동화할 수도 있을 것이다. 코드 라인을 새로운 모듈로 옮기기 위해 드래그 앤 드롭할 수 있고, 그 결과 변수에 대한 참조가 자동으로 수정되는 모습을 볼 수 있을 것이다.

15.10 요약

- FRP 표준화는 아주 바람직하다.
- FRP 문법은 약간 부자연스러운 경향이 있으며 개선의 여지가 많다.
- FRP가 아주 빠르게 작동할 수 있는 잠재력이 있다고 생각한다.
- FRP는 현재 실행 시점에서 구성되기 때문에 JIT 컴파일러나 실행 시점 최적화에 적합하다. 하지만 임베디드 시스템 등에서 FRP를 정적으로 컴파일하는 것도 가능하다고 생각한다.
- 웹에서 일반적으로 찾아볼 수 있는 여러 데이터베이스 애플리케이션을 기술할 수 있도록 FRP가 발전할 수 있으리라 생각한다.
- FRP가 시각적 프로그래밍, 시각적 디버깅 도구, 그리고 자동 리팩터링에 적합할 것이라고 생각한다.

여기까지가 FRP의 전부다. 이 책을 즐겁게 읽었기를 바란다. 그리고 이 책이 여러분에게 새로운 가능성을 열어줬기를 소망한다.

APPENDIX A

소듐 API

A.1 nz.sodium 패키지

표 A-1 인터페이스

Handler⟨A⟩	이벤트 핸들러를 위한 인터페이스
Lambda0⟨A⟩	인자가 없는 람다 함수를 위한 인터페이스
Lambda1⟨A,B⟩	인자가 1개인 람다 함수를 위한 인터페이스
Lambda2⟨A,B,C⟩	인자가 2개인 람다 함수를 위한 인터페이스
Lambda3⟨A,B,C,D⟩	인자가 3개인 람다 함수를 위한 인터페이스
Lambda4⟨A,B,C,D,E⟩	인자가 4개인 람다 함수를 위한 인터페이스
Lambda5⟨A,B,C,D,E,F⟩	인자가 5개인 람다 함수를 위한 인터페이스
Lambda6⟨A,B,C,D,E,F,G⟩	인자가 6개인 람다 함수를 위한 인터페이스

표 A-2 클래스

Cell⟨A⟩	시간에 따라 변하는 A 타입의 값을 표현한다.
CellLoop⟨A⟩	Cell을 전방 참조한다. 참조 대상 Cell과 같은 역할을 한다.
CellSink⟨A⟩	값을 집어넣을 수 있는 셀이다. I/O의 세계와 FRP의 세계를 연결하는 인터페이스 역할을 한다.
Lazy⟨A⟩	현재의 트랜잭션이 닫힐 때까지는 존재하지 않을 수도 있는 값을 표현한다.
Listener	Cell.listen(Handler)나 Stream.listen(Handler)로 등록한 리스너를 가리키는 핸들이다.
Operational	조작적인 기본 요소들로 셀의 상태 갱신이나 변경을 감지하지 못해야 한다는 원칙을 깨기 때문에 주의 깊게 사용해야 한다.
Stream⟨A⟩	A 타입의 이산적인 이벤트/이벤트 발사(발생)로 이뤄진 스트림을 표현한다.
StreamLoop⟨A⟩	Stream을 전방 참조한다. 참조 대상 Stream과 같은 역할을 한다.
StreamSink⟨A⟩	값을 밀어 넣을 수 있는 셀이다. I/O의 세계와 FRP의 세계를 연결하는 인터페이스 역할을 한다.
Transaction	트랜잭션 제어를 위한 함수의 모음이다.
Tuple2⟨A,B⟩	일반화한 2 튜플이다.

A.1.1 Handler<A> 인터페이스

이벤트 핸들러를 위한 인터페이스다.

```
void run(A a)
```

A.1.2 Lambda0<A> 인터페이스

인자가 없는 람다 함수를 위한 인터페이스다.

```
A apply()
```

A.1.3 Lambda1<A,B> 인터페이스

인자가 1개 있는 람다 함수를 위한 인터페이스다.

```
B apply(A a)
```

A.1.4 Lambda2<A,B,C> 인터페이스

인자가 2개 있는 람다 함수를 위한 인터페이스다.

```
C apply(A a, B b)
```

A.1.5 Lambda3<A,B,C,D> 인터페이스

인자가 3개 있는 람다 함수를 위한 인터페이스다.

```
D apply(A a, B b, C c)
```

A.1.6 Lambda4〈A,B,C,D,E〉 인터페이스

인자가 4개 있는 람다 함수를 위한 인터페이스다.

```
E apply(A a, B b, C c, D d)
```

A.1.7 Lambda5〈A,B,C,D,E,F〉 인터페이스

인자가 5개 있는 람다 함수를 위한 인터페이스다.

```
F apply(A a, B b, C c, D d, E e)
```

A.1.8 Lambda6〈A,B,C,D,E,F,G〉 인터페이스

인자가 6개 있는 람다 함수를 위한 인터페이스다.

```
G apply(A a, B b, C c, D d, E e, F f)
```

A.1.9 Cell〈A〉 클래스

셀은 시간에 따라 변하는 A 타입의 값을 표현한다.

생성자

상숫값을 가지는 셀을 만든다.

```
Cell(A value)
```

끌어올리기

A. 셀에 있는 값을 셀에 있는 함수에 적용한다. 이것은 모든 함수를 끌어올리기lift 위한 기본

요소다.[1]

```
static <A,B> Cell<B> apply(Cell<Lambda1<A,B>> bf, Cell<A> ba)
```

- 매개변수: bf는 적용할 함수이므로 반드시 참조 투명해야 한다.

B. 2항 함수를 끌어올려서 반환되는 셀이 항상 해당 함수가 입력 셀의 값에 적용된 결과를 반영하도록 만든다.

```
<B,C> Cell<C> lift(Cell<B> b, Lambda2<A,B,C> fn)
```

- 매개변수: fn은 적용할 함수이므로 반드시 참조 투명해야 한다.

C. 3항 함수를 끌어올려서 반환되는 셀이 항상 해당 함수가 입력 셀의 값에 적용된 결과를 반영하도록 만든다.

```
<B,C,D> Cell<D> lift(Cell<B> b, Cell<C> c, Lambda3<A,B,C,D> fn)
```

- 매개변수: fn은 적용할 함수이므로 반드시 참조 투명해야 한다.

D. 4항 함수를 끌어올려서 반환되는 셀이 항상 해당 함수가 입력 셀의 값에 적용된 결과를 반영하도록 만든다.

```
<B,C,D,E> Cell<E> lift(Cell<B> b, Cell<C> c, Cell<D> d,
    Lambda4<A,B,C,D,E> fn)
```

- 매개변수: fn은 적용할 함수이므로 반드시 참조 투명해야 한다.

E. 5항 함수를 끌어올려서 반환되는 셀이 항상 해당 함수가 입력 셀의 값에 적용된 결과를 반영하도록 만든다.

```
<B,C,D,E,F> Cell<F> lift(Cell<B> b, Cell<C> c, Cell<D> d, Cell<E> e,
    Lambda5<A,B,C,D,E,F> fn)
```

1 옮긴이_ 끌어올리기에 대해서는 102쪽을 참조하라.

• 매개변수: fn은 적용할 함수이므로 반드시 참조 투명해야 한다.

F. 6항 함수를 끌어올려서 반환되는 셀이 항상 해당 함수가 입력 셀의 값에 적용된 결과를 반영하도록 만든다.

```
<B,C,D,E,F,G> Cell<G> lift(Cell<B> b, Cell<C> c, Cell<D> d, Cell<E> e,
    Cell<F> f, Lambda6<A,B,C,D,E,F,G> fn)
```

• 매개변수: fn은 적용할 함수이므로 반드시 참조 투명해야 한다.

리슨

셀에 있는 값의 변경을 리슨한다.

```
Listener listen(Handler<A> action)
```

이것은 관찰자 패턴이다. 반환되는 리스너에는 Listener.unlisten() 메서드가 있다. 이 메서드로 리스너 등록을 해제할 수 있다. listen은 FRP와 I/O 세계를 연결하기 위한 조작적인 메커니즘이다.

• 매개변수: action은 새로운 값이 도착할 때 실행될 핸들러다. 어떤 스레드에서 이 핸들러가 호출될지에 대해 아무것도 가정해서는 안 된다. 또한 핸들러를 블록시켜서도 안 된다. CellSink.send()나 StreamSink.send()를 핸들러 안에서 호출하면 안 된다. CellSink.send()나 StreamSink.send()는 FRP 기본 요소를 작성할 때 사용해서는 안 되는 메서드다. 따라서 핸들러 안에서 그 둘을 호출하면 예외가 발생한다.

매핑

셀의 값을 인자로 받은 함수에 따라 변환한다. 따라서 반환된 Cell의 값은 항상 입력 Cell 값에 함수를 적용한 결과 값과 같다.

```
<B> Cell<B> map(Lambda1<A,B> f)
```

• 매개변수: f는 값을 변환하기 위해 사용할 함수다. 반드시 참조 투명해야 한다.

표본 추출

A. 셀의 현재 값을 추출한다.

```
A sample()
```

Stream에 전달되어 적용되는 함수 안에서 sample()이 쓰일 수도 있다. 예를 들면 Stream.map()에 전달되는 함수에서도 sample()을 쓸 수 있다. 그런 경우 sample()은 Stream.snapshot(), Stream.filter(), Stream.merge()처럼 스냅샷과 동등하다. 일반적으로 스트림의 갱신을 놓치고 싶지 않다면 listen()이 더 낫기 때문에 sample()의 사용을 피해야 하지만 sample()을 사용하는 것이 타당한 경우도 종종 있다.

B. sample()의 변종으로, 아직 루프에 넣지 않은 CellLoop를 대상으로 한다.

```
Lazy<A> sampleLazy()
```

CellLoop에 전달될 수 있을 정도로 일반적인 코드 안에서만 사용해야 한다. Stream.holdLazy()도 살펴보라.

스위치

A. 셀 안에서 다른 셀을 풀어서 때에 따라 셀의 구현이 바뀌게 만든다.

```
static <A> Cell<A> switchC(Cell<Cell<A>> bba)
```

B. 셀 안에서 스트림을 풀어서 때에 따라 스트림 구현이 바뀌게 만든다.

```
static <A> Stream<A> switchS(Cell<Stream<A>> bea)
```

A.1.10 CellLoop<A> 클래스 (Cell<A> 클래스 상속)

Cell의 전방 참조로, 참조하는 Cell과 동등한 역할을 한다.

생성자

```
CellLoop()
```

대상 지정

CellLoop가 전방 참조하는 대상 셀을 지정해서 전방 참조를 해결한다.

```
void loop(Cell<A> a_out)
```

CellLoop가 사용되는 부분과 같은 트랜잭션 안에서 loop()를 호출해야 한다. 따라서 루프를 사용하려면 Transaction.run()이나 Transaction.runVoid()를 사용해 명시적으로 트랜잭션을 시작해야 한다.

A.1.11 CellSink〈A〉 클래스 (Cell〈A〉 클래스 상속)

값을 밀어 넣을 수 있는 셀이다. I/O의 세계와 FRP의 세계를 연결한다. CellSink를 읽기 전용으로 외부에 노출하는 코드는 CellSink를 Cell로 업캐스트upcast(상위 타입으로 형변환)해야만 한다.

생성자

A. 지정한 초깃값으로 쓰기 가능한 셀을 만든다. 여러 값이 같은 트랜잭션 안에서 이 셀에 보내지면 가장 마지막에 셀에 지정된 값을 사용한다.

```
CellSink(A initValue)
```

B. 지정한 초깃값으로 쓰기 가능한 셀을 만든다. 여러 값이 같은 트랜잭션 안에서 이 셀에 보내지면 매개변수로 전달된 f를 사용해 그 값들을 하나로 취합한다.

```
CellSink(A initValue, Lambda2<A,A,A> f)
```

값 지정하기

셀에 값을 보낸다. 셀의 값이 a로 바뀐다.

```
void send(A a)
```

send()를 Stream.listen()이나 Cell.listen() 류의 메서드로 등록한 핸들러 안에서 사용해서는 안 된다. CellSink는 I/O와 FRP를 서로 연결하는 역할을 하기 위한 것이기 때문에 예외가 발생할 것이다. 이 기능을 여러분이 직접 FRP 기본 요소를 작성하는 데 사용해서는 안 된다.

- 매개변수: a는 셀에 밀어 넣을 값이다.

A.1.12 Lazy⟨A⟩ 클래스

현재 트랜잭션이 닫힐 때까지는 사용하지 못할 수도 있는 값을 표현한다.

생성자

```
Lazy(Lambda0<A> f)
Lazy(A a)
```

값 가져오기

값이 있다면 그 값을 가져오고, 없다면 예외가 발생한다.

```
A get()
```

일반적인 경우, 이 메서드를 Lazy를 획득한 다음에 생긴 트랜잭션 안에서만 사용해야 한다.

끌어올리기

A. 지연 값을 지정한 함수로 매핑해서, 반환되는 Lazy가 초기 Lazy 값에 f를 적용한 값이 되도

록 한다.

```
<B> Lazy<B> map(Lambda1<A,B> f)
```

- 매개변수: f는 지연 값에 적용할 함수이므로 참조 투명해야 한다.

B. 2항 함수를 지연 값으로 끌어올려서, 반환되는 Lazy가 입력으로 받은 Lazy 값에 해당 함수를 적용한 값을 반영하도록 만든다.

```
<B,C> Lazy<C> lift(Lazy<B> b, Lambda2<A,B,C> f)
```

C. 3항 함수를 지연 값으로 끌어올려서, 반환되는 Lazy가 입력으로 받은 Lazy 값에 해당 함수를 적용한 값을 반영하도록 만든다.

```
<B,C,D> Lazy<D> lift(Lazy<B> b, Lazy<C> c, Lambda3<A,B,C,D> f)
```

D. 4항 함수를 지연 값으로 끌어올려서, 반환되는 Lazy가 입력으로 받은 Lazy 값에 해당 함수를 적용한 값을 반영하도록 만든다.

```
<B,C,D,E> Lazy<E> lift(Lazy<B> b, Lazy<C> c, Lazy<D> d,
    Lambda4<A,B,C,D,E> f)
```

A.1.13 Listener 클래스

Cell.listen()이나 Stream.listen() 류에 의해 등록된 리스너를 가리키는 핸들이다.

리스너 해제

등록된 리스너를 해제해서 더 이상 콜백을 받지 않고 관련된 자원들이 쓰레기 수집garbage collection 되도록 만든다.

```
void unlisten()
```

리스너 병합

리스너를 하나로 합친다. 반환된 리스너에 있는 unlisten()을 호출하면 원래의 리스너와 입력으로 받은 리스너를 한꺼번에 해제할 수 있다.

```
Listener append(Listener two)
```

A.1.14 Operational 클래스

사용할 때 조심해야 하는 조작적인 기본 요소들이 들어 있다.

A. 각 이벤트를 새로운 트랜잭션에 넣는다. 그 트랜잭션은 이후 외부적으로 생기는 모든 트랜잭션보다 더 앞서 처리되는 것이 보장된다. 이는 split(Stream)과 같지만 스트림이 아닌 단일 값에 작용한다.

```
static <A> Stream<A> defer(Stream<A> s)
```

B. 각 이벤트를 새로운 트랜잭션에 넣는다. 그 트랜잭션은 이후 외부적으로 생기는 모든 트랜잭션보다 더 앞서 처리되는 것이 보장된다.

```
static <A,C extends java.lang.Iterable<A>> Stream<A> split(Stream<C> s)
```

이것의 의미는 split()을 별도로 호출한 경우 각 호출이 만들어낸 이벤트가 새로운 (그러나 동일한) 트랜잭션에 들어갈 수도 있다는 뜻이다. 따라서 split()이나 defer(Stream)을 통해 생겨난 스트림에서 발생한 이벤트는 코드의 다른 곳에서 호출한 split()이나 defer(Stream)을 통해 생겨난 스트림의 이벤트와 동시에 발생할 것이다.

C. Cell의 갱신/단계를 돌려주는 스트림을 반환한다.

```
static <A> Stream<A> updates(Cell<A> c)
```

이것은 조작적인 요소로서 소듐 API의 핵심에는 포함되지 않으며, 셀의 갱신/단계를 감지할 수 없어야 한다는 특성을 깬다. 그래서 이 메서드를 사용하더라도 이 메서드를 호출한 쪽에서 셀의 갱신을 감지하지 못하도록 막아야 한다는 것이 규칙이다.

D. value()는 자신이 호출된 트랜잭션 안에서 셀의 현재 값이 들어 있는 이벤트를 한 번 발사하는 것을 보장하는 스트림을 반환한다. 따라서 value()는 셀의 값의 갱신/단계를 매번 발사해주는 updates()와 비슷하게 작동한다.

```
static <A> Stream<A> value(Cell<A> c)
```

이것은 조작적인 요소로서 소듐 API의 핵심에는 포함되지 않으며, 셀의 갱신/단계를 감지할 수 없어야 한다는 특성을 깬다. 그래서 이 메서드를 사용하더라도 이 메서드를 호출한 쪽에서 셀의 갱신을 감지하지 못하도록 막아야 한다는 것이 규칙이다.

A.1.15 Stream<A> 클래스

A 타입의 값이 들어 있는 이산적인 이벤트/이벤트 발사의 스트림을 표현한다.

생성자

한 번도 발사되지 않는 스트림을 만든다.

```
Stream()
```

이벤트 누적

A. 이벤트 입력을 누적시키며 매번 새로운 상태를 출력한다.

```
<S> Cell<S> accum(S initState, Lambda2<A,S,S> f)
```

- 매개변수: f는 상태를 갱신하기 위해 적용하는 함수다. f는 FRP 로직을 구성하거나 Cell.sample()을 사용할 수 있다. sample()을 사용하는 것은 셀을 snapshot()하는 것과 같다. 추가로, 그 함수는 참조 투명해야만 한다.

B. accum()의 변종으로, Cell.sampleLazy가 반환하는 상태를 초기 상태로 받는다.

```
<S> Cell<S> accumLazy(Lazy<S> initState, Lambda2<A,S,S> f)
```

정리 이벤트 받기

이 스트림에 리스너를 붙이면 스트림이 쓰레기 수집될 때 Listener.unlisten()이 호출된다. I/O를 시작하는 함수가 I/O 결과를 스트림으로 내놓고 싶은 경우 유용하다.

```
Stream<A> addCleanup(Listener cleanup)
```

listenWeak(Handler)에 의해 반환되는 리스너만 이 함수에 인자로 넘겨야 한다. 그렇게 해야만 스트림이 해제될 때 자동으로 리스너도 해제될 수 있다.

상태 기계 반환

A. 이벤트를 일반화된 상태 루프(밀리 기계Mealy machine)로 변환한다. 예전 상태와 함수를 입력에 넘기면 새로운 상태와 출력값을 반환한다.[2]

```
<B,S> Stream<B> collect(S initState, Lambda2<A,S,Tuple2<B,S>> f)
```

- 매개변수: f는 상태를 갱신하기 위해 적용하는 함수다. f는 FRP 로직을 구성하거나 Cell.sample()을 사용할 수 있다. sample()을 사용하는 것은 셀을 snapshot()하는 것과 같다. 추가로, 그 함수는 참조 투명해야만 한다.

B. collect()의 변종으로, Cell.sampleLazy()가 반환하는 상태를 초기 상태로 받는다.

```
<B,S> Stream<B> collectLazy(Lazy<S> initState, Lambda2<A,S,Tuple2<B,S>> f)
```

걸러내기

A. 술어predicate가 true를 반환하는 경우에만 이벤트를 출력하는 스트림을 반환한다.

2 옮긴이_ 출력이 있는 유한 상태 기계(Finite State Machine, FSM)에는 크게 두 종류가 있다. 밀리 기계(Mealy Machine)는 FSM이면서 출력이 현재 상태와 입력에 의해 결정된다. 반면 무어 기계(Moore Machine)는 출력이 현재 상태에 따라서만 결정된다. 그 두 기계를 서로 변환할 수 있는 알고리즘이 있고, 수학적으로 (같은 입력에 대해 같은 출력을 발생시킨다는 면에서) 밀리와 무어 기계는 동등하다.

```
Stream<A> filter(Lambda1<A,java.lang.Boolean> predicate)
```

B. ev를 통해서 받는 Optional로 감싸인 값 중에서 현재 값이 있는 이벤트만을 출력하는 스트림을 반환한다.

```
static <A> Stream<A> filterOptional(Stream<java.util.Optional<A>> ev)
```

C. 지정한 셀 c의 값이 true인 경우에만 입력 스트림에서 발생한 이벤트를 출력해주는 스트림을 반환한다.

```
Stream<A> gate(Cell<java.lang.Boolean> c)
```

셀 변환

A. 지정한 초깃값을 가지고 스트림의 이벤트 값에 따라 갱신되는 Cell을 만든다.

```
Cell<A> hold(A initValue)
```

여기에는 암시적으로 시간 지연이 들어간다. 이벤트가 발생하면 상태가 바뀌지만, 셀의 현재 값을 snapshot()해보면 이전의 값이 잡힐 것이다. 이벤트에 의해 바뀐 셀의 값은 다음 트랜잭션에서 볼 수 있다. 이를 다른 방식으로 생각하자면 셀의 snapshot()이 현재 트랜잭션에서 어떤 셀에 벌어진 변화를 보여주지 않고 트랜잭션 시작 직전의 값을 보여준다고 볼 수도 있다.

B. hold()의 변종으로, Cell.sampleLazy()가 포획한 값을 초깃값으로 한다.

```
Cell<A> holdLazy(Lazy<A> initValue)
```

리슨

A. 이 스트림에서 발생하는 이벤트를 리슨한다.

```
Listener listen(Handler<A> handler)
```

이것은 관찰자 패턴이다. 반환되는 리스너에는 Listener.unlisten() 메서드가 있다. 이 메서드를 사용해 리스너 등록을 해제할 수 있다. 이것은 FRP와 I/O 세계를 연결해주기 위한 조작적인 메커니즘이다.

- 매개변수: handler는 새로운 값이 도착할 때 실행될 핸들러다. 어떤 스레드에서 이 핸들러가 호출될지에 대해 아무것도 가정해서는 안 된다. 또한 핸들러를 블록시켜서도 안 된다. CellSink.send()나 StreamSink.send()를 핸들러 안에서 호출하면 안 된다. CellSink.send()나 StreamSink.send()는 FRP 기본 요소를 작성할 때 사용해서는 안 되는 메서드다. 따라서 핸들러 안에서 그 둘을 호출하면 예외가 발생한다.

B. listen(Handler)의 변종으로, 첫 번째 이벤트만을 처리하고 자동으로 자신을 등록 해제한다.

```
Listener listenOnce(Handler<A> handler)
```

프라미스와 비슷하게 작동하는 것을 구현할 때 유용하다.

C. listen(Handler)의 변종으로, 리스너가 쓰레기 수집기에 의해 해제되면 자동으로 자신을 등록 해제한다.

```
Listener listenWeak(Handler<A> action)
```

listen(Handler)를 사용하면 Listener.unlisten()을 명시적으로 호출한 경우에만 리스너가 등록 해제된다. 이 메서드로 만든 리스너를 사용할 때는 반드시 addCleanup(Listener)를 호출해서 관련 로직이 메모리에서 해제될 때 리스너도 같이 해제되도록 보장해야 한다.

매핑

A. 인자로 받은 함수에 따라 스트림의 이벤트 값을 변환한다. 반환되는 스트림의 이벤트는 원래의 이벤트에 들어 있던 값에 f를 적용한 값을 반영한다.

```
<B> Stream<B> map(Lambda1<A,B> f)
```

- 매개변수: f는 상태를 갱신하기 위해 적용하는 함수다. f는 FRP 로직을 구성하거나 Cell.

sample()을 사용할 수 있다. sample()을 사용하는 것은 셀을 snapshot()하는 것과 같다. 추가로, 그 함수는 참조 투명해야만 한다.

B. 스트림의 이벤트 값을 지정한 상숫값으로 변환한다.

```
<B> Stream<B> mapTo(final B b)
```

매개변수: b는 상숫값이다.

병합

A. 같은 타입의 두 스트림을 하나로 합친다. 양쪽에서 일어나는 이벤트들이 모두 반환된 스트림에서도 일어난다.

```
Stream<A> merge(Stream<A> s, Lambda2<A,A,A> f)
```

이벤트가 동시에 일어난다면 (즉, 원래의 스트림과 s 스트림에서 같은 트랜잭션 안에서 이벤트가 발생한다면) 그 둘을 제공된 f 함수를 사용해 조합해서 스트림이 한 트랜잭션에 단 하나의 이벤트만 발생시켜야 한다는 것을 보장한다. this에서 발생한 이벤트가 f의 왼쪽에 들어가고 s에서 일어난 이벤트가 f의 오른쪽에 들어간다.

- 매개변수: f는 값을 조합할 때 사용하는 함수다. f는 FRP 로직을 구성하거나 Cell.sample()을 사용할 수 있다. 추가로, 그 함수는 참조 투명해야만 한다.

B. merge(Stream,Lambda2)의 변종으로, 스트림의 컬렉션을 병합해준다.

```
static <A> Stream<A> merge(java.lang.Iterable<Stream<A>> ss, Lambda2<A,A,A> f)
```

C. 오직 한 값만 출력하는 스트림을 반환한다. 그 값은 입력 스트림의 다음 번 이벤트의 값이다. 이때 '다음 번'이란 once()가 호출된 현재 트랜잭션이나 그 이후의 트랜잭션 중 가장 먼저 발생하는 이벤트를 의미한다.

```
Stream<A> once()
```

D. merge(Stream, Lambda2)의 변종으로 두 스트림을 합치되, 이벤트가 동시에 발생하면 하나를 버린다.

```
Stream<A> orElse(Stream<A> s)
```

이벤트가 동시에 일어난다면 (즉, this 스트림과 s 스트림에서 같은 트랜잭션 안에서 이벤트가 발생한다면) s에서 발생한 이벤트를 버리고 this에서 발생한 이벤트를 우선적으로 처리한다. 조합하는 함수를 지정하고 싶다면 merge(Stream, Lambda2)를 사용하라. s1.orElse(s2)는 s1.merge(s2, (l, r) -> l)와 같다. 이벤트 중 하나를 버릴 수 있기 때문에 주의를 환기하기 위해 merge()가 아니라 orElse()라는 이름을 붙였다.

E. orElse(Stream)의 변종으로, 스트림의 컬렉션을 병합한다.

```
public static <A> Stream<A> orElse(java.lang.Iterable<Stream<A>> ss)
```

스트림 변환

A. snapshot()의 변종으로, 이벤트가 발사되는 시점의 셀 값을 포획한다. 이때 스트림의 값을 무시한다.

```
<B> Stream<B> snapshot(Cell<B> c)
```

B. 입력 스트림의 이벤트와 그 이벤트가 발생한 시점의 셀 값을 지정한 함수 f로 조합한 이벤트를 발사하는 스트림을 반환한다.

```
<B,C> Stream<C> snapshot(Cell<B> c, Lambda2<A,B,C> f)
```

여기에는 암시적으로 시간 지연이 들어간다. 이벤트가 발생하면 상태가 바뀌지만 스트림을 hold()한 셀에는 이전의 값이 잡힐 것이다. 이벤트에 의해 바뀐 셀의 값은 다음 트랜잭션에서 볼 수 있다. 이를 다른 방식으로 생각하자면, 셀의 snapshot()이 현재 트랜잭션에서 어떤 셀에 벌어진 변화를 보여주지 않고 트랜잭션 시작 직전의 값을 보여준다고 볼 수도 있다.

C. snapshot()의 변종으로, 두 셀의 값을 포획한다.

```
<B,C,D> Stream<D> snapshot(Cell<B> cb, Cell<C> cc, Lambda3<A,B,C,D> fn)
```

D. snapshot()의 변종으로, 세 셀의 값을 포획한다.

```
<B,C,D,E> Stream<E> snapshot(Cell<B> cb, Cell<C> cc, Cell<D> cd,
    Lambda4<A,B,C,D,E> fn)
```

E. snapshot()의 변종으로, 네 셀의 값을 포획한다.

```
<B,C,D,E,F> Stream<F> snapshot(Cell<B> cb, Cell<C> cc, Cell<D> cd,
    Cell<E> ce, Lambda5<A,B,C,D,E,F> fn)
```

F. snapshot()의 변종으로, 다섯 셀의 값을 포획한다.

```
<B,C,D,E,F,G> Stream<G> snapshot(Cell<B> cb, Cell<C> cc, Cell<D> cd,
    Cell<E> ce, Cell<F> cf, Lambda6<A,B,C,D,E,F,G> fn)
```

A.1.16 StreamLoop<A> 클래스 (Stream<A> 클래스 상속)

Stream에 대한 전방 참조로, 참조하는 Stream과 동등한 역할을 한다.

생성자

```
StreamLoop()
```

대상 지정하기

StreamLoop가 전방 참조하는 대상 스트림을 지정해서 전방 참조를 해결해준다.

```
void loop(Stream<A> ea_out)
```

StreamLoop가 사용되는 부분과 같은 트랜잭션 안에서 loop()를 호출해야 한다. 따라서 루프를 사용하려면 Transaction.run()이나 Transaction.runVoid()를 사용해 명시적으로 트랜잭션을 시작해야 한다.

A.1.17 StreamSink〈A〉 클래스 (Stream〈A〉 클래스 상속)

값을 밀어 넣을 수 있는 스트림이다. I/O의 세계와 FRP의 세계를 연결해준다. StreamSink를 읽기 전용으로 노출하는 코드는 StreamSink를 Stream으로 업캐스트해야만 한다.

생성자

A. 트랜잭션마다 한 번씩 send()를 호출할 수 있는 StreamSink를 만든다.

```
StreamSink()
```

send()를 두 번 이상 호출하면 예외가 발생할 것이다. 두 번 이상 호출할 필요가 있다면 StreamSink(Lambda)를 사용하라.

B. 한 트랜잭션 안에서 둘 이상의 이벤트를 send()하는 경우 지정한 함수를 사용해 하나의 이벤트로 조합해준다. 조합해주는 함수는 결합 법칙associativity이 성립해야 한다.

```
StreamSink(Lambda2<A,A,A> f)
```

- 매개변수: f는 값을 조합할 때 쓰이는 함수다. 그것은 FRP 로직을 구성하거나 Cell.sample()을 사용할 수 있다. 추가로, 그 함수는 참조 투명해야만 한다.

값 지정하기

값을 보내서 스트림을 소비하는 쪽에서 사용할 수 있게 한다.

```
void send(A a)
```

send()를 Stream.listen()이나 Cell.listen() 류의 메서드로 등록한 핸들러 안에서 사용해서는 안 될 것이다. StreamSink는 I/O와 FRP를 서로 연결해주는 역할을 위한 것이기 때문에 예외가 발생할 것이다. 이 기능을 여러분이 직접 FRP 기본 요소를 작성하는 데 사용해서는 안 된다.

- 매개변수: a는 셀에 넣을 값이다.

A.1.18 Transaction 클래스

트랜잭션을 제어하기 위한 함수가 들어 있다.

트랜잭션 생성

A. 지정한 코드를 단일 트랜잭션 안에서 실행한다. 트랜잭션으로 제약되는 코드는 타입 매개변수인 A 타입의 값을 반환한다.

```
static <A> A run(Lambda0<A> code)
```

대부분의 경우 기본 요소가 자신의 트랜잭션을 자동으로 만들기 때문에 이 함수를 사용할 필요가 없다. 하지만 사용해야 할 경우도 있다.

B. 지정한 코드를 단일 트랜잭션 안에서 실행한다.

```
static void runVoid(java.lang.Runnable code)
```

대부분의 경우 기본 요소가 자신의 트랜잭션을 자동으로 만들기 때문에 이 함수를 사용할 필요가 없다. 하지만 사용해야 할 경우도 있다.

생애 주기 콜백

A. 트랜잭션이 시작될 때 실행될 Runnable을 추가한다.

```
public static void onStart(java.lang.Runnable r)
```

이 Runnable이 자체적으로 트랜잭션을 시작할 수도 있다. 그 경우 훅hook이 재귀적으로 또 걸리지는 않는다. 그런 식으로 트랜잭션을 사용할 가장 중요한 이유로는 시간/알람 기능 구현을 들 수 있다.

B. 지정한 코드를 현재 트랜잭션이 닫힌 다음에 실행한다. 만약 현재 진행 중인 트랜잭션이 없다면 코드를 즉시 실행한다.

```
public static void post(java.lang.Runnable action)
```

A.1.19 Tuple2〈A, B〉 클래스

일반화한 2 튜플이다.

생성자

```
Tuple2(A a, B b)
```

값 접근

첫 번째 값

```
A a
```

두 번째 값

```
B b
```

A.2 nz.sodium.time 패키지

A.2.1 Timer 인터페이스

타이머를 위한 핸들이다.

타이머 취소

```
void cancel()
```

A.2.2 TimerSystemImpl〈T〉 인터페이스

FRP 타이머 시스템을 구현하기 위한 인터페이스다.

시간 반환

현재의 클럭clock 시간을 반환한다.

```
T now()
```

타이머 설정/실행

A. 지정한 시간 또는 그 이전까지 스케줄되어 있는 모든 타이머를 실행한다.

```
void runTimersTo(T t)
```

B. 지정한 시간에 지정한 콜백을 실행할 타이머를 설정한다.

```
Timer setTimer(T t, java.lang.Runnable callback)
```

타이머를 취소하기 위해 사용할 수 있는 핸들을 반환한다.

A.2.3 MilliseondsTimerSystem 클래스 (Timersystem〈java.lang.Long〉 클래스 상속)

자바의 System.currentTimeMillis()를 사용한 타이머 시스템 구현이다.

생성자

```
MillisecondsTimerSystem()
```

A.2.4 SecondsTimerSystem 클래스 (TimerSystem(java.lang.Double) 클래스 상속)

프로그램이 시작된 시점부터 몇 초가 지났는지를 부동소수점으로 알려주는 시계를 사용하는 타이머 시스템 구현이다.

생성자

```
SecondsTimerSystem()
```

A.2.5 TimerSystem<T extends java.lang.Comparable> 클래스

시간과 타이머를 위한 시스템이다.

생성자

```
TimerSystem(TimerSystemImpl<T> impl)
```

타이머/시간

A. 현재 클럭 시간을 돌려주는 셀이다.

```
Cell<T extends java.lang.Comparable> time
```

B. 지정한 시간에 발사되는 타이머다.

```
Stream<T> at(Cell<java.util.Optional<T>> tAlarm)
```

APPENDIX B

이벤트 처리의 여섯 가지 재앙

관찰자 패턴에는 여섯 가지 버그의 근원이 숨어 있다. FRP는 그 모두를 없애준다. 여기서는 여섯 가지 각각의 문제에 대해 자세히 설명할 것이다. 그리고 FRP가 어떻게 각 문제를 해결하는지 간략하게 설명할 것이다.

B.1 재앙 1: 예측 불가능한 순서

다이어그램을 그리는 프로그램을 개발한다고 하자. 그 프로그램에서 그래픽 원소들을 선택하거나 선택 해제할 수 있다. 그 규칙은 다음과 같다.

- 어떤 아이템을 클릭하면 그것이 선택된다.
- 어떤 아이템이 이미 선택된 상태에서 다른 곳을 클릭하면 선택이 해제된다.
- 아무것도 선택되지 않은 경우에는 마우스 커서를 십자 모양으로 표시한다.
- 원소가 선택된 경우에는 마우스 커서를 화살표 모양으로 표시한다.

[그림 B-1]은 다이어그램 프로그램에서 수행할 수 있는 세 가지 단계를 보여준다.

그림 B-1 다이어그램 프로그램을 사용하는 과정에서 밟을 수 있는 세 가지 단계

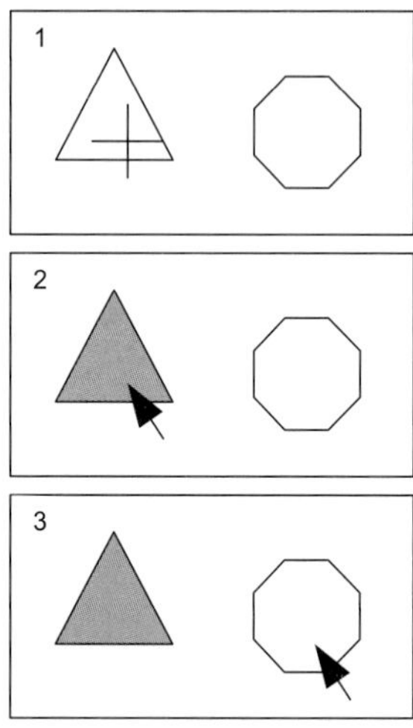

1 처음에 아무것도 선택되지 않았다. 삼각형을 선택할 준비가 됐다.

2 삼각형을 선택하면 그것이 강조되고, 커서가 화살표로 바뀐 것을 볼 수 있다.

3 팔각형을 선택할 준비가 됐다.

이 시점에서 마우스 클릭을 한 번 하면 두 가지 이벤트가 생긴다.

- 삼각형이 선택 해제됨
- 팔각형이 선택됨

다음 리스트는 얼마나 많은 아이템이 선택됐는지에 따라 커서의 모양을 바꿔주는 코드다.

리스트 B.1 선택된 아이템 수에 따라 마우스 커서 설정하기

```
public interface SelectionListener {
    void selected(Item i);
    void deselected(Item I);
}

public class CursorMonitor implements SelectionListener {
    private HashSet<Item> selectedItems = new HashSet();
    public void selected(Item i) {
        selectedItems.add(i);
        updateCursor();
    }
```

```
    public void deselected(Item i) {
        selectedItems.remove(i);
        updateCursor();
    }
    private void updateCursor() {
        if (selectedElts.isEmpty()) crosshairCursor(); else
                                    arrowCursor();
    }
}
```

이제 고객이 이런 경우에 커서가 중간에 다른 모양으로 잠깐 바뀌는 일이 없이 계속 화살표를 유지해야 한다고 말한다면, 어떻게 이를 해결할 수 있을까?

화살표를 유지하려면 선택을 해제하기 전에 처리하도록 보장하거나, 전체를 일종의 트랜잭션으로 감싸서 트렌잭션이 끝날 때 커서를 한 번만 갱신해야 한다. 첫 번째 방법은 이벤트가 도착하는 시점을 예측할 수 없기 때문에 사용하기가 어렵다. 리스너가 등록된 순서에 따라 달라질 수 있고, 그에 따라 커서 변경 로직 부분만을 수정하는 여러분의 제어 밖에 있다. 두 번째 방법은 가능하지만 코드가 상당히 복잡해질 수 있다. FRP는 트랜잭션을 사용하기 때문에 이런 종류의 문제를 아주 깔끔하게 다룰 수 있다.

B.2 재앙 2: 첫 번째 이벤트 소실

요청을 받으면 서버에 연결하는 클래스를 만든다고 가정하자.

```
Connector conn = new Connector();
conn.requestConnect(true);
```

세션이 연결된 다음에 서버와 통신하기 위해 필요하면 리스너를 등록할 수 있다. 이 클래스의 공개된 인터페이스는 다음과 같다.

리스트 B.2 Connector 클래스

```
public class Connector {
    public interface Listener {
```

```
        public void online(Session s);
        public void offline(Session s);
    }
    public void addListener(Listener l);
    public void removeListener(Listener l);
    public void requestConnect(boolean toConnect);
    ...
}
```

프로그램을 초기화 할 때 다음과 같은 3줄이 들어갈 것이다.

```
Connector conn = new Connector();
Demander dem = new Demander(conn);
Talker tkr = new Talker(conn);
```

Demander의 역할은 여러분이 세션의 시작을 원하는지를 결정하는 것이다. Talker는 서버와의 통신을 수행한다. Talker 생성자 안에서 Talker는 conn.addListener()를 통해 자신을 리스너로 등록한다.

프로그램은 잘 동작할 것이다. 하지만 누군가 다음과 같이 코드를 변경한다.

- Demander가 requestConnect() 상태를 디스크에 영속화시켜서 프로그램이 시작하자마자 연결 상태가 true가 되게 만든다.

서버와의 연결이 비동기적으로 수행되기 때문에 이런 변경도 잘 작동할 것이다. 따라서 Talker는 실제로는 연결이 만들어지기 전에 초기화될 여지가 생긴다.

고객이 로컬 기계에서 수행되는 일종의 프록시를 사용하기로 결정하기 전까지는 모든 것이 잘 작동했다. 고객은 프로그램이 localhost에 있는 서버와 통신하도록 설정했다. 이런 경우, 소켓 프로그램에서는 소켓이 바로 연결을 완료하도록 돼 있다. 그에 따라 Talker가 만들어지기 전에 연결이 발생한다. 이제 Talker는 첫 번째 online() 이벤트를 잃어버리고, 그에 따라 프로그램은 연결됐지만 Talker가 서버와 이야기하지는 않는 사태가 발생한다.

이런 종류의 문제들은 대부분 초기화 순서와 처리 순서에 대한 문제에서 기원한다. FRP는 코드에서 처리 순서를 고려할 필요를 아예 없앰으로써 이런 문제를 해결한다.

B.3 재앙 3: 지저분한 상태

상태 기계state machine는 내부 상태가 있고 그 상태 사이의 전이transition가 있는 프로그램 로직을 부르는 용어다. 상태 전이는 비동기적인 외부 이벤트에 의해 촉발될 수 있다. 상태 기계는 여러 원(상태를 표현함) 사이를 화살표(이벤트에 의한 상태 전이를 표현함)로 연결한 다이어그램으로 표현할 수 있다.

관찰자 패턴은 여러분을 전통적인 상태 기계 스타일로 밀어붙이는 경향이 있다. 클래스가 여러 이벤트 소스source를 리슨listen하고 있는 경우 이런 상태가 지저분해질 수 있다.

예를 들어 앞의 예제에서 본 Connector를 가지고 다음 기능을 추가한다고 가정해보자.

- 세션을 서로 협력하면서 정리하기: requestConnect(false)를 받은 Connector는 tearDown() 요청을 활성화된 세션에 보낸다. 이때 각 세션이 자신의 정리 절차가 완료되었음을 Connector에게 통지하기 위해 꼭 사용해야만 하는 콜백을 전달한다.

이 새로운 인터페이스는 다음 리스트와 같다.

리스트 B.3 변경된 Connector.Listener

```
public interface Listener {
    public void online(Session s);
    public void offline(Session s);
    public interface TearDownCallBack {
        public void tornDown();
    }
    public void tearDown(Session s, TearDownCallBack cb);
}
```

Connector에는 이제 네 가지 가능한 상태가 있다.

- OFFLINE: 오프라인
- CONNECTING: 연결 중
- ONLINE: 온라인
- TEARING_DOWN: 하나 이상의 세션이 정리를 모두 마치도록 대기 중

다음은 여러분이 받을 수 있는 이벤트들이다. 각 이벤트가 매 상태마다 제대로 처리되도록 만들어야 한다.

- requestConnect()가 true로 변경됐다.
- 네트워크 연결이 만들어졌다.
- 네트워크 연결에 실패했다.
- requestConnect()가 false로 변경됐다.
- 클라이언트가 정리를 마치고 콜백을 호출했다.

4개의 상태에 5개의 입력 이벤트를 곱하면 모두 20개의 조합이 생긴다. 그중 상당수는 잘못된 조합이다. 하지만 그런 모든 잘못된 조합이 정말로 발생하지 않는지에 대해 주의 깊게 생각해야만 한다.

몇 가지 일반적이지 않은 부분이 있다.

- 네트워크 연결이 동기적으로 성공하거나 실패한다. 즉, 연결을 시작하는 메서드가 반환되기 전에 콜백이 발생한다.
- 클라이언트가 없다. 이런 경우 TEARING_DOWN 상태를 생략해야 한다.
- 클라이언트가 동기적으로(tearDown() 함수 호출이 반환되기 전에) 콜백을 호출한다.

우리는 코드를 다루지는 않을 것이다. 하지만 여러분은 Connector의 구현이 나쁠지는 몰라도 형편없지는 않다는 사실을 상상할 수 있을 것이다. 하지만 더 복잡한 요소를 추가하면 더 형편없는 방향으로 구현이 바뀔 가능성이 높다. 네트워킹은 그런 복잡함이 발생할 수 있는 훌륭한 근원이다.

이런 스타일의 코딩에서는 실수를 저지르기 쉽고, 그런 실수를 디버깅하기는 어렵다. 예를 들어 Talker 중 하나에 간헐적인 버그가 있어서 tornDown()을 호출해주지 않는 경우가 있다면? 확인할 수 있는 것이 이벤트 로그밖에 없을 때 과연 로그만 보고 이런 버그를 잡아낼 수 있을까? FRP는 이런 혼란에 상당히 많은 질서를 부여해준다.

B.4 재앙 4: 스레드 문제

마지막 예제가 여러분에게 복잡했는가? 이제 그것을 스레드 안전thread-safe하게 만들자.

다섯 입력 이벤트가 이제는 여러 다른 스레드에서 들어올 수 있다. 게다가 addListener()와 removeListener() 호출도 여러 스레드에서 이뤄질 수 있다. 그리고 removeListener()가 그것을 호출한 쪽에 반환이 되고 나면 더 이상 해당 콜백이 호출되지 않음을 보장해야만 한다.

아무 처리도 하지 않는다면 경합 조건race condition으로 인해 프로그램이 자체 붕괴되고 연기 나는 폐허만 남을 것이다. synchronized 키워드를 사용할 수도 있을 것이다. 그렇게 하면 자바가 클래스 인스턴스(여기서는 Connector)에 연결된 뮤텍스mutex를 잠그게 된다. 대부분의 경우에는 이 방식도 잘 작동한다. 다음 리스트는 notifyOnline()을 스레드 안전하게 만드는 방법을 한 가지 보여준다. 하지만 이 코드도 약간 위험하다.

리스트 B.4 스레드 안전한 통지(하지만 실제로는 위험함)

```
protected synchronized void notifyOnline(Session s)
{
    for (l : listeners) l.online(s);
}
```

이것이 위험한 이유는 리스너의 핸들러가 어떤 일을 할지 알지 못하기 때문이다. 핸들러가 다른 어떤 것을 잠글lock 수도 있다. 1백만 번까지도 완벽하게 작동할 수도 있다. 하지만 교착상태deadlock라는 유령이 아주 가까이서 배회하면서 여러분의 발걸음에 그림자를 드리우고 있다.

만약 그 유령이 여러분의 등뼈에 차가운 손가락을 슬그머니 대고 있는 것을 느끼지 못한다면 새로 프로그래머라는 직업을 시작한 것을 환영한다(그렇다는 것은 여러분이 아직 어리고, 경험도 별로 없는 개발자라는 뜻이다). 만약 그 웨히wehi, 즉 두려움이 여러분이 밤잠을 이루지 못하게 만드는 일이 없다면, 한 드럼통 되는 커피를 마시면서 3분마다 고객에게서 오는 전화를 받아서 아침까지는 문제가 해결될 것이라고 고객을 안심시키면서 잠을 못 이루게 될 것이다. 하지만 안심을 시키면서도 그 문제가 언제 고쳐질지 몰라서 여러분의 심장은 타들어갈 것이다.

NOTE_ 이제 여러분은 우리가 왜 FRP를 채택했고, 이 책을 쓰게 됐는지에 대해 알았다. 우리에게 더 나은 방법이 있어야만 했다.

이런 공포에서 벗어나기 위해서 보통은 synchronized 블록 밖에서 리스너에게 통지할 수 있도록 스레드 안전한 리스너 리스트의 복사본을 유지한다. 다음 리스트에서 그것을 확인할 수 있다.

리스트 B.5 훨씬 더 나은 스레드 안전한 통지

```
protected void notifyOnline(Session s) {
    List<Listener> ls;
    synchronized (this) {
        ls = listeners.clone();
    }
    for (l : ls) l.online(s);
}
```

문제가 해결됐다.

아, 정말 그렇게 생각하나? 정말? 다음 리스트는 스레드 안전한 removeListener()를 구현하기 위한 시도를 보여준다.

리스트 B.6 리스너를 스레드 안전하게 제거하기(정말 그런가?)

```
public synchronized void removeListener(Listener l) {
    listeners.remove(l);
}
```

이제 [리스트 B.5]의 notifyOnline()을 다시 보자. removeListener()에서 호출한 쪽으로 돌아온 다음 리스너가 불리는 일이 없다고 어떻게 보장할 수 있을까? 이것은 간단한 문제가 아니다.

FRP를 사용하면 이런 스레드 문제가 해리포터의 마법과 비슷한 방식으로 펑 하고 공기속으로 사라진다. (그렇다. 여러분은 이 책을 정말로 IT 전문서 코너에서 구입한 것이 맞다.)

해로운 것으로 (잘못?) 간주되는 스레드

동시성이 필요할 때 습관적으로 스레드를 사용하는 일을 그만둘 때가 됐다고 주장하는 사람이 많다. 그런 예로 존 오스터하우트John Ousterhout가 1995년에 발표한 《(대부분의 경우) 왜 스레드가 나쁜 아이디어인가[1]》를 들 수 있다(https://goo.gl/rtTYaZ). 그는 '스레드는 프로그래밍하기 매우 어렵다'고 말한다. '정말로 CPU의 동시성이 필요한 경우가 아니라면 이벤트를 사용하는 것이 더 낫다'라고도 말한다.

1 옮긴이_ 원제는 《Why Threads Are a Bad Idea (for Most Purposes)》이다.

정말로 그렇다. 1995년에는 모든 것이 너무나 단순했다. 다중 코어 시대인 최근으로 시간을 빨리 돌려보면 스레드는 더 이상 선택이 아니라 필수라 할 수 있다.

스레드를 다중의 독립적인 실행 흐름, 공유된 변경 가능한 상태, 선점형 스케줄링preemptive scheduling,[2] 동기화로 정의할 수 있다. 그런데, 잠깐! 공유된 상태가 없다면 어떻게 될까? 그렇다면 동기화도 필요가 없다. 그러고 나면 스레드가 그렇게 나빠 보이지 않는다. 스레드를 비난하는 우리의 신념 체계에서 공유된 상태가 그렇게 깊은 뿌리에 자리잡고 있다면, 언제 공유된 상태가 진정한 범인으로 지목될 수 있을까? 우리는 그럴 만한 때가 됐다고 생각한다.

이번 절의 동기화 문제가 실제 스레드의 문제일까, 아니면 공유된 변경 가능한 상태의 문제일까?

B.5 재앙 5: 콜백 누수

어떤 이벤트 소스에 리스너를 등록한다고 하자. 그런데 작업을 다 마친 다음에 실수로 removeListener() 호출을 잊어버렸다. 여러분의 리스너가 계속 이벤트 소스의 리스너 목록에 들어 있다. 따라서 그 리스너는 실제로는 필요 없음에도 불구하고 계속 메모리에 남아 있게 된다. 그뿐 아니라 리스너가 호출될 때마다 CPU 시간을 낭비한다. 쓰레기 수집이 여러분에게 제공하기로 했던 안전성에 어떤 일이 벌어진 것일까?

1장에서 말한 것처럼, 관찰자 패턴의 요점은 자연스러운 의존관계를 뒤집어서 생산자가 소비자에게 의존하지 못하게 만드는 것이다. 하지만 생산자는 여전히 소비자를 살려둔다. 이상적이라면 이 관계도 역전시켜야 한다. FRP는 정확히 그런 일을 수행한다.

B.6 재앙 6: 의도치 않은 재귀

Connector 예제로 돌아가자. 다음 코드는 협력적으로 세션을 정리하는 것을 구현한 코드를 보여준다. 모든 것을 잡아 흔드는 버그를 조금 추가했다.

---

2 옮긴이_ 선점형 스케줄링은 스레드의 협조와 무관하게 OS에서 원할 때 스레드의 실행을 일시 중단시키고, 다른 스레드를 CPU에 할당할 수 있는 스케줄링을 이야기한다. 비선점형(non-preemptive) 스케줄링은 스레드에서 제어를 OS에 돌려줄 때만 스레드를 다른 쪽에 할당할 수 있는 스케줄링 방법이다.

리스트 B.7 버그가 있는 협력적인 세션 정리

```
public class Connector {
    public interface Listener {
        public void online(Session s);
        public void offline(Session s);
        public interface TearDownCallBack {
            public void tornDown();
        }
        public void tearDown(Session s, TearDownCallBack cb);
    }
    private boolean shouldBeOnline;
    private Map<Session, Listener> activeSessions = new HashMap<>();
    ...

    public void requestConnect(boolean req) {
        this.shouldBeOnline = req;
        update();
    }

    private void notifyTearDown() {
        for (Map.Entry<Session, Listener> e : activeSessions.entrySet()) {
            final Session s = e.getKey();
            final Listener l = e.getValue();
            Listener.TearDownCallBack cb =
                    new Listener.TearDownCallBack() {
                        void tornDown() {
                            activeSessions.remove(s);
                            update();
                        }
                    };
            e.getKey().tearDown(s, cb);
        }
    }

    private void update() {
        switch (state) {
            ...
            case State.ONLINE:
                if (!shouldBeOnline) {
                    notifyTearDown(); ◀—— ❶ 버그 1
                    state = State.TEARING_DOWN;
                }
                break;
            case State.TEARING_DOWN:
```

```
                if (activeSessions.isEmpty()) {
                    notifyOffline();  ◀──── ❷ 버그 2
                    state = State.OFFLINE;
                }
                else
                    break;
            ...
        }
    }
    ...
}
```

notifyTearDown()❶을 호출하는 동안 핸들러 중 하나가 정리해야 할 일이 없기 때문에 tornDown()을 즉시 호출했다. 아직 상태를 TEARING_DOWN으로 바꾸기 전이므로 이 코드는 제대로 작동하지 않는다. isEmpty() 체크는 결코 실행되지 못한다. 이 문제는 다음과 같이 두 줄의 순서를 바꾸면 쉽게 고칠 수 있다.

```
state = State.TEARING_DOWN;
notifyTearDown();
```

어떤 이유가 생겨서 오프라인 핸들러가 여러분을 호출하는, 세션이 오프라인임을 통지하는 경우에도 같은 문제가 발생한다(❷).

앞에서 말한 것처럼 이 경우도 쉽게 수정할 수 있다. 하지만 이런 실수를 저지르지 않는지 조심스럽게 생각해야만 한다. 이런 종류의 오류가 아예 불가능하다면 더 좋지 않을까? FRP에서는 정말로 그런 실수를 저지르는 것이 불가능하다.

우리가 여기서 빠뜨린 버그를 찾았는가? 이 코드는 세션이 없는 경우를 제대로 처리하지 못한다. 여러분은 else 안으로 break를 넣어서 notifyTearDown()을 호출한 다음에 자동으로 State.TEARING_DOWN 쪽을 처리하도록 해야 한다. 수정한 코드를 보자.

```
case State.ONLINE:
    if (!shouldBeOnline) {
        state = State.TEARING_DOWN;
        notifyTearDown();
    }
    else
        break;
```

이런 방식의 코딩은 그냥 나쁜 것이다. FRP가 이런 문제에 대한 해결책을 독점하고 있지는 않다. 하지만 이 책이 이 세상에서 나쁜 코드의 양을 줄이는 데 기여하기를 바란다.

APPENDIX C

FRP 시스템 간의 비교

이번 부록이 표들은 이 책에서 사용한 기본 요소의 이름을 다른 시스템의 API와 비교한다. 직접적인 등가물이 없을 수도 있다. 하지만 그 시스템의 API에서 찾아봐야 할 부분이 어딘지 알 수 있을 것이다. 표의 어떤 칸이 비어 있다면 같은 기능을 제공하지 않는 것이다.

다음과 같이 변수 이름이 각각의 역할에 힌트를 줄 것이다.

- s — 스트림
- c — 셀
- i — 초깃값
- h — 핸들러
- a — 값

표 C-1 소듐, RxJS, 베이컨JS[Bacon.JS] 치트 시트

기본 요소	소듐 (Java)	RxJS (JS)	베이컨JS (JS)
Stream	Stream	Rx.Observable	EventStream
Cell	Cell	Rx.BehaviorSubject	Property
never	new Stream()	Rx.Observable.of()	Bacon.never()
constant	new Cell(i)	Rx.Observable.of(i)	Bacon.constant(i)
map (S)	s.map(f)	s.map(f)	e.map(f)
map (C)	c.map(f)	c.map(f)	p.map(f)
merge	s1.orElse(s2) s1.merge(s2)	s1.merge(s2)	s1.merge(s2)
hold	s.hold(i)	var c = new Rx.BehaviorSubject(i); s.subscribe(c);	s.toProperty(i)

snapshot	s.snapshot(c, f)	s.withLatestFrom(c, f)	c.sampledBy(s, f)
filter	s.filter(f)	s.filter(f)	s.filter(f)
lift	c1.lift(c2, f)	c1.combineLatest(c2, f)	c1.combine(c2, f)
sample	c.sample()		
switch	Cell.switchS() Cell.switchC()	s.flatMapLatest(f)	s.flatMapLatest(f)
accum	s.accum(i, f)	s.scan(i, f)	s.scan(i, f)
listen	s.listen(h) c.listen(h)	s.subscribe(h)	s.listen(h) p.listen(h)
send	StreamSink / ss.send(a) CellSink / cs.send(a)	Rx.Observable.create(f)	new Bacon. EventStream(f)

표 C-2 크피어jsKefir.js, 플랩잭스Flapjax, 리액티브-바나나Reactive Banana 치트 시트

기본 요소	크피어js (JS)	플랩잭스 (JS)	리액티브-바나나 (하스켈)
Stream	Stream	EventStream	Event
Cell	Property	Behavior	Behavior
never	Kefir.never()	zeroE()	never
constant	Kefir.constant(i)	constantB(i)	pure i
map (S)	s.map(f)	mapE(f, s)	fmap f s
map (C)	p.map(f)	liftB(f, c)	fmap f c
merge	s1.merge(s2)	mergeE(s1, s2)	union
hold	s.toProperty(function() { return k; })	startsWith(s, i)	stepper i s
snapshot	p.sampledBy(s, f)	snapshotE(s, c)	c ⟨@ s fmap f c ⟨@⟩ s
filter	s.filter(f)	filterE(s, f)	filterE f s
lift	p1.combine(p2, f)	liftB(f, c1, c2)	liftA2 f c1 c2
sample		valueNow(c)	valueB
switch	s.flatMapLatest(f)	switchE(s) switchB(c)	switchE s switchB c
accum	s.scan(f, i)	collectE(s, i, f)	accumE s
listen	s.onValue(h)	mapE(h)	다른 방식 사용
send	Kefir.stream(f)	ReceiverE() / sendEvent(a, s)	다른 방식 사용

표 C-3 리액트FXReactFX와 리액티브코코아ReactiveCocoa 치트 시트

기본 요소	리액트FX (자바)	리액티브코코아 (오브젝티브-C)
Stream	EventStream	RACSignal
Cell	Val	RACBehaviorSubject
never	new EventStreamBase()	[RACSignal never]
constant	Val.constant(i)	[RACSignal return:i]
map (S)	s.map(f)	[s map:f]
map (C)	c.map(f)	[c map:f]
merge	EventStreams.merge(s1, s2)	[RACSignal merge:@[s1, s2]]
hold	Val.wrap(s.toBinding(i))	c = [RACBehaviorSubject behaviorSubjectWithDefaultValue:i] [c subscribe:s]
snapshot	c.emitOn(s)	[c sample:s]
filter	s.filter(f)	[s filter:f]
lift	Val.combine(c1, c2, f)	[combineLatest:@[c1,c2] reduce:f]
sample	c.get()	
switch	s.flatMap(f)	[s flatten:1]
accum	s.accumulate(i, f)	[s scanWithStart:i reduce:f]
listen	s.subscribe(h)	[s subscribeNext:h]
send	new EventSource<>() / s.push(a)	RACSubject* s = [RACSubject subject] [s sendNext:a]

APPENDIX D

관리자를 위한 조언

D.1 하겠다고 한 일을 하라

관리자로서 여러분은 합리적인 예상을 하고 그 예상을 달성해야 한다. 애자일 개발 운동은 지속적인 예측 능력과 초기에 빠른 진행을 단기적으로 달성할 수 있게 만드는 이익을 서로 교환해왔다. 애자일 개발은 그 약속을 지키지만, 프로젝트의 성공이나 실패는 여전히 여러분이 작성한 코드의 품질에 달려 있다.

여러분이 애자일 팀을 꾸려왔든 아니든 중요한 것은 일관성 있는 결과를 얻는 것이다. 여러분의 조직이 일관성과 효율성 중 어디에 가치를 더 두느냐는 문제가 아니다. 그 둘은 서로 밀접한 관련이 있기 때문에 여러분의 팀이 버그가 많은 소프트웨어를 만들었다면 결과적으로 두 가지 다 달성할 수 없을 것이다. 폭넓은 테스트 스위트가 있다면 버그를 찾는 데 도움이 된다. 하지만 설령 그런 테스트가 있다고 해도 버그가 처음부터 생기지 않도록 만드는 것이 여전히 더 나은 방법이다.

전자상거래 사이트의 엔지니어링 관리자의 **이상적인** 모습이 어떨지 정의해보자. 사업부 사람들은 새로운 기능을 요구한다. 여러분은 몇 시간 안에 작동하는 프로토타입을 제공한다. 이제 사업부의 피드백을 받으면 몇 가지 수정 사항이 생긴다. 여러분은 며칠에 걸쳐 기능을 바꾸고, 미적인 부분은 우선순위를 부여해 미결 과제 목록에 추가한다. 프로젝트의 초기 단계부터 무언가 작동하는 것을 가지고 있고, 대부분의 시간을 그것이 정말 제대로 작동하는지 확인하기 위해 픽셀의 개수를 세면서 보낸다. 여러분의 추정에 따른 사업적 최종 기한을 달성한다. 완벽하지는 않더라도 꽤 잘 진행된다.

여기에는 두 가지가 이상적이지 않다. 첫째는 재작업에 따른 비용이다. 여러분이 사업부 사람들이 원하는 것을 처음부터 잘 알 수가 없기 때문에 재작업이 생긴다. 둘째는 실제 버그로 인해 계속 발생하는 비용이다. 실제 버그는 코드가 여러분의 의도와 다른 무언가를 하는 경우다. FRP 코드는 그 코드가 할 것 같은 일을 수행한다고 말한다면 여러분은 그 말을 믿기 어려울 것이다. 그렇지는 않다. 그리고 우리는 그런 주장을 하지도 않을 것이다. 하지만 여러분의 최근 버그 보고서에서 책에서 설명한 여섯 가지 재앙이 얼마나 많은지 살펴보라고 부탁하고 싶다. 우리는 여러분이 가지고 있는 기존의 문제에서 특정한 유형의 문제를 예방할 수 있다고 말하는 것이다. 비록 그런 재앙이 수십 년간 IT 업계에 만연해왔지만 FRP는 예방할 수 있다.

언제나 미심쩍은 묘약이나 새로운 버즈워드buzzword 또는 새로운 제품이 있기 마련이다. 모든 문제를 고쳐준다고 약속하는 어떤 제품이나 언어나 방식이 항상 있을 것이다. 우리는 여러분이 그런 내용을 이미 다 살펴봤을 것으로 생각한다. 그중 일부는 어느 정도 도움되지만 대부분은 가망이 없을 것이다. 그중 일부는 여러분이 기존에 해왔던 일을 새로운 용어로 포장한 것일 수도 있다. 그래서 우리는 FRP에 대한 주장을 펼칠 때 다른 방식을 택한다. 우리는 FRP로 해결할 수 있다고 주장하는 문제의 유형을 아주 정확하게 이야기한다. 여러분은 직접 그런 유형의 버그가 여러분의 코드에 얼마나 많은지에 대한 수치를 얻을 수 있다.

우리는 항상 팀이 가지고 있는 가장 나쁜 코드에 베인 상처에 일정 수준의 투자를 해왔다. 여러분의 팀이 같은 문제를 반복적으로 우회해서 해결해야 한다면 그 문제를 수정하기 위해 시간을 투자하면 보통은 그에 상응하는 이익을 얻을 수 있을 것이다. 우리가 말한 여섯 가지 재앙이 여러분의 버그 보고서에 있다면 아마 FRP가 도움이 될 것이다. 도움이 되는 정도는 여러분의 프로젝트가 어떤 코드로 돼 있는지에 따라 다르다. 코드에 이벤트 처리가 많이 있다면 FRP를 시도해볼 만한 가치가 있을 것이다.

D.2 무엇에 투자해야 하나?

여러분의 리드 개발자가 이 책을 읽고 흥미를 가졌기를 바란다. 그렇지 않다면 일을 다른 방식으로 처리할 동기 부여가 되어 있는 사람을 찾아서 이 책을 읽게 하라. 여러분이 사용 중인 프로그래밍 언어에 맞는 FRP 라이브러리를 찾아야만 한다. 그렇지 않다면 기존의 FRP 시스템을 포팅해야 할 것이다. 포팅은 그리 어렵지 않다. 또한 기존의 위젯이나 장치, 또는 시스템에서

I/O를 담당하는 부분에 대한 FRP 바인딩을 개발하기 위해 시간을 할애해야 할 것이다.

기본적인 빌딩 블록이 마련되고 나면 스톱워치를 시작하고 새로운 기능을 FRP를 써서 작성하라. 우리는 여러분이 코드를 작성하는 데 들이는 시간에 관심을 기울이게 되리라 확신한다. 특히 여러분은 작성한 코드에서 찾을 수 있는 버그의 수에 주의를 기울여야 한다. 그중에서도 여섯 가지 재앙에 해당하는 것을 발견하면 더 신경을 써야 한다. 여섯 가지 재앙이 사라졌다면 FRP가 포장된 박스에 쓰여 있던 선전 문구대로 FRP가 작동한 것이다.

기존 코드 기반의 크기에 따라 기존 코드를 FRP 코드로 변경해 나가면서 계속 비용이 들어갈 것이다. 보통은 예전 코드에 있는 버그를 수정하는 것보다 더 쉽고 빠르게 FRP 코드로 변경해서 작동을 시험해볼 수 있다. 하지만 그 부분은 분명 여러분이 활발하게 관리해야 할 부분이다. 그런 비용은 새로운 기능에서 버그가 줄어드는 것으로 상쇄될 것이다.

D.3 FRP 경험자를 고용할 수 있을까?

아마도 그럴 것이다. 다만 대부분의 기존 FRP 프로그래머는 현재 직업에 만족하고 있을 가능성이 높다. 하지만 일반적인 함수형 프로그래밍에 관심이 있는 사람들은 여러분과 일하기 위해 줄을 설 것이다. 우리 경험에 따르면 한 사람이 진정한 FRP 전문가로 거듭나려면 3개월에서 6개월 정도가 걸린다. 대학을 갓 졸업한 사람을 고용하는 것도 앞으로 사용하지 않을 관습적인 프로그래밍 경험에 돈을 지급하지 않아도 된다는 점에서 좋은 대안이라 할 수 있다.

D.4 FRP를 사용하고 있는 기업이나 개인은 누가 있나?

기술에 대한 사람들의 인식은 그 기술을 성공적으로 사용하고 있는 주목받는 기업에 의해 심하게 흔들리는 것 같다. 오늘날 FRP를 사용하고 있다고 지목할 만한 커다란 회사로는 넷플릭스가 있다. 넷플릭스는 Rx.Java를 서버 쪽 시스템에 사용한다.[1]

1 옮긴이_ 넷플릭스의 리액티브 프로그래밍 관련한 영문 블로그 글로는 http://techblog.netflix.com/2013/02/rxjava-netflix-api.html이 있다.

사람들이 이런 질문을 던지는 이유는 새로운 기술에 투자하는 것에는 위험이 따르기 때문이다. 특히 주류에서 잘 사용하지 않는 언어를 배워야 한다면 더 그렇다. 이는 주로 그 기술의 생명이 곧 끝날 것이라는 두려움에서 기인한다. FRP의 경우 점점 더 유명해지고 있고 여러분의 기존 언어를 그대로 사용할 수 있기 때문에 그런 위험은 낮다. 필요한 것은 작은 FRP 라이브러리뿐이다. 이는 FRP를 아주 작은 규모로 시도해보고 FRP가 여러분의 프로젝트에 먹힐 수 있는지 금방 알아낼 수 있다는 뜻이다. FRP는 어렵지 않다. 하지만 말 그대로 급진적으로 다를 뿐이다. 따라서 그런 시도에 들어가는 주요 비용은 관련 팀원들의 학습 곡선이 될 것이다. 하지만 팀원들이 일단 FRP를 이해하고 나면 다른 사람들에게 FRP를 상대적으로 빨리 가르칠 수 있다.

FRP는 함수형 프로그래밍의 개념을 기반으로 한다. 현재 함수형 프로그래밍은 빠르게 유명해지고 있다. 함수형 프로그래밍의 아이디어는 모든 프로젝트에 이익이 될 것이다. 하지만 그런 이익을 얻기 위해서 상당한 거리를 도약해야 한다는 것이 언제나 함수형 프로그래밍을 도입하는 데 있어 걸림돌이었다. 그런 문제는 함수형 프로그래밍이 점점 더 많은 분야에 퍼져나감에 따라 천천히 줄어들고 있다. FRP는 그런 함수형 프로그래밍 아이디어를 매우 농축된 형태로 담고 있다. 따라서 여러분이 원한다면 새로운 언어를 배워야 하는 부가 비용을 들이지 않고도 함수형 프로그래밍의 아이디어를 활용할 수 있다. 이런 관점에서 FRP는 함수형 프로그래밍을 위한 효율적인 훈련장이 될 수 있다. 최종적으로는 FRP를 사용하지 않게 되더라도 누구든 FRP를 접하고 나면 더 나은 프로그래머가 될 것이다.

현금 흐름이 크지 않은 작은 회사보다 현금 흐름이 큰 잘 자리잡은 회사에서는 생산성이 덜 중요할 것이다. 여러분이 개발자가 한 명뿐이고 테스터가 없는 회사에 있다면 버그를 없애고 비용을 줄이기 위해 필요한 일이라면 무엇이든 할 필요가 있다.

D.5 성공에 따른 짐

지금부터 할 충고는 여러분이 결코 필요할 것이라고 믿을 수 없는 것이다. 따라서 그냥 넘기고 나중에 팀원들의 시간이 너무 남아돌아서 할 일이 없을 때 다시 살펴봐도 좋다.

FRP를 사용하면 훨씬 적은 사람으로 같은 양의 일을 할 수 있다. 가장 크게 영향을 받는 사람은 테스터다. 테스터가 흥미로운 버그를 찾는 것이 점점 더 어려워질 것이다. 일단 이런 흐름에 올라타고 나면 팀을 위해 더 많은 일을 찾아내는 데 능숙해질 필요가 있을 것이다. 테스터가 흥미 있어 한다면 그들을 소프트웨어 개발자로 재훈련시킬 수도 있다. 테스터는 자기들을 가장 오래 괴롭혀왔던 버그가 있는 부분을 FRP로 재작성함으로써 그 버그를 퇴치하는 큰 기쁨을 느껴봐야 한다.

여전히 강력한 개발 리더가 필요할 것이다. 하지만 뛰어난 개발자가 그렇게 많이 필요하지는 않을 것이다. 따라서 시각화를 잘 하는 사람이나 다른 팀과의 의사 소통을 잘 하는 등 다양한 분야의 기술을 갖춘 사람들을 골고루 채용할 수 있다. 또한 여러분의 팀이 더 많은 일을 할 수 있기 때문에 팀의 포트폴리오를 늘릴 필요가 있다.

APPENDIX E

소듐의 표시적 의미

버전 1.1 기준

E.1 소개

이 문서는 코날 엘리엇의 논문인 「푸시 풀 함수형 반응형 프로그래밍(Push-Pull Functional Reactive Programming)」의 개념을 따르는 FRP 시스템인 소듐Sodium의 의미에 대한 엄밀한 명세다. 이 문서에 있는 코드는 하스켈로 되어 있으며, 이 문서를 이해하기 위해서는 하스켈에 대한 기본적인 지식이 필요하다.[1] 대부분의 독자에게는 이 정보가 필요 없다. 하지만 FRP의 의미에 관심이 있거나, FRP 시스템을 개발하는 사람에게는 이 문서가 유용할 것이다. 이 문서가 소듐의 하스켈 구현과는 아무 관련이 없다는 점을 밝혀둔다. 이 명세의 실행 가능한 버전은 https://goo.gl/Cs3cMh에서 볼 수 있다.

E.2 변경 이력

- 1.0 (2015년 5월 19일) – 첫 번째 버전이다.
- 1.1 (2015년 7월 24일) – 스트림을 위한 시간이 '감소하지 않음'에서 '증가'로 변경됐다. 따라서 같은 시간에 여러 이벤트가 발생하는 것을 더 이상 표현할 수 없다.
- 1.1 (2015년 10월 8일, 2016년 4월 26일) – 일부 잘못된 부분을 수정했다. 하지만 의미상 변화는 없다.

1 옮긴이_ 복잡하지 않은 하스켈 문법은 간략하게 설명할 것이다. 주석으로 설명하기에 너무 복잡한 문법에 대해서는 관련 한글 문서나 영문 문서에 대한 링크를 소개할 것이다. 하스켈에 관심이 있는 독자는 한글 하스켈 위키책(https://wikidocs.net/book/204)을 보라.

E.3 데이터 타입

소듐에는 두 가지 데이터 타입이 있다.[2]

- Stream a – 이벤트의 시퀀스로, 코날의 Event와 동등하다.
- Cell a – 시간에 따라 변하는 값으로, 코날의 Behavior와 동등하다.

코날이 말한 **이벤트 발생**event occurrence이라는 말을 **이벤트**라는 말로 바꿔서 사용한다.

E.4 기본 요소

완전한 순서total order를 가지는 시간을 나타내는 T 타입을 정의한다.[3] Split 기본 요소에서는 그 정의를 계층적으로 확장해서, 어떤 시간 t에 대해 t의 큰 형제greater sibiling보다는 더 작지만 t보다는 더 큰 자연수가 부여된 자식을 추가할 수 있게 할 필요가 있다. 실행 가능한 버전에서는 다음과 같은 타입을 사용했다.[4]

```
type T = [Int]
```

이때 비교 연산comparision은 리스트의 앞에 있는 원소가 리스트의 뒤에 있는 원소보다 더 작은 것으로 정의했다.

소듐에는 16가지 기본 요소가 있다. *가 붙은 기본 요소는 다른 기본 요소를 조합해 표현할 수 있기 때문에 필수적인 기본 요소는 아니다[5]

---

2 옮긴이_ Stream a는 a라는 타입을 매개변수로 받는 Stream이라는 제네릭 타입이다. 즉, 자바 식으로 쓰면 Stream〈A〉, 스칼라 식으로 쓰면 Stream[A]가 된다. Cell a도 Cell〈A〉나 Cell[A]라고 쓸 수 있다. 하스켈에서는 관례적으로 타입 매개변수에 소문자를, 자바나 스칼라에서는 대문자를 사용한다.

3 옮긴이_ 완전한 순서란 수학 용어로, 어떤 집합 X와 비교 연산 ≤가 있을 때 X의 모든 원소 a, b, c에 대해 전체함수, 추이성, 반대칭성이 성립하는 것을 말한다. 모든 원소를 크기에 따라 한 줄로 세울 수 있기 때문에 선형 순서(linear order)라고도 한다.
1 전체함수(totality): $a \le b$이나 $b \le a$ 중 하나가 반드시 성립한다.
2 추이성(transitivity): $a \le b$이고 $b \le c$라면 $a \le c$가 성립한다.
3 반대칭성(antisymmetricity): $a \le b$이고 $b \le a$라면 $a = b$이다.

4 옮긴이_ 하스켈에서 [Int]는 Int 타입의 리스트를 말한다. 자바라면 List〈T〉라고 쓸 수 있을 것이다. 리스트에서는 본문에 있는 Split을 위한 시간 확장이 가능하다는 것에 유의하라. 리스트의 어떤 원소(=시간 t)와 다음 원소(=t의 큰 형제) 사이에 다른 원소를 얼마든지 추가할 수 있다.

- Never :: Stream a
- MapS :: (a → b) → Stream a → Stream b
- Snapshot* :: (a → b → c) → Stream a → Cell b → Stream c
- Merge :: Stream a → Stream a → (a → a → a) → Stream a
- Filter :: (a → Bool) → Stream a → Stream a
- SwitchS :: Cell (Stream a) → Stream a
- Execute :: Stream (Reactive a) → Stream a
- Updates :: Cell a → Stream a
- Value :: Cell a → T → Stream a
- Split :: Stream [a] → Stream a
- Constant* :: a → Cell a
- Hold :: a → Stream a → T → Cell a
- MapC :: (a → b) → Cell a → Cell b
- Apply :: Cell (a → b) → Cell a → Cell b
- SwitchC :: Cell (Cell a) → T → Cell a
- Sample :: Cell a → T → a

Reactive는 Reader T와 동등한 도우미 모나드Monad다.[6] Reactive는 시간상 특정 시점에 실행되는 계산을 표현한다. Reactive 선언은 다음과 같다.

```
data Reactive a = Reactive { run :: T → a }
```

Execute는 이 모나드에 작용한다. 하스켈 구현에서 Reactive는 Value, Hold, SwitchC, Sample의 네 가지 기본 요소를 구성하는 데 사용하는 소듐의 공개 인터페이스의 일부다. 이 네 기본 요소는 각각이 만들어지는 시점을 표현하는 T 타입의 값을 인자로 받는다. 대부분의 언어

5 옮긴이_ Updates :: Cell a → Stream a에서 Updates는 함수의 이름, ::는 이름과 타입을 구분하는 구분자, →는 함수 타입을 표현하는 문자다(따라서 Update는 Cell a라는 타입의 값에서 Stream a라는 타입의 값을 내놓는 함수다). 하스켈에서는 커링(currying)을 기본으로 사용하기 때문에 모든 함수가 인자가 1개밖에 없다는 것에 유의하라. 물론 튜플 타입을 사용할 수도 있지만 2-튜플을 인자로 받는 것과 인자가 2개인 함수는 다르다고 할 수 있다. 다만 커링과 언커링(uncurrying)을 통해 둘 사이를 자유롭게 오갈 수는 있다.

6 옮긴이_ 하스켈을 처음 접하는 사람들을 가장 골탕먹이는 단어가 '모나드'다. 모나드는 특정한 성질이 있는 bind, return이라는 두 가지 연산을 제공하는(즉, 특정 인터페이스를 만족시키는) 타입들을 한꺼번에 부르는 것이라고 생각하면 편하다. 지연 계산(lazy) 언어인 하스켈에서는 특히 명령어 사이의 실행 선후 순서를 보장할 수 없고(값의 의존관계에 의해 실행 순서가 결정된다), I/O 등 부수 효과를 타입 시스템과 잘 버무릴 수 있는 방법이 필요했는데, 모나드가 그런 조건을 잘 만족시키면서 개념적으로도 아주 깔끔했기 때문에 널리 쓰이게 됐다. 예를 들어, Reader T라는 모나드는 데이터 입력을 위한 모나드다. 모나드에 대한 두려움을 떨치고 싶거나, 역사적 맥락을 짚어보고 싶은 사람은 https://goo.gl/82iVs0를(한글) 보라.

는 모나드를 지원하지 않아서 트랜잭션이라는 개념을 사용하지만 의미는 동일하다. 이 네 기본 요소들의 출력값은 각각이 만들어진 시간 t 이전에는 추출sample될 수 없다. 이유는 다음과 같다.

- 공개 인터페이스는 Value, Hold, SwitchC, Sample만을 Reactive를 통해 만들도록 허용한다.
- 시뮬레이션이 추출되는 시간은 항상 증가한다.
- 공개 인터페이스는 시뮬레이션이 t라는 시간에 도달한 경우에 오직 한 번만 Reacive를 해결하도록 허용한다.
- 공개 인터페이스는 스트림과 셀이 현재 시뮬레이션 시간에만 추출될 수 있게 허용한다.

스트림과 셀을 위한 의미 영역semantic domain인 S a와 C a를 다음과 같이 정의한다.

- type S a = [(T, a)] 증가하는 T 값에 대해
- type C a = (a, [(T, a)]) 증가하는 T 값에 대해

S a는 스트림의 이벤트를 표현하는 시간/값의 쌍으로 이뤄진 리스트를 표현한다. C a는 셀의 (초깃값, 값의 변경 단계들)을 표현한다. 초깃값은 첫 단계 이전의 모든 시간에 대해 존재하며, 시간/값 쌍들은 셀의 값이 변화한 여러 단계를 표현한다.

스트림과 셀을 각각에 대한 의미 영역으로 변환해주는 의미 함수를 다음과 같이 정의한다.

```
occs :: Stream a → S a
steps :: Cell a → C a
```

C a는 코날 엘리엇의 Behavior에 대한 의미 영역과는 다르다. 거기서는 다음과 같았다.

```
type B a = T → a
```

이렇게 선택한 이유는 Updates와 Value를 가능하게 만들기 위해서다. 그리고 그렇게 의미 영역을 정하면 switch의 셀 버전이 Cell a → Stream (Cell a) 대신 Cell (Cell a)를 인자로 취할 수 있고, 그 결과 셀을 단계 변화stepper/홀드hold 관련 기능과 분리할 수 있다. 코날의 switcher와 어느 정도 비슷한 것은 다음과 같이 정의할 수 있을 것이다. 여기서 [0]은 가능한 모든 T의 값 중에서 가장 작은 값이라고 정할 수 있다.

```
switcher :: Cell a → Stream (Cell a) → Cell a
switcher c s = SwitchC (Hold c s [0]) [0]
```

다음 at 함수를 가지고 코날의 B를 C a로부터 유도할 수 있다.

```
at :: C a → T → a
at (a, sts) t = last (a : map snd (filter (\(tt, a) → tt < t) sts))
```

E.5 테스트 케이스

이제 각 기본 요소에 대한 의미 함수인 occs와 steps를 정의할 것이다. 각 정의에는 그 요소가 정의대로 작동하는지를 테스트하기 위한 테스트 케이스가 포함되어 있다. MkStream은 occs의 역함수로 S a에서 Stream a를 만들어낸다. 그 함수를 사용해 테스트 케이스에게 입력을 제공한다.

E.5.1 Never

```
Never :: Stream a
```

결코 발사되지 않는 이벤트 스트림이다.

```
occs Never = []
```

테스트 케이스[7]

```
let s = Never
```

7 옮긴이_ 아래 코드의 let 키워드는 하스켈에서 변수를 정의할 때 쓰인다.

그림 E-1 Never 테스트

E.5.2 MapS

```
MapS :: (a → b) → Stream a → Stream b
```

스트림에 대해 함수를 적용한다.

```
occs (MapS f s) = map (\(t, a) → (t, f a)) (occs s)
```

테스트 케이스

```
let s1 = MkStream [([0], 5), ([1], 10), ([2], 12)]
let s2 = MapS (1+) s1
```

그림 E-2 MapS 테스트

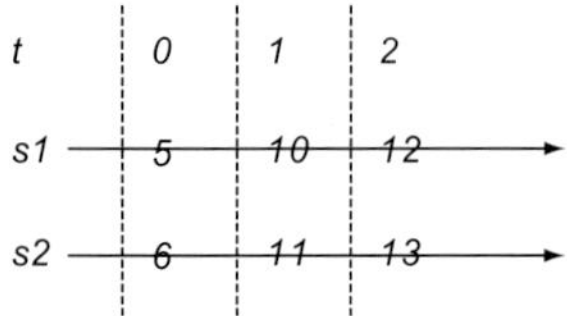

E.5.3 Snapshot

```
Snapshot :: (a → b → c) → Stream a → Cell b → Stream c
```

스트림이 발사된 순간에 셀에 담겨 있던 관찰 가능한 값을 포획한다.[8]

```
occs (Snapshot f s c) = map (\(t, a) → (t, f a (at stsb t))) (occs s)
  where stsb = steps c
```

NOTE_ 스냅샷은 필수 기본 요소가 아니다. 스냅샷은 MapS, Sample, Execute를 조합해 만들 수 있다.

```
snapshot2 f s c = Execute (MapS (\a → f a <$> sample c) s)
```

NOTE_ 기저의 의미를 더 명확하게 알아볼 수 있도록 셀의 다이어그램을 그릴 때는 직접 셀의 초깃값과 단계를 표현하는 B a 값을 표현하는 대신에, 각 시점의 관찰 가능한 값을 표시하고 단계마다 수직선을 표시하는 '미리 요리된' 형태를 사용했다.

테스트 케이스

```
let c = Hold 3 (MkStream [([1], 4), ([5], 7)]) [0]
let s1 = MkStream [([0], 'a'), ([3], 'b'), ([5], 'c')]
let s2 = Snapshot (flip const) s1 c
```

그림 E-3 Snapshot 테스트

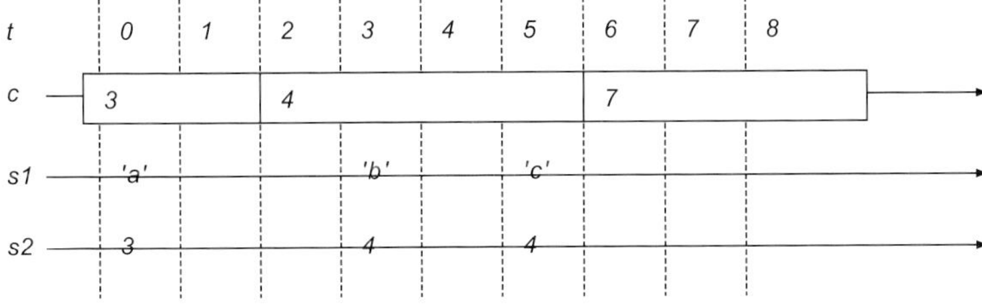

8 옮긴이_ 하스켈의 'where'는 지역적인 정의를 만들 때 사용하는 절(clause)이다. 여기서는 'stsb'를 'steps c'라는 부분 적용 함수(partially applied function)로 정의했다.

E.5.4 Merge

```
Merge :: Stream a → Stream a → (a → a → a) → Stream a
```

두 스트림에서 들어온 이벤트를 하나로 합친다. 스트림에는 동시 이벤트가 있을 수 있다. 즉, 둘 이상의 이벤트가 같은 시간 값 t에 대해 존재할 수 있지만 각 이벤트 사이에는 순서가 있을 수 있다. 다음 다이어그램의 s3이 한 가지 예다. Merge는 왼쪽에 편향된left-biased 기본 요소다. 주어진 시간 t에 대해 왼쪽 입력에서 들어온 입력이 오른쪽 입력에서 들어온 입력보다 우선적으로 출력된다.

```
occs (Merge sa sb) = coalesce f (knit (occs sa) (occs sb))
    where knit ((ta, a):as) bs@((tb, _):_) | ta <= tb = (ta, a) : knit as bs
          knit as@((ta, _):_) ((tb, b):bs) = (tb, b) : knit as bs
          knit as bs = as ++ bs
coalesce :: (a → a → a) → S a → S a
coalesce f ((t1, a1):(t2, a2):as) | t1 == t2 = coalesce f ((t1, f a1 a2):as)
coalesce f (ta:as) = ta : coalesce f as
coalesce f [] = []
```

테스트 케이스

```
let s1 = MkStream [([0], 0), ([2], 2)]
let s2 = MkStream [([1], 10), ([2], 20), ([3], 30)]
let s3 = Merge s1 s2 (+)
```

그림 E-4 Merge 테스트

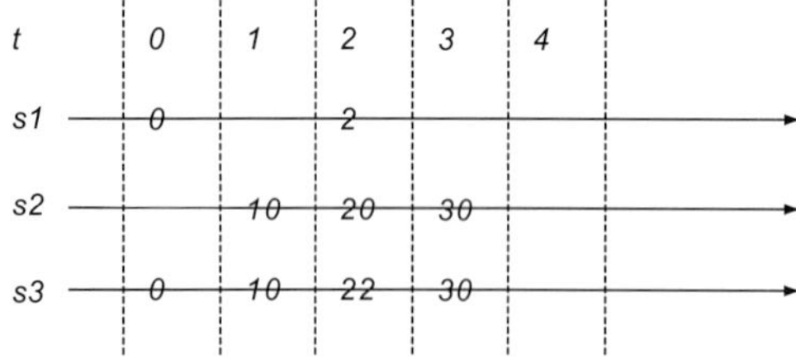

E.5.5 Filter

```
Filter :: (a → Bool) → Stream a → Stream a
```

이벤트를 술어predicate에 의해 걸러낸다.

```
occs (Filter pred s) = filter (\(t, a) → pred a) (occs s)
```

테스트 케이스

```
let s1 = MkStream [([0], 5), ([1], 6), ([2], 7)]
let s2 = Filter odd s1
```

그림 E-5 Filter 테스트

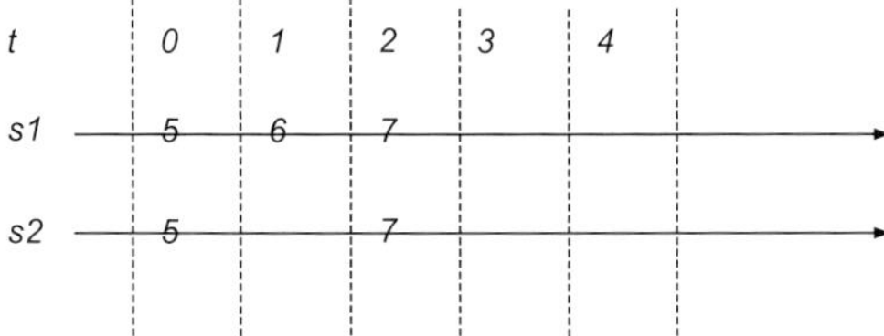

E.5.6 SwitchS

```
SwitchS :: Cell (Stream a) → Stream a
```

셀의 현재 값인 스트림처럼 작동한다.

```
occs (SwitchS c) = scan Nothing a sts
    where (a, sts) = steps c
        scan mt0 a0 ((t1, a1):as) =
            filter (\(t, a) → maybe True (t >) mt0 && t <= t1) (occs a0)
            ++ scan (Just t1) a1 as
        scan mt0 a0 [] =
            filter (\(t, a) → maybe True (t >) mt0) (occs a0)
```

테스트 케이스

```
let s1 = MkStream [([0], 'a'), ([1], 'b'), ([2], 'c'), ([3], 'd')]
let s2 = MkStream [([0], 'W'), ([1], 'X'), ([2], 'Y'), ([3], 'Z')]
let c = Hold s1 (MkStream [([1], s2)]) [0]
let s3 = SwitchS c
```

그림 E-6 SwitchS 테스트

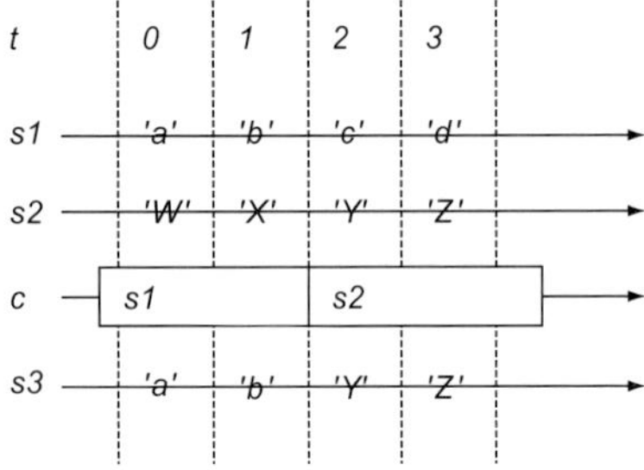

E.5.7 Execute

```
Execute :: Stream (Reactive a) → Stream a
```

발생한 Reactive 도우미 모나드의 값을 벗겨내서 발생한 시점을 전달한다. SwitchC나 SwitchS로 활성화하는 새 로직을 구성하고 싶은 경우 흔히 사용된다.

```
occs (Execute s) = map (\(t, ma) → (t, run ma t)) (occs s)
```

테스트 케이스

```
let s1 = MkStream [([0], return 'a')]
let s2 = Execute s1
```

그림 E-7 Execute 테스트

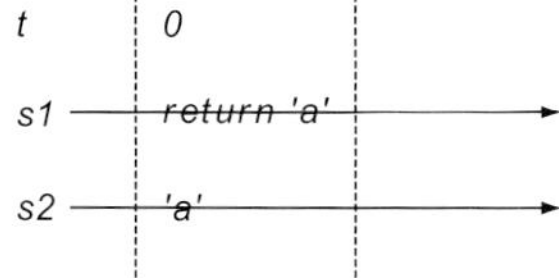

E.5.8 Updates

```
Updates :: Cell a → Stream a
```

셀의 단계를 표현하는 스트림이다. 이는 셀의 단계를 감지해서는 안 된다는 원칙을 깨는 것이다. Updates는 조작적인 기본 요소로 취급해야 하며, 셀의 단계를 호출하는 쪽에 노출하지 않는 함수를 정의하는 경우에만 사용해야 한다. 대상 셀이 스트림 s를 Hold한 것이라면 Coalesce (flip const) s와 동등하다.

```
occs (Updates c) = sts
    where (_, sts) = steps c
```

테스트 케이스

```
let c = Hold 'a' (MkStream [([1], 'b'), ([3], 'c')]) [0]
```

그림 E-8 Updates 테스트

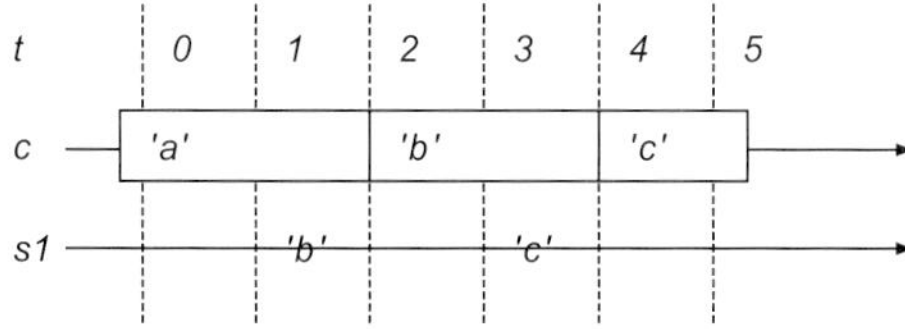

E.5.9 Value

```
Value :: Cell a → T → Stream a
```

Updates와 비슷하다. 차이점은 Value는 처음 만들어지는 t0 시간에 셀의 현재 값을 이벤트로 한 번 발사한다는 데 있다. 또한 Updates와 마찬가지로 셀 단계를 감지할 수 없어야 한다는 원칙을 깬다. 따라서 Value도 조작적인 기본 요소로 취급해야 한다.

```
occs (Value c t0) = coalesce (flip const) ((t0, a) : sts)
    where (a, sts) = chopFront (steps c) t0
chopFront :: C a → T → C a
chopFront (i, sts) t0 = (at (i, sts) t0, filter (\(t, a) → t >= t0) sts)
```

Value에는 아무것도 없는 데서 이벤트를 발생시킬 수 있다는 특성이 있다. 이것이 우리가 존재를 증명할 수 있는 이벤트 발생을 재구성한다고 주장할 수 있다(이 Value의 인스턴스에 대해 Execute가 발생하도록 하는 원인이 바로 그 이벤트다). Sample이 Snapshot을 기반으로 한다고 생각했을 때 Sample이 존재를 암시하는 이벤트 발생과 같은 것이다.

테스트 케이스

```
let c = Hold 'a' (MkStream [([1], 'b'), ([3], 'c')]) [0]
let s = Value c [0]
```

그림 E-9 Value 테스트 1

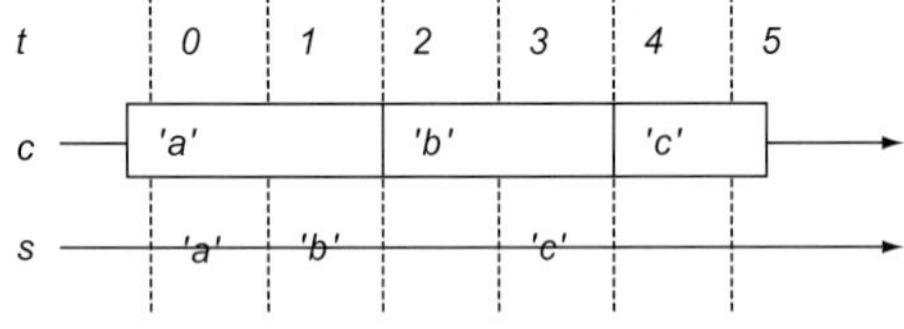


```
let c = Hold 'a' (MkStream [([0], 'b'), ([1], 'c'), ([3], 'd')]) [0]
let s = Value c [0]
```

그림 E-10 Value 테스트 2

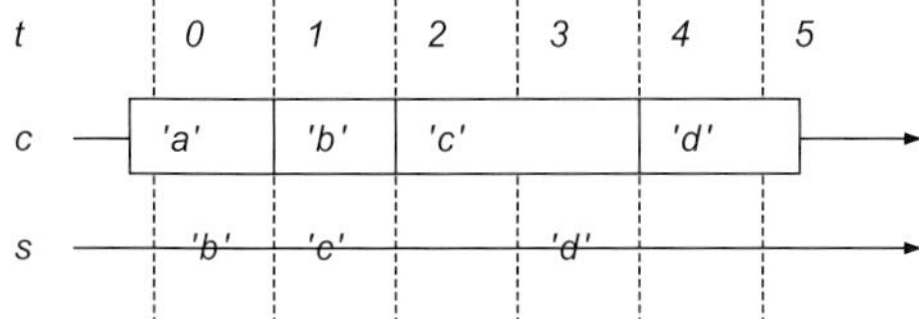

E.5.10 Split

```
Split :: Stream [a] → Stream a
```

새로 만들어진 자식 시간 단계에 값을 집어넣는다.

```
occs (Split s) = concatMap split (coalesce (++) (occs s))
where split (t, as) = zipWith (\n a → (t++[n], a)) [0..] as
```

테스트 케이스

```
let s1 = MkStream [([0], ['a', 'b']), ([1],['c'])]
let s2 = Split s1
```

그림 E-11 Split 테스트

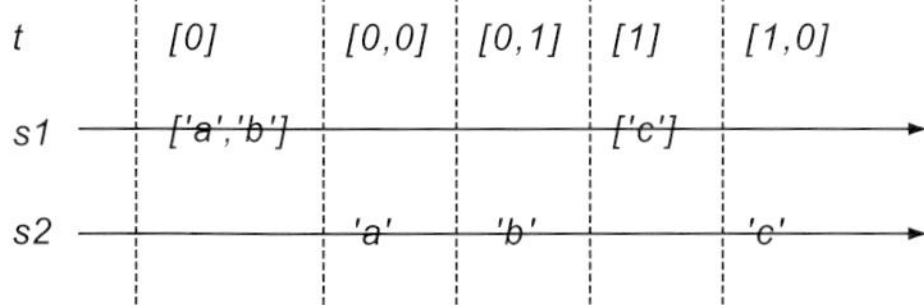

E.5.11 Constant

```
Constant :: a → Cell a
```

초깃값은 있지만 변경 단계는 없는 셀이다.

```
steps (Constant a) = (a, [])
```

Constant는 필수 기본 요소가 아니다. Hold와 Never를 조합해 정의할 수 있다.

테스트 케이스

```
let c = Constant 'a'
```

그림 E-12 Constant 테스트

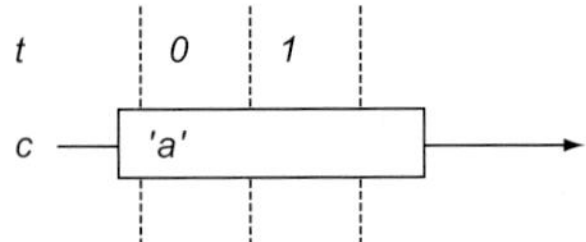

E.5.12 Hold

```
Hold :: a → Stream a → T → Cell a
```

초깃값과 지정한 변경 단계를 가지는 셀이다. t0 이전의 모든 단계를 무시한다.

```
steps (Hold a s t0) = (a, coalesce (flip const)
    (filter (\(t, a) → t >= t0) (occs s)))
```

C a에 있는 단계의 시간이 증가해야 한다는 불변 조건invariant을 유지하기 위해서 coalesce를 사용한다. 입력 이벤트가 동시에 벌어지면 가장 나중에 발생한 것을 취한다. t0 이전에 발생한 이벤트는 버려진다.

테스트 케이스

```
let c = Hold 'a' (MkStream [([1], 'b'), ([3], 'c')]) [0]
```

그림 E-13 Hold 테스트

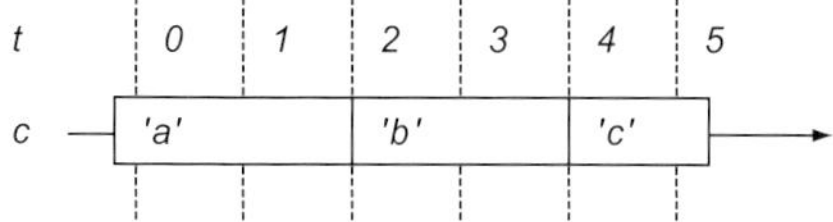

E.5.13 MapC

```
MapC :: (a → b) → Cell a → Cell b
```

함수를 셀에 적용한다.

```
steps (MapC f c) = (f a, map (\(t, a) → (t, f a)) sts)
    where (a, sts) = steps c
```

테스트 케이스

```
let c1 = Hold 0 (MkStream [([2], 3), ([3], 5)]) [0]
let c2 = MapC (1+) c1
```

그림 E-14 MapC 테스트

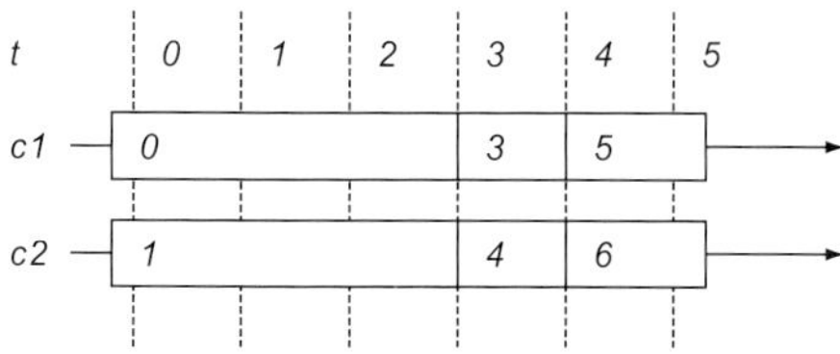

E.5.14 Apply

```
Apply :: Cell (a → b) → Cell a → Cell b
```

적용 가능Applicative[9]의 'apply' 연산이다. 이는 함수를 끌어올리는lift 기본이 된다.

```
steps (Apply cf ca) = (f a, knit f fsts a asts)
    where (f, fsts) = steps cf
          (a, asts) = steps ca
          knit _ ((tf, f):fs) a as@((ta, _):_)
                           | tf < ta = (tf, f a) : knit f fs a as
          knit f fs@((tf, _):_) _ ((ta, a):as)
                           | tf > ta = (ta, f a) : knit f fs a as
          knit _ ((tf, f):fs) _ ((ta, a):as)
                           | tf == ta = (tf, f a) : knit f fs a as
          knit _ ((tf, f):fs) a [] = (tf, f a) : knit f fs a []
          knit f [] _ ((ta, a):as) = (ta, f a) : knit f [] a as
          knit _ [] _ [] = []
```

글리치 없음no glitch 규칙을 주의하라. 두 셀이 t라는 시점에 동시에 갱신된다면 오직 한 가지 출력 단계만 출력될 것이다.

테스트 케이스

```
let cf = Hold (0+) (MkStream [([1], (5+)), ([3], (6+))]) [0]
let ca = Hold (100 :: Int) (MkStream [([1], 200), ([2], 300),
                                      ([4], 400)]) [0]
let cb = Apply cf ca
```

9 옮긴이_ Applicative는 하스켈에서 자주 쓰이는 타입 클래스(https://wikidocs.net/1632 참조)의 하나로, 함수가 들어 있는 컬렉션/컨테이너에 값이 들어 있는 컬렉션/컨테이너를 적용해서 만들어진 결과를 모두 조합한다. 여기 있는 Cell (a → b) → Cell a → Cell b라는 타입을 보면, 이 Apply 함수가 셀에 있는 함수(a → b 타입)에 대해 다른 셀에서 가져온 값(a타입)을 적용한 결과(b타입)를 값으로 내어주는 셀을 만들어낸다는 사실을 알 수 있다. 하스켈의 Applicative에 대한 설명은 https://wikidocs.net/1756에 있는 〈적용성 펑터〉를 살펴보라.

그림 E-15 Apply 테스트

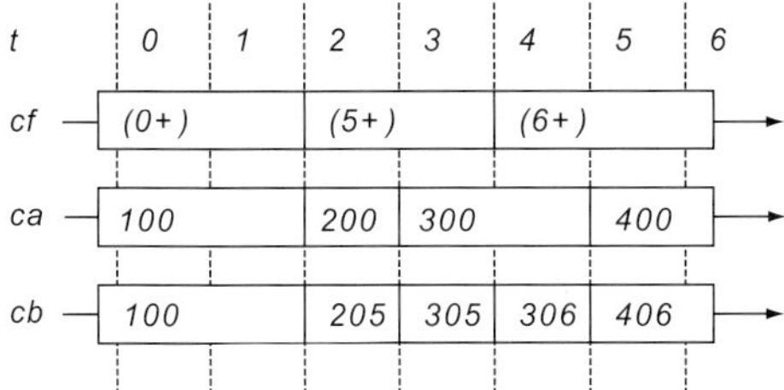

E.5.15 SwitchC

```
SwitchC :: Cell (Cell a) → T → Cell a
```

셀 내부에 들어 있는 현재의 셀처럼 작동한다.

```
steps (SwitchC c t0) = (at (steps (at (steps c) t0)) t0,
        coalesce (flip const) (scan t0 a sts))
    where (a, sts) = steps c
        scan t0 a0 ((t1, a1):as) =
            let (b, stsb) = normalize (chopBack
                                 (chopFront (steps a0) t0) t1)
            in ((t0, b) : stsb) ++ scan t1 a1 as
        scan t0 a0 [] =
            let (b, stsb) = normalize (chopFront (steps a0) t0)
            in ((t0, b) : stsb)
        normalize :: C a → C a
        normalize (_, (t1, a) : as) | t1 == t0 = (a, as)
        normalize as = as
        chopBack :: C a → T → C a
        chopBack (i, sts) tEnd = (i, filter (\(t, a) → t < tEnd) sts)
```

normalize의 목적은 chopFront가 반환한 동시 값들을 제거하는 것이다. 여기서는 잘라내는 지점chop point t0에 첫 번째 단계가 일어난다. normalize는 초깃값을 버리고 첫 번째 단계 값으로 현재 값을 대치한다. 이것은 Value에서 사용하는 chopFront와는 다르다. 그 경우에는 동시 이벤트들을 계속 유지했다.

테스트 케이스

```
let c1 = Hold 'a' (MkStream [([0], 'b'), ([1], 'c'),
                             ([2], 'd'), ([3], 'e')]) [0]
let c2 = Hold 'V' (MkStream [([0], 'W'), ([1], 'X'),
                             ([2], 'Y'), ([3], 'Z')]) [0]
let c3 = Hold c1 (MkStream [([1], c2)]) [0]
let c4 = SwitchC c3 [0]
```

그림 E-16 SwitchC 테스트 1

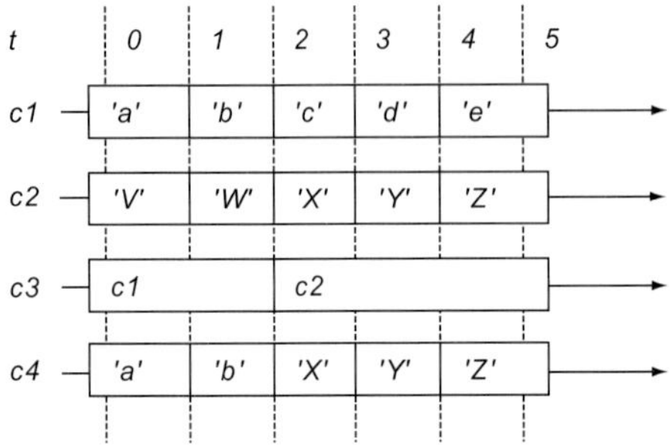


```
let c1 = Hold 'a' (MkStream [([0], 'b'), ([1], 'c'), ([2], 'd'),
                             ([3], 'e')]) [0]
let c2 = Hold 'W' (MkStream [([1], 'X'), ([2], 'Y'), ([3], 'Z')]) [0]
let c3 = Hold c1 (MkStream [([1], c2)]) [0]
let c4 = SwitchC c3 [0]
```

그림 E-17 SwitchC 테스트 2

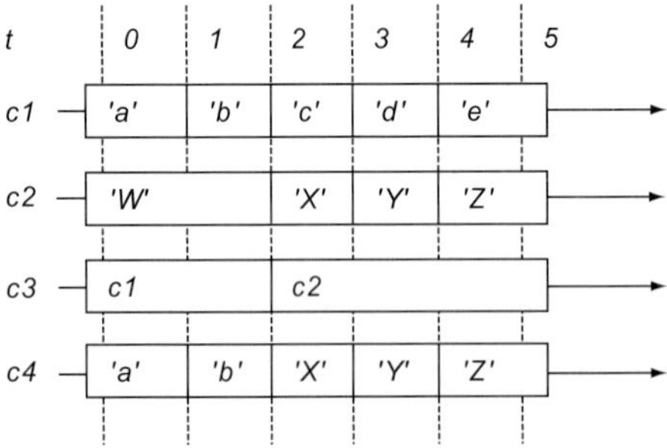

```
let c1 = Hold 'a' (MkStream [([0], 'b'), ([1], 'c'),
                              ([2], 'd'), ([3], 'e')]) [0]
let c2 = Hold 'X' (MkStream [([2], 'Y'), ([3], 'Z')]) [0]
let c3 = Hold c1 (MkStream [([1], c2)]) [0]
let c4 = SwitchC c3 [0]
```

그림 E-18 SwitchC 테스트 3

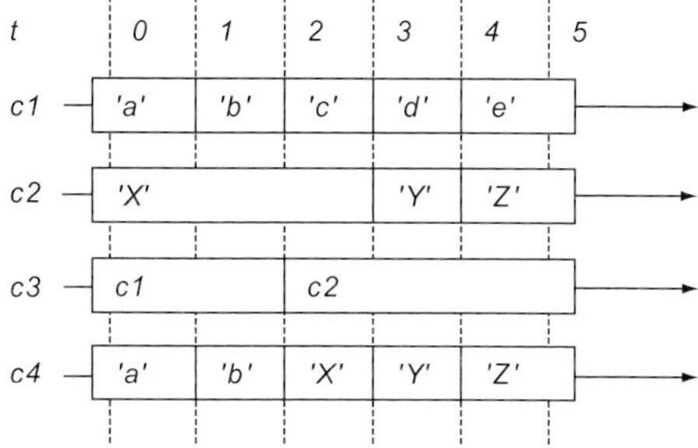


```
let c1 = Hold 'a' (MkStream [([0], 'b'), ([1], 'c'),
                              ([2], 'd'), ([3], 'e')]) [0]
let c2 = Hold 'V' (MkStream [([0], 'W'), ([1], 'X'),
                              ([2], 'Y'), ([3], 'Z')]) [0]
let c3 = Hold '1' (MkStream [([0], '2'), ([1], '3'),
                              ([2], '4'), ([3], '5')]) [0]
let c4 = Hold c1 (MkStream [([1], c2), ([3], c3)]) [0]
let c5 = SwitchC c4 [0]
```

그림 E-19 SwitchC 테스트 4

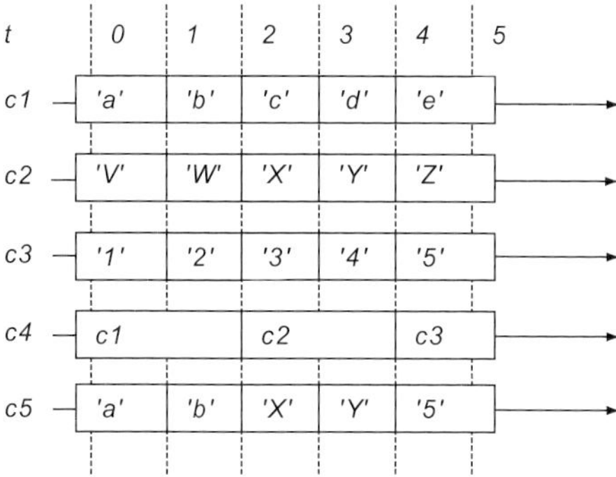

E.5.16 Sample

```
Sample :: Cell a → T → a
```

t 시간에 셀에서 관찰 가능한 값을 추출한다.

```
sample :: Cell a → Reactive a
sample c = Reactive (at (steps c))
```

테스트 케이스

```
let c = Hold 'a' (MkStream [([1], 'b')]) [0]
let a1 = run (sample c) [1]
let a2 = run (sample c) [2]
```

그림 E-20 Sample 테스트

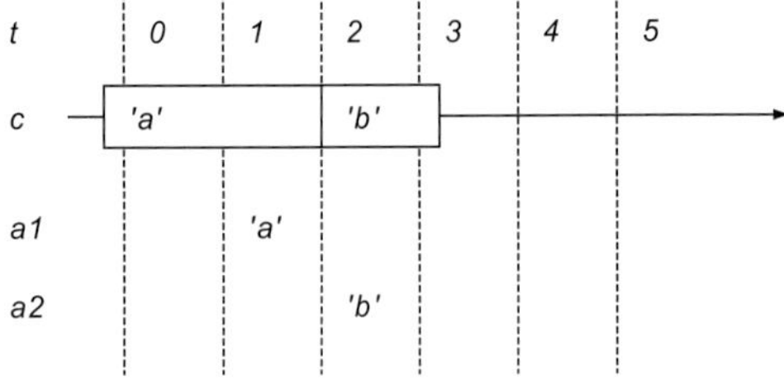

INDEX

INDEX

INDEX

INDEX

INDEX